Formale Begriffsanalyse mit C^{++}

Springer
Berlin
Heidelberg
New York
Barcelona
Budapest
Hongkong
London
Mailand
Paris
Santa Clara
Singapur
Tokio

Frank Vogt

Formale Begriffsanalyse mit C^{++}

Datenstrukturen und Algorithmen

Mit Diskette

Mit 24 Abbildungen
und 6 Tabellen

Springer

Dr. Frank Vogt
Technische Hochschule Darmstadt
Schloßgartenstraße 7
D-64289 Darmstadt

ISBN-13: 978-3-540-61071-7
Additional material to this book can be downloaded from http://extras.springer.com.

Die Deutsche Bibliothek-CIP-Einheitsaufnahme
Formale Begriffsanalyse mit C++: Datenstrukturen und Algorithmen/Frank Vogt.-
Berlin; Heidelberg; New York; Barcelona; Budapest; Hongkong; London; Mailan
Paris; Santa Clara; Singapur; Tokio: Springer.
ISBN-13: 978-3-540-61071-7 e-ISBN-13: 978-3-642-86738-5
DOI: 10.1007/978-3-642-86738-5

NE: Vogt, Frank

Vorwort

Die Entwicklung der Formalen Begriffsanalyse und ihre zunehmende Anwendung in der Begrifflichen Datenanalyse und Wissensverarbeitung wurde stets begleitet von der Notwendigkeit, für immer wiederkehrende Aufgaben über eine sinnvolle Unterstützung durch geeignete Computerprogramme zu verfügen. Die Schaffung solcher Programme im Rahmen der Darmstädter Forschungsgruppe Begriffsanalyse wurde sowohl dadurch motiviert, sich die eigene Arbeit zu erleichtern, als auch durch den Wunsch, die Methoden der Formalen Begriffsanalyse einem breiteren Anwenderkreis verfügbar zu machen. Zum aktuellen Stand dieser Entwicklung gehören sogenannte Begriffliche Datensysteme, welche durch die Programme TOSCANA und ANACONDA implementiert werden.

Trotz der breiten Einsetzbarkeit dieser Programme entstehen immer wieder Anwendungssituationen, in denen weitere Funktionalitäten gewünscht werden. Eine Realisierung solcher Erweiterungen durch die Forschungsgruppe Begriffsanalyse ist aus verschiedenen Gründen häufig nicht möglich. Andererseits waren Anwender, die die Kapazitäten für eigene Programmentwicklungen prinzipiell hätten, immer wieder damit konfrontiert, daß für ein solches Projekt auch die begriffsanalytischen Datenstrukturen und Algorithmen jeweils neu implementiert werden mußten, was zu unverhältnismäßigem Aufwand geführt hätte. So entstand die Idee, die den Programmen TOSCANA und ANACONDA zugrundeliegende C++-Klassenbibliothek *The Formal Concept Analysis Library* mit einem Buch der Öffentlichkeit zugänglich zu machen und damit die begriffsanalytische Basis für Anwendungsprogramme zur Verfügung zu stellen.

Zum Gelingen dieses Buchs haben viele beigetragen. Allen voran gilt mein Dank Prof. Dr. Rudolf Wille, durch den ich den Kontakt zur Formalen Begriffsanalyse bekam und der die Anregung gegeben hat, *The Formal Concept Analysis Library* in Buchform zu veröffentlichen. Weiterhin bedanke ich mich bei Dr. Martin Skorsky, der das Manuskript komplett durchgesehen und dazu, sowie zur Programmierung selbst, wertvolle Hiweise gegeben hat. Schließlich danke ich Dr. Katja Lengnink für die nochmalige Durchsicht der Schlußfassung des Manuskripts.

Darmstadt, im Februar 1996 — Frank Vogt

Inhaltsverzeichnis

Teil II. Technische Dokumentation

Anhang

Einleitung

Die Formale Begriffsanalyse hat seit ihrer Entstehung Ende der siebziger Jahre zunehmend als Methode der Datenanalyse und der Wissensstrukturierung an Bedeutung gewonnen. Sie bietet inzwischen sowohl eine elaborierte mathematische Theorie als auch erfolgreiche Anwendungsbeispiele in vielfältigen Bereichen, etwa Psychologie, Medizin, Politikwissenschaften, Fertigungsprozesse, Information Retrieval, um nur einige zu nennen. Für diese in zahlreichen Veröffentlichungen [5] dokumentierte Reichhaltigkeit spielt eine breite philosophische Grundlegung der Theorie und ihrer Anwendungen eine zentrale Rolle (siehe dazu [3, 24, 23, 26]). Ausgangspunkt der Formalen Begriffsanalyse ist ein philosophisches Verständnis, nach dem ein Begriff eine aus zwei Teilen bestehende Denkeinheit ist: Ein Begriff besteht aus seinem Umfang, der von allen Gegenständen, welche unter den Begriff fallen, gebildet wird, sowie seinem Inhalt, welcher alle dem Begriff zugehörigen Merkmale enthält. Dieses Verständnis wird in der Formalen Begriffsanalyse durch ein mengensprachliches Modell formalisiert, welches mit sehr geringen Voraussetzungen auskommt und daher breit anwendbar ist.

Die Anwendbarkeit der Formalen Begriffsanalyse beruht nicht zuletzt darauf, daß sich die mathematischen Anteile ihrer Methoden algorithmisieren lassen, wodurch in den jeweiligen Anwendungszusammenhängen die betrachteten Inhalte in den Vordergrund treten. Bereits in den frühen achtziger Jahren entstanden auf verschiedenen Systemen eine Reihe von Computerprogrammen, welche die damals bekannten Methoden der Formalen Begriffsanalyse verfügbar machten. Seitdem gibt es sowohl in algorithmisch-methodischer als auch programmtechnischer Hinsicht eine ständige Weiterentwicklung, die hier im vollen Umfange gar nicht dargestellt werden kann. In diese Entwicklung wurden selbstverständlich auch Fortschritte im Bereich der Programmiersprachen mit einbezogen, wobei objektorientierte Programmierung sowie die Mehrfachnutzung und Wiederverwendbarkeit von Quell-Code eine wesentliche Bedeutung haben.

Mit diesem Buch wird die C++-Klassenbibliothek *The Formal Concept Analysis Library* vorgestellt, welche derzeit die Grundlage der umfangreichen Programmsysteme TOSCANA und ANACONDA für MS-Windows™ ist und in einer Reihe weiterer Projekte benutzt wird. *The Formal Concept Analysis Library* stellt die mathematischen Strukturen der Formalen Begriffsanalyse mit den zugehörigen Algorithmen als C++-Klassen zur Verfügung. Das Buch richtet sich sowohl an den Anwender der Formalen Begriffsanalyse, der seine mathematischen Kenntnisse der Formalen Begriffsanalyse vertiefen und in eigene kleine, auf den jeweiligen Problemkreis zugeschnittene Programme einbringen möchte, als auch an den bereits mit Formaler Begriffsanalyse wohlvertrauten Programmierer, der mit *The Formal Concept Analysis Library* umfangreiche Systeme erstellen will. In jedem Fall steht mit den Klassen von *The Formal Concept Analysis Library* eine Basis bereit, die in vielfältiger Hinsicht einsetzbar und erweiterbar ist, so daß zur programmiersprachlichen Modellierung der begriffsanalytischen Strukturen nicht jeweils von Grund auf neu programmiert werden muß.

Das Buch gliedert sich in zwei Teile. Der erste Teil beginnt mit einem Beispiel, welches ohne technische oder mathematische Details die Arbeitsweisen der Formalen Begriffsanalyse demonstriert. In den folgenden Kapiteln wird dieses Beispiel durch die Darstellung der zugehörigen mathematischen Definitionen und Sachverhalte mit theoretischem Hintergrund versehen. Dabei wird auf eher formal-mathematische Inhalte wie z. B. Beweise verzichtet; das Schwergewicht liegt auf der Vermittlung der Bedeutung der mathematischen Strukturen. Die wichtigsten algorithmischen Aspekte werden in einer halbformalen Art dargestellt. Bei den meisten Algorithmen werden auch Bemerkungen zur zeitlichen Komplexität gemacht. Dieses Thema wird jedoch nicht, etwa durch vergleichende Untersuchungen, vertieft. Bei der Auswahl der in *The Formal Concept Analysis Library* implementierten Algorithmen wurde nach Möglichkeit auf Effizienz geachtet, ggf. wurde aber eine übersichtlichere Implementation einer maximal effizienten vorgezogen. Die Beschreibung der Strukturen und Algorithmen wird abgerundet durch die Vorstellung der im jeweiligen Zusammenhang wichtigen C++-Klassen und -Funktionen, ergänzt durch Beispiele und Beispielprogramme.

Der zweite Teil enthält die vollständige Referenz der C++-Klassen und -Funktionen, welche von *The Formal Concept Analysis Library* bereitgestellt werden. Die Kapitel sind nach inhaltlichen Gesichtspunkten strukturiert, für jede einzelne C++-Klasse beschränkt sich die Beschreibung aber im wesentlichen auf die lokale Funktionalität, ohne auf größere Zusammenhänge einzugehen. Damit dient dieser Teil eher als Nachschlagewerk bei der Programmierung, während die Darstellungen im ersten Teil die nötigen Grundkenntnisse für den Aufbau von Programmen mit *The Formal Concept Analysis Library* vermitteln sollen. Es wird angenommen, daß der Leser sowohl mit elementaren mathematischen Konzepten (Mengensprache) als auch mit der Programmiersprache C++ vertraut ist. Selbstverständlich kann das Buch keine umfangreiche inhaltliche Einführung in die Formale Begriffsanalyse ersetzen, wie sie etwa in [11] gegeben oder in Kursen zur Formalen Begriffsanalyse vermittelt wird. Einführende Werke zu C++ gibt es in großer Zahl, bei der Gestaltung der Bibliothek wurden [15] und [20] herangezogen. Allgemeinere Bemerkungen zu Datenstrukturen und Algorithmen finden sich in [1] und

[2]. Aufgrund des Umfangs von *The Formal Concept Analysis Library* ist es unmöglich, im Buch auf alle Einzelheiten und möglichen Fragen einzugehen, die bei der Programmierung auftreten können. Viele Probleme lassen sich klären, indem der C++-Quell-Code der Bibliothek als Referenzmaterial mit herangezogen wird.

Die vielen Beiträge zur Formalen Begriffsanalyse, die in methodischer, mathematischer und programmiertechnischer Hinsicht auf die eine oder andere Art in *The Formal Concept Analysis Library* eingeflossen sind, lassen sich nicht alle benennen und gehören vielfach zum gemeinsamen Wissensstand der Darmstädter Forschungsgruppe Begriffsanalyse. Sicherlich sind die Beiträge von R. Wille prägend für die gesamte Entwicklung, ohne diese wäre Formale Begriffsanalyse in der heute vorliegenden Form nicht entstanden. In den Kapiteln des ersten Teils ist, wo immer möglich, angegeben, auf wen die Ergebnisse oder Algorithmen zurückgehen. Algorithmen sind aber sehr oft über längere Zeit in der Forschungsgruppe diskutiert und dann in verschiedenen Projekten implementiert worden, ohne daß diese Entwicklungen hinreichend dokumentiert sind. Somit bleibt hier nur der Dank für die vielen Mitarbeiterinnen und Mitarbeiter der Forschungsgruppe, die außer den an den jeweiligen Stellen benannten Personen dazu beigetragen haben, daß *The Formal Concept Analysis Library* in der vorliegenden Form verfügbar ist.

Als konkrete Vorläufer von *The Formal Concept Analysis Library* sind die Pascal-Bibliothek FORBEAN von B. Ganter sowie die Programme ANACONDA für atari™ von M. Skorsky und TOSCANA'1 für MS-Windows™ von V. Abel, P. Reiss, M. Skorsky und F. Vogt anzusehen. Wenngleich hier aus verschiedenen Gründen der Quell-Code nicht übernommen werden konnte, so sind doch wichtige Konzepte und Ideen in *The Formal Concept Analysis Library* eingegangen.

Wenn Sie *The Formal Concept Analysis Library* auf Ihrem Rechner benutzen wollen, müssen Sie zunächst die auf der Diskette mitgelieferten Dateien installieren und dann mit Ihrem C++-Compiler die Bibliothek(en) erzeugen. Lesen Sie dazu bitte Anhang B. *The Formal Concept Analysis Library* wird ständig weiterentwickelt. Berichten Sie deshalb aufgetretene Fehler und Probleme, auch im Hinblick auf die Anwendung der Bibliothek, an den Autor. Gegebenenfalls können Sie auf diesem Wege auch eine aktualisierte Version von *The Formal Concept Analysis Library* erhalten.

Beachten Sie, daß der auf der Diskette gelieferte Quell-Code von The Formal Concept Analysis Library *dem Urheberrecht unterliegt. Sie dürfen diesen Quell-Code nicht an Dritte weitergeben. Der Quell-Code und die daraus erzeugten Bibliotheken und Programme dürfen nur zu nicht-kommerziellen Zwecken eingesetzt werden. Wollen Sie dennoch* The Formal Concept Analysis Library *kommerziell einsetzen, so ist eine gesonderte Vereinbarung notwendig. Wenden Sie sich dazu bitte an den Autor.*

Bevor Sie die Dateien von The Formal Concept Analysis Library *auf einem beliebigen Rechner installieren, lesen Sie bitte Anhang C. Der Inhalt dieses Anhangs gilt als akzeptiert, sobald Sie die Dateien von The Formal Concept Analysis Library oder einen Teil davon installiert haben.*

Adresse des Autors:
Dr. Frank Vogt
Arbeitsgruppe Allgemeine Algebra
und Diskrete Mathematik
Fachbereich Mathematik
Technische Hochschule Darmstadt
Schloßgartenstraße 7
D-64289 Darmstadt
Germany

e-mail: vogt@mathematik.th-darmstadt.de

Teil I

Strukturen und Algorithmen

1. Ein einführendes Beispiel

Die Formale Begriffsanalyse kann in vielfältiger Weise zur Analyse und Darstellung von Daten verwendet werden. Dabei liegt die Betonung eher auf der Erkundung und Sichtbarmachung von in den Daten enthaltenen begrifflichen Zusammenhängen als auf der Ermittlung numerischer Kennwerte. In diesem einleitenden Kapitel sollen die Methoden der Formalen Begriffsanalyse an einem einfachen Beispiel erläutert werden.

Daten haben in der Formalen Begriffsanalyse stets die Form von Tabellen, deren Zeilen für die Gegenstände der Datensammlung stehen, während in den Spalten die Werte oder Ausprägungen gewisser Merkmale und Eigenschaften dieser Gegenstände eingetragen sind. Mit Datenbanksystemen vertraute Leser werden unschwer erkennen, daß dies gerade das grundlegende Datenformat relationaler Datenbanksysteme ist. Die Daten des Beispiels sind in den Tabellen 1.1 und 1.2 wiedergegeben. Bei den Gegenständen handelt es sich um 26 im Springer-Verlag erschienene Bücher, welche sich mit Methoden und Anwendungen der Datenanalyse befassen. Diese Bücher wurden durch eine elektronische Literaturrecherche in der Mathematik-Datenbank des Fachinformationszentrums Karslruhe ermittelt[1]. Tabelle 1.1 zeigt die Autoren, Titel und ISBN dieser Bücher. Aus den durch die Literaturrecherche ermittelten Daten sowie einigen weiteren Informationen wurden die in Tabelle 1.2 angegebenen Merkmale ermittelt, welche zur inhaltlichen Beschreibung der Bücher dienen sollen. Die Zuordnung zwischen den beiden Tabellen geschieht über die erste Spalte jeder Tabelle, welche eine laufende Nummer enthält.

Die nachfolgend kurz beschriebenen Merkmale der Bücher wurden anhand der bei der Datenabfrage gelieferten Daten, insbesondere der Abstract-artigen Referierungen, festgelegt. Sie enthalten also bereits eine inhaltliche Interpretation der Originaldaten.

Jahr: Erscheinungsjahr des Buches.
Seiten: Seitenzahl des Buches.

[1] Dies ist die elektronische Version des Zentralblatts der Mathematik. Auf der Grundlage des Datenbestands vom 15. März 1995 wurden die Daten aus der Datei `math` mit der folgenden Anfrage ermittelt:
`search (book)/dt and (springer)/so and (data(5w)analysis)/bi and (method?)/bi and (application?)/bi.`

Nr	Autor	Titel	ISBN
1	Ackermann, J.	Sampled-data control systems. Analysis and synthesis, robust system design	3-540-15610-0
2	Andersen, E. B.; Jensen, N.-E.; Kousgaard, N.	Statistics for economics, business administration, and the social sciences	3-540-17720-5
3	Andrews, D. F.; Herzberg, A. M.	Data. A collection of problems from many fields for the student and research worker	0-387-96125-9; 3-540-96125-9
4	Banchoff, T.; Wermer, J.	Linear algebra through geometry	0-387-97586-1
5	Bock, H.-H.; Ihm, P.	Classification, data analysis, and knowledge organization. Models and methods with applications	0-387-53483-0; 3-540-53483-0
6	Bode, A.	Mikroarchitekturen und Mikroprogrammierung: Formale Beschreibung und Optimierung	0-387-13380-1; 3-540-13380-1
7	Branham, R. L. jun.	Scientific data analysis. An introduction to overdetermined systems	0-387-97201-3; 3-540-97201-3
8	De Roeck, G.; Samartin Quiroga, A.; Laethem, M. Van	Shell and spatial strutures: computational aspects	0-387-17498-2; 3-540-17498-2
9	Ferrate, G.; Pavlidis, T.; Sanfelieu, A.; Bunke, H.	Syntactical and structural pattern recognition.	0-387-19209-3; 3-540-19209-3
10	Gaul, W.; Schader, M.	Data, expert knowledge and decisions. An interdisciplinary approach with emphasis on marketing	0-387-19038-4; 3-540-19038-4
11	Gittins, R.	Canonical analysis. A review with applications in ecology	0-387-13617-7; 3-540-13617-7
12	Goel, P. K.; Ramalingam, T.	The matching methodology: some statistical properties	0-387-96970-5; 3-540-96970-5
13	Haerdle, W.	Smoothing techniques. With implementation in S	0-387-97367-2; 3-540-97367-2
14	Haerdle, W.; Simar, L.	Computer intensive methods in statistics	0-387-91443-9; 3-7908-0677-3
15	Heiner, K. W.; Sacher, R. S.; Wilkinson, J. W.	Computer science and statistics	0-387-90835-8
16	Henrion, R.; Henrion, G.	Multivariate Datenanalyse. Methodik und Anwendung in der Chemie und verwandten Gebieten	0-387-58188-X; 3-540-58188-X
17	Jobson, J. D.	Applied multivariate data analysis. Volume I: Regression and experimental design	0-387-97660-4
18	Jobson, J. D.	Applied multivariate data analysis. Volume II: Categorical and multivariate methods	0-387-97804-6; 3-540-97804-6
19	Keramidas, G. A.; Brebbia, C. A.	Computational methods and experimental measurements	3-540-16888-5
20	Laface, P.; De Mori, R.	Speech recognition and understanding. Recent advances, trends and applications	0-387-54032-6; 3-540-54032-6
21	Lindman, H. R.	Analysis of variance in experimental design	0-387-97571-3; 3-540-97571-3
22	Lohmoeller, J.-B.	Latent variable path modeling with partial least squares	0-387-91363-7; 3-7908-0431-1
23	McDonald, L.; Manly, B.; Lockwood, J.; Logan, J.	Estimation and analysis of insect populations	3-540-96998-5
24	Streitferdt, L.; Hauptmann, H.; Marusev, A. W.; Ohse, D.	Operations research	0-387-16506-1; 3-540-16506-1
25	Venables, W. N.; Ripley, B. D.	Modern applied statistics with S-PLUS	0-387-94350-1
26	West, B. J.	An essay on the importance of being nonlinear	0-387-19038-8; 3-540-16038-8

Tab. 1.1 Bücher zur Datenanalyse

Nr	Jahr	Seiten	Sprache	Klassifikation	Methoden	Anwendungen	Gebiete	Verfahren	Anwendungsbereiche	Software
1	1985	596	Englisch	Lehrbuch	Ja	Nein	KT			Nein
2	1987	439	Englisch	Einführung	Ja	Nein	Mv,WT	KT,Reg	Ges	Nein
3	1985	442	Englisch	Lehrbuch	Nein	Ja			Bio,Ges	Nein
4	1992	305	Englisch	Einführung	Ja	Nein	Geo,LA	kQ		Nein
5	1991	393	Englisch	Tagungsband	Ja	Ja	Mod,Mv	CA,Komb,LP	Arch,Bio,DV,Ges,Med,Prod	Nein
6	1984	227	Deutsch	Lehrbuch	Nein	Nein				Ja
7	1990	237	Englisch	Lehrbuch	Ja	Nein	Num	CA,kQ,Reg,ST		Nein
8	1987	487	Englisch	Tagungsband	Ja	Ja	Num		Ing	Ja
9	1988	467	Englisch	Tagungsband	Ja	Ja	KI,SR	Komb	ME	Nein
10	1988	380	Englisch	Tagungsband	Ja	Ja	Mv	CA,Fuz,Komb,MDS	EU,Prod	Nein
11	1985	351	Englisch	Lehrbuch	Ja	Ja	Mv		Bio	Nein
12	1989	152	Englisch	Monographie	Nein	Ja			DV	Nein
13	1991	261	Englisch	Einführung	Ja	Nein	Mv,Nu	ST		Ja
14	1993	176	Englisch	Tagungsband	Ja	Nein	Mv,SR	BR,MM,HKA		Ja
15	1983	313	Englisch	Tagungsband	Ja	Nein	Num			Ja
16	1994	261	Deutsch	Lehrbuch	Ja	Ja	Mv	FA	Ch	Nein
17	1991	621	Englisch	Einführung	Ja	Nein	Mod,Mv	Reg,VA		Disk
18	1992	731	Englisch	Einführung	Ja	Nein	Mv	CA,FA,HKA,KA,kQ,KT,Reg		Disk
19	1986	935	Englisch	Tagungsband	Nein	Ja			Mech	Nein
20	1992	559	Englisch	Tagungsband	Nein	Ja	Mod,Mv		SE	Nein
21	1992	531	Englisch	Lehrbuch	Ja	Nein	Mv	VA		Ja
22	1989	283	Englisch	Lehrbuch	Ja	Ja	Mod,Mv	FA,kQ,KT	Psy	Ja
23	1989	492	Englisch	Tagungsband	Nein	Ja	Mod,Mv		Bio	Nein
24	1986	580	Deutsch	Tagungsband	Ja	Ja	OR	Fuz,Komb,LP	Ges,Prod	Nein
25	1994	462	Englisch	Tagungsband	Ja	Nein	Mv			Disk
26	1985	204	Englisch	Monographie	Ja	Ja	Mod,Mv		Bio	Nein

Tab. 1.2 Beschreibende Merkmale der Bücher aus Tabelle 1.1

Sprache: Sprache, in der das Buch erschienen ist. Die Datenabfrage lieferte lediglich englisch- und deutschsprachige Werke.

Klassifikation: Dieses Merkmal beschreibt den Typ des Buches. Unterschieden wurden Monographien, Lehrbücher, Einführungen und Tagungsbände. Ein Werk wurde als Monographie klassifiziert, wenn es sich nicht um einen Tagungsband handelt, aber aufgrund der Referierung zu erkennen war, daß das Werk nicht speziell als Lehrbuch aufgebaut ist, andernfalls wurde es als Lehrbuch klassifiziert. Lehrbücher, deren einführender Charakter besonders hervorgehoben ist, wurden als Einführung klassifiziert.

Methoden: Dieses Merkmal gibt an, ob in dem betreffenden Buch zentral Methoden und Verfahren der Datenanalyse in ihrer Theorie behandelt werden. Gemeint ist hier die mathematisch-technische Auseinandersetzung mit den Methoden, nicht aber die Anwendung der Methoden.

Anwendungen: Hier wird angegeben, ob Anwendungen datenanalytischer Methoden eine zentrale Rolle spielen. Dabei reicht eine bloße Erwähnung im Rahmen einer theoretischen Behandlung, daß eine Methode in einem gewissen Bereich angewendet werden kann, nicht aus. Ein „Ja“ kennzeichnet vielmehr, daß aus Sicht einer Fachwissenschaft die Anwendung datenanalytischer Methoden zur Gewinnung spezifischer Erkenntnisse beschrieben wird.

Gebiete: Dieses Merkmal benennt die wichtigsten mathematisch-datenanalytischen Teilgebiete, die in dem jeweiligen Buch eine Rolle spielen. Dabei wurden sowohl theoretische Abhandlungen im Rahmen dieser Gebiete als auch Anwendungen von Methoden aus diesen Gebieten berücksichtigt. Tabelle 1.3 erläutert die verwendeten Abkürzungen.

Verfahren: Hier werden die datenanalytischen Verfahren benannt, die im Buch von zentraler Bedeutung sind. Tabelle 1.4 zeigt die verwendeten Abkürzungen.

Bereiche: Das Merkmal „Bereiche“ benennt die wesentlichen Anwendungsbereiche, in denen Beispiele von Datenanalysen beschrieben werden. Tabelle 1.5 enthält wieder die verwendeten Abkürzungen. Man beachte, daß hier auch Anwendungsbereiche angegeben wurden, falls in einem Buch zwar Anwendungsbeispiele keine zentrale Rolle spielen, die theoretischen Betrachtungen aber im Hinblick auf bestimmte Anwendungsbereiche gemacht werden.

Software: Hier wird zunächst unterschieden, ob in dem betreffenden Buch überhaupt datenanalytische Software in irgendeiner Weise behandelt wird. Bei einigen Büchern wird Software nicht nur im Text behandelt, sondern liegt dem Buch auf Diskette bei. Dies wird durch den Eintrag „Disk“ gekennzeichnet.

Aus der Beschreibung der Merkmale ist ersichtlich, daß in die Erstellung der Datentabelle 1.2 bereits in gewissem Umfang inhaltliche Interpretation eingeflossen ist. Im Vergleich zu klassischen statistischen Verfahren der Da-

Kürzel	Gebiet	Kürzel	Gebiet
Geo	Geometrie	Mv	Multivariate Statistik
KI	Künstliche Intelligenz	Num	Numerische Mathematik
KT	Kontrolltheorie	OR	Operations Research
LA	Lineare Algebra	SR	Symbolisches Rechnen
Mod	Modellierung	WT	Wahrscheinlichkeitstheorie

Tab. 1.3 Die Kürzel der Gebiete

Kürzel	Verfahren	Kürzel	Verfahren
BR	Bayessches Rechnen	KT	Kontingenz-Tafeln
CA	Cluster-Analyse	LP	Lineare Programmierung
FA	Faktoren-Analyse	MDS	Multidimensionale Skalierung
Fuz	Fuzzy-Methoden	MM	Minimax-Methoden
HKA	Hauptkomponenten-Analyse	Reg	Regression
KA	Korrespondenz-Analyse	ST	Smoothing-Techniken
Komb	Kombinatorische Methoden	VA	Varianz-Analyse
kQ	kleinste Quadrate		

Tab. 1.4 Die Kürzel der Verfahren

Kürzel	Anwendungsbereich	Kürzel	Anwendungsbereich
Arch	Archäologie	ME	Muster-Erkennung
Bio	Biologie	Mech	Mechanik
Ch	Chemie	Med	Medizin
DV	Datenverarbeitung	Prod	Produktion
EU	Entscheidungs-Unterstützung	Psy	Psychologie
Ges	Gesellschaftswissenschaften	SE	Sprach-Erkennung
Ing	Ingenieurwissenschaften		

Tab. 1.5 Die Kürzel der Anwendungsbereiche

tenanalyse mag dies irritierend sein. Es gehört jedoch zu den Grundannahmen der Formalen Begriffsanalyse, daß jegliche Datenerhebung bereits von einem (impliziten oder expliziten) inhaltlichen Vorverständnis ausgeht. Dieses Vorverständnis wurde für den Datensatz über die Bücher zur Datenanalyse oben dargestellt. Später wird dieses Thema nochmals aufgegriffen.

Auch die weitere Vorbereitung der Daten für die Untersuchung ist eher inhaltlicher als formaler Natur. Für jedes der oben beschriebenen Merkmale, ggf. auch für Gruppen dieser Merkmale, muß nunmehr die inhärente begriffliche Struktur beschrieben werden. In der Formalen Begriffsanalyse geschieht dies durch die sogenannten begrifflichen Skalen, welche als hierarchische Diagramme, sogenannte Liniendiagramme, dargestellt werden. Die Abb. 1.1 bis 1.4 zeigen einige der begrifflichen Skalen für die Merkmale des Beispiels. Vor der inhaltlichen Betrachtung dieser Skalen soll jetzt zunächst erläutert werden, wie die Liniendiagramme zu lesen sind.

Als Beispiel wird zunächst die begriffliche Skala für das Merkmal „Jahr“ in Abb. 1.1 betrachtet, wobei als erstes die Beschriftung erläutert werden

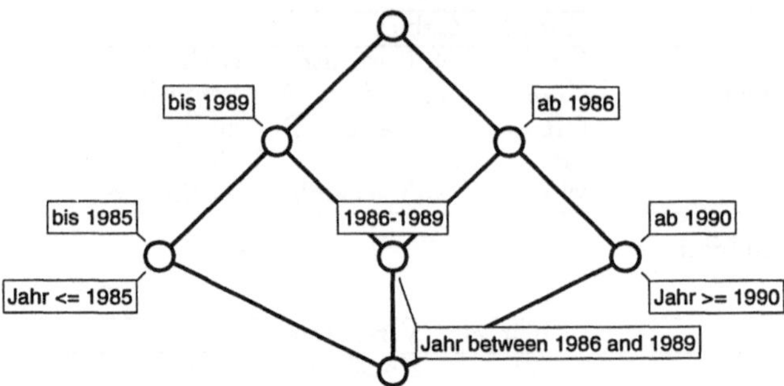

Abb. 1.1 Eine begriffliche Skala für das Merkmal „Jahr“

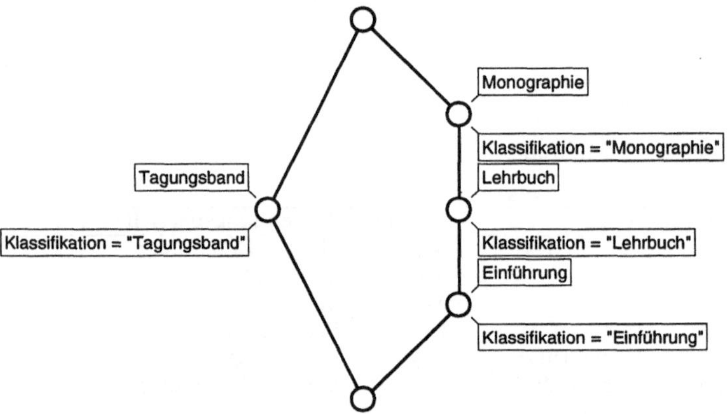

Abb. 1.2 Eine begriffliche Skala für das Merkmal „Klassifikation“

soll. Jeder Text im Diagramm ist durch eine dünne Linie einem Punkt des Diagramms zugeordnet. Dabei lassen sich zwei Arten der Zuordnung unterscheiden: Die drei Texte im unteren Teil des Diagramms stehen unterhalb des zugehörigen Punktes, und die Linie nähert sich dem Punkt von unten. Diese Texte sind Bedingungen, welche sich auf das Merkmal „Jahr“ aus der ursprünglichen Datentabelle 1.2 beziehen und festlegen, welche Werte dieses Merkmals welchem Punkt der Skala zugeordnet werden sollen[2]. Dem linken Punkt sollen also die Erscheinungsjahre bis 1985, dem mittleren Punkt die Erscheinungsjahre von 1986 bis 1989 und dem rechten Punkt die ab 1990 zugeordnet werden.

Die durch die zweite Art zugeordneten restlichen Texte befinden sich oberhalb der jeweiligen Punkte. Diese Texte stehen für neue, durch die Skala eingeführte Merkmale, mit denen die Werte des ursprünglichen Merkmals „Jahr“ beschrieben werden. Entscheidend hierbei ist nun die Hierarchie, in der diese neuen Merkmale mit den durch die Bedingungen festgelegten Werten des

[2] Die Bedingungen in den abgebildeten Diagrammen sind in der Datenbank-Abfragesprache SQL formuliert

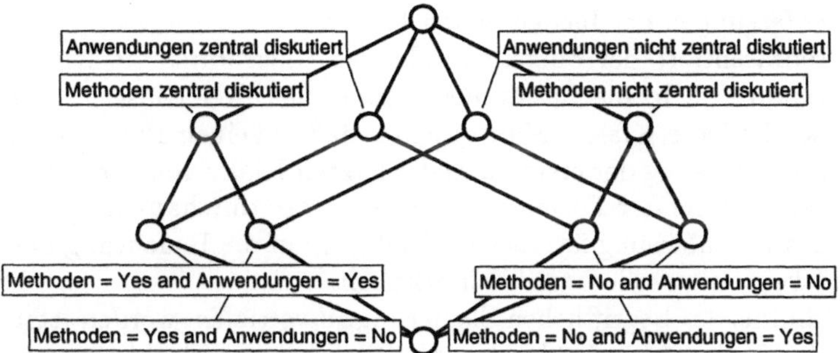

Abb. 1.3 Eine begriffliche Skala für die Merkmale „Methoden" und „Anwendungen"

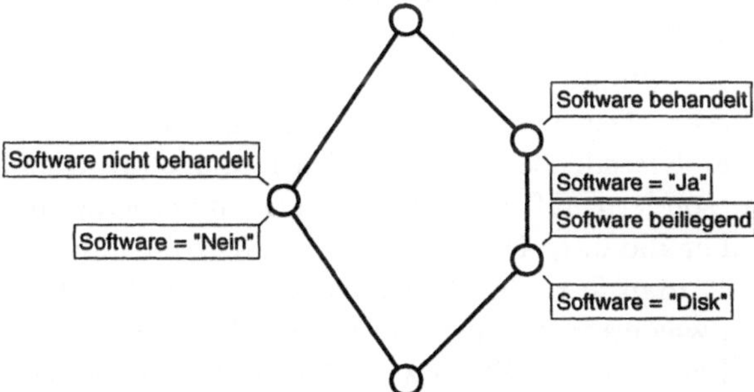

Abb. 1.4 Eine begriffliche Skala für das Merkmal „Software"

Merkmals „Jahr" stehen. Diese Hierarchie wird durch die Linien zwischen den Punkten des Diagramms festgelegt. Man sagt, *„ein Wert hat ein Merkmal"*, wenn der Wert und das Merkmal am selben Punkt stehen oder von dem zum Wert gehörenden Punkt ein Linienzug aus aufsteigenden Linien zu dem zum Merkmal gehörenden Punkt führt. So haben die Werte bis 1985 die Merkmale „bis 1985" und „bis 1989", aber keine weiteren. Entsprechend haben die Werte von 1986 bis 1989 die Merkmale „1986–1989", „bis 1989" und „ab 1986".

Jeder Punkt des Diagramms repräsentiert eine begrifflich zusammengehörende Einheit der Skala, welche aus allen Werten, die vom Punkt durch absteigende Linienzüge erreicht werden können, und allen Merkmalen, die vom Punkt durch aufsteigende Linienzüge erreicht werden können, besteht. Unter diesem Gesichtspunkt kann die begriffliche Struktur beschrieben werden, die durch die Wahl der obigen Skala dem Merkmal „Jahr" zugeordnet wird. Die Erscheinungsjahre werden zunächst in die drei genannten Klassen unterteilt. Diese Klassen werden im Diagramm der Skala durch die drei Punkte repräsentiert, denen die Bedingungen für die Werte zugeordnet sind. Weiter können diese drei Klassen zu größeren Klassen zusammengefaßt werden. Die zu den Merkmalen „bis 1989" und „ab 1986" gehörenden Punkte repräsentieren die Zusammenfassungen der beiden ersten bzw. der beiden letzten Klassen. Schließlich repräsentiert der oberste Punkt des Diagramms die Klasse aller Erscheinungsjahre, d. h. die Zusammenfassung aller drei Klassen, und der unterste Punkt die leere Klasse. Man beachte, daß es keinen Punkt gibt, welcher die Zusammenfassung der ersten und der letzten Klasse repräsentiert. Dies wäre nach der Theorie der Formalen Begriffsanalyse durchaus möglich. Eine derartige Zusammenfassung ist aber im Hinblick auf die Bedeutung der Merkmals „Jahr" keine sinnvolle begriffliche Einheit.

Um das Verständnis der begrifflichen Skalierung zu vertiefen, werden jetzt noch die drei Skalen in den Abb. 1.2 bis 1.4 inhaltlich betrachtet. Als Leseregeln für diese Diagramme gelten selbstverständlich wieder die oben genannten. Im Diagramm in Abb. 1.2 ist zunächst zu bemerken, daß die Werte des Merkmals „Klassifikation" aus der ursprünglichen Datentabelle in zwei Klassen unterteilt werden. Der linke Punkt im Diagramm der Skala repräsentiert die Tagungsbände, während die Punkte rechts Monographien, Lehrbücher und Einführungen repräsentieren. Der Leser mag fragen, warum in dieser Skala nicht die vier Arten der Klassifikation unverbunden und ohne Hierarchie nebeneinander stehen, sondern auf der rechten Seite eine Hierarchie gebildet wurde. Wenn man aber die o. g. Erläuterung des Merkmals „Klassifikation" betrachtet, so stellt man fest, daß Lehrbücher als spezielle Monographien und Einführungen wiederum als spezielle Lehrbücher verstanden werden. Dies kommt in der Hierarchie der Skala zum Ausdruck: Der Merkmalswert „Monographie" hat nur das Merkmal „Monographie", der Wert „Lehrbuch" hat das Merkmal „Lehrbuch", aber auch das Merkmal „Monographie" (aufsteigende Linie). Schließlich hat der Wert „Einführung" alle drei Merkmale. Werden die begrifflichen Einheiten betrachtet, so repräsentiert der oberste der drei Punkte also die Klasse aller Monographien einschließlich der Lehrbücher und Einführungen und der mittlere die Teilklasse der Lehrbücher und Einführungen. Der unterste der drei Punkte repräsentiert die noch weiter eingeschränkte Teilklasse der Einführungen. Auf diese Weise kommt man in der Hierarchie vom Allgemeinen oben zum Speziellen unten. Der Vollständigkeit halber sei noch erwähnt, daß der oberste Punkt des Liniendiagramms wieder die Allklasse und der unterste Punkt die leere Klasse repräsentiert.

Abbildung 1.3 zeigt ein Liniendiagramm der begrifflichen Skala für die Merkmale „Methoden" und „Anwendungen". Da es theoretisch keinen Grund gibt auszuschließen, daß alle vier möglichen Kombinationen der beiden Werte „Ja" und „Nein" für die beiden Merkmale auftreten, wird jede dieser Kombinationen durch einen Punkt repräsentiert. Jede der Kombinationen hat genau zwei Merkmale der begrifflichen Skala, wie anhand der aufsteigenden Linien zu sehen ist. Diese neuen Merkmale bringen die Bedeutung der Werte „Ja" und „Nein" der ursprünglichen Merkmale „Methoden" und „Anwendungen" zum Ausdruck, wie sie in der Erläuterung der Merkmale angegeben wurde.

Die letzte begriffliche Skala, die hier behandelt werden soll, ist die für das Merkmal „Software", deren Liniendiagramm in Abb. 1.4 zu sehen ist. Diese

Skala ist analog zur Skala für das Merkmal „Klassifikation" aufgebaut: Es wird zunächst zwischen den Werten „Nein" und „Ja" unterschieden. Der Wert „Disk" wird so interpretiert, daß in einem Buch mit diesem Wert Software behandelt wird, diese aber zusätzlich (auf Diskette) dem Buch beiliegt.

An den vier Beispielen wird deutlich, daß in den Aufbau der begrifflichen Skalen wiederum ein großer Teil an inhaltlicher Interpretation einfließt. Für keines der Merkmale der Datentabelle 1.2 gibt es einen zwingenden mathematischen Grund, die Skala so zu strukturieren, wie es oben beschrieben wurde. Die Wahl einer Struktur wird vielmehr allein von der mathematischen Umsetzung der inhaltlichen Bedeutung der Merkmale bestimmt. Dies ist kein Widerspruch zu der Tatsache, daß die Wahl der Skalen zur Vorbereitung der Analyse der Daten dient und in der Regel durch die Analyse Erkenntnisse über die Struktur der Daten gewonnen werden sollen. Wie bereits erwähnt, ist jede Datenanalyse a priori von einem Verständnis des zu untersuchenden Bereichs geprägt. Die Methode der Formalen Begriffsanalyse fordert allerdings vom Untersuchenden, dieses Vorverständnis offenzulegen und daraus die Struktur der Skalen zu gewinnen.

Bislang wurde lediglich die inhärente Struktur der Merkmale der Datentabelle 1.2 diskutiert. Der nächste Schritt der Analyse ist jetzt, die gewonnenen begrifflichen Skalen mit den in der Tabelle tatsächlich vorhandenen Daten zu verknüpfen. Im Gegensatz zur Auswahl der Skalen ist dieses ein rein formaler Schritt: In den Liniendiagrammen der begrifflichen Skalen werden die Bücher aus der Datentabelle (repräsentiert durch ihre Nummer) jeweils dem Punkt zugeordnet, der dem Wert des Buches für das jeweilige Merkmal entspricht. Die Abb. 1.5 bis 1.8 zeigen die so entstehenden Diagramme. Um die Zuordnung der Bücher nochmals exemplarisch zu erläutern, betrachte man das Liniendiagramm für das Merkmal „Jahr". Laut Tabelle 1.2 hat Buch Nr. 1 für das Merkmal „Jahr" den Wert 1985. Aus dem Liniendiagramm der Skala in Abb. 1.1 ist abzulesen, daß dieses Buch dem linken Punkt zugeordnet werden muß. Buch Nr. 2 hat den Wert 1987 und muß demnach dem mittleren Punkt zugeordnet werden, etc.

Die so entstehenden Liniendiagramme werden genauso wie die Liniendiagramme der begrifflichen Skalen gelesen, nur sind die in den Skalen auftretenden Werte der ursprünglichen Merkmale jetzt durch die Gegenstände der Datentabelle ersetzt. Demzufolge hat ein solcher Gegenstand ein Merkmal, wenn entweder Gegenstand und Merkmal an demselben Punkt stehen oder aber von dem zum Gegenstand gehörenden Punkt ein Linienzug aus aufsteigenden Linien zum Merkmal führt. Buch Nr. 1 hat also die Merkmale „bis 1985" und „bis 1989", während Buch Nr. 2 die Merkmale „1986–1989", „bis 1989" und „ab 1986" hat, etc. Die Punkte der Liniendiagramme repräsentieren wiederum begriffliche Einheiten, welche aus allen Büchern (Gegenständen) bestehen, die vom Punkt durch absteigende Linien zu erreichen sind, und allen Merkmalen, die vom Punkt durch aufsteigende Linien zu erreichen sind. Der Punkt links im Liniendiagramm in Abb. 1.5 repräsentiert

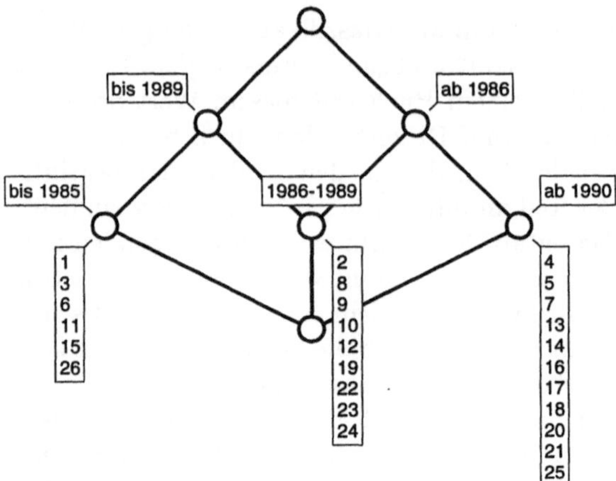

Abb. 1.5 Die nach dem Erscheinungsjahr strukturierten Bücher

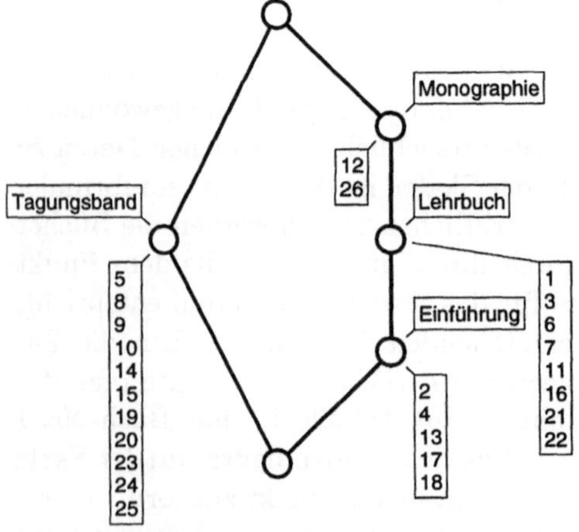

Abb. 1.6 Ein Liniendiagram der nach Buchtyp unterschiedenen Bücher

also die begriffliche Einheit, welche aus den Büchern 1, 3, 6, 11, 15 und 26 sowie den Merkmalen „bis 1985" und „bis 1989" besteht. Diese begrifflichen Einheiten werden formale Begriffe genannt (vgl. Abschnitt 2.2). Die Hierarchie des Liniendiagramms beschreibt die Unterbegriff-Obergriff-Relation: Ein formaler Begriff ist Unterbegriff eines zweiten formalen Begriffs, wenn vom ersten zum zweiten formalen Begriff ein Linienzug aus aufsteigenden Linien führt. Der Unterbegriff hat weniger Gegenstände, dafür aber mehr Merkmale als der Oberbegriff.

Anhand der Liniendiagramme in den Abb. 1.5 bis 1.8 sowie entsprechenden Liniendiagrammen für die anderen Merkmale der Datentabelle, welche hier nicht abgebildet sind, können die Daten jetzt analysiert werden. Auch dies soll an einigen Beispielen vorgeführt werden. Zunächst betrachte man

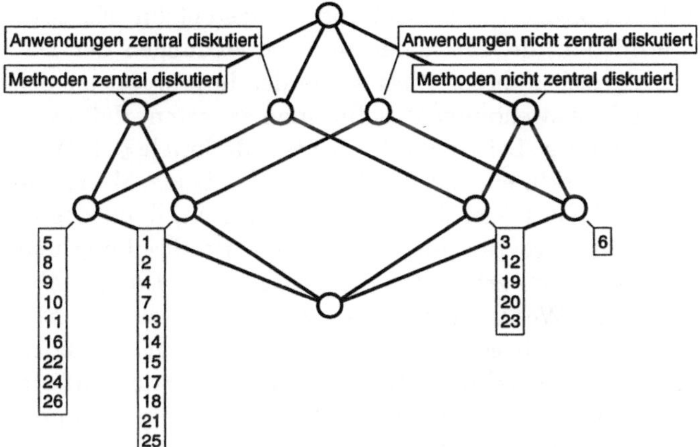

Abb. 1.7 Die Behandlung der Methoden und Anwendungen

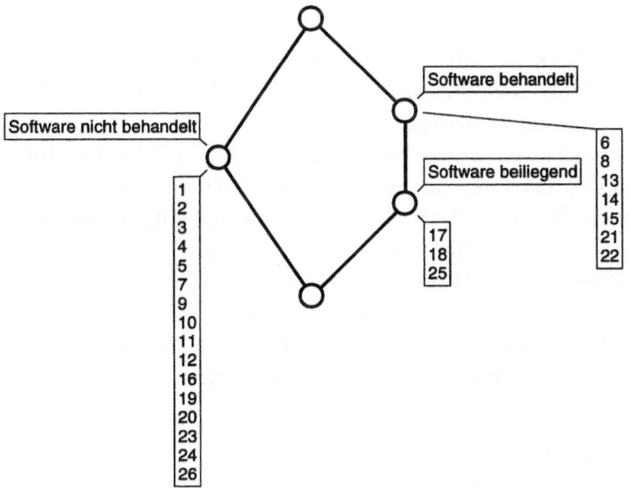

Abb. 1.8 Die nach der Behandlung von Software unterschiedenen Bücher

das Liniendiagramm in Abb. 1.7, welches die Aufteilung der Bücher nach der Behandlung von Methoden sowie Anwendungen der Datenanalyse zeigt. Es ist zu sehen, daß es 9 Bücher gibt, in denen nach Maßgabe der oben erläuterten Interpretation der Merkmale sowohl Methoden als auch Anwendungen zentral diskutiert werden. Weiter gibt es 11 Bücher, in denen nur Methoden, und 5 Bücher, in denen nur Anwendungen von zentraler Bedeutung sind. Schließlich gibt es noch das Buch Nr. 6, in welchem weder Methoden noch Anwendungen der Datenanalyse im Zentrum stehen. Man kann nun diese Erkenntnisse benutzen, um z. B. Rückschlüsse auf die Qualität der Daten zu ziehen.

Das Ziel der Datenbankabfrage beim Fachinformationszentrum Karlsruhe war es, Bücher zu ermitteln, die Methoden und Anwendungen der Datenanalyse behandeln. Angesichts dieses Ziels sowie der Interpretation der Merkmale „Methoden" und „Anwendungen" sollte man erwarten, daß jedes der ermittelten Bücher zumindest bei einem der beiden Merkmale den Wert „Ja" hat. Wie ist es nun zu erklären, daß Buch Nr. 6 für beide Merkmale den Wert „Nein" hat? In Tabelle 1.1 ist der Titel von Buch Nr. 6 abzulesen: „Mikroarchitekturen und Mikroprogrammierung: Formale Beschreibung und Optimierung". Bereits dieser Titel zeigt, daß dieses Buch mit Datenanalyse, wie sie in den anderen 25 Werken verstanden wird, nichts zu tun hat. Dies wird durch den hier nicht abgedruckten Abstract bestätigt. Dennoch wurde das Buch bei der Datenbankabfrage ermittelt, weil die Stichworte in anderen Zusammenhängen im Abstract auftreten. Damit wird ein Kernproblem des Information Retrieval berührt: Wie stellt man sicher, daß bei einer Abfrage an eine Datenbank o. ä. die tatsächlich gewünschten Informationen geliefert werden? Eine Klartextsuche, wie sie im Beispiel zur Ermittlung der Informationen benutzt wurde (vgl. Fußnote auf S. 7), liefert in der Regel nur unzureichende Ergebnisse. Dies ist seit langem bekannt und gehört zu den zentralen Problemen des Information Retrieval, wird durch das hier vorliegende Beispiel aber eindrucksvoll bestätigt.

Als weiteres Beispiel wird das Liniendiagramm in Abb. 1.9 betrachtet, welches die wichtigsten in den Büchern angesprochenen mathematisch-datenanalytischen Gebiete darstellt. Der Übersichtlichkeit halber sind in diesem Diagramm nur die Anzahlen der Bücher, die zu einem Begriff gehören, wiedergegeben. Das Liniendiagramm bestätigt, daß Methoden der multivariaten Statistik die im Bereich der Datenanalyse am stärksten etablierten Methoden sind. Wie in dem eng verbundenen Bereich in der Mitte des Diagramms zu erkennen ist, behandeln 15 der 26 Bücher derartige Methoden.

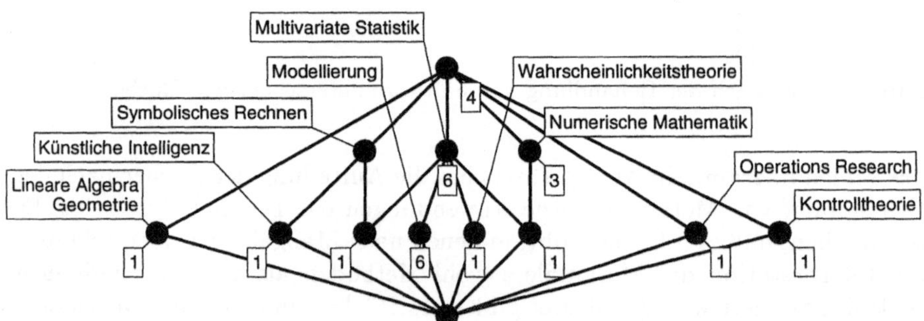

Abb. 1.9 Die mathematisch-datenanalytischen Gebiete

Die Analysemöglichkeiten der Formalen Begriffsanalyse wären sehr unzureichend, wenn sie sich auf die Betrachtung der durch die Skalen erzeugten Liniendiagramme beschränken würden, da diese ja in der Regel nur ein einziges Merkmal der ursprünglichen Datentabelle darstellen. Die Skala für die Merkmale „Methoden" und „Anwendungen" zeigt zwar, daß es möglich ist, auch Skalen und damit Liniendiagramme für Kombinationen von Merkmalen zu erzeugen. Es wäre aber sehr mühsam, dies für jede Kombination, die im Verlauf der Analyse interessant wird, durchzuführen. Aus diesem Grund wurde in der Formalen Begriffsanalyse die Technik der gestuften Liniendiagramme entwickelt. Hier ist nicht der Platz, um diese Technik vollständig darzustellen, weshalb ein Beispiel genügen möge. Weitere Informationen findet man in [10, 18, 21, 22].

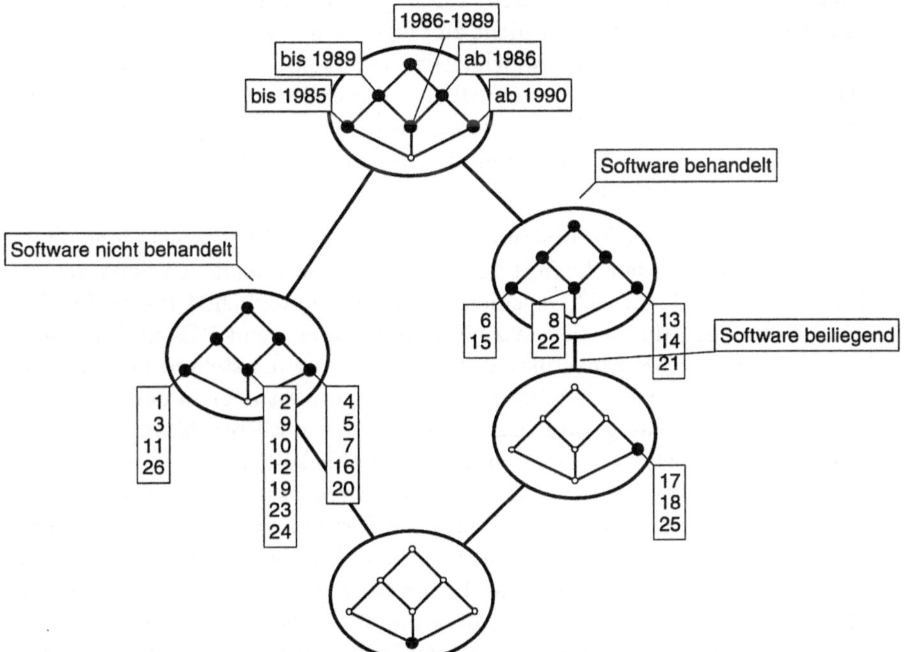

Abb. 1.10 Ein gestuftes Liniendiagramm

Abbildung 1.10 zeigt ein gestuftes Liniendiagramm, welches aus den Liniendiagrammen der Skalen für die Merkmale „Jahr" und „Software" zusammengesetzt ist. Das Liniendiagramm für „Software" bildet die äußere Struktur des gestuften Liniendiagramms. Jeder Punkt dieses Liniendiagramms wurde zu einer Ellipse vergrößert, und in jede dieser Ellipsen wurde eine Kopie des Liniendiagramms für „Jahr" gezeichnet. Zum Lesen eines gestuften Liniendiagramms müssen die Regeln für das Lesen einfacher Liniendiagramme um zwei Punkte erweitert werden.

1. Die Linien zwischen den Ellipsen stehen als Abkürzungen für parallele Linien zwischen den korrespondierenden Punkten der beiden inneren

Liniendiagramme. Sucht man einen Linienzug aus aufsteigenden Linien, darf man also sowohl in einem der inneren Liniendiagramme entlang einer aufsteigenden Linie laufen als auch von einem Punkt in einem inneren Liniendiagramm zu dem entsprechenden Punkt in einem anderen inneren Liniendiagramm gehen, falls die zu den beiden inneren Diagrammen gehörenden Ellipsen durch eine aufsteigende äußere Linie verbunden sind. Als Beispiel betrachte man die Bücher Nr. 17, 18 und 25 unten rechts im gestuften Liniendiagramm. Diese Bücher haben gemäß der eben formulierten Regel die Merkmale „Software beiliegend", „Software behandelt", „ab 1990" und „ab 1986".

2. Bei der Darstellung der Daten durch gestufte Liniendiagramme ist es aus theoretischen Gründen nicht zu vermeiden, daß das gestufte Liniendiagramm Punkte enthält, welche keine formalen Begriffe repräsentieren. Dies wird durch eine unterschiedliche Darstellung der Punkte gekennzeichnet. Im gestuften Liniendiagramm in Abb. 1.10 repräsentieren nur die dicken schwarzen Punkte Begriffe, während die kleinen weißen Kreise keine Begriffe repräsentieren.

Auch für dieses gestufte Liniendiagramm soll hier ein Beispiel einer Interpretation gegeben werden. Es fällt auf, daß die Bücher, bei denen Software auf Diskette beiliegt, alle ab 1990 erschienen sind. Eine mögliche Ursache für diesen Sachverhalt ist, daß in den letzten Jahren zunehmend PCs und ähnliche Arbeitsplatzrechner als Einzelplatzgeräte zur Verfügung stehen. Die Beigabe von Disketten mit spezifischer Software zu Büchern ist aber in der Regel nur für derartige Einzelplatzgeräte interessant, da bei größeren Mehrplatzsystemen der einzelne Benutzer keine einfache Möglichkeit hat, Software, die er mit einem Buch erworben hat, auf diesen Systemen zu installieren. Daher gab es bei den älteren Büchern keinen Bedarf, Software beizulegen. Die Betrachtung gestufter Liniendiagramme soll mit dem Hinweis beendet werden, daß es zur interaktiven Erzeugung und Erkundung gestufter Liniendiagramme das Programmsystem TOSCANA gibt, ein auf *The Formal Concept Analysis Library* aufbauendes Management-System für **begriffliche Datensysteme**, wie sie in [18] eingeführt wurden. TOSCANA wurde auch benutzt, um das gestufte Liniendiagramm in Abb. 1.10 zu erstellen.

Zum Abschluß dieses einführenden Kapitels sei darauf hingewiesen, daß das betrachtete Beispiel dazu dienen sollte, die Methoden der Formalen Begriffsanalyse zu erläutern. Das Beispiel soll nicht als fundierte Untersuchung der Literatur zum Thema Datenanalyse mißverstanden werden. Für eine derartige Untersuchung müßten zunächst einmal eine sehr viel größere Zahl von Büchern betrachtet werden (etwa auch Bücher anderer Verlage). Weiter wären dann zur Konstruktion der begrifflichen Skalen sehr viel mehr Informationen heranzuziehen. Ferner müßten die zu untersuchenden Fragen klar formuliert und die gefundenen Antworten ausführlicher dokumentiert und erläutert werden.

2. Formale Kontexte und Begriffe

Mit diesem Kapitel beginnt die Darstellung der Theorie der Formalen Begriffsanalyse sowie deren Umsetzung in *The Formal Concept Analysis Library*. Jeweils anknüpfend an das Beispiel aus Kapitel 1 werden die verschiedenen Strukturen der Formalen Begriffsanalyse eingeführt und deren Handhabung auf dem Rechner erläutert.

2.1 Relationen und formale Kontexte

Es wurde bereits erwähnt, daß Daten in der Formalen Begriffsanalyse stets in der Form von Tabellen vorliegen. Eine grundlegende theoretische Rolle spielen dabei Tabellen, in denen nicht beliebige Einträge auftreten, sondern jede Zelle entweder leer ist oder ein spezifisches Markierungszeichen (üblicherweise ein Kreuz) enthält.

Definition 2.1. *Ein **formaler Kontext** ist ein Tripel (G, M, I), wobei G und M Mengen sind und $I \subseteq G \times M$ eine binäre Relation zwischen G und M ist.*

Die Elemente von G werden **Gegenstände** und die Elemente von M **Merkmale** genannt. Für einen Gegenstand $g \in G$ und ein Merkmal $m \in M$ wird $(g, m) \in I$ gelesen als *der Gegenstand g hat das Merkmal m*. Zur Notation ist anzumerken, daß statt $(g, m) \in I$ auch $g\,I\,m$ geschrieben wird. Ferner wird der Zusatz „formal" häufig weggelassen, wenn keine Verwechselung zu befürchten ist.

Formale Kontexte werden üblicherweise als Tabellen dargestellt, bei denen wieder die Zeilen die Gegenstände und die Spalten die Merkmale repräsentieren. In der Tabelle wird ein Kreuz eingetragen, wenn der betreffende Gegenstand das betreffende Merkmal hat. Abbildung 2.1 zeigt einen formalen Kontext als Kreuztabelle. Man liest ab, daß der Gegenstand „1" die Merkmale „$\leq$1" und „$\leq$2", nicht aber die anderen drei Merkmale hat. Entsprechend kann man die Relation für die anderen beiden Gegenstände „2" und „3" ablesen. Es wird sich später zeigen, daß dieser formale Kontext die grundlegende Struktur der begrifflichen Skala für das Merkmal „Jahr" des Beispiels in Kapitel 1 ist.

	≤1	≤2	=2	≥2	≥3
1	×	×			
2		×	×	×	
3				×	×

Abb. 2.1 Ein formaler Kontext

Bevor die Modellierung formaler Kontexte als C++-Klassen von *The Formal Concept Analysis Library* betrachtet wird, soll gezeigt werden, wie formale Kontexte in der Datenbeschreibungssprache ConScript definiert werden. ConScript wird von *The Formal Concept Analysis Library* zum Speichern von Daten in Dateien benutzt. Der Kontext aus Abb. 2.1 wird wie folgt definiert:

```
FORMAL_CONTEXT
    I3_C =
        TITLE "Kontext Interordinalskala 3 Atome"
        REMARK "Dieser Kontext dient als Beispiel"
        OBJECTS
            0 G0 "1"
            1 G1 "2"
            2 G2 "3"
        ATTRIBUTES
            0 M0 "≤1"
            1 M1 "≤2"
            2 M2 "=2"
            3 M3 "≥2"
            4 M4 "≥3"
        RELATION
            3, 5
                **...
                .***.
                ...**
    ;
```

Da dies das erste Beispiel einer Datendefinition in ConScript ist, werden hier nicht nur die für formale Kontexte spezifischen Teile beschrieben, sondern auch einige allgemeine Bemerkungen gemacht. Ferner sei darauf verwiesen, daß Anhang A die allgemeine und formale Beschreibung der Sprache ConScript enthält.

Jede in ConScript codierte Datenstruktur wird durch ein mit Großbuchstaben geschriebenes Schlüsselwort eingeleitet, welches den Typ der Struktur benennt. Für formale Kontexte ist dies das Schlüsselwort „`FORMAL_CONTEXT`". Es folgt ein Bezeichner, welcher der Struktur einen eindeutigen Namen zuweist, durch den die Struktur an anderer Stelle referenziert werden kann. Im obigen Beispiel hat der formale Kontext den Namen „`I3_C`". Das nachfolgende Gleichheitszeichen „=" sowie das Semikolon „;" am Ende sind obligatorisch für alle Strukturen; durch diese beiden Zeichen wird die eigentliche Definition der Struktur eingeklammert. Ehe die Kontext-Definition selbst beschrieben wird, sei noch eine letzte allgemeine Bemerkung zu CONSCRIPT gemacht: syntaktisch ist CONSCRIPT als formatfreie Sprache befehlsorientiert aufgebaut, d. h. zwischen aufeinanderfolgenden Bezeichnern etc. muß ein trennendes Zeichen (Leerzeichen, Tabulator, Zeilenumbruch) vorkommen. Sonst spielen diese trennenden Zeichen, sogenannte Whitespace-Zeichen, aber absolut keine Rolle und werden ignoriert. Insbesondere sind Zeilenumbrüche und die Position der Zeichen in den Zeilen völlig irrelevant.

Die Definition des Kontexts besteht aus mehreren Blöcken, deren Reihenfolge nicht verändert werden darf. Am Anfang kommt eine durch das Schlüsselwort „`TITLE`“ eingeleitete Definition eines Titels des formalen Kontexts. Dieser (in „`"`“ eingeschlossene) Text ist dazu bestimmt, von Programmen an passender Stelle als Titel des Kontexts angezeigt zu werden. Der folgende durch „`REMARK`“ eingeleitete Kommentar soll dagegen für eine kurze Dokumentation innerhalb der CONSCRIPT-Datei verwendet werden. Weitere Informationen über den Aufbau der Texte (Sonderzeichen etc.) befinden sich in Kapitel 8. Es ist anzumerken, daß die Angabe eines Titels sowie eines Kommentars nicht zwingend ist.

In den nächsten beiden Blöcken werden die Gegenstände und Merkmale des formalen Kontexts, also die Elemente der Mengen G und M, beschrieben. In dem durch „`OBJECTS`“ eingeleiteten Block werden die Gegenstände definiert. Die Definition eines Gegenstands besteht aus einer Zahl, welche angibt, zur wievielten Zeile des Kontexts der Gegenstand gehört. Hierbei dürfen verschiedene Gegenstände, die aber dieselben Merkmale haben, auf dieselbe Zeile verweisen. Die Zählung der Zeilen beginnt mit `0`. Nach der Zahl folgt ein Bezeichner, welcher dem Gegenstand einen bezüglich des Kontexts eindeutigen Namen für Referenzierungen gibt. Schließlich folgt ein Text, der zur Anzeige des Gegenstands durch ein Programm verwendet werden soll. Im Beispiel sind dies gerade die in Abb. 2.1 gezeigten Texte. Der Block „`ATTRIBUTES`“ definiert analog die Merkmale, wobei die Zahlen jetzt die jeweilige Spalte des Kontexts angeben.

Der letzte, mit „`RELATION`“ eingeleitete Block definiert die Relation I. Hier findet man zuerst ein durch Komma getrenntes Paar von Zahlen, welches die Größe der Relation angibt. Die erste Zahl gibt die Anzahl der Zeilen und die zweite Zahl die Anzahl der Spalten an. Danach folgt die zeilenweise Angabe der Relation selbst, wobei ein „`*`“ angibt, daß das betreffende Paar in Relation steht, und ein „`.`“, daß dies nicht der Fall ist. Damit ist die Kontext-Definition in CONSCRIPT erläutert. Der Leser überzeuge sich, daß der oben definierte Kontext tatsächlich der in Abb. 2.1 wiedergegebene ist.

Es bleibt zu beschreiben, wie formale Kontexte als C++-Klasse in *The Formal Concept Analysis Library* modelliert werden, was im Anschluß getan wird. Es wäre ebenfalls zu diskutieren, wie die Verbindung zwischen CON-

SCRIPT und C++ hergestellt wird. Da dies aber eine umfangreichere Thematik ist, soll ihre Diskussion auf Kapitel 7 verschoben werden.

Die C++-Klasse `TFormalContext`, welche formale Kontexte modelliert, benutzt ihrerseits weitere Klassen, welche die verschiedenen Bestandteile eines Kontexts darstellen. Von zentraler Bedeutung ist hierbei die Klasse `TRelation`, welche eine binäre Relation modelliert. Daher wird diese zuerst betrachtet. Eine binäre Relation wird als rechteckiges Bit-Array gespeichert. Ein Bit ist gesetzt, wenn das entsprechende Paar in Relation ist, d. h. wenn an der Stelle im Kontext ein Kreuz eingetragen ist. Sonst ist das Bit nicht gesetzt. Die übliche Darstellung solcher Arrays im Hauptspeicher des Rechners bringt es mit sich, daß man sich für eine zeilen- oder eine spaltenorientierte Speicherung entscheiden muß. Einer Idee von B. Ganter folgend wird die Relation in `TRelation` doppelt abgespeichert, einmal zeilen- und einmal spaltenorientiert. Dadurch wird zwar mehr Speicherplatz benötigt, die für die Formale Begriffsanalyse wesentlichen Operationen auf solchen Relationen können jedoch dann erheblich effizienter implementiert werden. Diese doppelte Speicherung ist jedoch weitgehend im privaten Teil der Klasse `TRelation` verborgen.

Der Anwender von *The Formal Concept Analysis Library* wird in der Regel nicht direkt mit Relationen arbeiten, sondern immer mit formalen Kontexten. Deshalb wird hier die Klasse `TRelation` nicht im Detail betrachtet, sondern lediglich ihre wichtigsten Funktionalitäten benannt. Die Klasse `TRelation` hat zunächst Elementfunktionen zur Abfrage und Manipulation der in ihr enthaltenen Daten. Ferner gibt es Elementfunktionen, welche die üblichen Operationen für Relationen zur Verfügung stellen: Durchschnitt, Vereinigung, Differenz und symmetrische Differenz zweier Relationen sowie Komplement und duale Relation einer Relation. Weiterhin können die reflexiven, symmetrischen und transitiven Hüllen einer Relation berechnet werden. Die meisten dieser Funktionen stehen auch als C++-Operatoren zur Verfügung. Für Einzelheiten sei auf Kapitel 10 verwiesen.

Als weitere Bestandteile formaler Kontexte sind die Mengen der Gegenstände und Merkmale zu nennen, welche in CONSCRIPT als Listen unter den Schlüsselwörtern `OBJECTS` und `ATTRIBUTES` aufgeführt sind. Ein einzelner Gegenstand bzw. ein einzelnes Merkmal wird durch eine Instanz der Klassen `TObject` bzw. `TAttribute` repräsentiert. Diese beiden Klassen sind von der Klasse `TOAC` abgeleitet, welche ihrerseits von `TOACPL` abgeleitet ist. Es werden jetzt kurz die wichtigsten Elementfunktionen anhand von `TObject` beschrieben.

Außer dem Default-Konstruktor `TObject()` hat `TObject` noch den Konstruktor

```
TObject(int number, const char* identifier,
  const char* description, const char* format);
```

welcher einen Gegenstand mit der Zeilenreferenz `number`, dem Bezeichner `identifier` und dem beschreibenden Text `description` erzeugt. Dies sind die im obigen ConScript-Beispiel auftretenden Bestandteile einer Gegenstandsdefinition. Als weiterer Parameter `format` tritt ein Format-String auf, der von Programmen benutzt werden kann, um die Art der Anzeige von `description` zu steuern. In Kapitel 8 wird der Aufbau dieser Format-Strings näher erläutert.

Die wichtigsten Elementfunktionen von `TObject` dienen zur Abfrage und Manipulation der Daten. Als Beispiel dient das folgende Programmstück, wobei `Object` eine Instanz der Klasse `TObject` ist.

```
Object.SetNumber(1);
Object.SetIdentifier("G1");
Object.SetDescription("2");
Object.SetFormat("");

int n = Object.GetNumber();
string& Id = Object.GetIdentifier();
string& Desc = Object.GetDescription();
string& Fmt = Object.GetFormat();
```

In den ersten vier Zeilen werden die Zeilenreferenz von `Object` auf `1`, der Bezeichner auf „`G1`", die Beschreibung auf „`2`" und das Format auf einen leeren String gesetzt. Die letzten vier Zeilen legen in `n` die Zeilenreferenz von `Object`, also `1`, ab, und in `Id`, `Desc` sowie `Fmt` Referenzen auf die Datenelemente von `Object`, welche Bezeichner, Beschreibung und Format speichern. Man beachte, daß hier die noch relativ neue ANSI-C++-Klasse `string` verwendet wird. Die Klasse `TAttribute` arbeitet genauso, außer daß `number` hier für die Spaltenreferenz steht. Die in einem formalen Kontext auftretenden Instanzen von `TObject` und `TAttribute` werden in Arrays vom Typ `TQSObjectArray` und `TQSAttributeArray` gespeichert (siehe Kapitel 12).

Damit sind die Bestandteile des formalen Kontexts beschrieben, so daß die Beschreibung der Klasse `TFormalContext` selbst vorgenommen werden kann. Diese Klasse ist von der Basisklasse `TFCAObject` aller ConScript-Strukturen abgeleitet. Hier sollen zunächst die wichtigsten Elementfunktionen dieser Klasse, welche an `TFormalContext` vererbt werden, beschrieben werden. Sei im folgenden Programmstück `Context` eine Instanz von `TFormalContext`.

```
Context.SetName("I3_C");
Context.SetTitle("Kontext Interordinalskala 3 Atome");
Context.SetTitleFormat("");
Context.SetRemark("Dieser Kontext dient als Beispiel");

string& Name = Context.GetName();
string& Title = Context.GetTitle();
string& Fmt = Context.GetTitleFormat();
string& Rem = Context.GetRemark();
```

In den ersten vier Zeilen werden der Name, Titel, Titelformat und Kommentar des Kontexts auf die als Parameter angegebenen Zeichenketten gesetzt. Danach werden Referenzen auf die entsprechenden Datenelemente von `Context` in den Variablen `Name`, `Title`, `Fmt` und `Rem` gespeichert.

Eine weitere wichtige Elementfunktion ist `GetCaption`, welche aus dem Typ der Struktur sowie Name und Titel eine Überschrift erzeugt. Das Programmstück

```
string* Cpt =
  Context.GetCaption(CPT_TYPE | CPT_NAME | CPT_TITLE);
cout << *Cpt << "\n";
delete Cpt;
```

liefert die Ausgabe

```
Formal Context I3_C: Kontext Interordinalskala 3 Atome
```

Die mit bitweisem Oder verknüpften Konstanten `CPT_TYPE`, `CPT_NAME` und `CPT_TITLE` steuern, welche Bestandteile zur Erzeugung der Überschrift benutzt werden. Zu beachten ist, daß die Funktion als Rückgabewert einen Zeiger auf eine dynamisch erzeugte Instanz von `string` hat, welche nach der Verwendung mit `delete` freigegeben werden muß.

Die oben beschriebenen Elementfunktionen werden von `TFCAObject` nicht nur an `TFormalContext` vererbt, sondern auch an alle in den folgenden Kapiteln beschriebenen Klassen, welche ConScript-Datenstrukturen repräsentieren. Darüber hinaus hat `TFormalContext` eine Reihe weiterer Elementfunktionen zur elementaren Abfrage und Manipulation der Daten des Kontexts. Da es der Übersichtlichkeit an dieser Stelle nicht dienlich wäre, alle diese Funktionen zu beschreiben, wird statt dessen ein kurzes Programm angegeben, in dem die wichtigsten Funktionen auftreten. Das Programm erzeugt den oben als Beispiel betrachteten formalen Kontext und gibt ihn im ConScript-Format auf der Standardausgabe aus.

```
#ifdef __BCPLUSPLUS__
#include <fca\fcacore.h>
#else
#include "fcacore.h"
#endif

#include <iostream.h>

int main(int, char* [])
{
  // Deklaration der Variablen
  TFormalContext Context;
  TObject Object;
  TAttribute Attribute;
```

```
int i;
int j;
int n;

// Setzen von Name und Titel des Kontexts
Context.SetName("I3_C");
Context.SetTitle("Kontext Interordinalskala I3");
Context.SetRemark("Dieser Kontext dient als Beispiel");

// Erzeugen der (leeren) Zeilen und Spalten
for (i = 0; i < 3; i++)
  Context.InsertRow(i);
for (i = 0; i < 5; i++)
  Context.InsertColumn(i);

// Einfuegen der Gegenstaende
Object = TObject(-1, "G0", "1", "");
Context.AddObject(0, Object);
Object = TObject(-1, "G1", "2", "");
Context.AddObject(1, Object);
Object = TObject(-1, "G2", "3", "");
Context.AddObject(2, Object);

// Einfuegen der Merkmale
Attribute = TAttribute(-1, "M0", "<=1", "");
Context.AddAttribute(0, Attribute);
Attribute = TAttribute(-1, "M1", "<=2", "");
Context.AddAttribute(1, Attribute);
Attribute = TAttribute(-1, "M2", "=2", "");
Context.AddAttribute(2, Attribute);
Attribute = TAttribute(-1, "M3", ">=2", "");
Context.AddAttribute(3, Attribute);
Attribute = TAttribute(-1, "M4", ">=3", "");
Context.AddAttribute(4, Attribute);

// Setzen der Paare in der Relation
Context.SetEntry(0, 0);
Context.SetEntry(0, 1);
Context.SetEntry(1, 1);
Context.SetEntry(1, 2);
Context.SetEntry(1, 3);
Context.SetEntry(2, 3);
Context.SetEntry("G2", "M4");
                           // statt Context.setEntry(2, 4);
```

```
  // Ausgabe des Kontexts
  cout << Context.GetIDString() << "\n";
  Context.Print(cout, 3);
  cout << "\n\n";

  // Ausgabe aller Gegenstaende
  for (i = 0; i < Context.GetNumberOfObjects(); i++)
    cout << Context.GetObject(i)->GetIdentifier() << ": "
      << Context.GetObject(i)->GetDescription() << "\n";
  cout << "\n";

  // Ausgabe aller Merkmale
  for (i = 0; i < Context.GetNumberOfAttributes(); i++)
    cout << Context.GetAttribute(i)->GetIdentifier() << ": "
      << Context.GetAttribute(i)->GetDescription() << "\n";
  cout << "\n";

  // Ausgabe der Anzahl der Kreuze
  n = 0;
  for (i = 0; i < Context.GetHeight(); i++)
    for (j = 0; j < Context.GetWidth(); j++)
      if (Context.GetEntry(i, j))
        n++;
  cout << n << " Kreuze\n";

  return 0;
}
```

Die Elementfunktionen `InsertRow` und `InsertColumn` fügen an den genannten Positionen leere Zeilen bzw. Spalten in die Relation ein. Mit `AddObject` werden dann die Gegenstände zugefügt. Dabei ist zu bemerken, daß die Zeilenreferenz der Instanz von `TObject` ohne Bedeutung ist, da sie durch den ersten Parameter von `AddObject` überschrieben wird. Das Hinzufügen der Merkmale geschieht analog. Zum Entfernen von Gegenständen bzw. Merkmalen gibt es die Elementfunktionen `DeleteObject` und `DeleteAttribute` gibt.

Im nächsten Teil des Programms werden die Paare mit der Elementfunktion `SetEntry` in die Relation eingefügt. Der erste Parameter von `SetEntry` gibt dabei die Zeile und der zweite die Spalte an. Wie der letzte `SetEntry`-Aufruf zeigt, können Zeile und Spalte auch durch den Bezeichner eines Gegenstands bzw. Merkmals festgelegt werden, wobei es allerdings nicht erlaubt ist, in einem Aufruf die Art der Festlegung zu mischen: Der Aufruf `Context.SetEntry("G2", 4)` liefert einen Compiler-Fehler. Als Gegenstück zu `SetEntry` gibt es die Elementfunktion `ClearEntry`, welche ein Paar aus der Relation entfernt.

Der letzte Teil des Programms ist weitgehend selbsterklärend, wenn man die Bemerkungen zu den Klassen `TObject` und `TAttribute` berücksichtigt. Beim Zählen der Paare in der Relation (der Terminus „Kreuze" bezieht sich auf die übliche Darstellung formaler Kontexte als Kreuztabellen, vgl. Abb. 2.1) wird der Aufruf `Context.GetEntry(i, j)` benutzt, welcher `1` liefert, wenn das Paar in Relation ist, und `0` sonst.

2.2 Umfänge, Inhalte und Begriffe

Im Beispiel in Kapitel 1 wurden die Punkte in einem Liniendiagramm als Repräsentanten formaler Begriffe bezeichnet, ohne daß näher erläutert wurde, was darunter zu verstehen ist. Nachdem jetzt formale Kontexte eingeführt sind, ist es möglich, eine Definition des Begriffs „formaler Begriff" zu geben.

Definition 2.2. *Sei* (G, M, I) *ein formaler Kontext.*
(i) Für $A \subseteq G$ *sei* $A' := \{m \in M \mid g\, I\, m \text{ für alle } g \in A\}$.
(ii) Für $B \subseteq M$ *sei* $B' := \{g \in G \mid g\, I\, m \text{ für alle } m \in B\}$.

Hiermit wird für eine Menge A von Gegenständen die Menge A' aller gemeinsamen Merkmale dieser Gegenstände definiert. Umgekehrt ist B' die Menge aller Gegenstände, die alle Merkmale aus B haben. Im Kontext aus Abb. 2.1 ist zum Beispiel $\{1\}' = \{\leq 1, \leq 2\}$ und $\{\leq 2, \geq 2\}' = \{2\}$. Der Operator $'$ stellt also unter Benutzung der Relation I eine Verbindung zwischen den Teilmengen der Menge G und den Teilmengen von M her. Mittels dieser Verbindung kann nun ein formaler Begriff definiert werden.

Definition 2.3. *Sei* (G, M, I) *ein formaler Kontext. Ein Paar* (A, B) *mit* $A \subseteq G$, $B \subseteq M$ *heißt* ***formaler Begriff*** *des Kontexts* (G, M, I), *falls* $A' = B$ *und* $B' = A$ *gelten.* A *heißt dann* ***Umfang*** *und* B ***Inhalt*** *des formalen Begriffs* (A, B).

Die Begriffe von (G, M, I) sind also gerade die Paare (A, B), in denen A aus *genau* den Gegenständen besteht, die die Merkmale aus B gemeinsam haben, und B aus *allen* gemeinsamen Merkmalen der Gegenstände aus A besteht. Anschaulich bedeutet dies, daß (ggf. nach Umsortieren der Zeilen und Spalten) die Gegenstände aus A und die Merkmale aus B ein Rechteck im Kontext bilden, welches voller Kreuze ist, aber nicht mehr zu einem größeren Rechteck erweitert werden kann, ohne daß dieses größere Rechteck Leerstellen enthält. Abbildung 2.2 zeigt zwei formale Begriffe des Kontexts aus Abb. 2.1.

Diese Definition formaler Begriffe wurzelt in einem philosophischen Begriffsverständnis, wonach ein Begriff eine Einheit des Denkens ist, welche aus zwei Teilen besteht: dem Begriffsumfang, welcher alle unter den Begriff fallenden Gegenstände enthält, sowie dem Begriffsinhalt, welcher alle auf den Begriff zutreffenden Merkmale in sich vereinigt (vgl. [23]).

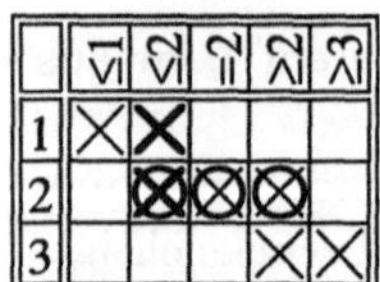

Abb. 2.2 Die Begriffe $(\{1,2\},\{\leq 2\})$ (dicke Kreuze) und $(\{2\},\{\leq 2,=2,\geq 2\})$ (eingekreiste Kreuze)

An dieser Stelle sollen noch einige Eigenschaften der Ableitungsoperatoren aus Definition 2.2 angemerkt werden, die in verschiedenen Zusammenhängen eine (eher technische) Rolle spielen.

Lemma 2.4. *Sei (G, M, I) ein formaler Kontext. Für $A, A_1, A_2 \subseteq G$ und $B, B_1, B_2 \subseteq M$ gelten:*
(i) $A_1 \subseteq A_2$ impliziert $A_1' \supseteq A_2'$ und $B_1 \subseteq B_2$ impliziert $B_1' \supseteq B_2'$,
(ii) $A \subseteq A''$ und $B \subseteq B''$,
(iii) $A' = A'''$ und $B' = B'''$.
Insbesondere sind (A'', A') und (B'', B') stets Begriffe von (G, M, I).

Bevor die zur Berechnung von Umfängen, Inhalten und Begriffen formaler Kontexte zur Verfügung stehenden Elementfunktionen der Klasse `TFormalContext` betrachtet werden, muß einiges zur Repräsentation von Gegenständen und Merkmalen gesagt werden. An der Definition eines formalen Kontexts wird deutlich, daß die Gegenstände mit den Zeilen und die Merkmale mit den Spalten identifiziert werden können. Eine Menge von Gegenständen kann also dadurch beschrieben werden, daß die zu diesen Gegenständen gehörenden Zeilennummern angegeben werden. Andererseits wird dieselbe Menge natürlich durch Angabe der Gegenstände selbst beschrieben. Damit entstehen zwei verschiedene Schnittstellen für den Zugriff auf Gegenstands- und Merkmalsmengen in einem formalen Kontext, welche beide von der Klasse `TFormalContext` bereitgestellt werden.

Die Schnittstelle, welche Zeilen- oder Spaltennummern benutzt, wird von `TFormalContext` über Bit-Arrays (Klasse `TBitArray`, siehe Kapitel 12) implementiert. Die Interpretation ist dabei, daß ein an der Position i gesetztes Bit anzeigt, daß i in der repräsentierten Menge enthalten ist. Die Elemente der Menge referenzieren dabei die Zeilen- oder Spaltennummern, wobei wieder zu beachten ist, daß die Numerierung mit `0` beginnt. Die Klasse `TBitArray` stellt Funktionen zur Verfügung, unter deren Verwendung von der Darstellung dieser Nummern durch Bits weitgehend abstrahiert werden kann. Statt dessen kann ein Bit-Array als Menge von Zahlen verstanden werden. So steht $\{0, 2, 3\}$ für die Spalten im Kontext aus Abb. 2.2, welche den Merkmalen „≤ 1", „$=2$" und „≥ 2" entsprechen.

Alternativ zu dieser Schnittstelle können Mengen von Gegenständen oder Merkmalen eines Kontexts durch Angabe der Bezeichner von Gegenständen oder Merkmalen beschrieben werden. Diese Schnittstelle wird durch die Verwendung von String-Mengen (Klasse `TstringSet`, Kapitel 12) implementiert. Die im vorigen Absatz beschriebene Merkmalsmenge wird dann durch die

Bezeichner-Menge {`M0`, `M2`, `M3`} dargestellt, wobei die ConScript-Definition des Kontexts auf Seite 22 zugrunde gelegt wurde.

Jede der beiden Schnittstellen hat ihre spezifischen Vor- und Nachteile, welche sich komplementär zueinander verhalten. Die Bit-Array-Schnittstelle ist die effizientere der beiden Schnittstellen. Der Grund dafür liegt darin, daß alle Berechnungen von Umfängen und Inhalten auf der Bit-Ebene durchgeführt werden; tatsächlich stellt bereits die Klasse **`TRelation`**, welche die Relation des formalen Kontexts implementiert und vollständig Bit-orientiert ist, alle hierzu nötigen Funktionen zur Verfügung. Beim Aufruf einer Funktion der Bezeichner-Schnittstelle werden also zunächst alle String-Mengen in die entsprechenden Bit-Arrays umgewandelt, dann wird die Berechnung durchgeführt, und das Ergebnis wird wieder zurückgewandelt. Der gravierende Nachteil der Bit-Array-Schnittstelle ist ihre Abhängigkeit von der internen Repräsentation der Daten des formalen Kontexts. So wird zum Beispiel die in einem Kontext enthaltene Information nicht verändert, wenn zwei Zeilen vertauscht werden. Durch den Zeilentausch ändern sich aber die an der Bit-Array-Schnittstelle verwendeten Zeilennummern. Die Bezeichner-Schnittstelle ist dagegen von der internen Repräsentation unabhängig. Die verwendeten Bezeichner werden in der Semantik von ConScript als innerhalb und außerhalb des formalen Kontexts verbindlich angesehen. Die Klasse **`TFormalContext`** selbst sorgt dafür, daß die jeweilige Zuordnung der Bezeichner zu den Zeilen und Spalten konsistent ist.

Zur Wertung der beiden Schnittstellen läßt sich zusammenfassend sagen, daß die Bezeichner-Schnittstelle die verbindliche Schnittstelle für den Zugriff auf Gegenstände und Merkmale eines formalen Kontexts ist. In dieser Schnittstelle setzt sich das in der objektorientierten Programmierung übliche Geheimnisprinzip um, nach dem der Zugriff auf Daten eines Objekts unabhängig von der internen Repräsentation sein soll. Die Bit-Array-Schnittstelle ergänzt die Bezeichner-Schnittstelle, indem sie effizientere Zugriffe erlaubt, unter Umgehung des Geheimnisprinzips. Daraus ergibt sich folgende allgemeine Strategie für die Verwendung der beiden Schnittstellen: Normalerweise sollte die Bezeichner-Schnittstelle verwendet werden. Die Verwendung der Bit-Array-Schnittstelle sollte auf Programmteile beschränkt werden, in denen es auf Effizienz ankommt und die mehrfache Umwandlung von Bezeichnern zu Bits und umgekehrt zu ineffizient ist. Der Programmierer hat jedoch selbst dafür zu sorgen, daß in diesen Programmteilen die Repräsentation der Daten nicht verändert wird. Insbesondere ist es also sehr gefährlich, ein Bit-Array für eine gültige Beschreibung einer Gegenstands- oder Merkmalsmenge zu halten, wenn zwischen der Erzeugung des Bit-Arrays und der aktuellen Situation eine Reihe von Kontextoperationen vorgenommen wurden. Zum Wechsel zwischen den beiden Schnittstellen stellt **`TFormalContext`** die Elementfunktionen

```
void ConvertAttributesToColumns(const TstringSet&
  attributes, TBitArray& columns) const;
void ConvertObjectsToRows(const TstringSet& objects,
```

```
    TBitArray& rows) const;
  void ConvertColumnsToAttributes(const TBitArray& columns,
    TstringSet& attributes) const;
  void ConvertRowsToObjects(const TBitArray& rows,
    TstringSet& objects) const;
```

zur Verfügung. Die ersten beiden Funktionen erzeugen aus den in den String-Mengen übergebenen Bezeichnern die entsprechenden Bit-Arrays, die letzten beiden Funktionen tun das Umgekehrte. Dabei ist allerdings zu beachten, daß die jeweiligen Funktionen nicht invers zueinander sind. Dies liegt daran, daß es in ConScript erlaubt ist, daß etwa eine Zeile durch mehrere Gegenstände referenziert wird, während eine andere Zeile gar nicht referenziert wird. Deshalb muß bei der Umwandlung zwischen den beiden Schnittstellen stets sorgfältig vorgegangen werden.

Es folgt jetzt die Beschreibung der Elementfunktionen für die Berechnung von Umfängen und Inhalten. Alle diese Funktionen stehen sowohl für die Bit-Array-Schnittstelle als auch für die Bezeichner-Schnittstelle zur Verfügung. Die Darstellung beschränkt sich hier auf die Funktionen der Bezeichner-Schnittstelle, für die Funktionen der Bit-Array-Schnittstelle sei auf Kapitel 10 verwiesen. Zur Berechnung von Umfängen und Inhalten stehen zwei Gruppen von Elementfunktionen zur Verfügung. Die erste Gruppe dient dazu, einen einzelnen Umfang oder Inhalt zu berechnen:

```
  int GetExtent(const string& attribute,
    TstringSet& extent) const;
  int GetExtent(const TstringSet& attributes,
    TstringSet& extent) const;
  int GetIntent(const string& object,
    TstringSet& extent) const;
  int GetIntent(const TstringSet& objects,
    TstringSet& extent) const;
```

Die erste Funktion `GetExtent` berechnet den vom Merkmal `attribute` erzeugten Umfang (englisch *extent*), d. h. die Menge {`attribute`}′ von Gegenständen, welche in `extent` zurückgegeben wird. Entsprechend wird mit der zweiten Funktion `GetExtent` der von der Menge `attributes` erzeugte Umfang `attributes`′ berechnet. Für die Elementfunktionen `GetIntent` gilt das entsprechende zur Berechnung des jeweils erzeugten Inhalts (englisch *intent*).

Weiterhin stellt `TFormalContext` Elementfunktionen bereit, die die Berechnung aller Umfänge bzw. Inhalte des Kontexts unterstützen. Selbstverständlich sind mehrere Möglichkeiten denkbar, direkt unter Benutzung der obigen Funktionen alle Umfänge und Inhalte zu berechnen. Es gibt jedoch einen Algorithmus Next Closure von B. Ganter [7, 8], mit dem die Berechnung aller Umfänge oder Inhalte effizient gestaltet werden kann. Dieser Algorithmus soll hier kurz beschrieben werden, wobei sich die Darstellung auf die Berechnung von Inhalten beschränkt. Für Umfänge gilt das Gesagte analog.

Vor der Beschreibung von NEXT CLOSURE sei auf ein Grundproblem hingewiesen, das bei allen „einfachen“ Algorithmen zur Berechnung aller Inhalte auftritt. Ein solcher einfacher Algorithmus wäre es, für jede Teilmenge A von G den erzeugten Inhalt A' zu berechnen. Wegen Lemma 2.4 ist garantiert, daß auf diese Weise alle Inhalte erzeugt werden. In der Regel gibt es aber verschiedene Mengen, welche denselben Inhalt erzeugen. Um sicherzustellen, daß man jeden Inhalt nur einmal auflistet, muß also jeder neu berechnete Inhalt A' mit allen bisher berechneten Inhalten verglichen werden, was jedesmal ein Durchsuchen der kompletten Liste der bisher berechneten Inhalte erforderlich macht. Da dieses Durchsuchen denkbar ineffizient ist, wäre es wünschenswert, die Inhalte so zu berechnen, daß jeder Inhalt genau einmal erzeugt wird.

Diese Vorstellung wird in NEXT CLOSURE dadurch verwirklicht, daß alle Teilmengen der Merkmalsmenge lexikographisch sortiert werden. Die Inhalte werden dann in der durch diese Sortierung vorgegebenen Reihenfolge erzeugt. Dadurch ist automatisch sichergestellt, daß ein neu berechneter Inhalt nicht schon vorher berechnet wurde. Die verwendete lexikographische Ordnung wurde von B. Ganter als **lektische Ordnung** bezeichnet. Sie wird hier für den Fall definiert, daß $M = \{0, 1, \ldots, n\}$ ist. Seien also $B_1, B_2 \subseteq M$. Dann heißt B_1 **lektisch kleiner** als B_2, falls das bezüglich $0 < 1 < \ldots < n$ erste Element, in dem sich B_1 und B_2 unterscheiden, ein Element von B_2 ist. So ist zum Beispiel $\{1, 3, 7, 8\}$ lektisch kleiner als $\{1, 3, 4, 6\}$, denn das Element 4 ist das erste Element, in dem sich die beiden Mengen unterscheiden, und dieses ist in der zweiten Menge enthalten.

NEXT CLOSURE ist ein Algorithmus, der zu einer gegebenen Teilmenge B von M den lektisch nächsten Inhalt berechnet (vgl. [8]):

(1) Setze $i := n$.
(2) Solange $i \in B$, setze $i := i - 1$.
(3) Falls $i = -1$, beenden (Dann war $B = M$, und es gibt keinen lektisch nächsten Inhalt mehr).
(4) Berechne $\tilde{B} := ((B \cap \{0, \ldots, i-1\}) \cup \{i\})''$.
(5) Falls es ein $j < i$ mit $j \in \tilde{B}$ und $j \notin B$ gibt, weiter mit (2).
(6) $\tilde{B}$ ist der lektisch nächste Inhalt zu B.

Besondere Aufmerksamkeit verdienen die Schritte (4) und (5) des Algorithmus. Im Schritt (4) wird der aus der von B und i abgeleiteten Menge $(B \cap \{0, \ldots, i-1\}) \cup \{i\}$ erzeugte Inhalt $\tilde{B}$ berechnet. In Schritt (5) wird dann geprüft, ob $\tilde{B}$ tatsächlich der lektisch nächste Inhalt ist oder ob ein lektisch zu großer Inhalt berechnet wurde. Falls der Inhalt lektisch zu groß ist, d. h. sich an einer zu frühen Position von B unterscheidet, wird i in Schritt (2) weiter verkleinert, um erneut nach derselben Methode einen Inhalt zu berechnen. Die hinter dem Algorithmus stehende Mathematik garantiert, daß auf diese Weise stets der lektisch nächste Inhalt entsteht. Der lektisch größte Inhalt ist immer M selbst, im Falle von $B = M$ als Eingabe gibt es also keinen lektisch nächsten Inhalt mehr. Dies wird in (3) abgefangen. Die Zeitkomplexität von NEXT CLOSURE ist $O(k^3)$, wobei $k := \max\{|G|, |M|\}$ (siehe [19]). B. Ganter und K. Reuter konnten in [9] zeigen, daß bei einer günstigen Sortierung der Merkmalsmenge der Algorithmus eine kleinere Zeitkomplexität hat. Im Idealfall, d. h. wenn der Kontext gewissen Zusatzbedingungen genügt, wird $O(k^2)$ erreicht, weil dann die Bedingung in Schritt (5) stets falsch ist.

Zur Berechnung des lektisch nächsten Umfangs oder Inhalts zu einer gegebenen Gegenstands- oder Merkmalsmenge stellt `TFormalContext` die Elementfunktionen

```
int GetNextExtent(const TstringSet& objects,
  TstringSet& extent) const;
int GetNextIntent(const TstringSet& attributes,
  TstringSet& intent) const;
```

zur Verfügung, wobei der erste Parameter die Eingabe des Algorithmus ist und der zweite Parameter nach dem Aufruf das Ergebnis enthält.

Mit NEXT CLOSURE läßt sich jetzt auf einfache Weise die Berechnung aller Inhalte eines Kontexts (G, M, I) durchführen:

(1) Berechne $B := \emptyset''$ (Dies ist stets der lektisch erste Inhalt).
(2) Solange $B \neq M$, berechne $\tilde{B}$ als lektisch nächsten Inhalt zu B, und setze $B := \tilde{B}$.

Da ein Kontext (G, M, I) im schlimmsten Fall $O(2^{\min\{|G|,|M|\}})$ Begriffe haben kann, ist dieser Algorithmus selbstverständlich von exponentieller Zeitkomplexität, wenngleich jeder einzelne Schritt Zeitkomplexität $O(k^3)$ hat.

Das obige Vorgehen läßt sich unter Benutzung der Klasse `TFormalContext` unmittelbar in ein C++-Programm übertragen. Das folgende Programm liest einen formalen Kontext aus einer CONSCRIPT-Datei ein und gibt auf der Standardausgabe eine Liste aller Begriffe des Kontexts aus.

```
#ifdef __BCPLUSPLUS__
#include <fca\fcacore.h>
#include <dos.h>
#else
#include "fcacore.h"
#endif
#include <iostream.h>

#ifdef __BCPLUSPLUS__
// Einstellung der Stack-Groesse (MS-DOS-spezifisch)
extern unsigned _stklen = 16384;
#endif

// printObject gibt die Beschreibung des Gegenstands von
// context mit dem Bezeichner identifier aus.
```

```
void printObject(string& identifier, void* context)
{
  if (context != NULL)
  {
    TObject* object = ((TFormalContext*)context)->
      GetObject(((TFormalContext*)context)->
      GetIndexOfObject(identifier));

    if (object != NULL)
      cout << object->GetDescription() << ", ";
  }
}

// printAttribute gibt die Beschreibung des Merkmals von
// context mit dem Bezeichner identifier aus.
void printAttribute(string& identifier, void* context)
{
  if (context != NULL)
  {
    TAttribute* attribute = ((TFormalContext*)context)->
      GetAttribute(((TFormalContext*)context)->
      GetIndexOfAttribute(identifier));

    if (attribute != NULL)
      cout << attribute->GetDescription() << ", ";
  }
}

// printConcept gibt den Begriff des Kontexts context mit
// dem Inhalt intent auf der Standardausgabe aus.
void printConcept(TFormalContext* context,
  TstringSet& intent)
{
  if (context != NULL)
  {
    // Der zum Inhalt intent gehoerende Umfang wird
    // berechnet.
    TstringSet extent;

    context->GetExtent(intent, extent);

    cout << "({";
    extent.ForEach(printObject, context);
    if (extent.GetItemsInContainer() > 0)
```

```
      cout << "\b\b";    // Loeschen des letzten ", "
    cout << "}, {";
    intent.ForEach(printAttribute, context);
    if (intent.GetItemsInContainer() > 0)
      cout << "\b\b";    // Loeschen des letzten ", "
    cout << "})\n";
  }
}

int main(int argc, char* argv[])
{
  if (argc != 2)
    return 1;

  // Die Datei wird geoeffnet.
  TFCAFile* file = new TFCAFile(NULL, "", "", 0, "", 4, 8);
  int error = file->OpenFile(argv[1]);

  if (error != ERR_OK)
  {
    delete file;
    return error;
  }

  // Ein Zeiger auf den ersten Kontext der Datei wird
  // geholt.
  TIFCAArray* contexts = file->GetListOfContexts();

  if (contexts != NULL &&
    contexts->GetItemsInContainer() > 0)
  {
    TFormalContext* context =
      (TFormalContext*)((*contexts)[0]);

    if (context != NULL)
    {
      // Die Begriffe werden berechnet.

      // Eine Meldung wird ausgegeben.
      string* caption = context->GetCaption(
        CPT_TYPE | CPT_NAME | CPT_TITLE);
      cout << "\nListe aller Begriffe von "
        << *caption << "\n\n";
      delete caption;
```

```
        // Der lektisch erste Inhalt wird erzeugt.
        TstringSet intent;       // Leere Menge
        TstringSet extent;

        context->GetExtent(intent, extent);
        context->GetIntent(extent, intent);
        // Jetzt enthaelt intent den von der leeren
        // Menge erzeugten Inhalt.

        // Der zugehoerige Begriff wird ausgegeben.
        printConcept(context, intent);

        // Die Schleife wird durchlaufen, solang der
        // berechnete Inhalt nicht die ganze Merkmalsmenge
        // ist, d.h. weniger Elemente hat.
        while (intent.GetItemsInContainer() <
          context->GetNumberOfAttributes())
        {
          // Der lektisch naechste Inhalt wird berechnet
          // und der zugehoerige Begriff ausgegeben.
          context->GetNextIntent(intent, intent);
          printConcept(context, intent);
        }
      }
    }

    delete contexts;
    delete file;
    return error;
}
```

Das Programm übernimmt als ersten (und einzigen) Parameter den Namen der ConScript-Datei, welche die Definition des Kontexts enthält. Die beiliegende Diskette enthält den obigen C++-Quell-Code in der Datei `bsp2.cpp`. Erzeugen Sie daraus mit Ihrem C++-System ein ausführbares Programm `bsp2`. Auf der Diskette befindet sich ebenfalls die ConScript-Datei `i3.csc`. Kopieren Sie diese in Ihr Arbeitsverzeichnis und geben sie den Befehl „`bsp2 i3.csc`". Danach sollten Sie auf dem Bildschirm folgendes sehen:

```
Reading File i3.csc.
  Reading Formal Context I3_C.
  No errors.
Checking consistency of File i3.csc.
  Checking consistency of Formal Context I3_C.
  File is consistent.
```

```
Liste aller Begriffe von
    Formal Context I3_C: Kontext Interordinalskala 3 Atome

({1, 2, 3}, {})
({2, 3}, {>=2})
({3}, {>=2, >=3})
({1, 2}, {<=2})
({2}, {<=2, =2, >=2})
({1}, {<=1, <=2})
({}, {<=1, <=2, =2, >=2, >=3})
```

Das Beispielprogramm besteht grob aus zwei Teilen. Im ersten Teil, welcher in der `main`-Funktion bis zur Bedingung `if (context != NULL)` reicht, wird die Datei geladen und ein Zeiger auf den ersten mit der Datei geladenen Kontext erzeugt. Dieser Teil erzeugt in der Programmausgabe die ersten 6 (englischen) Zeilen. Hier soll nicht näher auf die zugehörigen Dateifunktionen eingegangen werden, da dies eine umfangreichere Thematik ist; statt dessen sei auf Kapitel 7 verwiesen. Im zweiten Teil des Programms findet die Berechnung der Begriffe statt, indem gemäß dem oben beschriebenen Algorithmus die Inhalte berechnet werden. Zur Berechnung der Inhalte wird dabei die Bezeichner-Schnittstelle verwendet. Für jeden so erhaltenen Inhalt wird die Funktion `printConcept` aufgerufen, welche zunächst den von dem Inhalt erzeugten Umfang berechnet und dann Umfang und Inhalt ausgibt. Dazu wird für jeden Gegenstand im Umfang die Funktion `printObject` aufgerufen. In dieser Funktion ist zu beachten, daß in der String-Menge die Bezeichner der Gegenstände enthalten sind, bei der Ausgabe jedoch statt dessen die Beschreibungen der Gegenstände verwendet werden sollen. Daher muß zur Ausgabe für jeden durch einen Bezeichner festgelegten Gegenstand die Beschreibung ermittelt werden. Das Entsprechende gilt für die Merkmale und die Funktion `printAttribute`.

Für das Beispielprogramm ist zu beachten, daß es nur dann korrekt arbeitet, wenn tatsächlich jede Zeile und jede Spalte des Kontexts durch einen Gegenstand bzw. ein Merkmal referenziert wird. Eine Überprüfung dieser Bedingung könnte vor der Berechnung der Inhalte durchgeführt werden. Dies sei dem Leser als Übungsaufgabe überlassen.

2.3 Pfeilrelationen und reduzierte Kontexte

Der letzte Abschnitt in diesem Kapitel ist einem Thema gewidmet, welches eher von mathematisch-technischem Interesse ist und in Anwendungen der Formalen Begriffsanalyse in der Regel im Hintergrund steht. Dennoch handelt es sich um ein Thema, welches für jedes elaborierte Programm und damit auch für *The Formal Concept Analysis Library* von großer Bedeutung ist. Die volle Bedeutung kann erst im Zusammenhang mit den im nächsten Kapitel eingeführten Begriffsverbänden gewürdigt werden. Da sich die mathematischen Betrachtungen aber zunächst am formalen Kontext festmachen und auch die zugehörigen Funktionen Elementfunktionen der Klasse `TFormalContext` sind, beginnt die folgende Betrachtung bereits in diesem Kapitel.

Die grundlegende Frage, von der ausgegangen wird, ist die folgende: *Kann man einen formalen Kontext verkleinern, d. h. Gegenstände oder Merkmale aus dem Kontext entfernen, ohne daß dabei (wesentliche) Information verloren geht?* In der Formalen Begriffsanalyse haben sich zwei einander ergänzende Methoden etabliert, solche Verkleinerungen von Kontexten vorzunehmen. Bei der ersten der beiden Methoden kommt es auf Gegenstände an, die dieselben Merkmale haben, sowie auf Merkmale, welche auf dieselben Gegenstände zutreffen.

Definition 2.5. *Ein formaler Kontext (G, M, I) heißt* ***gegenstandsbereinigt****, wenn für alle $g, h \in G$ gilt:*

$$\{g\}' = \{h\}' \textit{ impliziert } g = h.$$

Weiter heißt (G, M, I) ***merkmalsbereinigt****, wenn für alle $m, n \in M$ gilt:*

$$\{m\}' = \{n\}' \textit{ impliziert } m = n.$$

Ein formaler Kontext heißt ***bereinigt****, wenn er gegenstands- und merkmalsbereinigt ist.*

Der formale Kontext aus Abb. 2.2 ist bereinigt, der Kontext links in Abb. 2.3 ist zwar merkmals-, aber nicht gegenstandsbereinigt. In der Theorie der Formalen Begriffsanalyse geht man von einem Kontext zu einem (gegenstands-/merkmals-)bereinigten Kontext über, indem man die im Sinne von Definition 2.5 „doppelten" Gegenstände und/oder Merkmale zu einem einzigen Gegenstand bzw. Merkmal zusammenfaßt. Ziel ist dabei, die Relation zu verkleinern, ohne Information über Gegenstände oder Merkmale zu verlieren. Die von `TFormalContext` bereitgestellten Elementfunktionen

```
void PurifyObjects();
void PurifyAttributes();
void Purify();
```

implementieren dies auf die folgende Weise: `PurifyObjects` faßt doppelte Zeilen in der Relation zu einer Zeile zusammen, alle Gegenstände, die eine der alten Zeilen referenziert haben, referenzieren nach dem Aufruf die neue einzelne Zeile. Dadurch geht keine Information über die Gegenstände verloren. Im Beispiel in Abb. 2.3 entsteht durch Aufruf von `PurifyObjects` für den linken Kontext der rechte Kontext. `PurifyAttributes` arbeitet entsprechend für die Merkmale, `Purify` ruft nacheinander `PurifyObjects` und `PurifyAttributes` auf.[1]

	≤1	≤2	=2	≥2	≥3
1	×	×			
2		×	×	×	
3				×	×
α		×	×	×	

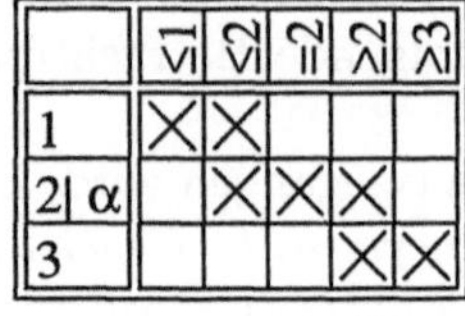

	≤1	≤2	=2	≥2	≥3
1	×	×			
2| α		×	×	×	
3				×	×

Abb. 2.3 Ein nicht gegenstandsbereinigter Kontext (links) sowie der daraus entstehende bereinigte Kontext (rechts)

Bisher wurden nur gleiche Zeilen oder Spalten der Relation des formalen Kontexts betrachtet. Bei der zweiten Möglichkeit zur Verkleinerung von Kontexten werden nun Zeilen und Spalten betrachtet, die sich als Durchschnitte anderer Zeilen bzw. Spalten beschreiben lassen.

Definition 2.6. *Sei (G, M, I) ein formaler Kontext. Ein Gegenstand $g \in G$ heißt* ***reduzibel****, wenn es $H \subseteq G$ gibt mit*

$$\{g\}' \subset \{h\}' \text{ für alle } h \in H \text{ und } \{g\}' = \bigcap_{h \in H} \{h\}'.$$

Ist $g \in G$ nicht reduzibel, so heißt g ***irreduzibel****. Ein Merkmal $m \in M$ heißt* ***reduzibel****, wenn es $N \subseteq M$ gibt mit*

$$\{m\}' \subset \{n\}' \text{ für alle } n \in N \text{ und } \{m\}' = \bigcap_{n \in N} \{n\}',$$

sonst ***irreduzibel****.*
Der formale Kontext (G, M, I) heißt ***gegenstandsreduziert****, wenn er gegenstandsbereinigt ist und jedes $g \in G$ irreduzibel ist. Entsprechend heißt (G, M, I)* ***merkmalsreduziert****, wenn er merkmalsbereinigt ist und jedes $m \in M$ irreduzibel ist. Ein formaler Kontext heißt* ***reduziert****, wenn er gegenstands- und merkmalsreduziert ist.*

Der Kontext in Abb. 2.1 ist gegenstands-, aber nicht merkmalsreduziert, denn es gilt $\{=2\}' = \{\leq 2\}' \cap \{\geq 2\}'$. Von einem formalen Kontext geht man zum reduzierten Kontext über, indem man den Kontext zuerst bereinigt und danach alle Zeilen und Spalten mit den zugehörigen Gegenständen und Merkmalen streicht, welche sich als Durchschnitte anderer Zeilen bzw. Spalten ergeben. Dabei verliert man zwangsläufig die Informationen über die entfernten Gegenstände und Merkmale. In Kapitel 3 wird begründet, warum außer

[1] I. Rival hat vorgeschlagen, im Englischen das Verb „bereinigen“ mit „clarify“ statt mit „purify“ zu übersetzen. Diese an sich gute Anmerkung wurde für *The Formal Concept Analysis Library* nicht umgesetzt, um die Kompatibilität zu älteren Versionen nicht unnötig einzuschränken.

diesen Informationen keine weiteren wichtigen Informationen verloren gehen. Abbildung 2.4 zeigt den reduzierten Kontext des Kontexts aus Abb. 2.1. Zum Reduzieren stellt `TFormalContext` die Elementfunktionen

```
void ReduceObjects();
void ReduceAttributes();
void Reduce();
```

zur Verfügung, welche zuerst die entsprechende `Purify`-Funktion aufrufen und dann den Kontext (gegenstands-/merkmals-)reduzieren.

	≤1	≤2	≥2	≥3
1	×	×		
2		×	×	
3			×	×

Abb. 2.4 Der reduzierte Kontext des Kontexts aus Abb. 2.1

Um für einen gegebenen Kontext (G, M, I) zu entscheiden, welche Gegenstände und Merkmale irreduzibel bzw. reduzibel sind, müssen eine große Zahl von Mengendurchschnitten berechnet werden, wenn man Definition 2.6 folgt. Es zeigt sich, daß durch Einführen zweier weiterer binärer Relationen zwischen G und M mit demselben Aufwand eine wesentlich umfangreichere Information gewonnen werden kann.

Definition 2.7. *Sei (G, M, I) ein formaler Kontext. Für $g \in G$ und $m \in M$ sei*

(i) $g \swarrow m$, falls $(g, m) \notin I$ und $(h, m) \in I$ für alle $h \in G$ mit $\{g\}' \subset \{h\}'$ gilt,

(ii) $g \nearrow m$, falls $(g, m) \notin I$ und $(g, n) \in I$ für alle $n \in M$ mit $\{m\}' \subset \{n\}'$ gilt,

(iii) $g \swarrow\!\!\!\nearrow m$, falls $g \swarrow m$ und $g \nearrow m$ gelten.

Also bedeutet $g \swarrow m$, daß der von g erzeugte Inhalt $\{g\}'$ maximal ist unter allen Inhalten $\{h\}'$ bezüglich der Eigenschaft, das Merkmal m nicht zu enthalten. Entsprechend bedeutet $g \nearrow m$, daß $\{m\}'$ maximal ist bezüglich der Eigenschaft, g nicht zu enthalten. Aus der Definition geht hervor, daß g und m nur dann in einer der **Pfeilrelationen** stehen können, wenn $(g, m) \notin I$ gilt. Daher lassen sich die Pfeile leicht als zusätzliche Information im Kontext eintragen, da sie nur in Feldern stehen, in denen kein Kreuz steht. Abbildung 2.5 zeigt den Kontext aus Abb. 2.2 zusammen mit allen Pfeilen.

Die Pfeilrelationen geben Auskunft über eine Vielzahl von Eigenschaften des formalen Kontexts sowie seines (in Kapitel 3 eingeführten) Begriffsverbands. Diese Zusammenhänge können im vorliegenden Werk nicht diskutiert werden, der interessierte Leser sei auf [19] verwiesen. Für *The Formal Concept Analysis Library* relevant ist lediglich der Zusammenhang zwischen den

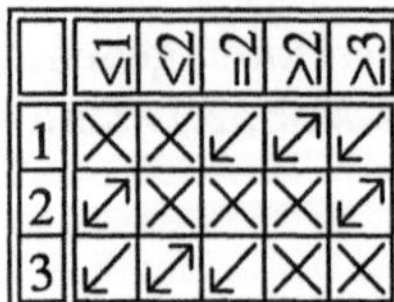

	≤1	≤2	=2	≥2	≥3
1	×	×	↙	⤢	↙
2	⤢	×	×	×	⤢
3	↙	⤢	↙	×	×

Abb. 2.5 Der formale Kontext aus Abb. 2.1 mit seinen Pfeilrelationen

Pfeilrelationen und den irreduziblen Gegenständen bzw. Merkmalen eines Kontexts, über den der folgende Satz Auskunft gibt.

Satz 2.8. *Sei (G, M, I) ein formaler Kontext. Dann gilt:*
(i) Ein Gegenstand $g \in G$ ist genau dann irreduzibel, wenn es ein Merkmal $m \in M$ mit $g \swarrow m$ gibt.
(ii) Ein Merkmal $m \in M$ ist genau dann irreduzibel, wenn es einen Gegenstand $g \in G$ mit $g \nearrow m$ gibt.
Sind G und M endliche Mengen, so gilt auch:
(iii) Ein Gegenstand $g \in G$ ist genau dann irreduzibel, wenn es ein Merkmal $m \in M$ mit $g \swarrow\!\!\!\nearrow m$ gibt.
(iv) Ein Merkmal $m \in M$ ist genau dann irreduzibel, wenn es einen Gegenstand $g \in G$ mit $g \swarrow\!\!\!\nearrow m$ gibt.

Um festzustellen, ob ein Gegenstand g reduzibel ist, reicht es also zu fragen, ob es ein Merkmal m mit $g \swarrow m$ gibt. Für Merkmale gilt die duale Aussage. Im Beispielkontext in Abb. 2.5 liest man damit ab, daß alle Gegenstände irreduzibel sind und „=2" das einzige reduzible Merkmal ist.

In der derzeitigen Version von *The Formal Concept Analysis Library* stellt `TFormalContext` Elementfunktionen zum Berechnen und Abfragen der Pfeile lediglich für die Bit-Array-Schnittstelle zur Verfügung. Dies sind zunächst die Funktionen

```
int GetDownArrow(const int row, const in column);
int GetUpArrow(const int row, const in column);
int GetDoubleArrow(const int row, const in column);
```

welche `1` zurückliefern, wenn der Kontext an der durch `row` und `column` bestimmten Stelle einen Pfeil des entsprechenden Typs hat, und `0` sonst. Ferner stehen die Elementfunktionen

```
int RowHasDownArrow(const int row);
int RowHasUpArrow(const int row);
int RowHasDoubleArrow(const int row);
int ColumnHasDownArrow(const int column);
int ColumnHasUpArrow(const int column);
int ColumnHasDoubleArrow(const int column);
```

welche `1` als Rückgabewert haben, wenn es irgendwo in der betreffenden Zeile oder Spalte einen Pfeil des entsprechenden Typs gibt, und `0` sonst. Insbesondere liefert also gemäß Satz 2.8 der Aufruf `RowHasDownArrow(row)` den Wert

1 genau dann, wenn der zur Zeile `row` gehörende Gegenstand irreduzibel ist. Entsprechend hat `ColumnHasUpArrow(column)` den Rückgabewert 1 genau dann, wenn das zur Spalte `column` gehörende Merkmal irreduzibel ist.

In der Klasse `TFormalContext` werden die Pfeilrelationen nicht jeweils bei einem Aufruf einer der obigen Funktionen einzeln berechnet, sondern die Pfeilrelationen als solche werden in der Instanz von `TFormalContext` gespeichert. Dabei ist aber zu berücksichtigen, daß die Pfeilrelationen sich bei einer Veränderung des Kontexts ebenfalls ändern. Daher prüft jede der obigen Funktionen beim Aufruf zunächst, ob die gespeicherten Pfeilrelationen gültig sind. Ist dies der Fall, werden sie zur Ermittlung des Ergebnisses unmittelbar herangezogen, andernfalls wird zuerst durch den Aufruf einer der beiden Elementfunktionen

```
void ComputeArrowsDown();
void ComputeArrowsUp();
```

die jeweils benötigte Pfeilrelation neu berechnet. Diese beiden Elementfunktionen können auch direkt aufgerufen werden, um das Berechnen der Pfeilrelationen zu erzwingen. Jede der Elementfunktionen von `TFormalContext`, welche die gespeicherten Daten so verändern, daß eventuell berechnete Pfeilrelationen ungültig werden, markieren dies automatisch, so daß dieser Berechnungsmechanismus völlig in der Klasse `TFormalContext` verborgen ist. Der Anwender sollte aber bedenken, daß beim ersten Aufruf einer der Elementfunktionen zur Abfrage der Pfeile diese zunächst berechnet werden, so daß dieser Aufruf erheblich länger als die folgenden dauert.

Die Berechnung der Pfeilrelationen durch die Überprüfung der in Definition 2.7 (i) bzw. (ii) gegebenen Bedingungen in einer doppelten Schleife erfordert einen zeitlichen Aufwand von $O(k^4)$, wobei wieder $k := \max\{|G|, |M|\}$. M. Skorsky hat in [19] einen anderen Algorithmus vorgeschlagen, welcher in den beiden Elementfunktionen `ComputeArrowsDown` und `ComputeArrowsUp` in abgewandelter Form durchgeführt wird. Hier wird er für die Abwärtspfeile dargestellt, für die Aufwärtspfeile ist er analog:

(1) Für alle $g \in G$ führe (2) bis (4) aus.
(2) Setze $B := M \setminus \{g\}'$.
(3) Für alle $h \in G$ führe (4) aus.
(4) Falls $\{g\}' \subset \{h\}'$, so setze $B := B \cap \{h\}'$.
(5) Jetzt gilt für alle $n \in M$: $g \swarrow n \iff n \in B$.

Dieser Algorithmus hat lediglich die Zeitkomplexität $O(k^3)$. Grundlage für sein korrektes Arbeiten ist die Aussage des folgenden Lemmas.

Lemma 2.9. *Für einen formalen Kontext (G, M, I) seien $g \in G$ und $m \in M$. Dann gelten:*
(i) Für alle $n \in M$ ist $g \swarrow n$ äquivalent zu $n \in \bigcap_{h \in G,\ \{g\}' \subset \{h\}'} \{h\}'$.
(ii) Für alle $h \in G$ ist $h \nearrow m$ äquivalent zu $h \in \bigcap_{n \in M,\ \{m\}' \subset \{n\}'} \{n\}'$.

3. Begriffsverbände und Liniendiagramme

Begriffsverbände stellen den mathematischen Zusammenhang zwischen formalen Kontexten und den im Beispiel in Kapitel 1 bereits gezeigten Liniendiagrammen her. Die mathematischen Grundlagen werden im folgenden Abschnitt erläutert, danach wird in Abschnitt 3.2 die Behandlung von Liniendiagrammen in *The Formal Concept Analysis Library* diskutiert. Abschnitt 3.3 ist dem Zusammenhang zwischen Liniendiagrammen und formalen Kontexten gewidmet.

3.1 Begriffsverbände formaler Kontexte

Auf der Menge $\mathfrak{B}(G, M, I)$ aller formalen Begriffe (Definition 2.3) eines formalen Kontexts (G, M, I) soll jetzt eine Struktur eingeführt werden. Diese Struktur wird sich auf natürliche Weise aus der inhaltlichen Interpretation der formalen Begriffe ergeben. Vorher müssen jedoch einige Grundbegriffe aus der mathematischen Ordnungstheorie bereitgestellt werden, welche hier aus Platzgründen nicht erschöpfend behandelt werden können. Für Details und Beispiele sei auf die einschlägige Literatur (z. B. [4]) verwiesen; auch in [11] findet man eine umfangreichere Einführung.

Definition 3.1. *Eine* ***geordnete Menge*** *ist ein Paar* $(P, \leq)$*, bestehend aus einer Menge* P *und einer binären Relation* $\leq$ *auf* P*, mit den Eigenschaften:*
(i) Für alle $x \in P$ *gilt* $x \leq x$ *(**Reflexivität**).*
(ii) Für alle $x, y \in P$ *folgt aus* $x \leq y$ *und* $y \leq x$ *schon* $x = y$ *(**Antisymmetrie**).*
(iii) Für alle $x, y, z \in P$ *folgt aus* $x \leq y$ *und* $y \leq z$ *stets* $x \leq z$ *(**Transitivität**).*
Die Relation $\leq$ *heißt dann* ***Ordnungsrelation****.*

Beispiele geordneter Mengen sind die reellen Zahlen $(\mathbb{R}, \leq)$ mit der üblichen „kleiner-gleich“-Relation „$\leq$“ oder die natürlichen Zahlen $(\mathbb{N}, |)$ mit der Teilbarkeitsrelation „$|$“, wobei $n|m$ für *„n teilt m ohne Rest“* steht. Dieses letzte Beispiel macht auch deutlich, daß es in geordneten Mengen im allgemeinen „unvergleichbare“ Elemente gibt: so sind z. B. 2 und 3 teilerfremd, d. h. es gilt weder $2|3$ noch $3|2$.

Ein wichtiger Begriff in der Mathematik ist der Begriff der **Isomorphie** von Strukturen, welcher sagt, daß zwei Strukturen gleich sind bis auf Umbenennen ihrer Elemente. Dieser Begriff wird später benötigt.

Definition 3.2. *Geordnete Mengen* $(P, \leq)$ *und* $(Q, \sqsubseteq)$ *heißen* ***isomorph****, wenn es eine bijektive Abbildung* φ *von* P *auf* Q *gibt, so daß*

$$x \leq y \iff \varphi(x) \sqsubseteq \varphi(y)$$

für alle $x, y \in P$ *gilt.*

Eine für geordnete Mengen häufig betrachtete Konstruktion schlägt sich in der folgenden Definition nieder.

Definition 3.3. *Sei* $(P, \leq)$ *eine geordnete Menge und sei* $X \subseteq P$. *Ein Element* $y \in P$ *heißt* ***untere Schranke*** *von* X*, falls* $y \leq x$ *für alle* $x \in X$ *gilt. Falls es unter den unteren Schranken von* X *eine größte gibt, so heißt diese* ***Infimum*** *von* X *und wird mit* $\bigwedge X$ *bezeichnet.*
Dual dazu ist eine ***obere Schranke*** *von* X *ein Element* $z \in P$ *mit* $x \leq z$ *für alle* $x \in X$*. Eine kleinste obere Schranke von* X *heißt* ***Supremum*** *von* X *und wird mit* $\bigvee X$ *bezeichnet.*

Diese Begriffe sollen anhand der geordneten Menge erläutert werden, die durch das Liniendiagramm in Abb. 3.1 dargestellt wird. Die Punkte dieses Liniendiagramms stehen für die Elemente der geordneten Menge, die Linien zeigen die Vergleichbarkeit entsprechend der in Kapitel 1 genannten Leseregel an: Es gilt $x < y$ genau dann, wenn es von dem Punkt x zum Punkt y einen aufsteigenden Linienzug gibt. In der dargestellten geordneten Menge ist a das Infimum von $\{b, c\}$, die oberen Schranken von $\{b, c\}$ sind d, e und f. Unter diesen gibt es keine kleinste, also hat $\{b, c\}$ kein Supremum.

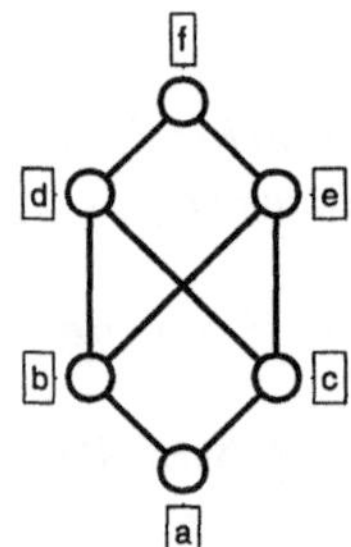

Abb. 3.1 Eine geordnete Menge

Es sei hier angemerkt, daß Infimum und Supremum, wenn sie existieren, stets eindeutig bestimmt sind, eine Teilmenge kann also nicht zwei verschiedene Infima oder zwei verschiedene Suprema haben. Im Falle einer zweielementigen Teilmenge $\{a, b\}$ wird auch $a \wedge b$ und $a \vee b$ statt $\bigwedge\{a, b\}$ und $\bigvee\{a, b\}$ geschrieben. Von besonderer Bedeutung ist es, wenn für jede Teilmenge der geordneten Menge Infimum und Supremum existieren.

Definition 3.4. *Eine geordnete Menge* $(L, \leq)$ *heißt* ***vollständiger Verband****, falls zu jeder Teilmenge* X *von* L *das Infimum* $\bigwedge X$ *und das Supremum* $\bigvee X$ *existieren.*

Man beachte, daß diese Definition beinhaltet, daß die leere Menge $\emptyset$ ein Infimum und ein Supremum hat. Das Infimum der leeren Menge ist das größte Element des vollständigen Verbands, das Supremum ist das kleinste:

$$\bigwedge \emptyset = \bigvee L \text{ und } \bigvee \emptyset = \bigwedge L.$$

Für die Begriffe eines formalen Kontexts kann nun eine **Unterbegriff-Oberbegriff-Relation** definiert werden, wodurch stets ein vollständiger Verband entsteht. Dies bringt der folgende zentrale Satz zum Ausdruck.

Satz 3.5 (Hauptsatz über Begriffsverbände, 1. Teil). *Auf der Menge* $\mathfrak{B}(G, M, I)$ *aller Begriffe eines formalen Kontexts* (G, M, I) *wird durch*

$$(A_1, B_1) \leq (A_2, B_2) \quad :\Longleftrightarrow \quad A_1 \subseteq A_2 \quad (\Longleftrightarrow \quad B_1 \supseteq B_2)$$

eine Ordnungsrelation definiert. Die geordnete Menge $(\mathfrak{B}(G, M, I), \leq)$ *ist ein vollständiger Verband, welcher* ***Begriffsverband*** *des formalen Kontexts* (G, M, I) *genannt und mit* $\underline{\mathfrak{B}}(G, M, I)$ *bezeichnet wird. Infima und Suprema sind in* $\underline{\mathfrak{B}}(G, M, I)$ *gegeben durch*

$$\bigwedge\{(A_t, B_t) \mid t \in T\} = \left(\bigcap_{t \in T} A_t, \left(\bigcup_{t \in T} B_t\right)''\right),$$

$$\bigvee\{(A_t, B_t) \mid t \in T\} = \left(\left(\bigcup_{t \in T} A_t\right)'', \bigcap_{t \in T} B_t\right).$$

Diese Definition läßt sich naheliegend im Rahmen des im vorigen Kapitel aufgezeigten Begriffsverständnisses interpretieren: Ein Unterbegriff hat weniger Gegenstände, die unter ihn fallen, wird aber dafür durch mehr Merkmale beschrieben als der Oberbegriff. Das Infimum einer Menge X von Begriffen ist gerade der größte gemeinsame Unterbegriff, in der Formalisierung ist es gerade der formale Begriff, der die gemeinsamen Gegenstände aller Begriffe aus X hat. Dual dazu ist das Supremum der kleinste gemeinsame Oberbegriff, dessen Merkmale genau die gemeinsamen Merkmale aller Begriffe aus X sind. Vollständige Verbände lassen sich wie geordnete Mengen als Liniendiagramme darstellen. Abbildung 3.2 zeigt ein Liniendiagramm des Begriffsverbands des Kontexts aus Abb. 2.1.

Mit formalen Kontexten lassen sich auf die oben angegebene Weise vollständige Verbände erzeugen. Tatsächlich entsteht jeder vollständige Verband auf diese Weise. Dies ist die Behauptung des folgenden Satzes, der zusammen mit Satz 3.5 den *Hauptsatz über Begriffsverbände* bildet (vgl. [23, 11]).

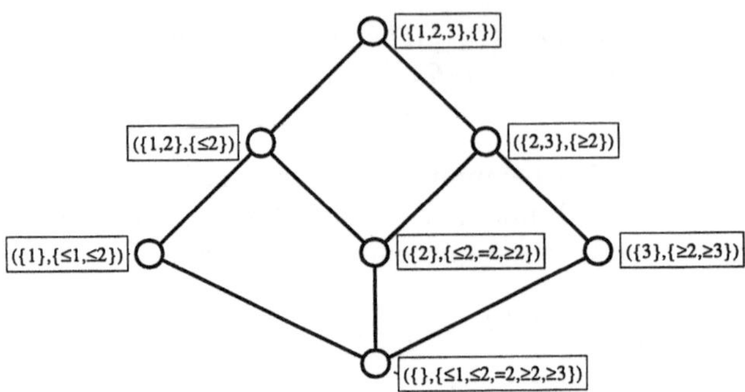

Abb. 3.2 Ein Liniendiagramm des Begriffsverbands des Kontexts aus Abb. 2.1

Satz 3.6 (Hauptsatz über Begriffsverbände, 2. Teil). *Ein vollständiger Verband* $(L, \leq)$ *ist genau dann isomorph zum Begriffsverband* $\mathfrak{B}(G, M, I)$ *eines formalen Kontexts* (G, M, I), *wenn es Abbildungen* γ *von* G *in* L *und* μ *von* M *in* L *gibt, so daß gilt:*
(i) Für jedes Element $x \in L$ *gibt es eine Teilmenge* H *von* G *mit* $x = \bigvee\{\gamma(h) \mid h \in H\}$.
(ii) Für jedes Element $x \in L$ *gibt es eine Teilmenge* N *von* M *mit* $x = \bigwedge\{\mu(n) \mid n \in N\}$.
(iii) Für alle $g \in G$ *und* $m \in M$ *ist* $g\, I\, m$ *äquivalent zu* $\gamma(g) \leq \mu(m)$.
Insbesondere ist jeder vollständige Verband $(L, \leq)$ *isomorph zu* $\mathfrak{B}(L, L, \leq)$.

Ein Blick auf das Liniendiagramm in Abb. 3.2 zeigt, daß selbst bei so kleinen Begriffsverbänden die Beschriftung recht umfangreich wird und daher die Übersichtlichkeit nicht besonders gut ist. Satz 3.6 enthält jedoch den Schlüssel zur Reduktion der Beschriftung. Ist nämlich $(L, \leq) = \mathfrak{B}(G, M, I)$, so sind die Abbildungen γ und μ gegeben durch $\gamma(g) := (\{g\}'', \{g\}')$ und $\mu(m) := (\{m\}', \{m\}'')$. Damit ist $\gamma(g)$ der kleinste Begriff, der den Gegenstand g in seinem Umfang enthält, genannt der **Gegenstandsbegriff** von g. Dagegen ist $\mu(m)$ der größte Begriff, der m im Inhalt enthält, er heißt **Merkmalsbegriff** von m. Man reduziert nun die Beschriftung des Liniendiagramms, indem nur noch die Gegenstands- und Merkmalsbegriffe mit den zugehörigen Gegenständen bzw. Merkmalen beschriftet werden. Die Konvention ist dabei, daß Gegenstände etwas unterhalb des Punktes und Merkmale etwas oberhalb des Punktes notiert werden. So entsteht aus dem Liniendiagramm in Abb. 3.2 das Liniendiagramm in Abb. 3.3.

Jetzt soll noch eine Verbindung zu Abschnitt 2.3 hergestellt werden. Dazu werden die entsprechenden Begriffe für vollständige Verbände definiert, welche dort für Gegenstände und Merkmale eines Kontexts eingeführt wurden.

Definition 3.7. *Ein Element* x *eines vollständigen Verbands* $\boldsymbol{L} := (L, \leq)$ *heißt* ***Infimum-irreduzibel***, *falls* $x < \bigwedge\{y \in L \mid x < y\}$ *gilt. Die Menge aller Infimum-irreduziblen Elemente von* $\boldsymbol{L}$ *wird mit* $M(\boldsymbol{L})$ *bezeichnet.*

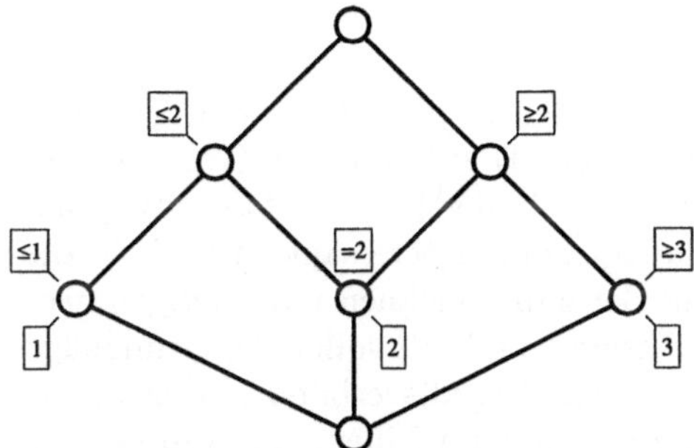

Abb. 3.3 Ein Liniendiagramm mit reduzierter Beschriftung

*Dual heißt x **Supremum-irreduzibel**, wenn $x > \bigvee\{y \in L \mid x > y\}$ ist. $J(\boldsymbol{L})$ ist die Menge aller Supremum-irreduziblen Elemente von $\boldsymbol{L}$.*

Ein Element ist also Infimum-irreduzibel, wenn es nicht Infimum echt größerer Elemente ist, und Supremum-irreduzibel, wenn es nicht Supremum echt kleinerer Elemente ist. Im Liniendiagramm eines (endlichen) vollständigen Verbands lassen sich die irreduziblen Elemente leicht ablesen: Ein Element x ist Infimum-irreduzibel, wenn es genau eine Linie nach oben hat, und Supremum-irreduzibel, wenn es genau eine Linie nach unten hat. Die Verbindung zu den in Abschnitt 2.3 eingeführten Begriffen wird nun durch die folgenden Aussagen hergestellt.

Lemma 3.8. *Sei (G, M, I) ein formaler Kontext. Ein Gegenstand $g \in G$ ist genau dann irreduzibel, wenn der Gegenstandsbegriff $\gamma(g)$ Supremum-irreduzibel in $\underline{\mathfrak{B}}(G, M, I)$ ist. Dual dazu ist ein Merkmal $m \in M$ genau dann irreduzibel, wenn der Merkmalsbegriff $\mu(m)$ Infimum-irreduzibel ist.*

Satz 3.9. *Zu jedem vollständigen Verband $\boldsymbol{L} := (L, \leq)$ gibt es (bis auf Isomorphie) genau einen reduzierten Kontext $\mathbb{K}$, so daß $\boldsymbol{L}$ isomorph zu $\underline{\mathfrak{B}}(\mathbb{K})$ ist, nämlich $\mathbb{K} := (J(\boldsymbol{L}), M(\boldsymbol{L}), \leq)$.*

Mit diesen beiden Aussagen ergibt sich insbesondere, daß der Begriffsverband eines beliebigen Kontexts $\mathbb{K}$ isomorph ist zum Begriffsverband eines aus $\mathbb{K}$ durch Reduzieren hervorgehenden Kontexts $\mathbb{K}_r$. Damit kann nun begründet werden, was bei der Einführung reduzierter Kontexte in Abschnitt 2.3 behauptet wurde: Die einzige Information, die beim Reduzieren eines Kontexts verloren geht, ist die Information über die entfernten Gegenstände und Merkmale. Davon abgesehen hat der reduzierte Kontext aber „denselben" Begriffsverband wie der ursprüngliche Kontext, d. h. es geht keinerlei Information über die begriffliche Struktur verloren. Wenn man also nur an der Struktur des Begriffsverbands, nicht aber an allen einzelnen Gegenständen und Merkmalen interessiert ist, kann man den Kontext reduzieren, was ggf. Berechnungen vereinfacht.

3.2 Liniendiagramme

Als abstrakte mathematische Strukturen werden Begriffverbände in *The Formal Concept Analysis Library* nicht modelliert. Dies hat seinen Grund darin, daß im Zusammenhang mit Implementationen in der Regel nicht die Begriffsverbände selbst, sondern deren Liniendiagramme interessant sind, d. h. die abstrakte Struktur wird zusammen mit der zum Zeichnen notwendigen geometrischen Information betrachtet. In diesem Abschnitt sollen die Grundzüge der Behandlung von Liniendiagrammen von Begriffsverbänden dargestellt werden. Der Übergang vom formalen Kontext zum Liniendiagramm seines Begriffverbands wird in Abschnitt 3.3 behandelt.

Als erstes wird wieder die Darstellung von Liniendiagrammen in der Sprache CONSCRIPT betrachtet. Die folgenden CONSCRIPT-Befehle definieren das in Abb. 3.3 gezeigte Liniendiagramm.

```
LINE_DIAGRAM
   I3_D =
      TITLE "Diagramm Interordinalskala 3 Atome"
      REMARK "Dieses Diagramm dient als Beispiel"
      UNITLENGTH 1 mm
      POINTS
         0 0 0
         1 20 -20
         2 40 -40
         3 -20 -20
         4 0 -40
         5 -40 -40
         6 0 -60
      LINES
         (0, 1)
         (0, 3)
         (1, 2)
         (1, 4)
         (2, 6)
         (3, 4)
         (3, 5)
         (4, 6)
         (5, 6)
      OBJECTS
         2 G2 "3" ",,,,(3,-3),l"
         4 G1 "2" ",,,,(3,-3),l"
         5 G0 "1" ",,,,(-3,-3),r"
      ATTRIBUTES
         1 M3 "≥2" ",,,,(3,3),l"
         2 M4 "≥3" ",,,,(3,3),l"
         3 M1 "≤2" ",,,,(-3,3),r"
```

```
    4 M2 "=2" ",,,,(0,4),c"
    5 M0 "≤1" ",,,,(-3,3),r"
CONCEPTS
```

Die Definition eines Liniendiagramms in einer ConScript-Datei wird durch das Schlüsselwort `LINE_DIAGRAM` eingeleitet. Danach folgen wie bei formalen Kontexten der Bezeichner des Diagramms sowie der Titel/Kommentar-Block. Es schließt sich eine mit dem Schlüsselwort `UNITLENGTH` eingeleitete Angabe einer Maßeinheit an, welche aus einer Gleitkommazahl sowie einer Längeneinheit besteht. Welche Längeneinheiten zulässig sind, wird vom jeweiligen mit *The Formal Concept Analysis Library* arbeitenden Programm bestimmt, `mm` sollte jedoch stets zulässig sein. Die durch `UNITLENGTH` festgelegte Maßeinheit wird zur Skalierung des Liniendiagramms benutzt, alle weiteren geometrischen Maßzahlen für das Diagramm sind relativ zu dieser Maßeinheit zu verstehen.

Der nächste, mit `POINTS` eingeleitete Block definiert die Punkte des Liniendiagramms. Jeder Punkt wird durch eine nicht negative ganze Zahl sowie zwei Gleitkommazahlen definiert. Die ganze Zahl ist die Nummer des Punkts, die Gleitkommazahlen geben die horizontale und die vertikale Position des Punkts an (in dieser Reihenfolge). Die Längenangaben verstehen sich, wie oben vermerkt, relativ zu der durch `UNITLENGTH` bestimmten Maßeinheit. Die Konvention ist, daß, wie mathematisch üblich, die Koordinaten nach rechts und nach oben größer werden. Im oben gezeigten Beispiel wird der Punkt mit der Nummer `2` also `4cm` rechts und `4cm` unterhalb des Koordinatenursprungs gezeichnet, da die Maßeinheit `1mm` ist. Es sei hier angemerkt, daß es für die Positionierung des Ursprungs keine verbindliche Festlegung gibt; sie kann von jedem mit *The Formal Concept Analysis Library* arbeitenden Programm individuell vorgenommen werden.

Im durch `LINES` bezeichneten Block werden die Linien des Diagramms angegeben. Dies geschieht durch eine Liste von Paaren von Punktnummern, welche so interpretiert wird, daß zwischen den beiden durch ein Paar festgelegten Punkten eine Linie zu ziehen ist. Im Beispiel ist also eine Linie von Punkt `0` zum Punkt `1`, vom Punkt `0` zum Punkt `3`, etc., zu ziehen. Bei der Angabe der Linien ist zu beachten, daß alle Linien absteigend sein müssen, d. h. die vertikale Koordinate des ersten Punkts muß größer als die vertikale Koordinate des zweiten Punkts sein.

Die letzten drei Blöcke sind wiederum analog zu den entsprechenden Blöcken in der Definition des formalen Kontexts aufgebaut. Allerdings gibt es hier nicht nur die durch `OBJECTS` und `ATTRIBUTES` eingeleiteten Blöcke für Gegenstände und Merkmale, sondern auch noch einen mit `CONCEPTS` bezeichneten Block, mit dem jeder Punkt des Diagramms unabhängig von Gegenständen und Merkmalen Bezeichnungen als Begriff erhalten kann. Syntaktisch ist dieser Block genauso aufgebaut wie die beiden anderen. Im Unterschied zu formalen Kontexten stehen die Nummern in allen drei Blöcken jetzt für die Nummer des Punkts im Diagramm, zu dem der betreffende Gegenstand, das Merkmal oder der Begriff gehört. Die Bezeichner dagegen werden wiederum für externe Referenzen benutzt, insbesondere um die Verbindung zwischen den Gegenständen und Merkmalen des Diagramms mit denen eines zugehörigen formalen Kontexts herzustellen. Der Gegenstand 3 steht also am Punkt 2 des Diagramms und hat den Bezeichner `G2`. Anders als in der Definition des formalen Kontexts auf Seite 22 steht hier im Diagramm außer der Beschreibung noch ein weiterer in „`"`" eingeschlossener String. Dieser String dient der Formatierung bei der Ausgabe. Solche Format-Strings können auch bei formalen Kontexten angegeben werden. Hier soll nicht näher darauf eingegangen werden, das Thema „Format-Strings" wird umfassend in Kapitel 8 behandelt.

In *The Formal Concept Analysis Library* werden Liniendiagramme durch die Klasse `TLineDiagram` repräsentiert. Auch diese Klasse benutzt ihrerseits Klassen, um die einzelnen Bestandteile des Liniendiagramms darzustellen. Zu nennen sind hier zunächst die Klassen `TDPoint` und `TDLine` zur Darstellung von Punkten und Linien in Diagrammen (daher das „`D`" im Namen). Beide Klassen sind von `TOACPL` abgeleitet und erben von dieser Klasse die Funktionen zur Verwaltung der Nummer, der Beschreibung und des Formats. Die Klasse `TDPoint` hat als Konstruktoren den Default-Konstruktor `TDPoint()` sowie

```
TDPoint(int number, double x, double y,
  const char* description, const char* format);
```

Dieser Konstruktor erzeugt einen Punkt mit der Nummer `number`, den Koordinaten `x` und `y` sowie dem beschreibenden Text `description` und dem Format-String `format`. Die Beschreibung legt zusammen mit dem Format-String die Darstellungsweise des Punktes fest (vgl. Kapitel 8). Für `TDLine` gibt es den Default-Konstruktor `TDLine()` und den Konstruktor

```
TDLine(int from, int to, const char* format);
```

welcher eine Linie vom Punkt mit der Nummer `from` zum Punkt mit der Nummer `to` erzeugt. Der zusätzliche Format-String `format` bestimmt die Darstellung der Linie. Es sei an dieser Stelle nochmals darauf hingewiesen, daß `TLineDiagram`, `TDPoint` und `TDLine` keinerlei graphische Funktionen zur Verfügung stellen, um die beschriebenen Diagramme auf dem Bildschirm oder Drucker auszugeben. Lediglich die für solche Ausgaben notwendige geometrische Information wird in den Klassen verwaltet.

Das folgende kurze Programmstück verdeutlicht die Funktionsweise der wichtigsten Elementfunktionen von `TDPoint` und `TDLine`, wobei angenommen wird, daß `Point` eine Instanz von `TDPoint` und `Line` eine Instanz von `TDLine` ist.

```
Point.SetNumber(2);
Point.SetXValue(40.0);
```

```
Point.SetYValue(-40.0);
Point.SetDescription("");
Point.SetFormat("");

Line.SetFromPoint(0);
Line.SetToPoint(1);

int n = Point.GetNumber();
double x = Point.GetXValue();
double y = Point.GetYValue();

int f = Line.GetFromPoint();
int t = Line.GetToPoint();
```

Dieses Programmstück ist weitgehend selbsterklärend (vgl. Abschnitt 2.1), so daß hier nicht weiter darauf eingegangen werden soll. In der Klasse `TLineDiagram` werden die benutzten Instanzen von `TDPoint` und `TDLine` in Arrays vom Typ `TQSDPointArray` und `TQSDLineArray` abgelegt (vgl. Kapitel 12).

Die Gegenstände und Merkmale eines Diagramms werden wie im formalen Kontext von Instanzen der Klassen `TObject` und `TAttribute` repräsentiert, welche in Arrays der Typen `TQSObjectArray` bzw. `TQSAttributeArray` gespeichert werden (siehe Abschnitt 2.1). Zum Verwalten der Begriffsbeschreibungen aus dem Block `CONCEPTS` der ConScript-Definition des Liniendiagramms stehen die Klassen `TConcept` und `TQSConceptArray` zur Verfügung. `TConcept` ist von `TOAC` abgeleitet und arbeitet genauso wie `TObject` und `TAttribute`.

Die Klasse `TLineDiagram` ist von `TFCAObject` abgeleitet und erbt von dieser Klasse ebenfalls die allgemeinen Funktionen für die Verwaltung von Name, Titel und Kommentar, die in Abschnitt 2.1 für `TFormalContext` beschrieben wurden. Darüber hinaus stehen wieder eine Reihe von Elementfunktionen zur elementaren Abfrage und Manipulation der Daten des Diagramms zur Verfügung, für die auf Kapitel 10 verwiesen sei. Allerdings soll hier noch ein technisches Detail der Implementation angesprochen werden. Anders als im Beispiel auf Seite 50 ist es nicht zwingend notwendig, daß die Nummern der Punkte ihren Positionen in der Punktliste entsprechen. Dadurch wird es möglich, beim Entfernen von Punkten auf das ständige Anpassen aller Nummern zu verzichten. Da aber andererseits häufig, auch bei der Implementation der Elementfunktionen von `TLineDiagram`, für eine gegebene Punktnummer die Position des Punktes in der Liste (sein Index) benötigt wird, ist es zeitlich ineffizient, jedesmal bei einer solchen Anforderung die ganze Punktliste zu durchsuchen. Die Elementfunktion

```
int GetIndexOfPoint(const int number);
```

benutzt deswegen eine invertierte Liste, in der für jede Punktnummer der Index festgehalten wird. Da durch Entfernen oder Hinzufügen von Punkten diese invertierte Liste ungültig wird, überprüft die Elementfunktion zunächst die Gültigkeit und berechnet dann ggf. die Liste neu. Die Elementfunktionen von `TLineDiagram`, durch deren Aufruf die Liste ungültig wird, markieren dies entsprechend.

Jetzt werden diejenigen Elementfunktionen von `TLineDiagram` beschrieben, welche aus der Interpretation des Liniendiagramms als Liniendiagramm eines (Begriffs-)verbands herrühren. Dies sind zunächst die Elementfunktionen

```
const TstringSet GetIdentifiersOfObject(const int point)
  const;
const TstringSet GetIdentifiersOfAttribute(const int point)
  const;
int GetExtent(const int point, TstringSet& extent);
int GetIntent(const int point, TstringSet& intent);
```

Die ersten beiden Funktionen haben die Menge aller Bezeichner von Gegenständen bzw. Merkmalen als Rückgabewert, welche den durch den Punkt mit der Nummer `point` beschriebenen Begriff als Gegenstands- oder Merkmalsbegriff haben (vgl. Abschnitt 3.1). Die Elementfunktion `GetExtent` liefert in `extent` die Menge der Bezeichner aller Gegenstände im Umfang des Begriffs, der durch den Punkt mit der Nummer `point` dargestellt wird. Analog liefert `GetIntent` die Menge der Bezeichner aller Merkmale im Inhalt des Begriffs. Auch zur Behandlung der Ordnungsrelation des Begriffsverbands gibt es einige Elementfunktionen:

```
int IsLessOrEqual(const int point_1, const int point_2);
int InRelation(const string& object,
  const string& attribute);
int IsJoinIrreducible(const int point) const;
int IsMeetIrreducible(const int point) const;
```

Die Elementfunktion `IsLessOrEqual` hat `1` als Rückgabewert, wenn der Punkt mit der Nummer `point_1` in der durch das Liniendiagramm beschriebenen Ordnung kleiner oder gleich dem Punkt mit der Nummer `point_2` ist, und `0` sonst. Die beiden Punkte sind genau dann in der genannten Weise vergleichbar, wenn der durch den ersten Punkt dargestellte Begriff ein Unterbegriff des durch den zweiten Punkt dargestellten Begriffs ist. Als Spezialisierung dieser Funktion dient `InRelation` zum Feststellen, ob der Gegenstandsbegriff des Gegenstands mit dem Bezeichner `object` ein Unterbegriff des Merkmalsbegriffs von `attribute` ist. Nach Satz 3.6 ist dies gleichbedeutend damit, daß der Gegenstand `object` das Merkmal `attribute` hat. Die Elementfunktionen `IsJoinIrreducible` und `IsMeetIrreducible` testen schließlich, ob der Punkt mit der Nummer `point` Supremum(join)-irreduzibel bzw. Infimum(meet)-irreduzibel ist.

Grundlegend für die Elementfunktionen `IsLessOrEqual` und `InRelation` ist die Berechnung der durch das Diagramm repräsentierten Ordnungsrelation. Anhand der in `TLineDiagram` abgespeicherten Instanzen von `TDLine` läßt sich zunächst ermitteln, welche Punkte des Diagramms unmittelbar kleiner gleich welchen anderen Punkten sind (ordnungstheoretisch ausgedrückt: welche Punkte benachbart sind). Die Ordnungsrelation selbst entsteht aus der Nachbarschaftsrelation, indem man alle Paare hinzunimmt, welche durch die drei Bedingungen in Definition 3.1 gefordert werden (dies ist die sogenannte **reflexiv-transitive Hülle** der Nachbarschaftsrelation). In `TLineDiagram` wird die Ordnungsrelation nicht ständig berechnet vorgehalten, sondern bei der ersten Anfrage berechnet. Außer den oben genannten Funktionen steht zum Zugriff auf die Ordnungsrelation noch die Elementfunktion

```
const TRelation& GetTransitiveClosure();
```

welche eine Referenz auf die Ordnungsrelation selbst als Rückgabewert hat. Falls die gespeicherte Ordnungsrelation wegen Änderungen des Diagramms nicht mehr gültig ist, wird sie beim Aufruf von `GetTransitiveClosure` zunächst neu berechnet. Die Berechnung der Ordnungsrelation erfolgt mit den Elementfunktionen `Reflexive` und `Transitive` der Klasse `TRelation`. Die Funktion `Transitive` arbeitet mit dem folgenden Algorithmus, für den angenommen wird, daß die Relation R auf der Menge $\{0,\ldots,n-1\}$ definiert ist. Ferner sei $\mathcal{R}_i$ die „i-te Zeile" der Relation R, d. h. $\mathcal{R}_i := \{j \in \{0,\ldots,n-1\} \mid i\,R\,j\}$.

(1) Für $i := 0,\ldots,n-1$ setze $\mathcal{R}_i^0 := \mathcal{R}_i$.
(2) Für $i := 0,\ldots,n-1$ führe (3) aus.
(3) Für $j := 0,\ldots,n-1$ setze $\mathcal{R}_j^{i+1} := \begin{cases} \mathcal{R}_j^i \cup \mathcal{R}_i^i & \text{für } i \in \mathcal{R}_j^i, i \neq j \\ \mathcal{R}_j^i & \text{sonst} \end{cases}$.

Die Relation R^n ist durch die „Zeilen" $\mathcal{R}_i^n$, $i = 0,\ldots,n-1$, vollständig bestimmt und enthält nach der Ausführung des Algorithmus die transitive Hülle der als Eingabe gegebenen Relation $\mathcal{R}^0 := \mathcal{R}$. Ohne genauere Analyse läßt sich dies an Schritt (3) verdeutlichen: Für alle k mit $j\,R^i\,k$, d. h. $k \in \mathcal{R}_j^i$ soll auch $j\,R^{i+1}\,k$ gelten, womit sicher $\mathcal{R}_j^{i+1} \supseteq \mathcal{R}_j^i$ gelten muß. Sind aber $j\,R^i\,i\,R^i\,k$, d. h. $i \in \mathcal{R}_j^i$ und $k \in \mathcal{R}_i^i$, so muß wegen der angestrebten Transitivität auch $j\,R^{i+1}\,k$ und somit $\mathcal{R}_j^{i+1} \supseteq \mathcal{R}_i^i$ gelten. Man beachte, daß in der Schleife in Schritt (3) des Algorithmus zur Berechnung von $\mathcal{R}_j^{i+1}$ lediglich $\mathcal{R}_j^i$ und $\mathcal{R}_i^i$ benutzt werden und daß $\mathcal{R}_i^{i+1} = \mathcal{R}_i^i$ gilt. Daher ist es möglich, den Algorithmus stets auf demselben Speicherbereich arbeiten zu lassen. Tatsächlich ist in `Transitive` der Algorithmus in der folgenden Form implementiert:

(1) Für $i := 0,\ldots,n-1$ führe (2) aus.
(2) Für $j := 0,\ldots,n-1$ mit $i \in \mathcal{R}_j$ und $i \neq j$ setze $\mathcal{R}_j := \mathcal{R}_j \cup \mathcal{R}_i$.

Der Algorithmus geht auf Kleene [13] zurück und ist hier in einer Abwandlung der in [17] dargestellten Form aufgenommen. Seine Zeitkomplexität ist $O(n^3)$.

Dieser Abschnitt wird beendet mit einer Betrachtung der speziellen Elementfunktion

```
int IsDiagramOfLattice();
```

von `TLineDiagram`, welche den Rückgabewert `1` hat, wenn die durch das Diagramm beschriebene geordnete Menge ein (vollständiger) Verband ist, und `0` sonst. Der verwendete Algorithmus ist [12] entnommen und besteht aus drei Schritten (siehe auch [6]). Im ersten Schritt werden die Punkte des Diagramms so sortiert, daß ein größerer Punkt stets vor einem kleineren Punkt kommt. Diese Sortierung nennt man auch eine duale lineare Erweiterung der durch das Diagramm gegebenen Ordnungsrelation. Dann wird geprüft, ob die geordnete Menge ein kleinstes Element hat (d. h. das Supremum der leeren Menge existiert, zweiter Schritt) und ob alle Suprema von zweielementigen Mengen existieren (dritter Schritt). Dies ist, da das Diagramm endlich ist, hinreichend dafür, daß es sich um einen Verband handelt. Für den Algorithmus wird angenommen, daß das Liniendiagramm die Punkte $p_0, \ldots, p_{n-1}$ hat. Ferner bezeichne $\prec$ die aus den Linien des Diagramms abgelesene Nachbarschaftsrelation (s. o.) und $\leq$ die daraus durch Berechnung der reflexiv-transitiven Hülle entstehende Ordnungsrelation. Im Algorithmus wird zum Teil mit den Punkten p_i selbst (bzw. ihren Kopien x_i) gearbeitet, zum Teil nur mit den Indices i der Punkte. Das zweidimensionale Array s_{ij} dient zur Speicherung der Indices der bereits untersuchten Suprema.

(1) Schritte (2) bis (4) berechnen in x_k die Reihenfolge der Punkte.
(2) Für $k := 0, \ldots, n-1$ setze $x_k := p_k$.
(3) Für $i := 0, \ldots, n-1$ führe (4) aus.
(4) Für $j := n-1, \ldots, i+1$ vertausche x_i und x_j, falls $x_i \leq x_j$.
(5) Schritt (6) prüft, ob ein kleinstes Element vorhanden ist.
(6) Falls $|\{x_i \mid x_{n-1} \leq x_i\}| < n$, ist die geordnete Menge kein Verband (Abbruch).
(7) Jetzt werden die Suprema von zwei Elementen berechnet.
(8) Für $k := 0, \ldots, n-1$ setze $s_{kk} := k$.
(9) Für $k := 1, \ldots, n-1$ und $i := 0, \ldots, k-1$ führe (10) bis (12) aus.
(10) Setze $m := \max\{s_{ij} \mid x_k \prec x_j\}$.
(11) Für alle j mit $x_k \prec x_j$ prüfe, ob $x_m \leq x_{s_{ij}}$ gilt. Ist dies für ein j nicht der Fall, so ist die geordnete Menge kein Verband (Abbruch).
(12) Setze $s_{ik} := s_{ki} := m$.

Die Berechnung der dualen linearen Erweiterung in den Schritten (2) bis (4) wird in der Literatur (z. B. [2]) unter dem Stichwort „*topological sort*" betrachtet. Der *topological sort*-Algorithmus paßt jedoch nicht direkt auf die in *The Formal Concept Analysis Library* verwendeten Datenstrukturen, weshalb hier eine andere Lösung bevorzugt wurde.

Die Schritte (9) bis (12) des Algorithmus verdienen nähere Betrachtung. In diesen Schritten wird für jedes k versucht, das Supremum $x_k \vee x_i$ von x_k mit allen vorigen Punkten $x_0, \ldots, x_{k-1}$ zu berechnen. Aufgrund der Sortierung der Punkte kann $x_i \leq x_k$ nicht gelten, also ist x_k nicht das Supremum von x_i und x_k. Dann ist dieses aber echt größer als x_k. Falls es sich um einen Verband handelt, muß $x_i \vee x_k$ das kleinste Element der Menge $\{x_i \vee x_j \mid x_k \prec x_j\}$ sein. Wiederum aufgrund der Sortierung sind alle in dieser Menge auftretenden Suprema in $\{x_0, \ldots, x_{k-1}\}$ enthalten und daher bereits berechnet. Der einzige Kandidat für das kleinste Element der Menge ist der mit dem größten Index m, welcher in Schritt (10) ermittelt wird. In (11) wird geprüft, ob es sich tatsächlich um das kleinste Element handelt. Ist dies nicht der Fall, so liegt kein Verband vor, und der Algorithmus bricht ab. Andernfalls ist $x_m = x_i \vee x_k$, was in Schritt (12) gespeichert wird. Der Algorithmus hat theoretisch die Zeitkomplexität von $O(n^{5/2})$ (vgl. [12]). In der Implementation liegt diese jedoch eher bei $O(n^3)$.

3.3 Erzeugung von Liniendiagrammen aus formalen Kontexten

In Abschnitt 3.1 wurde beschrieben, wie aus formalen Kontexten Begriffsverbände und damit auch Liniendiagramme entstehen. Die C++-Klassen `TFormalContext` und `TLineDiagram` stellen Elementfunktionen bereit, mit denen aus formalen Kontexten Liniendiagramme erzeugt werden können, und umgekehrt. Die Erzeugung eines Liniendiagramms des Begriffsverbands eines gegebenen formalen Kontexts läßt sich in zwei Schritte zerlegen. Zuerst werden alle Begriffe des Kontexts berechnet, damit ist automatisch auch die Ordnung des Begriffsverbands über die Inklusionsordnung der Umfänge (vgl. Satz 3.5) gegeben. In einem zweiten Schritt müssen nun den Begriffen Koordinaten in der Zeichenebene zugewiesen werden. An diesen Koordinaten werden dann die Punkte des Liniendiagramms gezeichnet und durch die entsprechenden Linien verbunden. Dabei müssen die Koordinaten selbstverständlich so gewählt werden, daß sich keine Punkte überlappen und daß auch keine Linien durch Punkte hindurchgehen, durch die sie nicht hindurchgehen dürfen.

Die Erfahrung hat gezeigt, daß automatisch erzeugte Liniendiagramme, d. h. Diagramme, bei denen die Koordinaten der Punkte vollautomatisch unter Berücksichtigung der obigen „Korrektheitsregeln" berechnet wurden, in der Regel nur schwer lesbar und interpretierbar sind. In der Formalen Begriffsanalyse hat sich daher die folgende halbautomatische Technik entwickelt: Zunächst wird auf der Grundlage der Ordnung des Begriffsverbands ein erster Vorschlag für die Koordinaten automatisch berechnet. Dabei ist es zulässig, daß die obigen Korrektheitsforderungen nicht vollständig erfüllt sind. Dieser Vorschlag wird dann vom jeweiligen Benutzer des Programms interaktiv verändert, wobei der Benutzer versucht, ein korrektes und gut lesbares Liniendiagramm zu erzeugen. Es gibt inzwischen verschiedene Programme, mit denen Liniendiagramme von Begriffsverbänden auf diese Weise gezeichnet werden können. Einige der Programme unterstützen den Benutzer auch bei der Überprüfung der Korrektheit.

Da *The Formal Concept Analysis Library* keine interaktiven, sondern lediglich Datenverwaltungsklassen bereitstellt, wird von den Klassen der Bibliothek nur der erste Schritt dieses Vorgehens, d. h. die Erzeugung eines ersten Vorschlags, unterstützt. Die Möglichkeit zur interaktiven Überarbeitung dieses ersten Vorschlags muß dann von einem auf *The Formal Concept Analysis Library* aufbauenden Programm bereitgestellt werden. Vor der Beschreibung der betreffenden Elementfunktionen der Klasse `TFormalContext` werden die hinter der Berechnung der Koordinaten stehenden mathematischen Prinzipien betrachtet.

Als generelle Methode bei der Erstellung eines Liniendiagramms hat sich in der Formalen Begriffsanalyse das sogenannte **additive Zeichnen** durchgesetzt (siehe [11, 25]). Grundlegend für diese Methode ist die Aussage von Satz 3.6, daß jeder Begriff eines Begriffsverbands Supremum von Gegenstands- und Infimum von Merkmalsbegriffen ist. Dabei reicht es, sich auf irreduzible Gegenstände und Merkmale zu beschränken. Von diesem Gedanken ausgehend kann man mittels analytischer Geometrie der Ebene die Position jedes Punktes anhand der Positionen der irreduziblen Elemente berechnen, wobei zwei Fälle unterschieden werden. Im folgenden wird von einem gegebenen formalen Kontext (G, M, I) ausgegangen.

1. **Zeichnen nach Gegenständen**: Jedem irreduziblen Gegenstand $g \in G$ wird ein Vektor $v_g := (v_{g,1}, v_{g,2})$ der Ebene zugeordnet. Die Position $p_{(A,B)}$ eines Begriffs (A, B) berechnet sich dann als

$$p_{(A,B)} := \sum_{g \in A,\ g \text{ ist irreduzibel}} v_g \ .$$

2. **Zeichnen nach Merkmalen**: Jedem irreduziblen Merkmal $m \in M$ wird ein Vektor $w_m := (w_{m,1}, w_{m,2})$ der Ebene zugeordnet. Die Position $q_{(A,B)}$ eines Begriffs (A, B) berechnet sich dann als

$$q_{(A,B)} := \sum_{m \in B,\ m \text{ ist irreduzibel}} w_m \ .$$

Damit sind die Positionen aller Punkte des Diagramms festgelegt, wenn die Positionen entweder der irreduziblen Gegenstände oder der irreduziblen Merkmale festgelegt wurden. Das Verfahren sagt nichts darüber aus, wie nun wiederum deren Positionen zu bestimmen sind. Es sei hier angemerkt, daß „Zeichnen nach Gegenständen“ und „Zeichnen nach Merkmalen“ üblicherweise zu unterschiedlichen Diagrammen führen, wie am Beispiel später noch zu sehen ist. Mathematisch lassen sich die beiden Ansätze jedoch über von B. Ganter eingeführte **Mengendarstellungen** von Begriffen einheitlich behandeln (siehe [11]).

Jetzt muß noch diskutiert werden, wie die Vektoren v_g bzw. w_m festgelegt werden. Es ist offensichtlich, daß von der Wahl dieser Vektoren die bereits erreichte Qualität des daraus berechneten Bildes stark abhängt: Je geschickter die Wahl, desto weniger manuelle Nachbearbeitung ist nötig. Zur Festlegung der Vektoren sollte man also möglichst viel Information über die Gegenstände bzw. Merkmale heranziehen. Eine Information, die sich leicht aus dem Kontext gewinnen läßt, ist die Ordnung der Gegenstände und der Merkmale, welche man als Einschränkung der Ordnung des Begriffsverbands auf die Gegenstands- bzw. die Merkmalsbegriffe verstehen kann.

Lemma 3.10. *Sei* $\mathbb{K} := (G, M, I)$ *ein formaler Kontext.*
(i) Auf der Menge G *der Gegenstände von* $\mathbb{K}$ *wird durch*

$$g \leq_G h \quad :\Longleftrightarrow \quad \gamma(g) \leq \gamma(h)$$

eine Ordnungsrelation $\leq_G$ *definiert, welche* ***Gegenstandsordnung*** *von* $\mathbb{K}$ *heißt. Für alle* $g, h \in G$ *ist* $g \leq_G h$ *äquivalent zu* $\{g\}' \supseteq \{h\}'$.
(ii) Auf der Menge M *der Merkmale von* $\mathbb{K}$ *wird durch*

$$m \leq_M n \quad :\Longleftrightarrow \quad \mu(m) \leq \mu(n)$$

eine Ordnungsrelation $\leq_M$ *definiert, welche* ***Merkmalsordnung*** *von* $\mathbb{K}$ *heißt. Für alle* $m, n \in M$ *ist* $m \leq_M n$ *äquivalent zu* $\{m\}' \subseteq \{n\}'$.

Abbildung 3.4 zeigt die Gegenstands- und die Merkmalsordnung des Kontexts aus Abb. 2.1. Im Zusammenhang mit dem Zeichnen des Liniendiagramms des Begriffsverbands ist es nützlich, die Vektoren v_g und w_m unmittelbar aus dem Diagramm der Gegenstands- oder Merkmalsordnung ablesen zu können. Deshalb werden häufig, wie in Abb. 3.5 zusätzliche **Dummy-Punkte** in das Diagramm der Ordnung aufgenommen, die nicht zu einem Gegenstand oder Merkmal gehören. Für jeden irreduziblen Gegenstand $g \in G$ wird v_g dann durch die Linie vom Gegenstand zu seinem unteren Nachbarn dargestellt, für jedes irreduzible Merkmal $m \in M$ ist w_m durch die Linie vom Merkmal zu seinem oberen Nachbarn repräsentiert. Man beachte, daß reduzible Gegenstände bzw. Merkmale mehrere untere bzw. obere Nachbarn haben und keinen Vektor zugeordnet bekommen.

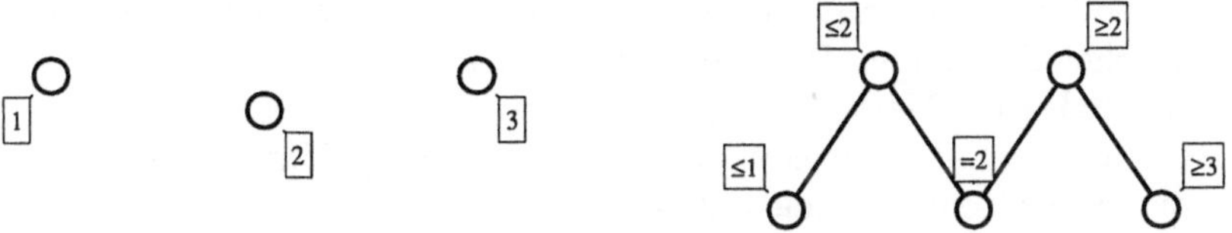

Abb. 3.4 Gegenstands- und Merkmalsordnung des Kontexts aus Abb. 2.1

Das im vorigen Abschnitt beschriebene Ablesen der Vektoren aus dem Diagramm dient im wesentlichen der Darstellung und kann zur ursprünglichen Festlegung der Vektoren allenfalls beim Zeichnen der Liniendiagramme von Hand benutzt werden. Dabei ist von Hand ein „möglichst sinnvolles“

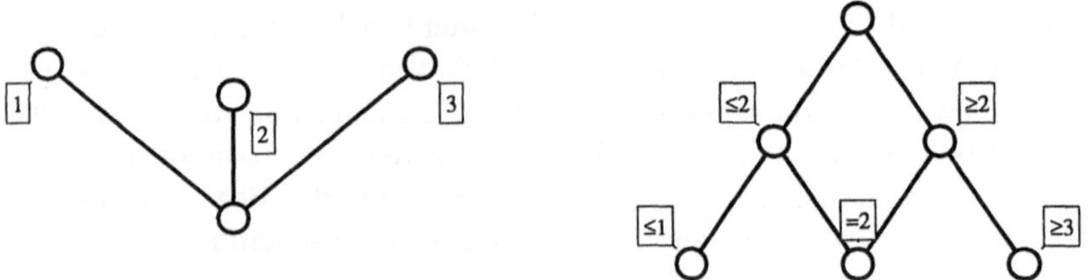

Abb. 3.5 Gegenstands- und Merkmalsordnung mit Dummy-Punkten

Diagramm der Gegenstands- oder Merkmalsordnung anzufertigen, aus dem dann die Vektoren abgelesen werden können. Ein Programm muß jedoch anhand formaler Kriterien entscheiden, welche Zuordnung von Vektoren sinnvoll ist. Dies führt zu dem nachfolgend beschriebenen Algorithmus, der hier nur für die Merkmale betrachtet werden soll. Der Algorithmus wurde in seiner Grundform von R. Wille vorgeschlagen und von M. Skorsky zuerst implementiert. *The Formal Concept Analysis Library* verwendet eine Verfeinerung des Algorithmus, die hier beschrieben wird. Grundlegend für den Algorithmus ist die Zerlegung der Merkmalsordnung in Ketten.

Definition 3.11. *Sei $(P, \leq)$ eine endliche geordnete Menge. Eine **Kette** von $(P, \leq)$ ist eine Teilmenge $\{p_1, p_2, \ldots, p_k\}$ von P mit $p_1 < p_2 < \ldots < p_k$. Insbesondere ist jede einelementige Teilmenge von P eine Kette.*
*Eine **Kettenzerlegung** von $(P, \leq)$ ist eine Familie $(K_t)_{t \in T}$ von Ketten von $(P, \leq)$ derart, daß jedes Element von P in genau einer der Ketten K_t enthalten ist.*

Nachfolgend sind einige Kettenzerlegungen der Merkmalsordnung aus Abb. 3.4 angegeben:

$$\{\leq 1\}, \{\leq 2\}, \{=2\}, \{\geq 2\}, \{\geq 3\} \tag{3.1}$$

$$\{\leq 1, \leq 2\}, \{=2, \geq 2\}, \{\geq 3\} \tag{3.2}$$

$$\{\leq 1, \leq 2\}, \{=2\}, \{\geq 2, \geq 3\} \tag{3.3}$$

Im folgenden sollen Kettenzerlegungen der Merkmalsordnung betrachtet werden, die die folgenden beiden Bedingungen erfüllen:

(i) Für jedes reduzible Merkmal $m \in M$ ist $\{m\}$ eine Kette der Zerlegung.
(ii) Die Kettenzerlegung der irreduziblen Merkmale ist maximal, d. h. es gibt keine andere Kettenzerlegung mit weniger Ketten.

Die Kettenzerlegung (3.1) verletzt die Bedingung (ii), Kettenzerlegung (3.2) dagegen Bedingung (i). Lediglich die Kettenzerlegung (3.3) erfüllt beide Bedingungen.

Mit dem Begriff der Kettenzerlegung ist ein für den Algorithmus wichtiges Strukturierungsprinzip eingeführt. Ein weiteres wichtiges Prinzip ergibt sich aus der Betrachtung zusammenhängender und unzusammenhängender Teile der Merkmalsordnung.

Definition 3.12. *Sei $(P, \leq)$ eine endliche geordnete Menge und seien $x, y \in P$. Ein **Pfad** von x nach y ist eine Folge $z_1, z_2, \ldots, z_k$ mit $x = z_1$, $y = z_k$ und $z_i \leq z_{i+1}$ oder $z_{i+1} \leq z_i$ für alle $i = 1, \ldots, k-1$.*
*Eine **Zusammenhangskomponente** von $(P, \leq)$ ist eine Teilmenge Z von P mit*
(i) Für alle $x, y \in Z$ gibt es einen Pfad von x nach y.
(ii) Es gibt kein $x \in Z$ und $y \in P \setminus Z$ derart, daß es einen Pfad von x nach y gibt.

Die Zusammenhangskomponenten einer geordneten Menge $(P, \leq)$ sind also die Teilmengen Z, in denen man von jedem Punkt von Z zu jedem anderen Punkt von Z entlang von Linien des Diagramms laufen kann, nicht aber zu einem Punkt außerhalb von Z. Selbstverständlich kann man auch nicht von einem Punkt außerhalb zu einem Punkt in Z laufen. Die Gegenstandsordnung in Abb. 3.4 hat also drei Zusammenhangskomponenten, während die Merkmalsordnung nur eine hat.

Damit sind alle für den Algorithmus zur Bestimmung der Vektoren w_m nötigen Begriffe eingeführt. Der Algorithmus wird jetzt zunächst zusammenhängend dargestellt, danach werden die einzelnen Schritte näher erläutert.

(1) Berechne eine Kettenzerlegung von $(M, \leq_M)$, welche die Bedingungen (i) und (ii) erfüllt.
(2) Setze $n :=$ Anzahl der Ketten aus irreduziblen Merkmalen.
(3) Numeriere die Ketten aus irreduziblen Merkmalen mit $0, 1, \ldots, n-1$, so daß Ketten, die in derselben Zusammenhangskomponente von $(M, \leq_M)$ liegen, aufeinanderfolgende Nummern bekommen.
(4) Setze $w_m := (2^i - 2^{n-i-1}, -2^i - 2^{n-i-1})$ für jedes irreduzible Merkmal m, wobei i die Nummer der Kette von m ist.

In dieser Form ist die Darstellung des Algorithmus sehr grob. Es folgen noch einige Bemerkungen zu den verschiedenen Schritten, eine detaillierte Darstellung würde jedoch den Rahmen dieses Kapitels sprengen.

Zu (1): Die Berechnung der Kettenzerlegung erfolgt mit einer modifizierten Fassung des Algorithmus, den M. Skorsky in [19] vorgeschlagen hat. Grundlage hierfür ist ein graphentheoretischer Algorithmus, welcher anzahlmaximale Matchings in bipartiten Graphen berechnet. Für die mathematischen Hintergründe, die Beschreibung des Algorithmus sowie die Verweise auf die entsprechende graphentheoretische Literatur sei ebenfalls auf [19] verwiesen.
Der Algorithmus aus [19] wurde für *The Formal Concept Analysis Library* dahingehend modifiziert, daß reduzible Merkmale beim Berechnen des Matchings nicht berücksichtigt und daher zu einelementigen Ketten werden. Dadurch wird erzwungen, daß die Kettenzerlegung Bedingung (i) erfüllt. Bedingung (ii) ist sichergestellt, da ein anzahlmaximales Matching berechnet wird.

Zu (3) und (4): Da der Vektor w_m nur von der Nummer der Kette von m abhängt, erhalten alle Merkmale in einer Kette denselben Vektor zugewiesen. Ferner sieht man an der Formel in (4), daß für die Kettennummern $0, 1, \ldots, n-1$ die Vektoren eine Folge „benachbarter" Richtungen bilden (mit einer Spiegelsymmetrie an der vertikalen Achse).
Unter diesem Hintergrund wird die Berücksichtigung der Zusammenhangskomponenten bei der Vergabe der Kettennummern in (3) verständlich: Merkmale, welche in einer Zusammenhangskomponente der Merkmalsordnung liegen, liegen im Begriffsverband in der Regel in stärker verbundenen Teilen als solche Merkmale, welche in verschiedenen Zusammenhangskomponenten liegen. Deshalb sollten solche Merkmale nahe beieinanderliegende Richtungen bekommen, damit nicht im Liniendiagramm des Begriffsverbands die Linien quer über das gesamte Diagramm laufen. Dies wird dadurch erreicht, daß Ketten in einer Zusammenhangskomponente aufeinanderfolgende Nummern und damit benachbarte Richtungen bekommen. Die Idee zu diesem Vorgehen stammt ebenfalls von M. Skorsky.

Zu (4): Diese exponentielle Zuordnung wurde von B. Ganter vorgeschlagen. Man kann zeigen, daß auf diese Weise für den Fall, daß keine zwei verschiedenen Merkmale in der Merkmalsordnung vergleichbar sind, stets alle Punkte des Liniendiagramms des Begriffsverbands verschiedene Positionen bekommen. Dadurch ist bereits ein Teil der Korrektheitskriterien für Liniendiagramme erfüllt. In die Formel werden in *The Formal Concept Analysis Library* noch Faktoren zur Skalierung eingearbeitet, welche weiter unten erläutert werden.

Nach der Berechnung der Gegenstands- oder der Merkmalsordnung kann das Liniendiagramm des Begriffsverbands durch „Zeichnen nach Gegenständen" bzw. „Zeichnen nach Merkmalen" erzeugt werden. Im Beispiel entstehen so aus den Diagrammen der Ordnungen in Abb. 3.5 die Liniendiagramme in Abb. 3.6, welche tatsächlich beide korrekte, aber offensichtlich unterschiedliche Liniendiagramme des Begriffsverbands sind.

Schritt (1) des Algorithmus hat die Zeitkomplexität $O(|M|^3)$, dasselbe gilt für die Ermittlung der Zusammenhangskomponenten in Schritt (3), da hier die Berechnung einer transitiven Hülle eingeht. Die Berechnung der Koordinaten ist dann linear in der Anzahl der Begriffe.

Man kann fragen, warum die reduziblen Merkmale im Algorithmus die etwas aufwendige Sonderrolle spielen. Statt dessen könnte man den Algorithmus von vornherein nur mit den irreduziblen Merkmalen durchführen. Tatsächlich hat M. Skorsky den Algorithmus in dieser Form in seinem Programm ANACONDA für `atari`™ implementiert. Durch die Entfernung der reduziblen Merkmale geht jedoch ggf. Information über die Zusammenhangskomponenten verloren. Entfernt man in der Merkmalsordnung in Abb. 3.4 das Merkmal „=2", so hat die verbleibende geordnete Menge zwei Zusammenhangskomponenten. Da die Erwartung aber gerechtfertigt erscheint, daß das

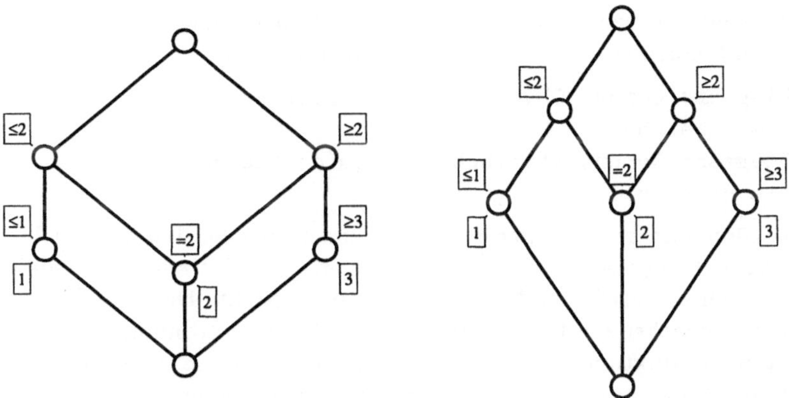

Abb. 3.6 Nach Gegenständen (links) bzw. Merkmalen (rechts) gezeichnetete Liniendiagramme

entstehende Diagramm um so besser wird, je mehr vorhandene Information genutzt wird, wurde für *The Formal Concept Analysis Library* davon abgesehen, die reduziblen Merkmale zu entfernen. Weil diese aber keine Vektoren zugewiesen bekommen, dürfen sie auch nicht in einer der Ketten zusammen mit irreduziblen Merkmalen auftauchen, über die die Zuordnung der Vektoren geschieht. Diese Modifikation ist in der Implementation vergleichsweise leicht hinzuzufügen.

Ehe die Beschreibung der Elementfunktionen von `TFormalContext` vorgenommen wird, mit denen die eben beschriebenen Verfahren implementiert werden, sei hier nochmals gewarnt: *Das Ergebnis des Algorithmus ist in der Regel kein fertiges korrektes Liniendiagramm des Begriffsverbands, sondern lediglich ein erster Entwurf. Dieser Entwurf muß, sozusagen mit menschlicher Intelligenz, überarbeitet werden, um zu einem korrekten Diagramm zu werden.* Die dazu nötigen Werkzeuge müssen außerhalb von *The Formal Concept Analysis Library* bereitgestellt werden. Derzeit gibt es, auf *The Formal Concept Analysis Library* basierend, das Programm ANACONDA für Windows™, welches unter anderem einen Liniendiagramm-Editor bereitstellt, mit dem diese Nachbearbeitung durchgeführt werden kann.

Die Klasse `TFormalContext` stellt mehrere Elementfunktionen bereit, mit deren Hilfe eine Instanz von `TLineDiagram` erzeugt werden kann, welche den Begriffsverband des Kontexts repräsentiert. Zunächst können mit den Elementfunktionen

```
TRelation* ComputeObjectOrder();
TRelation* ComputeAttributeOrder();
```

die Gegenstands- bzw. Merkmalsordnung des Kontexts berechnet werden. Die jeweilige Ordnungsrelation wird als dynamisch erzeugte Instanz von `TRelation` zurückgegeben, wobei für die Zuordnung der Gegenstände und Merkmale die Bit-Array-Schnittstelle maßgeblich ist. Ist man nicht nur an der Ordnungsrelation selbst, sondern an einem Liniendiagramm derselben interessiert, so können statt dessen die Elementfunktionen

```
TLineDiagram* ComputeObjectDiagram(double base,
  double stretch);
TLineDiagram* ComputeAttributeDiagram(double base,
  double stretch);
```

von `TFormalContext` benutzt werden. Diese erzeugen eine dynamische Instanz von `TLineDiagram`, welche ein Liniendiagramm der entsprechenden Ordnung mit den zusätzlichen Dummy-Punkten darstellt. Die Berechnung erfolgt, indem zunächst die Gegenstands- oder Merkmalsordnung einer der vorher genannten Funktionen berechnet wird. Danach wird der oben genannte Algorithmus durch Aufrufe der privaten Elementfunktionen

```
virtual void ComputeChainDecomposition(TRelation* order,
  int chains[], int mode);
```

sowie

```
virtual void ComputeVectors(int chains[],
  double vectors_x[], double vectors_y[],
  double base, double stretch, int mode);
```

durchgeführt und aus dem in `vectors_x` und `vectors_y` abgespeicherten Ergebnis das Diagramm der Ordnung erzeugt. Die Parameter `base` und `stretch` dienen zur Skalierung: Aus `base` wird ein allgemeiner Faktor so ermittelt, daß `base` gerade die kleinste auftretende vertikale Koordinate ist. `stretch` wird als horizontaler Streckfaktor benutzt.

Schließlich stellt `TFormalContext` die folgenden Elementfunktionen zur Berechnung eines Liniendiagramms des Begriffsverbands bereit:

```
TLineDiagram* ComputeDiagram(double base, double stretch,
  int mode = DM_ATTRIBUTES);
TLineDiagram* ComputeDiagram(TLineDiagram* order, int mode);
```

Beide Funktionen haben als Rückgabewert einen Zeiger auf eine dynamisch erzeugte Instanz von `TLineDiagram`, welche nach Benutzung wieder freigegeben werden muß. Die erste Funktion berechnet, falls `mode == DM_OBJECTS` gilt, zunächst intern mit dem oben beschriebenen Algorithmus ein Diagramm der Gegenstandsordnung, und dann daraus durch „Zeichnen nach Gegenständen" das Liniendiagramm des Begriffsverbands. Hat dagegen `mode` den Wert `DM_ATTRIBUTES`, so wird ein Diagramm der Merkmalsordnung und daraus mittels „Zeichnen nach Merkmalen" das endgültige Liniendiagramm berechnet. Dies ist gleichzeitig die Voreinstellung, wenn `mode` nicht angegeben wird. Die Parameter `base` und `stretch` haben dieselbe Bedeutung wie im vorigen Absatz beschrieben.

Die zweite Funktion übernimmt im Parameter `order` einen Zeiger auf ein Liniendiagramm, wobei `mode` angibt, ob es sich um ein Diagramm der Gegenstandsordnung (`DM_OBJECTS`) oder der Merkmalsordnung (`DM_ATTRIBUTES`) handelt. Je nach Typ werden dann die Vektoren der irreduziblen Gegenstände bzw. Merkmale aus dem Diagramm extrahiert und daraus das Liniendiagramm des Begriffsverbands berechnet. Bei beiden `ComputeDiagram`-Funktionen müssen zur Berechnung des Liniendiagramms vorher die Begriffe des formalen Kontexts berechnet werden, was mit dem in Abschnitt 2.2 beschriebenen Algorithmus NEXT CLOSURE geschieht. Dabei werden auf der Standardausgabe Meldungen über die berechneten Begriffe ausgegeben, falls der Kontext einer CONSCRIPT-Datei gehört und für diese Datei die Ausgabe von Meldungen aktiviert ist (siehe Kapitel 7).

An dieser Stelle ist zunächst nicht klar, warum es die zwei verschiedenen `ComputeDiagram`-Funktionen gibt, da doch beide grundsätzlich dasselbe tun. Der Unterschied ist, daß die erste Version die komplette Berechnung ohne weitere Einflußmöglichkeit von außen durchführt und erst das erstellte Diagramm des Begriffsverbands nachgearbeitet werden kann. Bei der zweiten Version wird hingegen zuerst durch einen Aufruf von `ComputeObjectDiagram` oder `ComputeAttributeDiagram` ein Diagramm der entsprechenden Ordnung erzeugt. Dieses Diagramm kann dann bereits verändert werden, und nach dieser Bearbeitung wird dann `ComputeDiagram` aufgerufen, um das Liniendiagramm des Begriffsverbands zu erzeugen. Dadurch ist also in einem Zwischenstadium des Verfahrens eine Möglichkeit zum Eingriff gegeben, die häufig interessant ist, weil die Gegenstands- oder der Merkmalsordnung erheblich weniger Elemente als der Begriffsverband hat und das Liniendiagramm deshalb leichter zu bearbeiten ist.

In den Liniendiagrammen des Begriffsverbands sowie der Gegenstands- und der Merkmalsordnung müssen die Gegenstände und Merkmale der formalen Kontexts jeweils klar zu den Punkten des Liniendiagramms zugeordnet werden. Gemäß der in Abschnitt 2.2 beschriebenen Bedeutung der Bit-Array-Schnittstelle und der Bezeichner-Schnittstelle geschieht diese Zuordnung unter Benutzung der Bezeichner-Schnittstelle. Voraussetzung für eine solche Zuordnung ist natürlich, daß jede Zeile des Kontexts durch mindestens einen Gegenstand und jede Spalte durch mindestens ein Merkmal referenziert wird. Da eine Instanz von `TFormalContext` jedoch auch Zeilen oder Spalten ohne solche Referenzen haben kann (vgl. Kapitel 2), können hier Probleme auftreten. Um diese zu vermeiden, hat `TFormalContext` die Elementfunktionen

```
void SaturateObjects();
void SaturateAttributes();
```

welche die Gegenstände bzw. Merkmale der Instanz von `TFormalContext` so ergänzen, daß jede Zeile bzw. Spalte durch einen Gegenstand bzw. ein Merkmal referenziert wird. Für den Bezeichner und den beschreibenden Text wird dabei jeweils ein Default-String gewählt. Die Elementfunktionen zur Erzeugung der Liniendiagramme rufen die jeweils nötigen `Saturate`-Funktionen auf.

Damit ist beschrieben, wie in *The Formal Concept Analysis Library* aus einem formalen Kontext Liniendiagramme des Begriffsverbands erzeugt werden können. Selbstverständlich ist auch die umgekehrte Frage zu betrachten: Wie kann aus einer Instanz von `TLineDiagram` eine Instanz von `TFormalContext` erzeugt werden, so daß das Liniendiagramm ein Liniendiagramm des Begriffsverbands des formalen Kontexts ist? Es wurde bereits erwähnt, daß diese Frage nicht eindeutig zu klären ist, sondern daß im allgemeinen zu einem vollständigen Verband $(L, \leq)$ verschiedene Kontexte existieren, welche den Verband als Begriffsverband haben. Aus mathematischer Sicht sind dabei zunächst der **Ordnungskontext** $(L, L, \leq)$ (Satz 3.6) sowie der **reduzierte Kontext** $(J(L), M(L), \leq)$ (Satz 3.9) interessant. Häufig ist es jedoch so, daß bereits eine Menge $G \subseteq L$ mit Gegenständen und eine Menge $M \subseteq L$ mit Merkmalen assoziiert ist, wobei $J(L) \subseteq G$ und $M(L) \subseteq M$ gelten muß. Dann soll in der Regel der Kontext $(G, M, \leq)$ betrachtet werden.

Zur Umsetzung dieser drei Sichtweisen, wie ein endlicher (vollständiger) Verband durch einen formalen Kontext beschrieben werden kann, stellt `TLineDiagram` die Elementfunktionen

```
TFormalContext* ComputeOrderContext();
TFormalContext* ComputeReducedContext();
TFormalContext* ComputeContext();
```

zur Verfügung. Diese berechnen dynamisch erzeugte Instanzen der Klasse `TFormalContext`, welche die drei verschiedenen oben genannten Kontexte repräsentieren. Weil auch in diesem Zusammenhang das Problem auftreten kann, daß Punkte nicht durch einen Gegenstand bzw. ein Merkmal referenziert werden, rufen die obigen Funktionen noch die Elementfunktionen

```
void SaturateObjects(int irreducibles = 0);
void SaturateAttributes(int irreducibles = 0);
```

von `TLineDiagram` auf. Der Parameter `irreducibles` gibt an, ob die Gegenstände bzw. Merkmale nur für die irreduziblen Elemente (`1`) oder für alle Punkte (`0`) vervollständigt werden sollen.

Das Kapitel über Liniendiagramme wird mit einem Beispielprogramm beendet, in welchem die Verwendung der in diesem Abschnitt beschriebenen Funktionen demonstriert wird. Der Quell-Code für dieses Beispielprogramm ist in der Datei `bsp3.cpp` auf der Diskette enthalten.

```
#ifdef __BCPLUSPLUS__
#include <fca\fcacore.h>
#include <dos.h>
#else
#include "fcacore.h"
#endif
#include <iostream.h>

#ifdef __BCPLUSPLUS__
// Einstellung der Stack-Groesse (MS-DOS-spezifisch)
```

```
extern unsigned _stklen = 16384;
#endif

int main(int argc, char* argv[])
{
  if (argc != 2)
    return 1;

  // Die Datei wird geoeffnet.
  TFCAFile* file = new TFCAFile(NULL, "", "", 0, "", 4, 8);
  int error = file->OpenFile(argv[1]);

  if (error != ERR_OK)
  {
    delete file;
    return error;
  }

  // Ein Zeiger auf den ersten Kontext der Datei wird
  // geholt.
  TIFCAArray* contexts = file->GetListOfContexts();

  if (contexts != NULL &&
    contexts->GetItemsInContainer() > 0)
  {
    TFormalContext* context =
      (TFormalContext*)((*contexts)[0]);

    if (context != NULL)
    {
      TRelation* relation = NULL;
      TLineDiagram* order = NULL;
      TLineDiagram* diagram = NULL;
      TFormalContext* temp = NULL;

      // Die Ausgabe von Meldungen wird aktiviert.
      file->InitMessage();

      // Die Gegenstandsordnung wird berechnet.
      relation = context->ComputeObjectOrder();
      if (relation != NULL)
      {
        cout << "Gegenstandsordnung:\n"
          << *relation << "\n";
```

```
    delete relation;
    relation = NULL;
  }

  // Ein Diagramm der Gegenstandsordnung wird berechnet.
  order = context->ComputeObjectDiagram(20.0, 2.0);
  if (order != NULL)
  {
    cout << "Diagramm der Gegenstandsordnung:\n"
      << *order << "\n";

    // Ein Diagramm des Begriffsverbands wird ueber die
    // Gegenstandsordnung berechnet.
    diagram = context->ComputeDiagram(order,
      DM_OBJECTS);
    if (diagram != NULL)
    {
      cout << "Diagramm des Begriffsverbands:\n"
        << *diagram << "\n";
      delete diagram;
      diagram = NULL;
    }

    delete order;
    order = NULL;
  }

  // Ein Diagramm des Begriffsverbands wird nach
  // Gegenstaenden berechnet.
  diagram = context->ComputeDiagram(20.0, 2.0,
    DM_OBJECTS);
  if (diagram != NULL)
  {
    cout << "Diagramm des Begriffsverbands:\n"
      << *diagram << "\n";
    delete diagram;
    diagram = NULL;
  }

  // Die Merkmalsordnung wird berechnet.
  relation = context->ComputeAttributeOrder();
  if (relation != NULL)
  {
    cout << "Merkmalsordnung:\n" << *relation
```

```
    << "\n";
  delete relation;
  relation = NULL;
}

// Ein Diagramm der Merkmalsordnung wird berechnet.
order = context->ComputeAttributeDiagram(20.0, 2.0);
if (order != NULL)
{
  cout << "Diagramm der Merkmalsordnung:\n"
    << *order << "\n";

  // Ein Diagramm des Begriffsverbands wird ueber die
  // Merkmalsordnung berechnet.
  diagram = context->ComputeDiagram(order,
    DM_ATTRIBUTES);
  if (diagram != NULL)
  {
    cout << "Diagramm des Begriffsverbands:\n"
      << *diagram << "\n";
    delete diagram;
    diagram = NULL;
  }

  delete order;
  order = NULL;
}

// Ein Diagramm des Begriffsverbands wird nach
// Merkmalen berechnet.
diagram = context->ComputeDiagram(20.0, 2.0,
  DM_ATTRIBUTES);
if (diagram != NULL)
{
  cout << "Diagramm des Begriffsverbands:\n"
    << *diagram << "\n";

  // Der Kontext dieses Diagramms wird berechnet.
  temp = diagram->ComputeContext();
  if (temp != NULL)
  {
    cout << "Aus dem Diagramm berechneter Kontext:\n"
      << *temp << "\n";
    delete temp;
```

```
                temp = NULL;
            }

            // Der reduzierte Kontext des Diagramms wird
            // berechnet.
            temp = diagram->ComputeReducedContext();
            if (temp != NULL)
            {
              cout << "Aus dem Diagramm berechneter "
                << reduzierter Kontext:\n" << *temp << "\n";
              delete temp;
              temp = NULL;
            }

            // Der Ordnungskontext des Diagramms wird berechnet.
            temp = diagram->ComputeOrderContext();
            if (temp != NULL)
            {
              cout << "Aus dem Diagramm berechneter "
                "Ordnungskontext:\n" << *temp << "\n";
              delete temp;
              temp = NULL;
            }

            delete diagram;
            diagram = NULL;
          }

          // Die Ausgabe von Meldungen wird deaktiviert.
          file->DoneMessage();
        }
      }

      delete contexts;
      delete file;
      return error;
    }
```

Der erste Teil dieses Programms ist identisch mit dem Beispielprogramm auf Seite 34. Die weiteren Schritte des Programms sind anhand der obigen Erläuterungen der verwendeten Funktionen selbsterklärend. Man beachte, daß alle erzeugten Relationen, Liniendiagramme und Kontexte mit dem `delete`-operator wieder freigegeben werden müssen. Da das Programm eine etwas längere Ausgabe erzeugt, wird hier kein Protokoll des Programmlaufs abgedruckt. Auf der Diskette ist jedoch in der Datei `bsp3.out` die durch den Aufruf „`bsp3 i3.csc`“ erzeugte Ausgabe enthalten. Dort kann man auch sehen, daß beim Aufruf von `ComputeOrderContext` zusätzlich Gegenstände und Merkmale eingefügt werden.

4. Mehrwertige Kontexte und Datenbanken

Zur Repräsentation allgemeiner Daten sind formale Kontexte zu speziell. Bereits im Beispiel in Kapitel 1 wurde deutlich, daß in einem allgemeinen Datenmodell in den Tabellen beliebige Einträge zugelassen werden müssen. Im nächsten Abschnitt wird die Umsetzung dieser Vorstellung in der Theorie der Formalen Begriffsanalyse beschrieben. Abschnitt 4.2 ist dann der technischen Umsetzung unter Verwendung relationaler Datenbanksysteme gewidmet.

4.1 Mehrwertige Kontexte

Das Datenmodell der Formalen Begriffsanalyse hält auch allgemein an der Organisation von Daten in Tabellen fest. Es ist zwar offensichtlich, daß Daten häufig in ihrer Originalform nicht in Tabellen vorliegen, jedoch können sie im Rahmen der Formalisierung fast immer sinnvoll in diese Form gebracht werden.

Definition 4.1. *Seien G, M und W_m, $m \in M$, Mengen sowie $I \subseteq G \times M \times \bigcup_{m \in M} W_m$ eine ternäre Relation, welche die folgenden Bedingungen erfüllt:*
(i) Ist $(g, m, w) \in I$, so ist $w \in W_m$.
(ii) Sind $(g, m, w_1), (g, m, w_2) \in I$, so ist $w_1 = w_2$.
Das Tupel $(G, M, (W_m)_{m \in M}, I)$ heißt ***mehrwertiger Kontext.***

Wie bei formalen Kontexten (vgl. Abschnitt 2.1) werden die Elemente von G **Gegenstände** und die Elemente von M **Merkmale** genannt. Diese Merkmale sind jetzt aber mehrwertig, d. h. sie treffen nicht mehr einfach auf einen Gegenstand zu oder nicht zu, sondern sie haben für jeden Gegenstand einen bestimmten Wert bzw. eine bestimmte Ausprägung. Für jedes Merkmal $m \in M$ sind die Elemente von W_m die (möglichen) **Werte** des Merkmals m. Schließlich wird $(g, m, w) \in I$ gelesen als: *Das Merkmal m hat für den Gegenstand g den Wert w.* Die Bedingung (i) in der Definition garantiert, daß dieser Wert w tatsächlich in der Menge W_m der für m möglichen Werte liegt. Mit Bedingung (ii) ist sichergestellt, daß ein Merkmal für einen Gegenstand nicht zwei verschiedene Werte haben kann. Man beachte aber, daß nicht gefordert wird, daß jedes Merkmal für jeden Gegenstand einen Wert hat; undefinierte Werte sind also möglich. Ein mehrwertiges Merkmal m kann auch als (partielle) Abbildung von G in W_m verstanden werden, ebenso kann ein Gegenstand

g als (partielle) Abbildung von M in $\bigcup_{m\in M} W_m$ verstanden werden, wobei die Bedingung $g(m) \in W_m$ für alle $m \in M$ gilt.

Anschaulich kann man mehrwertige Kontexte wieder als Tabellen verstehen, nur daß jetzt anstelle der Kreuze beliebige Einträge in den Feldern der Tabelle vorkommen dürfen. Beispiele mehrwertiger Kontexte sind die Tabellen 1.1 und 1.2, wobei in der Spalte „Nr" die Namen der Gegenstände, d. h. die Elemente von G, angegeben sind.

Formale Kontexte können als spezielle mehrwertige Kontexte angesehen werden: Ist (G, M, I) ein formaler Kontext, so ist $(G, M, \{\times\}, J)$ mit $(g, m, \times) \in J :\Longleftrightarrow (g, m) \in I$ ein mehrwertiger Kontext, der genau dieselbe Information wie der formale Kontext enthält. In diesem Kontext entsprechen die in Relation stehenden Paare (g, m) des formalen Kontexts gerade den Einträgen „$\times$" des mehrwertigen Kontexts, wogegen die nicht in Relation stehenden Paare den undefinierten Werten entsprechen. Da auf diese Weise nur ein einzelner möglicher Wert, nämlich „$\times$", auftritt, werden formale Kontexte auch als **einwertige Kontexte** bezeichnet. Damit ist offensichtlich, daß der Begriff des mehrwertigen Kontexts eine echte Verallgemeinerung des Begriffs des formalen Kontexts ist. Weil formale Kontexte aufgrund der eingeschränkteren Struktur eine erheblich stärkere mathematische Theoriebildung erlauben (vgl. Kapitel 2 und 3), spielen sie eine hervorgehobene Rolle. Die Bearbeitung mehrwertiger Kontexte wird in der Formalen Begriffsanalyse auf die Behandlung einwertiger Kontexte zurückgeführt. Diesem Zusammenhang sind die Kapitel 5 und 6 gewidmet.

4.2 Relationale Datenbanken

Mehrwertige Kontexte sind eng verwandt mit dem relationalen Datenbankmodell. Die übliche Definition einer Relation einer Datenbank, wie sie zum Beispiel in [16] gegeben wird, stimmt exakt mit der Interpretation des mehrwertigen Kontexts überein, bei der die Gegenstände als (partielle) Abbildungen verstanden werden. Zur Präzisierung dieses Zusammenhangs wird zunächst die grundlegende Definition aus [16] wiederholt.

Definition 4.2. *Ein* ***Relationsschema*** *R ist eine Folge $(A_1, A_2, \ldots, A_k)$ von* ***Feldnamen*** *mit zugehörigen* ***Wertebereichen*** *D_i, $i = 1, \ldots, k$. Eine* ***Relation*** *r (einer Datenbank) über dem Relationsschema R ist eine Folge $(t_1, t_2, \ldots, t_p)$ von Abbildungen von R in $\bigcup_{i=1}^{k} D_i$.*

In jedem Wertebereich D_i ist üblicherweise ein Wert „`NULL`" enthalten, der anzeigt, daß kein Eintrag vorliegt. Relationen einer Datenbank werden häufig auch als **Tabellen** bezeichnet.

Sei nun $\mathbb{K} := (G, M, (W_m)_{m\in M}, I)$ ein mehrwertiger Kontext, wobei G und M endlich seien. Als Relationsschema setze man $R_{\mathbb{K}} := \{\mathcal{G}\} \cup M$, d. h. die Menge der Merkmale mit einem zusätzlichen Element $\mathcal{G}$. Die Wertebereiche seien G für $\mathcal{G}$ und $W_m \cup \{\texttt{NULL}\}$ für $m \in M$. Als Relation über $R_{\mathbb{K}}$ sei $r_{\mathbb{K}} := \{t_g \mid g \in G\}$ definiert, wobei

$$t_g(\mathcal{G}) := g$$
$$t_g(m) := \begin{cases} w & \text{falls } (g, m, w) \in I \\ \texttt{NULL} & \text{sonst} \end{cases}$$

für alle $g \in G$. Dann enthält $r_{\mathbb{K}}$ dieselbe Information wie der mehrwertige Kontext $\mathbb{K}$. Man beachte, daß in das Relationsschema ein Feldname $\mathcal{G}$ für die Gegenstände des mehrwertigen Kontexts aufgenommen wurde. Dies ist notwendig, da in Relationen von Datenbanken die einzelnen Datensätze keinen expliziten Namen erhalten. In mehrwertigen Kontexten ist dies jedoch über die Gegenstandsmenge G der Fall, so daß diese Information explizit in die Datenbankrelation kodiert werden muß. Das so entstehende Feld $\mathcal{G}$ wird dabei in der Regel zum **Schlüssel** der Relation.

Wie im Design relationaler Datenbanken allgemein üblich, ist es nicht notwendig, die aus einem mehrwertigen Kontext entstehende Relation als Ganzes zu speichern. Sie kann in einzelne Teile zerlegt werden, die dann durch die für Datenbankrelationen üblichen Operationen zu einer virtuellen Gesamtrelation zusammengesetzt werden.

The Formal Concept Analysis Library betrachtet mehrwertige Kontexte stets als Relation (Tabelle) einer relationalen Datenbank. Dabei wird allerdings nicht die Datenbank selbst bearbeitet, sondern lediglich die für die Kommunikation mit der Datenbank notwendige Information verwaltet. Diese Information kann dann von einem mit *The Formal Concept Analysis Library* arbeitenden Programm benutzt werden, um Anfragen an ein externes relationales Datenbank-Management-System zu stellen. Für die Datenbank aus Kapitel 1 könnte die Definition der Datenbank-Information in ConScript wie folgt aussehen:

```
DATABASE
   Buecher_D =
      REMARK "Beispiel einer Datenbank-Information"
      ("buecher", "Gesamtdaten", "Nr");
```

Die Definition einer **Datenbank-Information** startet mit dem Schlüsselwort `DATABASE`. Danach folgt der Name/Kommentar-Block, wobei allerdings im Unterschied zu Kontexten und Liniendiagrammen kein Titel angegeben werden kann. Danach folgt ein Tripel von Strings, wobei der erste String als Name der Datenbank interpretiert wird. Der zweite String steht für die Relation, Tabelle, Abfrage oder Ansicht der Datenbank, welcher die Daten entnommen werden sollen. Der dritte String bezeichnet schließlich das Schlüsselfeld, welches die Namen der Gegenstände des zugrundeliegenden mehrwertigen Kontexts enthält. Im obigen Beispiel wird also mitgeteilt, daß die Daten aus einer Datenbank „`buecher`“ aus der Ansicht „`Gesamtdaten`“

zu entnehmen sind, wobei das Schlüsselfeld den Namen „Nr" hat. Die Ansicht „Gesamtdaten" wird vom Datenbank-System als Verbindung der beiden Tabellen 1.1 und 1.2 bereitgestellt.

In C++ steht für Datenbank-Informationen die von TFCAObject abgeleitete Klasse TDatabase zur Verfügung. Diese speichert die oben beschriebenen Angaben, wobei die Elementfunktionen

```
const string& GetDatabase() const;
const string& GetView() const;
const string& GetPrimaryKey() const;
void SetDatabase(const string& database);
void SetView(const string& view);
void SetPrimaryKey(const string& primary_key);
```

zum Lesen bzw. Speichern der Daten benutzt werden.

5. Begriffliche Skalen

Begriffliche Skalen wurden im Beispiel in Kapitel 1 als Mittel zur Modellierung der begrifflichen Struktur eines Merkmals eingeführt. Dabei wurde hervorgehoben, daß dieser Schritt der Aufbereitung der im mehrwertigen Kontext vorgegebenen Daten von wesentlicher inhaltlicher Bedeutung ist, weil dabei das vorhandene Vorverständnis des jeweiligen Bereiches offengelegt und strukturiert wird.

Gleichzeitig ist die Erstellung der begrifflichen Skalen aber auch ein wichtiger technischer Schritt. In Kapitel 3 wurde beschrieben, wie aus einem formalen Kontext ein Begriffsverband und daraus ein Liniendiagramm entsteht. Will man nun die in einem mehrwertigen Kontext vorhandenen Daten mit Liniendiagrammen darstellen, so muß der mehrwertige Kontext oder Teile desselben in einen formalen Kontext umgewandelt werden. Die begrifflichen Skalen, genauer gesagt die zu den Liniendiagrammen gehörenden formalen Kontexte, dienen dabei als Übersetzungsregeln.

	bis 1985	bis 1989	1986-1989	ab 1986	ab 1990
Jahr <= 1985	×	×			
Jahr between 1986 and 1989		×	×	×	
Jahr >= 1990				×	×

Abb. 5.1 Der Kontext einer begrifflichen Skala

Abbildung 5.1 zeigt den zu der begrifflichen Skala für das Merkmal „Jahr" gehörenden formalen Kontext (vgl. Abb. 1.1). Die Übersetzungsregel für das Merkmal „Jahr" ist nun wie folgt: Man behalte die Gegenstände des mehrwertigen Kontexts, d. h. die Bücher, bei und ersetze das mehrwertige Merkmal „Jahr" durch die fünf einwertigen Merkmale des formalen Kontexts aus Abb. 5.1. Für jedes Buch trage man bei den fünf Merkmalen die Einträge der Zeile des formalen Kontexts ein, die durch den Wert des mehrwertigen Merkmals „Jahr" für dieses Buch bestimmt wird. Also erhält Buch Nr. 1 die Einträge ☒☒☐☐☐, Buch Nr. 2 die Einträge ☐☒☒☒☐, etc.

Im folgenden wird dieses anschauliche Vorgehen in seiner Formalisierung dargestellt. Im Hinblick auf eine Implementation im Rahmen größerer Systeme ergibt sich dabei eine Aufteilung in drei Schritte, denen je einer der folgenden Abschnitte gewidmet ist. Die Aufteilung in diese drei Schritte wurde in [18] eingeführt.

5.1 Abstrakte Skalen

Zunächst ist festzustellen, daß jede begriffliche Skala mit dem formalen Kontext und dem zugehörigen Liniendiagramm eine abstrakte mathematisch-geometrische Grundlage hat, welche sich losgelöst von jeder konkreten Bedeutung im Zusammenhang mit einem mehrwertigen Kontext betrachten läst. Dies motiviert die folgende Definition.

Definition 5.1. *Ein* $(n+1)$*-Tupel* $\mathbb{A} := (\mathbb{K}, \mathbb{D}_1, \mathbb{D}_2, \ldots, \mathbb{D}_n)$, $n \geq 1$ *heißt* ***abstrakte Skala****, wobei* $\mathbb{K}$ *ein formaler Kontext und* $\mathbb{D}_t$ *für* $t = 1, 2, \ldots, n$ *ein Liniendiagramm des Begriffsverbands* $\mathfrak{B}(\mathbb{K})$ *ist.*
Für eine abstrakte Skala $\mathbb{A}$ *bezeichnet* $G_{\mathbb{A}}$ *die Gegenstandsmenge und* $M_{\mathbb{A}}$ *die Merkmalsmenge des zugehörigen Kontexts* $\mathbb{K}$.

Durch diese Definition wird ein formaler Kontext mit einem oder mehreren Liniendiagrammen seines Begriffsverbands zu einer Struktur zusammengefaßt. Mehrere Liniendiagramme werden hier zugelassen, weil ein Begriffsverband kein eindeutiges Liniendiagramm hat (vgl. Kapitel 3) und es ggf. in Anwendungszusammenhängen wünschenswert ist, zwischen verschiedenen Darstellungen desselben Begriffsverbands auswählen zu können.

Auf Seite 22 wurde eine ConScript-Definition für einen formalen Kontext gegeben, auf Seite 50 eine solche für ein Liniendiagramm des Begriffsverbands dieses Kontexts. Basierend auf diesen beiden Definitionen kann jetzt in ConScript eine abstrakte Skala definiert werden:

```
ABSTRACT_SCALE
   I3 =
      TITLE "Interordinalskala 3 Atome"
      REMARK "Beipiel einer abstrakten Skala"
      (I3_C, , I3_D);
```

Der Beginn dieser Definition ist wieder wie üblich aufgebaut. Entscheidend ist der in Klammern stehende Teil. Als erstes in der Klammer steht der Bezeichner `I3_C`. Dieses ist der Name des formalen Kontexts, d. h. der Bezeichner, der in der ConScript-Definition des Kontexts vor dem Gleichheitszeichen steht (vgl. Seite 22). Es folgen zwei Kommata, danach tritt der Bezeichner `I3_D` auf, welcher für den Namen des Liniendiagramms (vgl. Seite 50) steht. Daran anschließen können sich noch weitere Bezeichner anderer Liniendiagramme, jeweils durch Komma getrennt (also z. B. `(I3_C, , I3_D, I3_1, I3_2)`). Unterschiedliche Strukturen dürfen in ConScript denselben Bezeichner haben, solange sie von unterschiedlichem Typ sind; so könnten Kontext und Liniendiagramm beide den Bezeichner I3 haben. Dagegen sind etwa zwei verschiedene Kontexte mit dem Bezeichner I3 nicht erlaubt.

In der obigen CONSCRIPT-Definition wirken die beiden aufeinanderfolgenden Kommata in der Klammer etwas irritierend. Ihr Auftreten ist durch das Einplanen einer zukünftigen Erweiterung von *The Formal Concept Analysis Library* verursacht: Wie bereits erwähnt, werden Begriffsverbände als abstrakte Strukturen derzeit weder in CONSCRIPT noch in den C++-Klassen modelliert. Es ist aber daran gedacht, auch hierfür in späteren Versionen eine passende Struktur zu implementieren. Dann steht an zweiter Stelle in der Klammer zwischen den beiden Kommata der Bezeichner des Begriffsverbands der abstrakten Skala.

Wie bereits in Kapitel 3 erläutert, wird die Verbindung zwischen dem formalen Kontext und den Liniendiagrammen über die Bezeichner der Gegenstände und Merkmale hergestellt. Deshalb ist es wesentlich, daß in den CONSCRIPT-Definitionen des Kontexts sowie der Liniendiagramme, die zu einer abstrakten Skala zusammengefaßt werden, jeweils genau dieselben Bezeichner für die Gegenstände bzw. für die Merkmale auftreten.

Zur Bearbeitung abstrakter Skalen dient die Klasse **TAbstractScale**. Da alle mit einer abstrakten Skala zusammenhängenden mathematischen Operationen entweder den Kontext oder das Liniendiagramm betreffen und daher in den Klassen **TFormalContext** bzw. **TLineDiagram** realisiert werden, muß **TAbstractScale** lediglich einige Funktionen zur elementaren Datenverwaltung bereitstellen. Dies sind zunächst die Elementfunktionen

```
const string& GetNameOfContext() const;
TFormalContext* GetContext() const;
int GetNumberOfDiagrams() const;
int GetIndexOfDiagram(const string& diagram) const;
const TstringArray& GetNamesOfDiagrams() const;
TLineDiagram* getDiagram(const int diagram) const;
const TILineDiagramArray& GetDiagrams() const;
```

Zur Erläuterung dieser Elementfunktionen ist zu sagen, daß **TAbstractScale** sowohl die Namen des Kontexts und der Diagramme als auch Zeiger auf die entsprechenden Instanzen von **TFormalContext** und **TLineDiagram** speichert. In Kapitel 7 wird näher erläutert, wie zur Laufzeit aus den Namen die Zeiger und umgekehrt berechnet werden. Die Namen und Zeiger der Diagramme werden in Instanzen von **TstringArray** bzw. **TILineDiagramArray** gespeichert. Die Elementfunktion **GetIndexOfDiagram** liefert die Position in diesen Arrays, an denen die Daten für das Diagramm mit dem Namen **diagram** gespeichert sind, oder **-1**, falls es ein Diagramm mit diesem Namen nicht gibt. Diese so ermittelte Position kann **GetDiagram** im Parameter **diagram** übergeben werden, um den Zeiger auf das Diagramm zu ermitteln. Für weitere Details zu den obigen Elementfunktionen sei auf Kapitel 10 verwiesen. Zur Manipulation der Daten von **TAbstractScale** gibt es die Elementfunktionen

```
void SetContext(TFormalContext* context);
int InsertDiagram(int pos, TLineDiagram* diagram);
int DeleteDiagram(const string& diagram);
void SetDiagrams(const TILineDiagramArray& diagrams);
```

welche weitgehend selbsterklärend sind. Jede dieser Funktionen setzt nicht nur die Zeiger gemäß den übergebenen Werten, sondern aktualisiert auch die gespeicherten Namen entsprechend.

5.2 Konkrete Skalen

Abstrakte Skalen wurden unabhängig von einer Interpretation im Hinblick auf einen mehrwertigen Kontext als mathematisch-geometrische Strukturen eingeführt. In einem zweiten Schritt ist nun eine solche Interpretation hinzuzufügen.

Definition 5.2. *Sei* $\mathbb{K} := (G, M, (W_m)_{m\in M}, I)$ *ein mehrwertiger Kontext und* $N \subseteq M$ *nichtleer. Eine* ***konkrete Skala*** *für die Merkmalsmenge* N *ist ein Tripel* $\mathbb{C} := (\mathbb{A}, \tau, \iota)$. *Dabei ist* $\mathbb{A}$ *eine abstrakte Skala,* τ *ist eine Abbildung von* $\times_{n\in N} W_n$ *in* $G_{\mathbb{A}}$, *und* ι *ist eine Abbildung von* $M_{\mathbb{A}}$ *in eine Menge* $M_{\mathbb{C}}$ *konkreter Merkmale.*

Mit einer konkreten Skala stehen alle Informationen bereit, welche in der vorab informal eingeführten begrifflichen Skala verwendet wurden. Eine begriffliche Skala wurde am Anfang dieses Kapitels sowie in Kapitel 1 unmittelbar mit einem formalen Kontext und seinem Begriffsverband identifiziert. Dieser Kontext läßt sich aus der konkreten Skala wie folgt definieren:

$$(\bigtimes_{n\in N} W_n, \iota(M_{\mathbb{A}}), J) \quad \text{mit} \quad (w_n)_{n\in N}\, J\, \iota(m) \;:\Longleftrightarrow\; \tau((w_n)_{n\in N})\, I\, m.$$

Am häufigsten treten konkrete Skalen für ein einzelnes Merkmal auf, d. h. für eine einelementige Menge N. Die Zerlegung einer begrifflichen Skala in eine abstrakte und eine konkrete Skala hat zwei Gründe. Zum einen gibt es für gewisse typische Interpretationsmuster eine Vielzahl von Standardskalen (vgl. [10]). Schon der Begriff „Standardskala" impliziert, daß solche Skalen unabhängig von einer konkreten Interpretation betrachtet werden können, so daß die Einführung abstrakter Skalen hier natürlich ist. Der zweite Gesichtspunkt ist technischer Natur: Kontexte und Liniendiagramme sind vergleichsweise umfangreiche Strukturen. Um Speicherplatz zu sparen, sollten für verschiedene begriffliche Skalen, welche aber die gleiche Kontext- und Diagrammstruktur besitzen, dieselben Kontexte und Diagramme verwendet werden können. Dies wird durch die Aufteilung der begrifflichen Skala in eine abstrakte und eine konkrete Skala möglich; dieselbe abstrakte Skala kann von vielen konkreten Skalen benutzt werden. In der konkreten Skala werden

Kontext und Diagramm nicht mehr gespeichert, sondern nur noch die zur abstrakten Skala hinzukommende konkrete Information.

Etwas unklar ist in der obigen Definition die Bedeutung der Menge $M_{\mathbb{C}}$ konkreter Merkmale sowie der Abbildung ι. Durch diese Konstruktion wird zum Ausdruck gebracht, daß von der abstrakten zur konkreten Skala eine Umbenennung der Merkmale stattfindet, wodurch diese eine im Hinblick auf die mehrwertigen Merkmale aus N interpretierbare Bedeutung erhalten. Dies wird in der folgenden CONSCRIPT-Definition der konkreten Skala für das Merkmal „Jahr" deutlich.

```
CONCRETE_SCALE
   Jahr =
      TITLE "Jahr"
      REMARK "Diese konkrete Skala baut auf I3 auf"
      FIELDS "Jahr"
      (I3, Jahr_Q, Jahr_S);

QUERY_MAP
   Jahr_Q =
      REMARK "Dies ist die Abbildung tau"
      ("Jahr <= 1985", G0)
      ("Jahr between 1986 and 1989", G1)
      ("Jahr >= 1990", G2)
   ;

STRING_MAP
   Jahr_S =
      REMARK "Dies ist die Abbildung iota"
      (M0, "bis 1985")
      (M1, "bis 1989")
      (M2, "1986-1989")
      (M3, "ab 1986")
      (M4, "ab 1990")
   ;
```

Weil Abbildungen in CONSCRIPT als eigenständige Strukturen betrachtet werden, besteht die CONSCRIPT-Definition einer konkreten Skala aus drei Teilen, nämlich den beiden Abbildungen τ und ι sowie der konkreten Skala selbst. Die Reihenfolge, in der diese Definitionen auftreten, ist dabei unerheblich. Die CONSCRIPT-Definition der konkreten Skala ist analog zur CONSCRIPT-Definition der abstrakten Skala (siehe Seite 78) aufgebaut. Hinzu kommt allerdings eine Liste von Datenbankfeldern, welche von der konkreten Skala benutzt werden. Diese wird durch das Schlüsselwort `FIELDS` eingeleitet, danach folgen in Anführungszeichen „`"`", getrennt durch Whitespace, die einzelnen Felder. Im Beispiel wird nur das Datenbankfeld „`Jahr`" verwendet. Es ist ebenfalls möglich, eine Liste von Tabellen der Datenbank mittels des

Schlüsselworts `TABLES` anzugeben, welche von der konkreten Skala benutzt werden (siehe dazu Anhang A).

In der Klammer steht als erstes der Bezeichner der verwendeten abstrakten Skala, hier `I3`. Durch Komma getrennt folgen der Bezeichner der Abbildung τ und der Abbildung ι. In diesem Fall sind dies `Jahr_Q` für τ und `Jahr_S` für ι. Die Abbildung τ ist stets eine Abbildung vom Typ `QUERY_MAP`, in welcher einem String ein Bezeichner zugeordnet wird. Die Strings werden als Abfragebedingungen an eine Datenbank interpretiert, die Bezeichner sind Bezeichner der Gegenstände der abstrakten Skala, genauer, des Kontexts der abstrakten Skala. Die so definierte Abbildung muß weder surjektiv noch injektiv sein, d. h. es dürfen mehrere Strings auf denselben Bezeichner verweisen, ebenso darf es Gegenstände der abstrakten Skala geben, auf die gar nicht verwiesen wird. Falls die konkrete Skala nicht im Zusammenhang mit einer Datenbank verwendet wird, kann die Angabe der Abbildung τ entfallen. Darauf wird in Abschnitt 5.3 nochmal eingegangen.

Die Abbildung ι hat den Typ `STRING_MAP` und weist einem Bezeichner eines Merkmals der abstrakten Skala einen String zu, der die Bedeutung dieses Merkmals im Hinblick auf die konkrete Skala angibt. Dabei muß jedes Merkmal der abstrakten Skala genau einmal auftreten. Der Leser überzeuge sich, daß mit der obigen Definition der konkreten Skala und der Abbildungen tatsächlich der Kontext aus Abb. 5.1 entsteht.

Die Klasse `TConcreteScale` stellt die folgenden Elementfunktionen zur Verwaltung der Daten bereit:

```
const string& GetNameOfAbstractScale() const;
TAbstractScale* GetAbstractScale() const;
void SetAbstractScale(TAbstractScale* abstract_scale);
const string& GetNameOfQueryMap() const;
TQueryMap* GetQueryMap() const;
void SetQueryMap(TQueryMap* query_map);
const string& GetNameOfAttributeMap() const;
TStringMap* GetAttributeMap() const;
void SetAttributeMap(TStringMap* attribute_map);
```

Außerdem gibt es noch Elementfunktionen zur Bearbeitung der Felder und Tabellen:

```
const string& GetField(const int number) const;
const TstringArray& GetFields() const;
void SetFields(const TstringArray& fields);
const string& GetTable(const int number) const;
const TstringArray& GetTables() const;
void SetTables(const TstringArray& tables);
```

Zur Repräsentation der Abbildungen werden die Klassen `TQueryMap` und `TStringMap` verwendet, welche beide von `TMap` abgeleitet sind. Da in C++

sowohl ConScript-Bezeichner als auch ConScript-Strings als Strings behandelt werden, können die Elementfunktionen zur Arbeit mit Abbildungen bereits von `TMap` bereitgestellt und an die beiden anderen Klassen vererbt werden. Zur Ermittlung von Bildern (Werten) und Urbildern sind dies die Elementfunktionen

```
const string& GetValue(const string& argument) const;
const string& operator()(const string& argument) const;
const TStringSet GetPreImage(const string& value) const;
```

Dabei liefert `GetValue` den Wert, den die Abbildung für das Argument `argument` hat, oder einen leeren String, wenn es ein solches Argument nicht gibt. Der Operator `()` hat dieselbe Funktion wie `GetValue`. Zur Ermittlung des Urbildes eines Wertes dient `GetPreImage`. Diese Elementfunktion hat als Rückgabewert die Menge aller Strings, welche als Argumente auf den String `value` abgebildet werden. Tritt `value` als Wert in der Abbildung nicht auf, so ist das Ergebnis die leere Menge. Mit den Elementfunktionen

```
virtual int AddArgumentAndValue(const string& argument,
  const string& value);
virtual int DeleteArgumentAndValue(const string& argument,
  const string& value);
```

können Argument-Wert-Paare zur Abbildung zugefügt oder daraus entfernt werden. Die Rückgabewerte beider Funktionen sind Fehlercodes (siehe Kapitel 10).

5.3 Realisierte Skalen

Der dritte Schritt beim Übergang vom mehrwertigen Kontext zum durch Skalen erzeugten formalen (einwertigen) Kontext besteht in der am Anfang dieses Kapitels erläuterten Übersetzung.

Definition 5.3. *Sei $\mathbb{K} := (G, M, (W_m)_{m\in M}, I)$ ein mehrwertiger Kontext und $N \subseteq M$. Eine **realisierte Skala** für die Merkmalsmenge N ist ein Paar $\mathbb{R} := (\mathbb{C}, \varrho)$. Dabei ist $\mathbb{C} =: (\mathbb{A}, \tau, \iota)$ eine konkrete Skala für N und ϱ eine Abbildung von G in die Gegenstandsmenge $G_{\mathbb{A}}$ der abstrakten Skala $\mathbb{A}$ derart, daß $\varrho(g) = \tau((n(g))_{n\in N})$ für alle $g \in G$ gilt.*

Eine konkrete Skala wird also zur realisierten Skala, indem sie mit den „realen" Daten des mehrwertigen Kontexts belegt wird. Die letzte Bedingung in der obigen Definition sagt aus, daß jeder Gegenstand des mehrwertigen Kontexts gerade dem Gegenstand der abstrakten Skala zugewiesen wird, dem das Tupel seiner Merkmalswerte durch die Abbildung τ der konkreten Skala zugewiesen wird. Dies ist die Formalisierung der am Anfang dieses Kapitels betrachteten Übersetzungsregel. Auch mit einer realisierten Skala kann man wieder einen formalen Kontext assoziieren:

$$(G, M_{\mathbb{C}}, K) \quad \text{mit} \quad g\, K\, \iota(m) \;:\Longleftrightarrow\; \varrho(g)\, I\, m.$$

Es fällt auf, daß hier die Abbildung τ aus der konkreten Skala keine Rolle mehr spielt. Wenn also die realisierte Skala vorhanden ist, wird diese Abbildung nicht mehr benötigt. Dies ist der Grund dafür, daß bei der CONSCRIPT-Definition einer konkreten Skala die Angabe der Abbildung τ unterbleiben darf. Der Begriffsverband des obigen Kontexts stellt nun unter der durch die konkrete (begriffliche) Skala festgelegten Sichtweise die Daten des mehrwertigen Kontexts bezüglich der Merkmale aus N dar. Der Begriffsverband und sein Liniendiagramm müssen nicht explizit berechnet werden, statt dessen werden in den Liniendiagrammen der abstrakten Skala die Gegenstände aus G an den durch die Abbildung ϱ festgelegten Stellen im Diagramm eingetragen. Die folgende CONSCRIPT-Definition zeigt die Zuordnung für das Merkmal „Jahr" aus dem Beispiel in Kapitel 1.

```
REALIZED_SCALE
   Jahr =
      TITLE "Jahr"
      (Jahr, Jahr_I);

IDENTIFIER_MAP
   Jahr_I =
      REMARK "Dies ist die Abbildung rho"
      (DG0, G0)
      (DG1, G0)
      (DG2, G1)
      (DG3, G1)
      (DG4, G1)
      (DG5, G0)
      (DG6, G1)
      (DG7, G2)
      (DG8, G2)
      (DG9, G2)
      (DG10, G0)
      (DG11, G1)
      (DG12, G2)
      (DG13, G2)
      (DG14, G0)
      (DG15, G1)
      (DG16, G2)
      (DG17, G2)
      (DG18, G2)
      (DG19, G2)
      (DG20, G2)
      (DG21, G2)
      (DG22, G0)
```

```
        (DG23, G1)
        (DG24, G1)
        (DG25, G1)
    ;
```

Die ConScript-Definition einer realisierten Skala ist wieder analog der Definition der konkreten und der abstrakten Skala aufgebaut. Der erste Bezeichner `Jahr` in der Klammer verweist auf die konkrete Skala, der Bezeichner `Jahr_I` ist der Bezeichner der Abbildung ϱ. Diese ist vom Typ `IDENTIFIER_MAP` und ordnet jedem Bezeichner eines Gegenstands des mehrwertigen Kontexts einen Bezeichner eines Gegenstands der abstrakten Skala zu. Die Bezeichner der Gegenstände des mehrwertigen Kontexts werden im Zusammenhang mit einer begrifflichen Datei (Kapitel 6) festgelegt. Dadurch entsteht dann das in Abb. 1.5 gezeigte Liniendiagramm.

Realisierte Skalen werden durch die Klasse `TRealizedScale` modelliert. Analog zu den Klassen für die anderen Skalentypen hat `TRealizedScale` die Elementfunktionen

```
const string& GetNameOfConcreteScale() const;
TConcreteScale* GetConcreteScale() const;
void SetConcreteScale(TConcreteScale* concrete_scale);
const string& GetNameOfObjectMap() const;
TIdentifierMap* GetObjectMap() const;
void SetObjectMap(TIdentifierMap* object_map);
```

Die Abbildung ϱ wird durch eine Instanz der Klasse `TIdentifierMap` dargestellt. Diese Klasse ist von `TMap` abgeleitet und hat ebenfalls die in Abschnitt 5.2 beschriebenen Elementfunktionen.

6. Begriffliche Dateien

In den letzten beiden Kapiteln wurde die Modellierung mehrwertiger Kontexte (als Datenbank-Tabellen) sowie begrifflicher Skalen in *The Formal Concept Analysis Library* dargestellt. Es wurde noch nicht betrachtet, wie diese Informationen in ConScript strukturell zusammengefaßt und diese Zusammenfassung in C++-Klassen umgesetzt wird. Das ist das Thema dieses Kapitels, wobei ein Ansatz unter Einbeziehung konkreter sowie ein zweiter mittels realisierter Skalen vorgestellt werden.

6.1 Begriffliche Schemata

Im ersten Ansatz werden die Daten des mehrwertigen Kontexts selbst nicht in die Zusammenfassung einbezogen. Damit bewegt sich dieser Ansatz auf der Ebene der konkreten Skalen.

Definition 6.1. *Ein **begriffliches Schema** für einen mehrwertigen Kontext $\mathbb{K}$ ist eine Familie $(\mathbb{C}_t)_{t\in T}$ von konkreten Skalen $\mathbb{C}_t$ für Merkmalsmengen von $\mathbb{K}$.*

Hier wird keine Einschränkung gemacht, für welche Merkmalsmengen des mehrwertigen Kontexts die konkreten Skalen $\mathbb{C}_t$ vorliegen. Es ist sowohl zulässig, daß zwei verschiedene konkrete Skalen überlappende oder sogar identische Merkmalsmengen haben, als auch, daß es ein mehrwertiges Merkmal in $\mathbb{K}$ gibt, für das keine konkrete Skala vorliegt.

In ConScript wird die Verbindung eines begrifflichen Schemas zum mehrwertigen Kontext durch den Verweis auf eine Datenbank-Information hergestellt:

```
CONCEPTUAL_SCHEME
   Buecher =
      TITLE "Buecher zum Thema Datenanalyse"
      REMARK "Beispiel eines begrifflichen Schemas"
      (Buecher_D,
         Jahr,
         Umfang,
         Sprache,
```

```
Klassifikation,
Methoden,
Anwendungen,
MethodenAnwendungen,
Gebiet,
Verfahren,
Anwendungsbereich,
Software);
```

Die entscheidende Information wird wie bei den verschiedenen Skalentypen durch die Bezeichner innerhalb der Klammern angegeben. Der erste Bezeichner steht dabei für eine Datenbank-Information vom Typ `DATABASE` (vgl. Seite 75), es folgen jeweils durch Komma getrennt die Bezeichner der im begrifflichen Schema verwendeten konkreten Skalen.

In C++ steht für begriffliche Schemata die Klasse `TConceptualScheme` zur Verfügung. Diese Klasse ist wieder vergleichsweise elementar und hat strukturell ähnliche Elementfunktionen wie `TAbstractScale`:

```
const string& GetNameOfDatabase() const;
TDatabase* GetDatabase() const;
void SetDatabase(TDatabase* database);
int GetNumberOfConcreteScales() const;
int GetIndexOfConcreteScale(const string& concrete_scale)
  const;
const TstringArray& GetNamesOfConcreteScales() const;
TConcreteScale* GetConcreteScale(const int scale) const;
const TIConcreteScaleArray& GetConcreteScales() const;
int InsertConcreteScale(int pos,
  TConcreteScale* concrete_scale);
int DeleteConcreteScale(const string& concrete_scale);
void SetConcreteScales(const TIConcreteScaleArray&
  concrete_scales);
```

Für diese Elementfunktionen gilt das zu `TAbstractScale` Gesagte analog, so daß dies hier nicht wiederholt werden soll. Für Details sei auf Kapitel 10 verwiesen.

Ein Anwendungsprogramm, welches basierend auf *The Formal Concept Analysis Library* begriffliche Schemata zur Bearbeitung mehrwertiger Kontexte einsetzt, muß in der Lage sein, anhand der Datenbank-Informationen sowie der konkreten Skalen eine Verbindung zu einem Datenbank-Management-System aufzubauen. Dann müssen die Gegenstände, welche zu den in den konkreten Skalen stehenden Abfrage-Bedingungen gehören, aus der Datenbank ermittelt werden. Die Abfrage-Bedingungen müssen dazu in einer Sprache formuliert sein, die vom Datenbank-System verarbeitet werden kann (etwa SQL). Wie eine solche Verbindung zu einer Datenbank aussieht, ist von System zu System sehr unterschiedlich, so daß hier nicht weiter darauf eingegangen werden kann. Ein Programm, welches auf diese Weise arbeitet und im Interaktionsbetrieb automatisch gestufte Liniendiagramme aus den Skalen sowie den Datenbankinhalten erzeugt, ist das Management-System TOSCANA für **begriffliche Datensysteme** (vgl. [14], siehe auch Kapitel 1).

6.2 Begriffliche Dateien

Der zweite Ansatz zu einer Zusammenfassung von begrifflichen Skalen für einen mehrwertigen Kontext bezieht die real im Kontext enthaltenen Daten mit ein und bewegt sich daher auf der Ebene der realisierten Skalen. Dies ist der historisch ältere Ansatz, der zuerst in [21] entwickelt wurde.

Definition 6.2. *Eine **begriffliche Datei** für einen mehrwertigen Kontext* $\mathbb{K}$ *ist eine Familie* $(\mathbb{R}_t)_{t\in T}$ *von realisierten Skalen* $\mathbb{R}_t$ *für Merkmalsmengen von* $\mathbb{K}$.

Die Struktur einer begrifflichen Datei ist also völlig analog zur Struktur eines begrifflichen Schemas, nur werden jetzt über die realisierten Skalen die Belegungen der konkreten Skalen mit den Gegenständen des mehrwertigen Kontexts mit einbezogen. Es fällt auf, daß der Kontext $\mathbb{K}$ selbst nicht explizit in die begriffliche Datei eingeht. Der Grund dafür ist, daß die realisierten Skalen bereits alle nötigen Informationen enthalten.

In ConScript enthält eine begriffliche Datei außer den realisierten Skalen noch die Zuordnung der Beschreibungen der Gegenstände des mehrwertigen Kontexts zu den in den realisierten Skalen verwendeten Bezeichnern (vgl. Seite 84).

```
CONCEPTUAL_FILE
   Buecher =
      TITLE "Buecher zum Thema Datenanalyse"
      REMARK "Beispiel einer begrifflichen Datei"
      (Buecher_S,
         Jahr,
         Umfang,
         Sprache,
         Klassifikation,
         Methoden,
         Anwendungen,
         MethodenAnwendungen,
         Gebiet,
         Verfahren,
         Anwendungsbereich,
         Software);
```

```
STRING_MAP
   Buecher_S =
      (DG0, "6")
      (DG1, "11")
      (DG2, "24")
      (DG3, "8")
      (DG4, "10")
      (DG5, "26")
      (DG6, "9")
      (DG7, "5")
      (DG8, "20")
      (DG9, "16")
      (DG10, "15")
      (DG11, "22")
      (DG12, "14")
      (DG13, "25")
      (DG14, "3")
      (DG15, "12")
      (DG16, "7")
      (DG17, "13")
      (DG18, "21")
      (DG19, "4")
      (DG20, "17")
      (DG21, "18")
      (DG22, "1")
      (DG23, "19")
      (DG24, "2")
      (DG25, "23")
```

Der erste Bezeichner in der Klammer in der Definition der begrifflichen Datei verweist auf die Abbildung `Buecher_S` vom Typ `STRING_MAP`, durch die die Beschreibungen der Gegenstände deren Bezeichnern zugeordnet werden. Danach folgt eine durch Komma getrennte Liste mit den Bezeichnern der in der begrifflichen Datei verwendeten realisierten Skalen.

Als C++-Klasse steht für begriffliche Dateien die Klasse `TConceptualFile` zur Verfügung, welche völlig analog zu `TConceptualScheme` aufgebaut ist. Die wesentlichen Elementfunktionen sind:

```
const string& GetNameOfObjectMap() const;
TStringMap* GetObjectMap() const;
void SetObjectMap(TStringMap* object_map);
int GetNumberOfRealizedScales() const;
int GetIndexOfRealizedScale(const string& realized_scale)
  const;
const TstringArray& GetNamesOfRealizedScales() const;
```

```
TRealizedScale* GetRealizedScale(const int scale) const;
const TIRealizedScaleArray& GetRealizedScales() const;
int InsertRealizedScale(int pos,
  TRealizedScale* realized_scale);
int DeleteRealizedScale(const string& realized_scale);
void SetRealizedScales(const TIRealizedScaleArray&
  realized_scales);
```

Für Details sei wieder auf Kapitel 10 verwiesen.

Die Verwendung einer begrifflichen Datei anstelle eines begrifflichen Schemas hat den Vorteil, daß zur Laufzeit keine Verbindung zu einer Datenbank hergestellt werden muß. Dagegen stehen zwei wesentliche Nachteile. Zum einen wird im Vergleich zu Datenbank-Management-Systemen durch *The Formal Concept Analysis Library* nur eine sehr elementare Verwaltung der Daten bereitgestellt. Zum anderen müssen die Daten des formalen Kontexts ohnehin in die begriffliche Datei eingefügt werden. Dies ist ohne Verwendung einer Online-Verbindung zu einer Datenbank relativ aufwendig, auch lassen sich Änderungen des Datenbestands nicht automatisch in die begriffliche Datei aufnehmen.

Als Fazit läßt sich sagen, daß begriffliche Dateien für relativ kleine Datensätze praktikabel sind, insbesondere falls eine geeignete Datenbankverbindung erst implementiert werden müßte. Bei größeren Datenmengen ist jedoch die Benutzung eines begrifflichen Schemas vorzuziehen, zumindest für die Speicherung der Daten auf der Festplatte. Natürlich kann jedes *The Formal Concept Analysis Library* benutzende Programm, welches zunächst ein begriffliches Schema bearbeitet, die Klassen `TRealizedScale` und `TConceptualFile` zur Speicherung der aus der Datenbank online gelesenen Daten verwenden.

7. ConScript-Dateien

In den vorangehenden Kapiteln wurde beschrieben, wie die verschiedenen sich aus der Theorie der Formalen Begriffsanalyse ergebenden Datenstrukturen in der Datenbeschreibungssprache ConScript dargestellt und als C++-Klassen in *The Formal Concept Analysis Library* modelliert werden. Ausgespart wurde dabei die Diskussion, wie aus einer im ConScript-Format vorliegenden ASCII-Datei Instanzen der entsprechenden C++-Klassen in einem Programm erzeugt werden können, und wie umgekehrt die Daten solcher Klassen wieder in ConScript-Dateien gespeichert werden können.

7.1 Die Repräsentation physikalischer Dateien

Eine ConScript-Datei ist eine ASCII-Datei, welche aus einer Aneinanderreihung von ConScript-Definitionen für verschiedene Datenstrukturen besteht (vgl. Anhang A). ConScript-Dateien haben üblicherweise die Dateinamenerweiterung „`.csc`". In C++ werden ConScript-Dateien durch die Klasse `TFCAFile` modelliert. Diese Klasse enthält als Herzstück eine Liste von begriffsanalytischen Strukturen und stellt die Funktionen zum Verwalten und Manipulieren dieser Liste sowie zum Einlesen und Schreiben von ConScript-Dateien bereit.

Vor der Beschreibung dieser Funktionen müssen einige Worte zur Behandlung der begriffsanalytischen Strukturen selbst gesagt werden. In den vorangehenden Kapiteln wurde erwähnt, daß jede C++-Klasse zur Darstellung einer begriffsanalytischen Struktur von der Klasse `TFCAObject` abgeleitet wird. In Kapitel 2 wurden die wichtigsten Elementfunktionen dieser Klasse beschrieben. Sie verkörpert die strukturellen Gemeinsamkeiten aller C++-Klassen, welche in *The Formal Concept Analysis Library* zur Darstellung einer begriffsanalytischen Struktur verwendet werden. Gleichzeitig wird es durch die Einführung dieser Klasse möglich, die Klasse `TFCAFile` (weitgehend) unabhängig von den Klassen für die konkreten begriffsanalytischen Strukturen zu implementieren. Die oben erwähnte Liste begriffsanalytischer Strukturen ist als Instanz eines Arrays vom Typ `TIFCAArray` realisiert (vgl. Kapitel 12). Dieses Array enthält für jede zur ConScript-Datei gehörende begriffsanalytische Struktur einen Zeiger vom Typ `TFCAObject*`, welcher jedoch tatsächlich auf eine Instanz aus einer abgeleiteten Klasse zeigt. Damit kann aus Sicht von **TFCAFile** vom tatsächlichen Typ der verwalteten Strukturen abgesehen werden, mit einer Ausnahme, auf die weiter unten eingegangen wird.

Die Klasse **TFCAFile** hat außer dem Default-Konstruktor **TFCAFile()** noch den Konstruktor

```
TFCAFile(TFCAFile* owner, const char* name,
  const char* remark, int include, const char* include_path,
  int block_size = _BLOCKSIZE,
  size_t string_size = STRINGMEMSIZE);
```

Bei diesem Konstruktor sind vor allem die Parameter **name**, **include** und **include_path** wichtig. Der Parameter **name** gibt den Datei-Namen der ConScript-Datei an. Dieser kann später mit der Elementfunktion **SetName** verändert werden. **include_path** gibt einen Suchpfad für ConScript-Dateien an. Dessen Form ist nach den Regeln des jeweiligen Betriebssystems zu wählen. Der Parameter **include** zeigt an, ob es sich um eine Haupt-Datei (**0**) oder eine Include-Datei (**1**) handelt (siehe Abschnitt 7.2).

Die wichtigste Aufgabe der Klasse **TFCAFile** ist es, eine ConScript-Datei von der Festplatte einzulesen und anhand der in der Datei vorgefundenen Informationen Instanzen der entsprechenden Klassen zu erzeugen. Diese Aufgabe wird von einem in **TFCAFile** integrierten Parser wahrgenommen. Die Grammatik und die lexikalische Funktion dieses Parsers sind in der Datei **parser.y** enthalten, aus der dann mit dem Public-Domain-Parser-Generator *Berkeley YACC* die Elementfunktionen **yyparse**, **yylex** und **yyerror** von **TFCAFile** erzeugt wurden. Es würde den Rahmen dieses Kapitels sprengen, die Grammatik und die Erzeugung des Parsers im einzelnen zu beschreiben. Statt dessen sei auf die Dokumentation von *Berkeley YACC* und verwandter Systeme verwiesen. Hier soll jetzt lediglich beschrieben werden, wie der Parser aufgerufen wird. Der Aufruf des Parsers wird durch jede der Elementfunktionen

```
int OpenFile(const char* name, int consistency = 1,
  int messages = 1);
int ReadFile(int consistency = 1, int messages = 1);
int Parse(istream& in);
```

veranlaßt. Beim Aufruf von **OpenFile** wird zunächst der Dateiname auf den übergebenen Wert **name** gesetzt und dann die Elementfunktion **ReadFile** aufgerufen, welche ihrerseits dann die ConScript-Datei mit dem aktuellen Dateinamen einliest. Die Parameter **consistency** und **messages** geben an, ob nach dem Einlesen der Datei die Konsistenz der Daten überprüft werden soll bzw. ob beim Einlesen und bei der Konsistenzprüfung Meldungen auf dem Bildschirm ausgegeben werden sollen. Diese beiden Punkte werden weiter unten noch näher erläutert.

ReadFile überprüft zunächst, ob die durch den Namen festgelegte Datei überhaupt existiert. Dabei wird der im Konstruktor angegebene (oder später mit `SetIncludePath` gesetzte) Suchpfad für ConScript-Dateien berücksichtigt. Falls die Datei existiert, wird sie als `istream` zum Lesen geöffnet und der Elementfunktion `Parse` als Parameter übergeben. Diese führt dann den eigentlichen Einlesevorgang durch, danach wird von `ReadFile` ggf. noch die Konsistenz der Daten überprüft. Die Rückgabewerte der obigen Elementfunktionen sind jeweils `ERR_OK`, wenn kein Fehler aufgetreten ist, sonst der letzte Fehlerwert (vgl. Kapitel 10). Die Funktion `Parse` kann auch benutzt werden, um Daten aus einem nicht an eine Datei gebundenen Eingabe-Stream zu lesen. Für eine Instanz `file` von `TFCAFile` ist der Aufruf `file.Parse(in);` identisch mit `in >> file;`. Bei der Benutzung des Operators `>>` wird allerdings kein Fehlerwert zurückgegeben.

Von `Parse` wird die vom Parser-Generator erzeugte Elementfunktion `yyparse` aufgerufen. Diese ihrerseits ruft nun abhängig vom Typ der gelesenen Struktur eine der geschützten Elementfunktionen `_InitXxxx` sowie `_GetXxxx` auf, um eine Instanz der passenden Struktur zu erzeugen, wobei `Xxxx` für die jeweilige Struktur steht (vgl. Kapitel 10). Diese Elementfunktionen sind virtuell und können in von `TFCAFile` abgeleiteten Klassen überschrieben werden, etwa um statt einer Instanz einer von *The Formal Concept Analysis Library* vorgegebenen Klasse eine Instanz einer anderen Klasse zu erzeugen. Die `_GetXxxx`-Funktionen folgen dabei der Regel, daß alle zum Zwischenspeichern verwendeten Datenelemente nach dem Erzeugen der Struktur zurückgesetzt werden. Außerdem wird der von Parametern vom Typ `char*` belegte Speicherplatz freigegeben. Dies klingt sehr abstrakt, wird aber durch eine Blick in den C++-Quell-Code in der Datei `fcafilep.cpp` leicht verständlich. Nach dem Erzeugen der Struktur wird die geschützte Elementfunktion `_GetStructure` aufgerufen, durch welche die erzeugte Struktur der Liste der verwalteten Strukturen zugefügt wird.

Bevor die Verwaltung der Strukturen in der Liste näher betrachtet wird, sollen noch kurz die Gegenstücke der Elementfunktionen zum Einlesen betrachtet werden. Mit den Elementfunktionen

```
int SaveFile(const char* name, int consistency = 1,
  int messages = 1);
int WriteFile(int consistency = 1, int messages = 1);
virtual void Print(ostream& out, int indent = 0) const;
```

können die Daten wieder in eine ConScript-Datei geschrieben werden. Bei `SaveFile` kann dabei noch ein neuer Dateiname festgelegt werden. Die Parameter `consistency` und `messages` haben dieselbe Bedeutung wie für die Einlesefunktionen, wobei die Konsistenzprüfung vor dem Schreiben in die Datei durchgeführt wird. Das tatsächliche Schreiben der Datei geschieht durch die Elementfunktion `Print`, welche im wesentlichen für jede der verwalteten Strukturen deren virtuelle Elementfunktion `Print` aufruft, durch welche diese Struktur in den Stream `out` ausgegeben wird. Jede von `TFCAObject` abgeleitete Klasse ist selbst dafür zuständig, sich in korrekter ConScript-Syntax in den Stream auszugeben, und muß dazu die virtuelle Elementfunktion `Print` von `TFCAObject` überschreiben.

Die Elementfunktion `Print` kann auch benutzt werden, um in einen nicht an eine Datei gebundenen Stream auszugeben. Für eine Instanz `file` von `TFCAFile` ist der Aufruf `file.Print(out);` identisch mit `out << file;`.

Zur Verwaltung der Strukturen wurde bereits gesagt, daß diese über Zeiger vom Typ `TFCAObject*` in einer Instanz von `TIFCAArray` gespeichert werden. Dabei gehören der Instanz von `TIFCAArray` die verwalteten Elemente, d. h. beim Löschen des Arrays wird der von den Elementen belegte Speicherplatz freigegeben. Die Klasse `TFCAFile` ist also für das komplette Speichermanagement verantwortlich. Auf einen Zeiger auf eine in `TFCAFile` verwaltete Struktur darf daher keinesfalls der Operator `delete` angewandt werden, da sonst versucht wird, den von der Struktur belegten Speicherplatz mehrfach freizugeben. Für jede in einer Instanz von `TFCAFile` verwaltete Struktur kann mit der Elementfunktion

```
TFCAFile* GetOwner() const;
```

ein Zeiger auf die Instanz von `TFCAFile` ermittelt werden. Strukturen können mit den Elementfunktionen

```
int AddStructure(TFCAObject* structure);
int InsertStructureBefore(classType type,
  const string& name, TFCAObject* structure);
```

in die Instanz von `TFCAFile` eingefügt werden. Die erste Funktion fügt die Struktur `structure` am Ende der Liste ein, die zweite Funktion vor der Struktur vom Typ `type` mit dem Bezeichner `name`, sofern es eine solche Struktur gibt. Der Parameter `type` ist dabei eine der `NUMBER_XXXX`-Konstanten. Der Rückgabewert beider Funktionen ist ein Fehlerwert. Bei erfolgreicher Ausführung gehört `structure` nach dem Aufruf der Instanz von `TFCAFile`, der von `*structure` belegte Speicherplatz darf also nicht mehr explizit freigegeben werden. Zum Entfernen von Strukturen aus der Liste stehen die Elementfunktionen

```
int DeleteStructure(classType type, const string& name);
int RemoveStructure(classType type, const string& name);
```

zur Verfügung. Die erste entfernt die durch `type` und `name` bezeichnete Struktur aus der Liste und gibt den von ihr belegten Speicherplatz frei, sofern die Struktur existiert. Die zweite Funktion entfernt die Struktur lediglich aus der Liste, gibt aber den Speicherplatz nicht frei. Damit ist es möglich, eine Struktur wieder aus der Verwaltung durch eine Instanz von `TFCAFile` zu lösen, ohne sie gleich ganz zu löschen. Natürlich sollte dann an anderer Stelle noch ein Zeiger auf die Struktur vorhanden sein, damit der belegte Speicherplatz noch zugreifbar ist.

Ein Zeiger auf eine in der Liste verwaltete Struktur kann durch die Ele-

```
TFCAObject* GetStructure(classType type, const string& name,
  int call_root = 1) const;
```

ermittelt werden. Der Rückgabewert ist **NULL**, falls die Struktur nicht existiert. Ggf. muß der zurückgegebene Zeiger durch eine explizite Typumwandlung wie in der folgenden Programmzeile umgewandelt werden:

```
TFormalContext* Context = (TFormalContext*)(
  file.GetStructure(NUMBER_FORMALCONTEXT, "Test"));
```

Der Parameter **call_root** ist nur im Zusammenhang mit Include-Dateien interessant (Abschnitt 7.2). Statt eines einzelnen Zeigers kann mit den Elementfunktionen

```
TIFCAArray* GetStructures(classType type) const;
TIFCAArray* GetStructures(TclassTypeSet& types,
  int call_root = 1) const;
```

eine Liste mit den Zeigern auf alle Strukturen bestimmter Typen erzeugt werden. Die erste Version der Funktion liefert dabei nur Zeiger auf Strukturen eines einzelnen Typs, die zweite Funktion liefert die Zeiger auf alle Strukturen der in der Menge **types** angegebenen Strukturen. Die Zeiger werden in einer dynamisch erzeugten Instanz von **TIFCAArray** zurückgegeben, dieser Instanz gehören die Elemente jedoch nicht. Nach Verwendung sollte die Instanz durch den Operator **delete** freigegeben werden. Da der Instanz die Elemente nicht gehören, hat diese Freigabe keinen Einfluß auf den durch die in der Liste enthaltenen Strukturen belegten Speicherplatz. Als Abkürzungen für die erste Version von **GetStructures** gibt es die Elementfunktionen **GetListOfXxxx**, d. h. die Aufrufe

```
TIFCAArray* contexts =
  file.SetStructures(NUMBER_FORMALCONTEXT);
```

und

```
TIFCAArray* contexts = file.GetListOfContexts();
```

sind identisch, etc. Eine häufige Anwendung der **GetStructures**-Funktionen ist die Erzeugung einer Liste zum Anzeigen der in einer ConScript-Datei enthaltenen Strukturen. Für diesem Zweck gibt es als alternative Möglichkeit die Elementfunktionen

```
TIstringArray* GetCaptions(classType type, const int flags,
  const int indent = 0, const int mark_includes = 1) const;
TIstringArray* GetCaptions(TclassTypeSet& types,
  const int flags, const int indent = 0,
  const int mark_includes = 1, int call_root = 1) const;
```

welche für jede der durch **type** bzw. **types** festgelegten Strukturen deren virtuelle Elementfunktion **GetCaption(flags, indent)** aufrufen und den

Zeiger auf das Ergebnis in einer Instanz von `TIstringArray` (vgl. Kapitel 12 speichern. Das zurückgegebene Array ist dynamisch erzeugt und sollte nach der Verwendung durch `delete` freigegeben werden. Da dem Array seine Elemente gehören, wird dabei auch gleich der von den Überschriften belegte Speicherplatz freigegeben.

Die für den Benutzer von *The Formal Concept Analysis Library* wichtigsten Elementfunktionen von `TFCAFile` sind damit beschrieben. In einigen der in den vorigen Kapiteln abgedruckten Beispielprogramme wurden diese Funktionen bereits benutzt, ohne daß sie dort näher erläutert wurden. Es folgt noch ein Beispielprogramm, mit dem die Verwendung der zuletzt besprochenen Elementfunktionen demonstriert wird.

```
#ifdef __BCPLUSPLUS__
#include <fca\fcacore.h>
#include <dos.h>
#else
#include "fcacore.h"
#endif

#include <iostream.h>

#ifdef __BCPLUSPLUS__
// Einstellung der Stack-Groesse (MS-DOS-spezifisch)
extern unsigned _stklen = 16384;
#endif

int main(int argc, char* argv[])
{
  if (argc != 2)
    return 1;

  // Die Datei wird geoeffnet.
  TFCAFile* file = new TFCAFile(NULL, "", "", 0, "", 4, 8);
  int error = file->OpenFile(argv[1]);

  if (error != ERR_OK)
  {
    delete file;
    return error;
  }

  // Eine Menge mit Strukturtypen wird erzeugt.
  TclassTypeSet types;
  types.Add(NUMBER_STRINGMAP);
  types.Add(NUMBER_QUERYMAP);
```

```
types.Add(NUMBER_IDENTIFIERMAP);

// Eine Liste aller Abbildungen wird erzeugt.
TIFCAArray* maps = file->GetStructures(types);

// Die Anzahl der gefundenen Abbildungen wird ausgegeben.
if (maps != NULL)
  cout << "Die Datei " << file->GetName() << " enthaelt "
    << maps->GetItemsInContainer() << " Abbildungen.\n";
else
  cout << "Die Datei " << file->GetName()
    << " enthaelt 0 Abbildungen.\n";

// Die Liste der Abbildungen wird geloescht. Dabei werden
// die Abbildungen selbst nicht geloescht, da diese von
// file verwaltet werden und maps nicht gehoeren.
delete maps;
maps = NULL;

// Eine neue Menge mit Strukturtypen wird erzeugt.
types.Flush();
types.Add(NUMBER_FORMALCONTEXT);
types.Add(NUMBER_LINEDIAGRAM);
types.Add(NUMBER_ABSTRACTSCALE);
types.Add(NUMBER_CONCRETESCALE);
types.Add(NUMBER_REALIZEDSCALE);

// Eine formatierte Liste von Ueberschriften wird erzeugt.
TIstringArray* captions = file->GetCaptions(types,
  CPT_TYPE | CPT_NAME | CPT_TITLE);

// Die Ueberschriften werden ausgegeben.
if (captions != NULL)
  for (int i = 0; i < captions->GetItemsInContainer();
    i++)
    if ((*captions)[i] != NULL)
      cout << *((*captions)[i]) << "\n";

// Die Liste mit den Ueberschriften wird geloescht. Dabei
// werden die Ueberschriften selbst mit geloescht.
delete captions;
captions = NULL;

delete file;
```

```
    return error;
}
```

Man beachte, daß im Programm für alle erzeugten Listen (Arrays) der belegte Speicherplatz stets wieder freigegeben wird. Die Listen werden so erzeugt, daß die Objekte, auf die durch die in den Listen enthaltenen Zeiger verwiesen wird, nur dann mit gelöscht werden, wenn dies sinnvoll ist.

Im Zusammenhang mit dem Lesen der ConScript-Dateien und dem Hinzufügen oder Entfernen von Strukturen aus einer Instanz von `TFCAFile` ist noch ein weiterer Punkt zu diskutieren. In den vorangehenden Kapiteln wurde deutlich, daß gewisse Strukturen in ConScript auf andere ConScript-Strukturen verweisen. Eine abstrakte Skala etwa enthält einen Verweis auf einen formalen Kontext und ein oder mehrere Liniendiagramme (vgl. Abschnitt 5.1). In der ConScript-Definition werden diese Verweise durch Angabe der jeweiligen Bezeichner vorgenommen. In der ConScript-Definition einer abstrakten Skala tritt also der Bezeichner des formalen Kontexts sowie des oder der Liniendiagramme auf. Dieser Sachverhalt wird auch in den zugehörigen C++-Klassen modelliert. Die Klasse `TAbstractScale` stellt die Elementfunktionen `GetNameOfContext` und `GetNamesOfDiagrams` bereit, um die Bezeichner zu ermitteln. Mit diesen Bezeichnern kann dann mittels der Elementfunktion `GetStructure` von `TFCAFile` ein Zeiger auf die referenzierte Struktur ermittelt werden, so daß auf deren Daten zugegriffen werden kann.

Ein Aufruf von `GetStructure` verursacht jedoch ein Durchsuchen aller Strukturen, so daß es aus Effizienzgründen wünschenswert ist, `GetStructure` möglichst selten aufzurufen. Tatsächlich speichert jede Instanz der Klasse `TAbstractScale` nicht nur die Bezeichner, sondern auch Zeiger auf den Kontext und die Liniendiagramme, die mit den Elementfunktionen `GetContext` und `GetDiagrams` bzw. `GetDiagram` (siehe Abschnitt 5.1) abgefragt werden können. Dabei muß jedoch ein Problem gelöst werden. Beim Lesen der Strukturen aus der ConScript-Datei liest der Parser zwar den Bezeichner, kann aber unter Umständen noch keinen Zeiger ermitteln. Auch beim Einfügen oder Löschen von Strukturen kann es vorkommen, daß zu durch Bezeichner referenzierten Strukturen noch kein gültiger Zeiger existiert. Um diese Situationen zu handhaben, stellt `TFCAFile` die Elementfunktionen

```
int PointersOK();
void PointersNotOK();
virtual void CrossRefPointers();
```

zur Verfügung. Mit `PointersOK` kann abgefragt werden, ob die in der Datei enthaltenen Strukturen derzeit gültige Zeiger gespeichert haben. Ein Aufruf von `PointersNotOK` teilt der Datei mit, daß sich Zeiger verändert haben und somit nicht mehr alle Strukturen gültige Zeiger gespeichert haben. Die Funktion `CrossRefPointers` ruft für jede Struktur in der Datei die virtuelle Elementfunktion `CrossRefPointers` dieser Struktur auf und veranlaßt dadurch die Struktur, anhand der gespeicherten Bezeichner neue Zeiger zu ermitteln. Die Funktion **CrossRefPointers** wird von **ReadFile** nach dem Aufrufen des Parsers automatisch aufgerufen, so daß sich ein Programm an dieser Stelle nicht um die Gültigkeit der Zeiger kümmern muß. Falls jedoch Strukturen in die Datei zugefügt oder aus ihr entfernt werden, muß die Funktion **CrossRefPointers** an geeigneter Stelle aufgerufen werden, um die Zeiger zu aktualisieren.

Eine umgekehrte Problematik entsteht, wenn Bezeichner einer Struktur in der Datei geändert werden. Wird etwa der Bezeichner eines formalen Kontexts geändert, so kann eine Instanz von **TAbstractScale** zwar noch einen gültigen Zeiger auf diesen Kontext haben, aber der in **TAbstractScale** gespeicherte Bezeichner des Kontexts ist ungültig geworden. Um auch hier eine Aktualisierung zu ermöglichen, hat **TFCAFile** die Elementfunktionen

```
int NamesOK();
void NamesNotOK();
virtual void CrossRefNames();
```

welche analog zu den oben beschriebenen Funktionen für Pointer arbeiten.

In einem Anwendungsprogramm sollte vermieden werden, daß eine Situation entsteht, in der **NamesOK()** und **PointersOK()** beide den Wert 0 liefern, da in diesem Fall die Namen und/oder Zeiger, wenn überhaupt, nur aufwendig und für jede Struktur einzeln rekonstruierbar sind. Deshalb sollte nach einem Programmstück, in dem Namen verändert wurden, unmittelbar **CrossRefNames()** aufgerufen werden, bevor im Programm etwas völlig neues gemacht wird. Für Zeiger gilt das Entsprechende. Werden z. B. mehrere Strukturen unmittelbar nacheinander mit gültigen Namen in eine Datei eingefügt, so sollen zwar nicht nach jedem einzelnen Einfügen die Zeiger aktualisiert werden, aber unmittelbar nachdem alle Strukturen eingefügt wurden, sollte **CrossRefPointers()** aufgerufen werden, um spätere Schwierigkeiten zu vermeiden.

Im Zusammenhang mit dem Lesen und Schreiben einer ConScript-Datei wurde oben erwähnt, daß dabei eine Konsistenzprüfung der Datei vorgenommen werden kann. Diese wird durch einen Aufruf der Elementfunktion

```
virtual int IsConsistent();
```

durchgeführt, welche für jede Struktur in der Datei wiederum die virtuelle Elementfunktion **IsConsistent** dieser Struktur aufruft. Der Rückgabewert ist **ERR_OK**, wenn die Datei konsistent ist, sonst wird bei der ersten Inkonsistenz abgebrochen und ein die Art der Inkonsistenz beschreibender Fehlerwert zurückgegeben. Die Konsistenzprüfung besteht aus einem eher technischen Teil, in dem z. B. geprüft wird, ob durch einen Bezeichner referenzierte Strukturen tatsächlich vorhanden sind, und einem eher mathematischen Teil, bei dem der korrekte mathematische Aufbau der Struktur getestet wird. Die Klasse **TLineDiagram** überprüft hier z. B., ob das Diagramm Liniendiagramm eines Verbands ist, **TAbstractScale** testet, ob die referenzierten Liniendiagramme tatsächlich Liniendiagramme des Begriffsverbands des referenzierten formalen Kontexts sind. Was im einzelnen geprüft wird, und welche Fehler auftreten können, ist der Dokumentation der Elementfunktionen **IsConsistent** für die jeweiligen Klassen in Kapitel 10 zu entnehmen. Außerdem enthält Anhang A eine Beschreibung der (mathematischen) Konsistenzbedingungen, die sich aus der Semantik von ConScript ergeben.

Dieser Abschnitt wird mit der Beschreibung des in **TFCAFile** implementierten Mechanismus zur Ausgabe von Meldungen beendet. Anders als alle anderen Klassen von *The Formal Concept Analysis Library* arbeitet **TFCAFile** nicht nur intern im Speicher bzw. mit dem Dateisystem, sondern kann auch Meldungen auf der Standard-Ausgabe anzeigen. Mit den Elementfunktionen

```
void InitMessage();
void DoneMessage();
```

wird diese Ausgabe von Meldungen aktiviert bzw. deaktiviert. Meldungen können mit den Elementfunktionen

```
void SendMessage(const char* msg, const int kind);
void Message(const int number, const int kind,
  const char* param = "", const int init = 1);
void Error(const int number, const char* param = "",
  const int init = 1);
```

ausgegeben werden. **SendMessage** zeigt, falls die Ausgabe von Meldungen aktiviert wurde, die Nachricht **msg** auf dem Bildschirm an. **kind** kann einer der Werte **MSG_FILE**, **MSG_STRUCTURE**, **MSG_LINE**, **MSG_ERROR**, **MSG_FATALERROR** sein. Der Wert von **kind** hat für **TFCAFile** keine Wirkung, kann aber in abgeleiteten Klassen benutzt werden, um die Meldung geeignet zu formatieren. Während **SendMessage** einen beliebigen String als Meldung anzeigen kann, dienen **Message** und **Error** dazu, eine vordefinierte (Fehler-)Meldung auszugeben. Dabei ist **number** die Nummer der Meldung (**MSG_XXXX**) oder des Fehlers (**ERR_XXXX**). Der Wert von **param** wird ggf. in die Meldung integriert, mit **init** kann angegeben werden, ob die Ausgabe von Meldungen von der Funktion selbst aktiviert und wieder deaktiviert werden soll (Wert **1**) oder ob der vorliegende Aktivierungstatus benutzt werden soll (Wert **0**). Meldungen können beim Lesen und Schreiben einer ConScript-Datei, bei der Konsistenzprüfung sowie beim Berechnen des Begriffsverbands eines Kontexts ausgegeben werden.

Die tatsächliche Implementation der eben beschriebenen Funktionalitäten geschieht durch die virtuellen geschützten Elementfunktionen

```
virtual void StartMessage();
virtual void EndMessage();
virtual void ShowMessage(const char* msg, const int kind);
virtual void MakeMessage(const int number, const int kind,
  const char* param = "", const int init = 1);
```

Diese Funktionen können in von **TFCAFile** abgeleiteten Klassen überschrieben werden, um die Meldungen an anderer Stelle als der Standard-Ausgabe auszugeben oder anders zu formatieren. Ein Beispiel hierfür bietet die Klasse **TWFCAFile** (siehe Kapitel 14), welche zur Ausgabe von Meldungen eine Dialogbox von Microsoft Windows™ benutzt.

7.2 Include-Dateien

In Anwendungen der formalen Begriffsanalyse treten in einem begrifflichen Schema bzw. einer begrifflichen Datei häufig eine große Zahl von realisierten, konkreten und abstrakten Skalen auf. Aus Gründen der Übersichtlichkeit ist es dann unter Umständen wünschenswert, die zugehörigen CONSCRIPT-Definitionen auf mehrere physikalische Dateien zu verteilen. Die so verteilten Informationen müssen dann aber in einer Hauptdatei zusammengeführt werden. Dazu dient in CONSCRIPT eine Anweisung der Form

```
#INCLUDE "datei.cs";
```

Der Parser sucht solche Include-Dateien im aktuellen Verzeichnis sowie in den im Suchpfad angegebenen Verzeichnissen. Eine übliche Aufteilung geschieht nach dem folgenden Schema:

Verzeichnis	CONSCRIPT-Dateien
`abstract`	für jede abstrakte Skala eine Datei mit der Definition der abstrakten Skala, des Kontexts und des oder der Liniendiagramme
`concrete`	für jede konkrete Skala eine Datei mit der Definition der konkreten Skala und der zugehörigen Abbildungen sowie einer Include-Anweisung für die Datei mit der von der konkreten Skala benutzten abstrakten Skala
aktuelles	Hauptdatei mit der Definition des begrifflichen Schemas und den Include-Anweisungen für die Dateien mit den konkreten Skalen

In einer Include-Anweisung ist es möglich, zusätzlich zum Dateinamen ein (relatives oder absolutes) Verzeichnis mit anzugeben. Es ist aber in der Regel besser, dies zu unterlassen und statt dessen für die Instanz von **TFCAFile** einen geeigneten Suchpfad anzugeben. Für das obige Schema wäre der Suchpfad „**abstract;concrete**“, wobei die genaue Syntax vom Betriebssystem abhängt.

Es wäre naheliegend, daß der Parser beim Abarbeiten einer Include-Anweisung die angeforderte Datei als Instanz von **TFCAFile** erzeugt, einliest und in der Hauptdatei in die Liste der Strukturen einfügt. Dies führt jedoch zu einem Problem, wenn Include-Anweisungen wie im obigen Schema geschachtelt auftreten, d. h. wenn Include-Dateien ihrerseits wieder Include-Anweisungen enthalten. Beim obigen Schema enthält jede Datei für eine konkrete Skala eine Include-Anweisung für die Datei mit der abstrakten Skala. Abstrakte Skalen sind aber dafür vorgesehen, von mehreren konkreten Skalen verwendet zu werden. Ist dieses der Fall, so würde bei der eben beschriebenen Vorgehensweise die Datei mit der abstrakten Skala mehrfach eingebunden. Dies ist zum einen eine Verschwendung von Speicherplatz, zum anderen lassen sich dann Referenzen auf die abstrakte Skala etc. nicht mehr eindeutig auflösen, denn es gibt diese abstrakte Skala aus Sicht der Hauptdatei mehrfach.

Um dieses Problem zu umgehen, erzeugt der Parser beim Bearbeiten einer Include-Anweisung lediglich eine Instanz der Klasse `TIncludeFile`. Diese Klasse dient gewissermaßen als Platzhalter für die eigentliche Include-Datei. Sie verwaltet einen Zeiger auf eine Instanz von `TFCAFile`, welche die Daten der Include-Datei enthält, der mit den Elementfunktionen

```
const TFCAFile* GetFile() const;
const TFCAFile* operator()() const;
```

abgefragt werden kann. Eine Instanz von `TIncludeFile` initialisiert diesen Zeiger durch einen Aufruf der Elementfunktion `GetReference`. Diese Funktion fordert von der Hauptdatei einen Zeiger auf die korrespondierende Instanz von `TFCAFile` an.

Zur Bearbeitung dieser Anfrage durch die Hauptdatei sind noch einige Bemerkungen zu machen. Aus der oben skizzierten Include-Struktur ergibt sich, daß in der Regel mehrere Instanzen von `TIncludeFile` einen Zeiger auf dieselbe Instanz von `TFCAFile` erhalten. Diese Mehrfachreferenzen müssen durch einen geeigneten Mechanismus verwaltet werden. In diesem Zusammenhang spielen die Elementfunktionen

```
const TFCAFile* GetIncludeFile(const string& name);
virtual const TFCAFile* CreateIncludeFile(
  const string& name);
void FreeIncludeFile(TFCAFile* file);
int ReadNewIncludeFiles(int consistency = 1,
  int messages = 1);
const TFCAFile* GetReference();
void FreeReference();
```

von `TFCAFile` eine Rolle. `TIncludeFile` ermittelt in dem Aufruf der eigenen Elementfunktion `GetReference` den Zeiger auf die gewünschte Instanz von `TFCAFile` durch den Aufruf

```
GetOwner()->GetIncludeFile(getName());
```

Die Hauptdatei prüft beim Ausführen von `GetIncludeFile` zunächst, ob es bereits unter ihren Include-Dateien eine Instanz von `TFCAFile` mit dem

Namen `name` gibt. Ist dies nicht der Fall, wird eine solche durch den Aufruf von `CreateIncludeFile` erzeugt. In jedem Fall wird dann für diese Instanz von `TFCAFile` die Funktion `GetReference` aufgerufen, welche den Zeiger auf die Include-Datei zurückgibt. Gleichzeitig bewirkt dieser Aufruf von `GetReference`, daß die Instanz von `TFCAFile`, welche die Include-Datei repräsentiert, einen internen Referenzzähler erhöht. Diese Aktionen bewirken noch nicht, daß die Include-Dateien wirklich eingelesen werden. Dies geschieht erst an geeigneter Stelle durch den Aufruf von `ReadNewIncludeFiles`, welcher bewirkt, daß alle Include-Dateien, die angefordert, aber noch nicht eingelesen wurden, jetzt eingelesen werden.

Wenn eine Instanz von `TIncludeFile` gelöscht wird, ruft sie ihre Elementfunktion `FreeReference` auf. Dieser Aufruf bewirkt einen Aufruf der Elementfunktion `FreeIncludeFile` der Hauptdatei, welcher wiederum zu einem Aufruf der Elementfunktion `FreeReference` der referenzierten Instanz von `TFCAFile` führt. Letzterer verringert den Referenzzähler dieser Instanz. Falls der Referenzzähler den Wert `0` erreicht, d. h. die Instanz nicht mehr referenziert wird, wird sie gelöscht, sonst bleibt sie erhalten.

Include-Dateien brauchen, solange sie nicht in anderen Zusammenhängen als Hauptdatei verwendet werden, semantisch nicht abgeschlossen sein. Dies bedeutet, daß aus einer Include-Datei heraus auf Strukturen verwiesen werden darf, die nicht in der Include-Datei oder einer von ihr eingeschlossenen Datei, sondern in der Hauptdatei oder einer nur von der Hauptdatei eingeschlossenen Datei definiert werden. Zum Beispiel darf eine konkrete Skala „`C`" in einer Datei `c.csc` auf eine abstrakte Skala „`A`" verweisen, welche in der Datei `a.csc` definiert wird, ohne daß `c.csc` einen Include-Befehl für `a.csc` enthält, solange die Hauptdatei dann die Befehle

```
#INCLUDE "a.csc";
#INCLUDE "c.csc";
```

enthält. Es ist allerdings ein vernünftiges Prinzip, alle ConScript-Dateien semantisch abzuschließen, indem entsprechende Include-Befehle eingefügt werden. Aufgrund des oben beschriebenen Include-Mechanismus ist sichergestellt, daß auch bei mehrfachen identischen Include-Befehlen jede physikalische Datei nur einmal eingelesen wird. Im Beispiel sollte die Datei `c.csc` also an geeigneter Stelle den Befehl

```
#INCLUDE "a.csc";
```

enthalten. Dann ist `c.csc` semantisch abgeschlossen und kann als Hauptdatei verwendet werden. Wenn die eigentliche Hauptdatei eingelesen wird, tritt dieser Include-Befehl zwar insgesamt mehrfach auf, aber `a.csc` wird nur einmal eingelesen.

Zum Abschluß des Abschnitts über Include-Dateien sei noch etwas zum Meldungsmechanismus gesagt. Für die Ausgabe von Meldungen ist *immer* die Hauptdatei zuständig. Wenn eine Include-Datei, egal auf welcher Stufe, eine Meldung erzeugt und deren Ausgabe veranlaßt, wird die Meldung stets bis zur Hauptdatei weitergeleitet und erst von dieser tatsächlich ausgegeben. Der Grund dafür ist, daß in fensterorientierten Umgebungen nicht für jede Include-Datei ein eigenes Meldungsfenster erzeugt werden soll, da die Include-Dateien ja semantisch lediglich ein Teil der Hauptdatei sind und deswegen alle Meldungen an einer Stelle ausgegeben werden sollten. In diesem Falle ist die Hauptdatei für die Verwaltung des Meldungsfensters zuständig.

8. Texte, Formate und Kommentare

Texte bzw. Wörter tauchen in ConScript in grundsätzlich fünf verschiedenen Arten auf: als Schlüsselwort (reserviertes Wort), als Bezeichner, als regulärer Text, als Format und als Kommentar. Nachfolgend werden die verschiedenen Textarten in dieser Reihenfolge beschrieben. Zu ihrer C++-Repräsentation ist dabei nichts weiter zu sagen, da alle Texte in Instanzen der Klasse `string` gespeichert werden.

Schlüsselwörter sind in den vorangehenden Kapiteln an den jeweils passenden Stellen dokumentiert worden. Es ist zu beachten, daß generell in ConScript Groß- und Kleinschreibung unterschieden wird und alle Schlüsselwörter groß geschrieben werden.

Bezeichner sind Zeichenketten, welche aus ASCII-Buchstaben (keine Umlaute), Ziffern und dem Unterstrich „_" bestehen, wobei das erste Zeichen keine Ziffer sein darf. Die Länge von Bezeichnern ist unbegrenzt. Bezeichner werden in ConScript benutzt, um Strukturen und Teile von Strukturen mit Namen zu versehen, durch die diese Strukturen dann referenziert werden können.

Reguläre Texte sind Zeichenketten, welche in Anführungszeichen „`"`" eingeschlossen werden. Reguläre Texte sind zur Anzeige von Informationen etc. vorgesehen. Beispiele sind die Titel von Strukturen oder die Beschreibungen von Gegenständen, Merkmalen und Begriffen. In einem regulären Text dürfen beliebige Zeichen, auch Sonderzeichen vorkommen. Einige Steuerzeichen werden allerdings in einer C-ähnlichen Syntax gemäß Tabelle 8.1 gesondert codiert.

Formate sind ebenfalls in Anführungszeichen eingeschlossene Zeichenketten, die dazu dienen, für reguläre Texte, Punkte und Linien eine vom jeweiligen Standard abweichende Darstellung festzulegen. Hinter jedem regulären Text kann eine Formatangabe stehen. Ein Beispiel ist

```
TITLE "Test-Kontext" "Roman"
```

wodurch angegeben wird, daß der Titel „`Test-Kontext`" in der Schriftart „`Roman`" angezeigt werden soll. Wie die verschiedenen Formate aufgebaut werden, ist in Anhang A beschrieben.

Der in der Klasse `TFCAFile` integrierte ConScript-Parser (vgl. Kapitel 7) behandelt Formate wie reguläre Texte, d. h. er prüft nicht, ob das

Zeichen	Codierung	Beschreibung
LF	\n	Zeilenumbruch
CR	\r	Zeilenrücklauf
FF	\f	Seitenumbruch
TAB	\t	Tabulator
VTAB	\v	vertikaler Tabulator
BS	\b	voriges Zeichen löschen
BELL	\a	Signalton
\	\\	umgekehrter Schrägstrich
?	\?	Fragezeichen
'	\'	Apostroph
"	\"	Anführungszeichen
	ooo	Zeichen mit der oktalen Nummer *ooo*
	\x*xx*	Zeichen mit der hexadezimalen Nummer *xx*

Tab. 8.1 Die in ConScript-Strings verwendeten Steuerzeichen

Format syntaktisch korrekt aufgebaut ist, und extrahiert auch nicht die einzelnen Bestandteile der Formate. Statt dessen werden die Formate als Strings in den jeweiligen Klassen abgelegt (siehe Kapitel 10 und 11). Diese Format-Strings können dann mit den Klassen `TStringFormat`, `TPointFormat` und `TLineFormat` bearbeitet werden. Jede dieser Klassen hat öffentliche Datenelemente, die die verschiedenen Teile des Formats speichern und im einzelnen in Kapitel 13 beschrieben sind. Alle drei Klassen sind von der Klasse `TFormat` abgeleitet. Ihre Konstruktoren sind

```
TStringFormat(const string& format,
  const char separator = ',',
  const char left_parenthesis = '(',
  const char right_parenthesis = ')');
TPointFormat(const string& format,
  const char separator = ',',
  const char left_parenthesis = '(',
  const char right_parenthesis = ')');
TLineFormat(const string& format,
  const char separator = ',',
  const char left_parenthesis = '(',
  const char right_parenthesis = ')');
```

Das Format wird im Parameter `format` übergeben und bei der Ausführung des Konstruktors automatisch in seine Bestandteile zerlegt. Diese können über die öffentlichen Datenelemente dann abgefragt und verändert werden. Mit den restlichen Parametern der Konstruktoren können die in den Formaten verwendeten Trennzeichen abweichend vom Default festgelegt werden. Diese Option wird in *The Formal Concept Analysis Library* jedoch nicht benutzt. Ferner stehen in jeder der Klassen die Elementfunktionen

```
virtual void Parse(const string& format);
```

```
virtual void Print(string& format) const;
```

zur Verfügung. Mit `Parse` kann einer Instanz der Klasse ein neues Format übergeben werden, dessen Bestandteile dann in die entsprechenden Datenelemente übertragen werden. Die Elementfunktion `Print` erzeugt aus den aktuellen Werten der Datenelemente einen neuen Format-String und gibt diesen im Parameter `format` zurück. Auf diese Weise können an den Formaten unter Benutzung der Formatklassen vorgenommene Änderungen wieder in den entsprechenden Instanzen der von `TFCAObject` abgeleiteten Strukturklassen gespeichert werden.

Kommentare sind die letzte Gruppe von Texten, die in CONSCRIPT auftreten. In einer CONSCRIPT-Datei können drei verschiedene Arten von Kommentaren vorkommen. Zunächst einmal gibt es Kommentare, welche zu einer Struktur gehören. Diese treten im Titel/Kommentar-Block der CONSCRIPT-Definition der Struktur auf und bestehen aus dem Schlüsselwort `REMARK`, gefolgt von einem in Anführungszeichen „"“ eingeschlossenen Text. Beispiele hierzu sind in den CONSCRIPT-Definitions-Beispielen in den vorangehenden Kapiteln zu finden. Anhang A beschreibt, wo genau ein solcher Kommentar überall auftreten darf.

Eine zweite Art von Kommentar wird in CONSCRIPT als eigenständige Struktur angesehen und hat die Form

```
REMARK
  "Dies ist ein Kommentar.";
```

Der Parser erzeugt aus diesen Kommentaren eine Instanz der Klasse `TRemark`, welche von `TFCAFile` abgeleitet ist und den Kommentar verwaltet (siehe Kapitel 10).

Als dritte Art von Kommentaren treten in CONSCRIPT beliebige Zeichenketten auf, die von den geschweiften Klammern { und } eingeschlossen werden. Solche Kommentare dürfen in einer CONSCRIPT-Datei an jeder beliebigen Stelle stehen, an der Whitespace-Zeichen stehen können, und werden vom Parser auch als solche behandelt, d. h. sie werden ignoriert. Deshalb sind diese Kommentare nicht für dauerhafte Kommentare in einer Datei geeignet, da sie z. B. von einen Programmstück der Form

```
file.ReadFile();
file.WriteFile();
```

aus der Datei entfernt werden (`file` ist eine Instanz von `TFCAFile`). Die Kommentare dieser dritten Form sind aus historischen Gründen in CONSCRIPT möglich, die „strukturellen“ Kommentare der ersten und zweiten Form waren im ersten Entwurf von CONSCRIPT noch nicht enthalten und wurden erst später eingeführt. Kommentare der dritten Form können aber beim Testen von CONSCRIPT-Dateien sinnvoll zum „Auskommentieren“ benutzt werden, wie es auch in der Programmierung üblich ist.

Teil II

Technische Dokumentation

9. Allgemeines

Der zweite Teil dieses Buches enthält die technische Dokumentation von *The Formal Concept Analysis Library*. Der wesentliche Teil dieser Dokumentation besteht aus der Beschreibung der verschiedenen C++-Klassen von *The Formal Concept Analysis Library*, welche in den nächsten Kapiteln getrennt nach der Verwendungsweise der Klassen vorgenommen wird. Im Anschluß daran findet sich eine Beschreibung der nicht klassengebundenen Funktionen, Datentypen und Konstanten von *The Formal Concept Analysis Library*. Die Bibliothek ist zunächst weitestgehend systemunabhängig implementiert; unter Unständen müssen noch Anpassungen an das jeweilige Betriebssystem vorgenommen werden (vgl. Anhang B). Zur Verwendung von *The Formal Concept Analysis Library* unter Microsoft Windows^{TM} als Dynamic Link Library werden bereits angepaßte zusätzliche Klassen und Funktionen bereitgestellt. Den zusätzlichen Klassen ist Kapitel 14 gewidmet, die zusätzlichen Funktionen sowie einige neue Konstanten werden in eigenen Abschnitten der Kapitel 15 und 16 behandelt.

Vor der Beschreibung der C++-Klassen im einzelnen sei zunächst die Vererbungshierarchie der Klassen im Überblick dargestellt. Abbildung 9.1 zeigt die Vererbungshierarchie in Baumstruktur. Von dem eine Klasse darstellenden Kasten führt vom linken Rand nach links und dann nach oben eine Linie zu ihrer Basisklasse. Wie in der Abbildung abzulesen ist, besteht die Vererbungshierarchie aus zwei unzusammenhängenden Teilen; die Formatklassen sind unabhängig von den Strukturklassen definiert. Jede Klasse hat höchstens eine Basisklasse, in *The Formal Concept Analysis Library* wird also keine Mehrfachvererbung benutzt. In der Hierarchie sind die Array- und Mengenklassen nicht berücksichtigt.

Die Vererbungshierarchie ist allein nicht aussagekräftig genug, um die Abhängigkeit der Klassen untereinander darzustellen, weil viele der Klassen als Datenelemente oder Funktionsparameter Instanzen anderer Klassen haben und auch deren Elementfunktionen benutzen. Diese Beziehung läßt sich durch einen formalen Kontext $(\mathcal{C}, \mathcal{C}, I)$ beschreiben, wobei $\mathcal{C}$ die Menge der C++-Klassen von *The Formal Concept Analysis Library* ist. Für zwei Klassen $S, T \in \mathcal{C}$ ist $(S, T) \in I$, wenn die (Gegenstands-)Klasse S die (Merkmals-)Klasse T in einem nicht auf Vererbung beruhenden Zusammenhang benutzt. Ein typisches Beispiel sind die Klassen `TAbstractScale` und

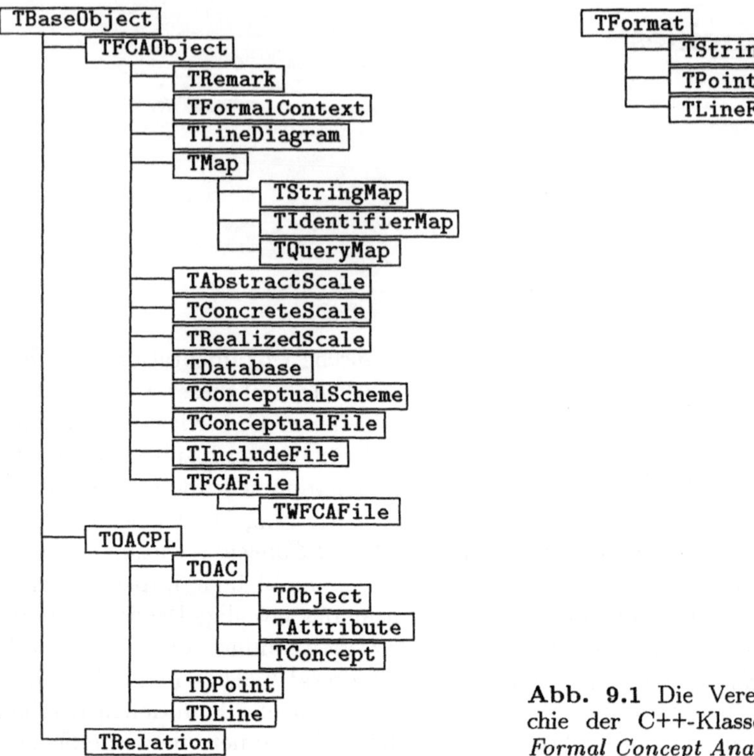

Abb. 9.1 Die Vererbunghierarchie der C++-Klassen von *The Formal Concept Analysis Library*

`TFormalContext`. Eine abstrakte Skala enthält einen Zeiger auf den von ihr benutzten formalen Kontext, also ist $(\texttt{TAbstractScale}, \texttt{TFormalContext}) \in I$. Abbildung 9.2 zeigt ein Liniendiagramm des so entstehenden Begriffsverbands, wobei wiederum die Array- und Mengenklassen nicht berücksichtigt wurden. Zur besseren Unterscheidbarkeit sind die Merkmalsklassen, also die Klassen, welche von den Gegenstandsklassen benutzt werden, kursiv gedruckt.

Die Klassenbeschreibungen in den folgenden Kapiteln haben die folgende allgemeine Struktur: Für jede Klasse gibt es einen mit dem Namen der Klasse überschriebenen Abschnitt. Danach folgt die Angabe der C++-Include-Datei (Header-Datei), in der die Klasse deklariert ist. Diese Datei muß in ein C++-Modul eingebunden werden, wenn dieses die Klasse benutzen soll. Es folgt die Angabe der Basisklasse, von der die Klasse (direkt) abgeleitet wurde, sowie ein Kurzbeschreibung der Funktionalität der Klasse. Danach werden in einzelnen Unterabschnitten die Datenelemente, die Konstruktoren, die Destruktoren, die Elementfunktionen sowie ggf. verwandte Funktionen aufgeführt. Die Datenelemente und Elementfunktionen sind dabei nochmals nach öffentlichen, geschützten und privaten Funktionen unterteilt. Zu beachten ist: *Für jede Klasse werden nur diejenigen Datenelemente und Elementfunktionen be-*

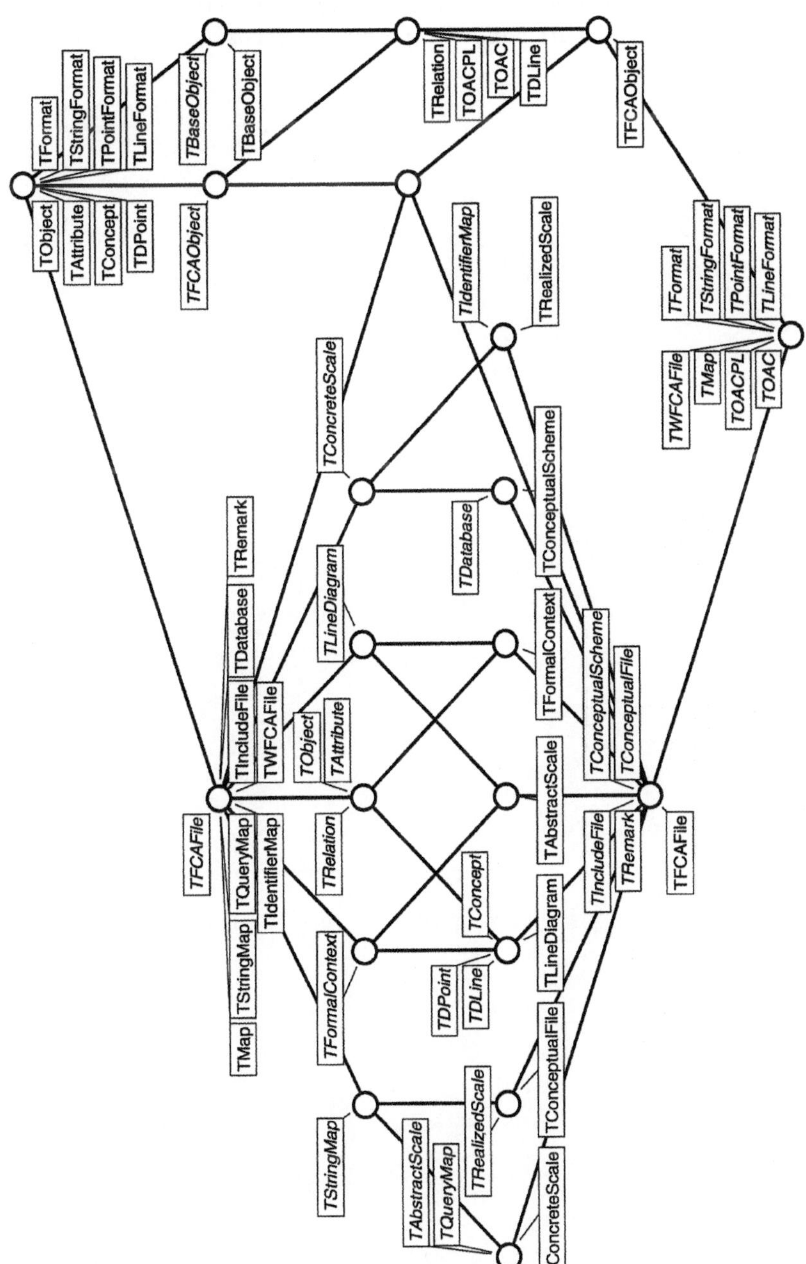

Abb. 9.2 Die Verwendung von Klassen in anderen Klassen

schrieben, welche von dieser Klasse neu definiert werden. Für vererbte Funktionen muß die Beschreibung der jeweiligen Basisklassen mit herangezogen werden.

10. Klassen für begriffsanalytische Strukturen

In diesem Kapitel werden die Klassen für Strukturen beschrieben, welche in ConScript eine eigenständige Einheit bilden. Dies sind die begriffsanalytischen Strukturen, d. h. formale Kontexte, Liniendiagramme, die verschiedenen Skalen und Abbildungen, begriffliche Schemata und Dateien sowie die ConScript-Datei- und Kommentarklassen. Die Basisklassen dieser Klassen (vgl. Abb. 9.1) werden zu Beginn des Kapitels dokumentiert. Die meisten der Klassen benutzen zur Speicherung ihrer Daten noch Klassen, welche in den Kapiteln 11 und 12 beschrieben werden.

10.1 `TBaseObject`

Header-Datei: `fca\baseobj.h`
Basisklasse: Keine Klasse

Kurzbeschreibung

`TBaseObject` ist die abstrakte Basisklasse für alle generischen Klassen von *The Formal Concept Analysis Library.* Sie stellt lediglich die Schnittstellen für die Erkennung der Klasse zur Laufzeit, die Vergleiche von verschiedenen Instanzen der Klasse sowie die Stream-Ausgabe zur Verfügung.

Destruktoren

`~TBaseObject`

```
virtual ~TBaseObject();
```

Der Destruktor tut gar nichts und sorgt lediglich dafür, daß die Destruktoren bei abgeleiteten Klassen (auch die implizit definierten Default-Destruktoren) stets virtuell erzeugt werden. Dadurch wird sichergestellt, daß bei der Freigabe eines polymorphen Zeigers jeweils der richtige Destruktor aufgerufen wird.

Öffentliche Elementfunktionen

`IsA`

```
virtual classType IsA() const = 0;
```

`IsA` liefert die Identifikationsnummer der Klasse zurück. Diese Funktion ist abstrakt und muß in jeder von `TBaseObject` abgeleiteten Klasse überschrieben werden.

`IsEqual`

```
virtual int IsEqual(const TBaseObject&) const = 0;
```

`IsEqual` dient zum Vergleich verschiedener Instanzen der Klasse. Die Funktion hat den Rückgabewert `1`, wenn die als Parameter übergebene Instanz von `TBaseObject` mit `*this` übereinstimmt, und `0`, wenn sie von `*this` verschieden ist. Diese Funktion ist abstrakt und muß in jeder von `TBaseObject` abgeleiteten Klasse überschrieben werden. Die Semantik der Gleichheit muß dabei vom Programmierer für die abgeleitete Klasse festgelegt werden.

`NameOf()`

```
virtual char* NameOf() const = 0;
```

`NameOf` liefert den Identifikationsstring der Klasse zurück. Diese Funktion ist abstrakt und muß in jeder von `TBaseObject` abgeleiteten Klasse überschrieben werden. Der zurückgelieferte String sollte statisch sein und muß daher nicht freigegeben werden.

`PrintOn`

```
virtual void PrintOn(ostream&) const = 0;
```

`PrintOn` gibt `*this` auf dem als Parameter übergebenen Stream aus. Diese Funktion ist abstrakt und muß in jeder von `TBaseObject` abgeleiteten Klasse überschrieben werden. Sie ist per Default dazu bestimmt, von `<<` aufgerufen zu werden und die Instanz von `TBaseObject` auszugeben.

`operator <<`

```
friend ostream& operator << (ostream& out,
  const TBaseObject& obj);
```

`<<` ruft die Funktion `obj.PrintOn(out)` auf und gibt dadurch `obj` in den aufrufenden Stream aus.

Verwandte Funktionen

`operator ==`

```
int operator == (const TBaseObject& test_1,
  const TBaseObject& test_2);
```

`==` hat `test_1.IsEqual(test_2)` als Rückgabewert, falls `test_1` und `test_2` vom selben Typ sind (`IsA`). Falls der Typ verschieden ist, ist der Rückgabewert immer `0`.

`operator !=`

```
int operator !=(const TBaseObject& test_1,
  const TBaseObject& test_2);
```

`!=` liefert `!(test_1 == test_2)` als Rückgabewert.

10.2 TFCAObject

Header-Datei: `fca\fcaobj.h`
Basisklasse: `TBaseObject`

Kurzbeschreibung

`TFCAObject` ist die Basisklasse für alle Strukturen, die in einer CONSCRIPT-Datei auftreten können. Eine Klasse muß von `TFCAObject` abgeleitet sein, um als Struktur in einer Instanz von `TFCAFile` verwaltet werden zu können. Es werden Datenelemente und Funktionen zur Verwaltung von Namen, Titel und Kommentar einer Struktur bereitgestellt. Ferner werden für einige virtuelle Funktionen die Schnittstellen bereitgestellt.

Private Datenelemente

`ID_string`
`static const char ID_string[];`
`ID_string` ist als Leer-String definiert und dazu bestimmt, in einer abgeleiteten Klasse das CONSCRIPT-Schlüsselwort der Struktur aufzunehmen. Die hier gespeicherten Schlüsselwörter werden in den verschiedenen `Print`-Elementfunktionen zur Ausgabe benutzt.

`the_name`
`string the_name;`
`the_name` ist der Name der Struktur.

`the_owner`
`TFCAFile* the_owner;`
`the_owner` ist eine Verweis auf die Instanz von `TFCAFile`, von der `this` verwaltet wird.

`the_remark`
`string the_remark;`
`the_remark` ist der Kommentar der Struktur.

`the_specials`
`TstringArray the_specials;`
`the_specials` enthält eine Liste von Strings, die zur Übergabe von Parametern etc. an spezifische Programme benutzt werden können. Für weitere Informationen zu Special-Strings sei auf Anhang A verwiesen.

`the_title`
`string the_title;`
`the_title` ist der Titel der Struktur.

`the_title_format`
`string the_title_format;`
`the title_format` ist das Titel-Format der Struktur.

Konstruktoren

`TFCAObject`

`TFCAObject();`

Dies ist der Default-Konstruktor. Alle nicht-statischen Datenelemente werden als leere Strings, `NULL`-Zeiger bzw. leere Arrays initialisiert.

`TFCAObject`

```
TFCAObject(TFCAFile* owner, const char* name,
  const char* title, const char* title_format,
  const char* remark);
```

Dieser Konstruktor initialisiert die Datenelemente **`the_owner`**, **`the_name`**, **`the_title`** sowie **`the_title_format`** und **`the_remark`** mit den übergebenen Werten. Das Datenelement **`the_specials`** wird als leeres Array initialisiert.

`TFCAObject`

```
TFCAObject(TFCAFile* owner, const char* name,
  const char* title, const char* title_format,
  const char* remark, const TstringArray& specials);
```

Dieser Konstruktor initialisiert die Datenelemente **`the_owner`**, **`the_name`**, **`the_title`**, **`the_title_format`**, **`the_remark`** und **`the_specials`** mit den übergebenen Werten.

Öffentliche Elementfunktionen

`Adjust`

`virtual void Adjust();`

`Adjust` tut nichts und ist bei abgeleiteten Klassen dazu bestimmt, eine Restrukturierung der verwalteten Daten durchzuführen.

`CrossRefNames`

`virtual void CrossRefNames();`

`CrossRefNames` tut nichts und ist dazu bestimmt, in abgeleiteten Klassen verwaltete Namen anderer Strukturen auf die Werte zu setzen, die anhand von ebenfalls verwalteten Zeigern auf diese Strukturen ermittelt werden können. Dazu müssen gültige Zeiger vorhanden sein.

`CrossRefPointers`

`virtual void CrossRefPointers();`

`CrossRefPointers` tut nichts und ist dazu bestimmt, in abgeleiteten Klassen verwaltete Zeiger auf andere Strukturen auf die Werte zu setzen, die anhand von ebenfalls verwalteten Namen dieser Strukturen aus der durch `GetOwner()` verwalteten Datei ermittelt werden können. Dazu müssen gültige Namen vorhanden sein.

`GetCaption`

```
virtual string* GetCaption(const int flags,
  const int indent = 0) const;
```

GetCaption hat als Rückgabewert einen Zeiger auf einen String, der die Bezeichnung der Instanz enthält. Die Bezeichnung wird aus dem Typ der Struktur (NameOf()), dem Namen und dem Titel zusammengesetzt. Der Parameter flags ist eine Kombination der Werte CPT_TYPE, CPT_NAME und CPT_TITLE und gibt an, welche Informationen zur aktuellen Bestimmung der Bezeichnung herangezogen werden sollen. Die bestimmte Bezeichnung wird am Anfang mit indent Leerzeichen versehen. Der zurückgegebene String ist dynamisch erzeugt und sollte nach seiner Verwendung freigegeben werden.

GetIDString

virtual const char* GetIDString() const;

GetIDString liefert das Datenelement ID_string als Rückgabewert. In abgeleiteten Klassen muß diese Funktion überschrieben werden, um das statische Datenelement ID_string der abgeleiteten Klasse zurückzugeben.

GetName

const string& GetName() const;

GetName liefert eine Referenz auf das Datenelement the_name, welches den Namen der Struktur enthält.

GetOwner

TFCAFile* GetOwner() const;

GetOwner liefert einen Zeiger auf die in the_owner gespeicherte Instanz von TFCAFile, welche this verwaltet.

GetRemark

const string& GetRemark() const;

GetRemark liefert eine Referenz auf das Datenelement the_remark, welches den Kommentar der Struktur enthält.

GetSpecials

const TstringArray& GetSpecials() const;

GetSpecials liefert eine Referenz auf das Datenelement the_specials, welches Special-Strings für spezielle Programme enthält.

GetTitle

const string& GetTitle() const;

GetTitle liefert eine Referenz auf das Datenelement the_title, welches den Titel der Struktur enthält.

GetTitleFormat

const string& GetTitleFormat() const;

GetTitleFormat liefert eine Referenz auf das private Datenelement the_title_format, welches das Titel-Format der Struktur enthält.

IsA

virtual classType IsA() const;

IsA hat NUMBER_FCAOBJECT, die Identifikationsnummer von TFCAObject, als Rückgabewert.

IsConsistent

`virtual int IsConsistent();`

IsConsistent überprüft die Konsistenz der Struktur. Mögliche Rückgabewerte sind:

ERR_OK: Die Struktur ist konsistent.

ERR_MISSINGNAME: Der Name der Struktur fehlt.

ERR_INVALIDNAME: Der gespeicherte Name ist kein gültiger CONSCRIPT-Bezeichner.

Abgeleitete Klassen können diese Funktion überschreiben, um ihre eigene Konsistenzprüfung zu machen, wobei TFCAObject::IsConsistent() aufgerufen werden sollte, um zu prüfen, ob die von TFCAObject gelieferte „Basis“ der Struktur konsistent ist.

IsEqual

`virtual int IsEqual(const TBaseObject& test) const;`

IsEqual hat 1 als Rückgabewert, wenn this und test vom selben Typ sind, d. h. wenn die IsA()-Funktionen denselben Wert liefern, und wenn the_name gleich test.the_name ist. Sonst wird 0 zurückgegeben. IsEqual wird vom Operator == aufgerufen, der für die Klasse TBaseObject und dadurch mittels Vererbung für alle abgeleiteten Klassen definiert wurde.

NameOf

`virtual char* NameOf() const;`

NameOf liefert als Rückgabewert NAME_FCAOBJECT, den Identifikationsstring der Klasse TFCAObject. Dieser hat den Wert „Structure“ per Default und ist ein statischer String, der nicht freigegeben werden sollte.

Print

`virtual void Print(ostream& out, int indent = 0) const;`

Print gibt Namen, Titel und Kommentar der Instanz im CONSCRIPT-Format in den Stream out mit der Einrückung um indent Leerzeichen aus. Das durch ID_string bestimmte Schlüsselwort wird nicht ausgegeben. Abgeleitete Klassen können diese Funktion überschreiben, um sich auszugeben. Dann kann TFCAObject::Print benutzt werden, um den Kopf der Struktur auszugeben. Es ist zu beachten, daß der Aufruf von TFCAObject::Print allein noch keinen vollständigen CONSCRIPT-Code erzeugt.

PrintOn

`virtual void PrintOn(ostream& out) const;`

PrintOn ruft Print(out) auf und gibt so die Struktur ohne Einrückung in den Stream out aus. PrintOn wird von << aufgerufen.

SetName

`void SetName(const string& name);`

SetName setzt das Datenelement the_name auf den als Parameter übergebenen Wert. Dabei wird eine Kopie von name erzeugt.

`SetOwner`

`void SetOwner(TFCAFile* owner);`

`SetOwner` setzt das Datenelement **`the_owner`** auf den als Parameter übergebenen Wert.

`SetRemark`

`void SetRemark(const string& remark);`

`SetRemark` setzt das Datenelement **`the_remark`** auf den als Parameter übergebenen Wert. Dabei wird eine Kopie von **`remark`** erzeugt.

`SetSpecials`

`void SetSpecials(const TstringArray& specials);`

`SetSpecials` setzt das Datenelement **`the_specials`** auf den als Parameter übergebenen Wert. Dabei wird eine Kopie von **`specials`** erzeugt.

`SetTitle`

`void SetTitle(const string& title);`

`SetTitle` setzt das Datenelement **`the_title`** auf den als Parameter übergebenen Wert. Dabei wird eine Kopie von **`title`** erzeugt.

`SetTitleFormat`

`void SetTitleFormat(const string& title_format);`

`SetTitleFormat` setzt das Datenelement **`the_title_format`** auf den als Parameter übergebenen Wert. Dabei wird eine Kopie von **`title_format`** erzeugt.

10.3 `TFCAFile`

Header-Datei: `fca\fcafile.h`
Basisklasse: `TFCAObject`

Kurzbeschreibung

Die Klasse **`TFCAFile`** repräsentiert eine (physikalische) ConScript-Datei. Die Klasse enthält Funktionen zum Schreiben der verwalteten Strukturen in eine ConScript-Datei sowie einen Parser für ConScript. Es werden Funktionen zur Manipulation sowie zum Hinzufügen und Löschen von Strukturen bereitgestellt.

Einige Namen von Funktionen und Datenelementen fangen mit einem Unterstrich _ an. Diese Funktionen und Datenelemente werden ausschließlich vom Parser benutzt, um Daten aus einer Datei einzulesen bzw. zwischenzuspeichern. Dabei gelten für die Datenelemente die folgenden Regeln: Alle Datenelemente werden von den Konstruktoren leer initialisiert. Verschiedene Parser-Funktionen füllen diese Datenelemente. Die **`_InitXxxx`**- und **`_GetXxxx`**-Funktionen lesen die in den Datenelementen gespeicherten Daten. Anschließend geben sie den von den Datenelementen belegten Speicher frei und setzen die Elemente wieder auf **`NULL`**.

Private Datenelemente

`ID_string`
: `static const char ID_string[];`
`ID_string` enthält das Schlüsselwort `ID_FILE` für ConScript-Dateien. Der Defaultwert ist der String „`CONSCRIPT`".

`the_include_files`
: `TIFCAArray* the_include_files;`
`the_include_files` ist ein Array, welches alle in der Datei verwendeten Include-Dateien als Instanzen von `TFCAFile` speichert. Dies gilt auch für Dateien, die nicht von der Datei selbst, sondern von einer anderen Include-Datei eingeschlossen werden. Die Elemente gehören dem Array.

`the_include_path`
: `string the_include_path;`
`the_include_path` enthält einen Suchpfad, in dem beim Einlesen einer Datei nach Include-Dateien gesucht wird. Es können mehrere Verzeichnisse angegeben werden, wobei die jeweilige Syntax des Betriebssystems zu benutzen ist.

`the_structures`
: `TIFCAArray* the_structures;`
`the_structures` ist ein Array, welches die von der Instanz verwalteten Begriffsanalyse-Strukturen enthält. Jedes Element des Arrays ist die Instanz einer von `TFCAObject` abgeleiteten Klasse. Die Elemente gehören dem Array.

Geschützte Datenelemente

`init_message_ok`
: `int init_message_ok;`
`init_message_ok` ist `1`, wenn die, wenn die Meldungsausgabe aktiviert wurde, und `0` sonst.

`is_include`
: `int is_include;`
`is_include` ist `1`, wenn die Instanz eine Include-Datei einer anderen Datei ist, und `0`, wenn sie die Hauptdatei ist.

`is_new`
: `int is_new;`
`is_new` ist `1`, wenn die Instanz bereits erzeugt wurde, aber keine Daten eingelesen wurden. `is_new` wird von `Parse` zurückgesetzt.

`names_ok`
: `int names_ok;`
`names_ok` ist `1`, wenn die in den verwalteten Strukturen eingetragenen Namen gültig sind, und `0`, wenn in mindestens einer Struktur ein Name ungültig ist.

pointers_ok
int pointers_ok;
pointers_ok ist 1, wenn die in den verwalteten Strukturen eingetragenen Zeiger gültig sind, und 0, wenn in mindestens einer Struktur ein Zeiger ungültig ist.

print_line_numbers
int print_line_numbers;
print_line_numbers ist 1, wenn beim Einlesen die Zeilennummern ausgegeben werden sollen, und 0 sonst.

the_line_number
int the_line_number;
the_line_number enthält die Nummer der Zeile, die vom Parser aktuell bearbeitet wird.

the_ref_count
int the_ref_count;
int the_ref_count zählt, wie oft die Datei als Include-Datei referenziert wird.

_attribute_list
TQSAttributeArray* _attribute_list;
_attribute_list wird vom Parser benutzt, um eine Liste mit Merkmalen zwischenzuspeichern.

_block_size
int _block_size;
_block_size enthält den Wert, um den die vom Parser benutzten Arrays dynamisch vergrößert werden.

_concept_list
TQSConceptArray* _concept_list;
_concept_list wird vom Parser benutzt, um eine Liste mit Begriffen zwischenzuspeichern.

_concrete_scale_query
string* _concrete_scale_query;
_concrete_scale_query wird vom Parser benutzt, um den Namen der Query-Abbildung einer konkreten Skala zwischenzuspeichern.

_field_list
TstringArray* _field_list;
_field_list wird vom Parser benutzt, um eine Liste mit Datenbankfeldern zwischenzuspeichern.

_line_list
TQSDLineArray* _line_list;
_line_list wird vom Parser benutzt, um eine Liste mit Diagrammlinien zwischenzuspeichern.

_map_list0
TstringArray* _map_list0;

`_map_list0` wird vom Parser benutzt, um eine Liste mit Abbildungsargumenten zwischenzuspeichern.

`_map_list1`
: `TstringArray* _map_list1;`
`_map_list1` wird vom Parser benutzt, um eine Liste mit Abbildungswerten zwischenzuspeichern.

`_map_list2`
: `TstringArray* _map_list2;`
`_map_list2` wird vom Parser benutzt, um eine Liste mit Formaten für Abbildungswerte zwischenzuspeichern.

`_name`
: `string* _name;`
`_name` wird vom Parser benutzt, um den Namen einer Struktur zwischenzuspeichern.

`_name_list`
: `TstringArray* _name_list;`
`_name_list` wird vom Parser benutzt, um eine Liste mit Namen zwischenzuspeichern.

`_object_list`
: `TQSObjectArray* _object_list;`
`_object_list` wird vom Parser benutzt, um eine Liste mit Gegenständen zwischenzuspeichern.

`_point_list`
: `TQSDPointArray* _point_list;`
`_point_list` wird vom Parser benutzt, um eine Liste mit Diagrammpunkten zwischenzuspeichern.

`_relation`
: `TRelation* _relation;`
`_relation` wird vom Parser benutzt, um eine Relation zwischenzuspeichern.

`_relation_entries`
: `TBitArray* _relation_entries;`
`_relation_entries` wird vom Parser benutzt, um die Einträge einer Relation zwischenzuspeichern, bevor sie an `_relation` weitergegeben werden.

`_remark`
: `string* _remark;`
`_remark` wird vom Parser benutzt, um den Kommentar zu einer Struktur zwischenzuspeichern.

`_special_list`
: `TstringArray* _special_list;`
`_special_list` wird vom Parser benutzt, um eine Liste mit Special-Strings zwischenzuspeichern.

`_string_size`

`size_t _string_size;`

`_string_size` speichert den Wert, der die Speichergröße für Strings einstellt. Der gespeicherte Wert wird bei der Erzeugung von Include-Dateien dem Konstruktor der Include-Datei als Parameter übergeben.

`_structure`

`TFCAObject* _structure;`

`_structure` ist ein Zeiger auf die Struktur, die vom Parser gerade eingelesen wird.

`_table_list`

`TstringArray* _table_list;`

`_table_list` wird vom Parser benutzt, um eine Liste mit Datenbanktabellen zwischenzuspeichern.

`_the_file`

`istream* _the_file;`

`_the_file` ist ein Zeiger auf den vom Parser verwendeten Eingabestream.

`_title`

`string* _title;`

`_title` wird vom Parser benutzt, um den Titel einer Struktur zwischenzuspeichern.

`_title_format`

`string* _title_format;`

`_title_format` wird vom Parser benutzt, um das Titel-Format einer Struktur zwischenzuspeichern.

Konstruktoren

`TFCAFile`

`TFCAFile();`

Dies ist der Default-Konstruktor. Alle nicht-statischen Datenelemente werden als Arrays der Größe 0, Leerstrings, `NULL`-Zeiger etc. initialisiert. Ferner wird `_string_size` auf `STRINGMEMSIZE` gesetzt sowie `_block_size` mit `_BLOCKSIZE` initialisiert.

`TFCAFile`

```
TFCAFile(TFCAFile* owner, const char* name,
  const char* remark, int include,
  const char* include_path, int block_size = _BLOCKSIZE,
  size_t string_size = STRINGMEMSIZE);
```

Dieser Konstruktor ruft den von `TFCAObject` vererbten Konstruktor `TFCAObject(owner, name, title, title_format, remark)` auf und initialisiert das Datenelement `the_include_path` mit dem übergebenen Wert. Die Parser-Datenelemente werden leer initialisiert. Ferner wird `_string_size` auf `string_size` gesetzt. Steht wenig Speicherplatz zur Verfügung, so kann hierfür ein kleinerer als der Default-Wert gewählt werden. Dadurch wird der Parser allerdings langsamer. Entsprechendes gilt für das Datenelement `_block_size`, das mit `block_size` initialisiert wird.

Destruktoren

`~TFCAFile`

`virtual ~TFCAFile();`

Der Destruktor gibt `the_structures` und `the_include_files` wieder frei. Alle in den Arrays verwalteten Strukturen werden dabei mit freigegeben.

Öffentliche Elementfunktionen

`AddStructure`

`int AddStructure(TFCAObject* structure);`

`AddStructure` hängt die Struktur `structure` an `the_structures` an. Der Rückgabewert ist `ERR_OK`, wenn die Operation erfolgreich war, und `ERR_STRUCTUREEXISTS`, wenn bereits eine Struktur vom selben Typ mit demselben Namen wie `structure` in der Datei vorhanden ist.

`Adjust`

`virtual void Adjust();`

`Adjust` ruft für alle Strukturen im Array `the_structures` die Funktion `Adjust()` auf.

`CreateIncludeFile`

```
virtual const TFCAFile* CreateIncludeFile(
  const string& name);
```

`CreateIncludeFile` erzeugt eine Instanz von `TFCAFile` mit dem Namen `name`. Diese Funktion muß in jeder von `TFCAFile` abgeleiteten Klasse überschrieben werden, damit als Include-Dateien Instanzen der abgeleiteten Klasse und nicht Instanzen von `TFCAFile` selbst erzeugt werden.

`CrossRefNames`

`virtual void CrossRefNames();`

`CrossRefNames` ruft für alle Strukturen im Array `the_structures` die virtuelle Funktion `CrossRefNames()` auf.

`CrossRefPointers`

`virtual void CrossRefPointers();`

`CrossRefPointers` ruft für alle Strukturen im Array `the_structures` die virtuelle Funktion `CrossRefPointers()` auf.

`DeleteStructure`

`int DeleteStructure(classType type, const string& name);`

`DeleteStructure` entfernt die Struktur vom Typ `type` mit dem Namen `name` aus dem Array `the_structures`. Der von der Struktur belegte Speicher wird freigegeben bzw., falls es sich um eine Include-Datei handelt, dereferenziert. Der Rückgabewert ist `ERR_OK`, wenn die Operation erfolgreich war. Falls es keine Struktur vom Typ `type` mit dem Namen `name` gibt, wird `ERR_INVALIDSTRUCTURE` zurückgegeben. Falls eine solche Struktur zwar existiert, aber in einer Include-Datei enthalten ist, ist der Rückgabewert `ERR_NOCHANGEOFINCLUDES`.

`DoneMessage`

```
void DoneMessage();
```

`DoneMessage` deaktiviert die Ausgabe von Meldungen. Für die physikalische Ausgabe der Meldungen ist die aktuelle Hauptdatei zuständig. Deshalb wird `GetOwner()->DoneMessage()` aufgerufen, wenn die Datei eine Include-Datei ist, und `EndMessage()`, wenn die Datei Hauptdatei ist.

`Error`

```
void Error(const int number, const char* param = "",
  const int init = 1);
```

`Error` initialisiert die Ausgabe von Meldungen, falls `init` den Wert `1` hat, erzeugt die Fehlermeldung mit der Nummer `number` (eine der `ERR_XXXX`-Konstanten) und dem Parameter `param` und gibt diese sowie den Namen der Datei aus. Anschließend wird bei `init == 1` die Ausgabe von Meldungen wieder deaktiviert.

`FreeIncludeFile`

```
void FreeIncludeFile(TFCAFile* file);
```

`FreeIncludeFile` ruft `file->FreeReference()` auf, falls `file` im Array `the_include_files` vorhanden ist. Wird die Datei `file` danach nicht mehr referenziert, wird sie gelöscht.

`FreeReference`

```
void FreeReference();
```

`FreeReference` verringert `the_ref_count` um `1`.

`GetCaption`

```
string* GetCaption(classType type, const string& name,
  const int flags, const int indent = 0) const;
```

Diese Version von `GetCaption` liefert einen Zeiger auf einen String, der die Überschrift der Struktur vom Typ `type` mit dem Namen `name` enthält. Zur Gestaltung der Überschrift werden die Parameter `flags` und `indent` benutzt (vgl. `TFCAObject::GetCaption(...)`). Der String ist dynamisch erzeugt und muß vom aufrufenden Programm freigegeben werden. Falls es keine Struktur vom angegebenen Typ und Namen in der Datei gibt, wird `NULL` zurückgegeben.

`GetCaption`

```
virtual string* GetCaption(const int flags,
  const int indent = 0) const;
```

Diese Version von `GetCaption` hat als Rückgabewert einen Zeiger auf einen String, der die Bezeichnung der Datei enthält. Dieser String wird erzeugt durch einen Aufruf von `TFCAObject::GetCaption(...)`, wobei aber vorher aus **flags** alle Angaben außer **CPT_TYPE** und **CPT_NAME** ausgeblendet werden. Der String ist dynamisch erzeugt und sollte nach seiner Verwendung freigegeben werden.

GetCaptions

```
TIstringArray* GetCaptions(classType type, const int flags,
  const int indent = 0, const int mark_includes = 1) const;
```

Diese Version von **GetCaptions** liefert einen Zeiger auf ein Array, welches alle Überschriften von Strukturen der Datei enthält, die vom Typ **type** sind. Zur Gestaltung der Überschriften werden die Parameter **flags** und **indent** benutzt (vgl. **TFCAObject::GetCaption(...)**). Das Array ist dynamisch erzeugt und muß vom aufrufenden Programm freigegeben werden. Seine Elemente gehören ihm. Der Parameter **mark_includes** legt fest, ob durch Angabe der Include-Datei und eine zusätzliche Einrückung in der Liste angezeigt wird, welche Strukturen aus Include-Dateien stammen.

GetCaptions

```
TIstringArray* GetCaptions(TclassTypeSet& types,
  const int flags, const int indent = 0,
  const int mark_includes = 1, int call_root = 1) const;
```

Diese Version von **GetCaptions** liefert einen Zeiger auf ein Array, welches alle Überschriften von Strukturen der Datei enthält, die von einem der Typen in **types** sind. Sonst gilt das bei der obigen Version von **GetCaptions** Gesagte. Der Parameter **call_root** bestimmt, ob der Aufruf direkt ausgeführt oder an die Hauptdatei hochgereicht wird.

GetIDString

```
virtual const char* GetIDString() const;
```

GetIDString liefert als Rückgabewert das Datenelement **ID_string**, welches das ConScript-Schlüsselwort **ID_FILE** („**CONSCRIPT**") enthält.

GetIncludeFile

```
const TFCAFile* GetIncludeFile(const string& name);
```

GetIncludeFile hat einen Zeiger auf die Include-Datei mit dem Namen **name** als Rückgabewert. Die Include-Datei wird zunächst in dem Array **the_include_files** gesucht. Wird dort eine entsprechende Instanz gefunden, so wird der Zeiger darauf zurückgegeben, andernfalls wird mit **CreateIncludeFile** eine neue Include-Datei erzeugt, in das Array **the_include_files** eingefügt und der Zeiger darauf zurückgegeben.

GetIncludePath

```
const string& GetIncludePath();
```

GetIncludePath hat eine Referenz auf **the_include_path** als Rückgabewert, wenn die Instanz keine Include-Datei ist. Andernfalls wird **GetOwner()->GetIncludePath()** zurückgegeben.

GetListOfAbstractScales

```
TIFCAArray* GetListOfAbstractScales() const;
```

GetListOfAbstractScales liefert einen Zeiger auf ein Array, welches alle Instanzen der Klasse TAbstractScale enthält, die von der Datei verwaltet werden. Das Array ist dynamisch erzeugt und muß vom aufrufenden Programm freigegeben werden. Seine Elemente gehören ihm nicht.

GetListOfConceptualFiles

TIFCAArray* GetListOfConceptualFiles() const;

GetListOfConceptualFiles ist das Analogon zu der Elementfunktion GetListOfAbstractScales für die Klasse TConceptualFile.

GetListOfConceptualSchemes

TIFCAArray* GetListOfConceptualSchemes() const;

GetListOfConceptualSchemes ist das Analogon zu der Elementfunktion GetListOfAbstractScales für die Klasse TConceptualScheme.

GetListOfConcreteScales

TIFCAArray* GetListOfConcreteScales() const;

GetListOfConcreteScales ist das Analogon zu der Elementfunktion GetListOfAbstractScales für die Klasse TConcreteScale.

GetListOfContexts

TIFCAArray* GetListOfContexts() const;

GetListOfContexts ist das Analogon zu GetListOfAbstractScales für die Klasse TFormalContext.

GetListOfDatabases

TIFCAArray* GetListOfDatabases() const;

GetListOfDatabases ist das Analogon zu GetListOfAbstractScales für die Klasse TDatabase.

GetListOfDiagrams

TIFCAArray* GetListOfDiagrams() const;

GetListOfDiagrams ist das Analogon zu GetListOfAbstractScales für die Klasse TLineDiagram.

GetListOfFiles

TIFCAArray* GetListOfFiles() const;

GetListOfFiles ist das Analogon zu GetListOfAbstractScales für die Klasse TFCAFile.

GetListOfIdentifierMaps

TIFCAArray* GetListOfIdentifierMaps() const;

GetListOfIdentifierMaps ist das Analogon zu der Elementfunktion GetListOfAbstractScales für die Klasse TIdentifierMap.

GetListOfQueryMaps

TIFCAArray* GetListOfQueryMaps() const;

GetListOfQueryMaps ist das Analogon zu GetListOfAbstractScales für die Klasse TQueryMap.

GetListOfRealizedScales

TIFCAArray* GetListOfRealizedScales() const;

GetListOfRealizedScales ist das Analogon zu der Elementfunktion GetListOfAbstractScales für die Klasse TRealizedScale.

`GetListOfRemarks`

`TIFCAArray* GetListOfRemarks() const;`

`GetListOfRemarks` ist das Analogon zu `GetListOfAbstractScales` für die Klasse `TRemark`.

`GetListOfStringMaps`

`TIFCAArray* GetListOfStringMaps() const;`

`GetListOfStringMaps` ist das Analogon zu `GetListOfAbstractScales` für die Klasse `TStringMap`.

`GetReference`

`const TFCAFile* GetReference();`

`GetReference` hat `this` als Rückgabewert und erhöht `the_ref_count` um 1.

`GetStructure`

```
TFCAObject* GetStructure(classType type, const string& name,
  int call_root = 1) const;
```

`GetStructure` liefert einen Zeiger auf die Struktur in der Datei vom Typ `type` mit dem Namen `name`. Gibt es eine solche Struktur nicht, so wird `NULL` zurückgegeben. Der Zeiger referenziert die tatsächliche Instanz der Struktur und sollte deshalb im Normalfall nicht freigegeben werden. Der Parameter `call_root` bestimmt, ob der Aufruf direkt ausgeführt wird oder an die Hauptdatei hochgereicht wird.

`GetStructures`

`const TIFCAArray* GetStructures() const;`

Diese Version von `GetStructures` hat den Zeiger `the_structures` als Rückgabewert.

`GetStructures`

`TIFCAArray* GetStructures(classType type) const;`

Diese Version von `GetStructures` liefert einen Zeiger auf ein Array, welches alle Strukturen der Datei enthält, die vom Typ `type` sind. Das Array ist dynamisch erzeugt und muß vom aufrufenden Programm freigegeben werden. Seine Elemente gehören ihm nicht.

`GetStructures`

```
TIFCAArray* GetStructures(TclassTypeSet& types,
  int call_root = 1) const;
```

Diese Version von `GetStructures` liefert einen Zeiger auf ein Array, welches alle Strukturen der Datei enthält, die von einem der Typen in `types` sind. Das Array ist dynamisch erzeugt und muß vom aufrufenden Programm freigegeben werden. Seine Elemente gehören ihm nicht. Der Parameter `call_root` bestimmt, ob der Aufruf direkt ausgeführt wird oder an die Hauptdatei hochgereicht wird.

`InitMessage`

`void InitMessage();`

`InitMessage` initialisiert die Ausgabe von Meldungen. Für die physikalische Ausgabe der Meldungen ist die aktuelle Hauptdatei zuständig.

Deshalb wird GetOwner()->InitMessage() aufgerufen, wenn die Datei eine Include-Datei ist, und StartMessage(), wenn die Datei Hauptdatei ist.

InsertStructureBefore

```
int InsertStructureBefore(classType type,
  const string& name, TFCAObject* structure);
```

InsertStructureBefore fügt die Struktur structure in das Array the_structures vor der Struktur vom Typ type und Name name ein. Nachfolgende Strukturen werden entprechend verschoben. Der Rückgabewert ist ERR_OK, wenn die Operation erfolgreich war; wenn bereits eine Struktur vom selben Typ mit demselben Namen wie structure in der Datei vorhanden ist, ist er ERR_STRUCTUREEXISTS. Falls es keine Struktur vom Typ type mit dem Namen name gibt, wird ERR_INVALIDSTRUCTURE zurückgegeben. Falls eine solche Struktur zwar existiert, aber in einer Include-Datei enthalten ist, ist ERR_NOCHANGEOFINCLUDES der Rückgabewert.

IsA

```
virtual classType IsA() const;
```

IsA hat NUMBER_FCAFILE, die Identifikationsnummer von TFCAFile, als Rückgabewert.

IsConsistent

```
virtual int IsConsistent();
```

IsConsistent überprüft die Konsistenz der CONSCRIPT-Datei, indem für jede in dem Array the_structures enthaltene Struktur die Funktion IsConsistent() aufgerufen wird. Als Rückgabewert kann jeder Wert auftreten, der bei einer Begriffsanalyse-Struktur als Ergebnis von IsConsistent() vorkommt. Aus Platzgründen wird hier auf eine Tabelle verzichtet, die möglichen Rückgabewerte sind bei den IsConsistent-Elementfunktionen der einzelnen Klassen dokumentiert. Der Wert ERR_OK zeigt an, daß die Datei konsistent ist.

IsInclude

```
const int IsInclude() const;
```

IsInclude gibt der Wert von is_include zurück, also 1, wenn die Instanz eine Include-Datei ist, und 0 sonst.

IsNew

```
const int IsNew() const;
```

IsNew gibt der Wert von is_new zurück, also 1, wenn die Datei schon eingelesen wurde, und 0 sonst.

Message

```
void Message(const int number, const int kind,
  const char* param = "", const int init = 1);
```

Message initialisiert die Ausgabe von Meldungen, falls init den Wert 1 hat, erzeugt die Meldung vom Typ kind mit der Nummer number und dem Parameter param und gibt sie aus. Dabei ist der number eine der

MSG_XXXX- oder ERR_XXXX-Konstanten. Anschließend wird bei `init == 1` die Ausgabe von Meldungen wieder deaktiviert. Für `init == 0` wird die Ausgabe von Meldungen weder initialisiert noch deaktiviert. Soll der Aufruf in diesem Fall eine Ausgabe erzeugen, muß die Ausgabe von Meldungen vorab aktiviert werden.

NameOf

`virtual char* NameOf() const;`

`NameOf` liefert als Rückgabewert `NAME_FCAFILE`, den Identifikationsstring der Klasse `TFCAFile`. Dieser hat per Default den Wert „`File`" und ist ein statischer String, der nicht freigegeben werden sollte.

NamesOK

`int NamesOK();`

`NamesOK` liefert den Wert des Datenelements `names_ok`.

NamesNotOK

`void NamesNotOK();`

`NamesNotOK` setzt `names_ok` auf `0`.

OpenFile

```
int OpenFile(const char* name, int consistency = 1,
  int messages = 1);
```

`OpenFile` setzt den Namen der Instanz auf `name` und ruft dann die Elementfunktion `ReadFile(consistency, messages)` auf, um die Datei einzulesen. Der Rückgabewert ist das Ergebnis von `ReadFile`.

Parse

`int Parse(istream& in);`

`Parse` liest die Datei aus dem übergebenen Stream. Der Rückgabewert ist `ERR_OK`, wenn der Einlesevorgang erfolgreich war, und `ERR_SYNTAX`, wenn ein Fehler aufgetreten ist.

PointersOK

`int PointersOK();`

`PointersOK` liefert den Wert des Datenelements `pointers_ok`.

PointersNotOK

`void PointersNotOK();`

`PointersNotOK` setzt `pointers_ok` auf `0`.

Print

`virtual void Print(ostream& out, int indent = 0) const;`

`Print` gibt die Instanz von `TFCAFile` im ConScript-Format in den Stream `out` mit der Einrückung um `indent` Leerzeichen aus, indem für jede Struktur in `the_structures` die Funktion `Print(...)` aufgerufen wird. Vor jeder Sequenz von Strukturen desselben Typs wird das ConScript-Schlüsselwort für diesen Typ ausgegeben.

ReadFile

`virtual int ReadFile(int consistency = 1, int messages = 1);`

`ReadFile` versucht die Datei mit dem Namen `GetName()` im Include-Pfad `GetIncludePath()` zu finden. Falls sie gefunden wird, wird die

Funktion `Parse(...)` aufgerufen und dadurch die Datei eingelesen. Falls `consistency` den Wert `1` hat, wird sie durch einen Aufruf von `IsConsistent()` auf Konsistenz überprüft. Das Einlesen und die Überprüfung der Konsistenz wird durch die Ausgabe von Meldungen protokolliert, falls `messages` den Wert `1` hat, ebenso werden bei Syntaxfehlern und Inkonsistenzen entsprechende Fehlermeldungen ausgegeben. Als Rückgabewert kann jedes der Ergebnisse der beiden aufgerufenen Funktionen `Parse()` und `IsConsistent()` auftreten. Der Rückgabewert ist `ERR_OK`, wenn die Datei ohne Fehler eingelesen wurde und, falls die Konsistenz geprüft wurde, konsistent ist. Falls die Datei nicht gefunden wurde, wird `ERR_FILENOTFOUND` zurückgegeben.

`ReadNewIncludeFiles`

```
int ReadNewIncludeFiles(int consistency = 1,
  int messages = 1);
```

`ReadNewIncludeFiles` liest alle Include-Dateien in `the_include_files` ein, für die `is_new` noch gesetzt ist. Die Parameter `consistency` und `messages` werden wie in `ReadFile` behandelt. Der Rückgabewert ist der letzte aufgetretene Fehlerwert.

`RemoveStructure`

```
int RemoveStructure(classType type, const string& name);
```

`RemoveStructure` entfernt die Struktur vom Typ `type` mit dem Namen `name` aus dem Array `the_structures`. Der von der Struktur belegte Speicher wird *nicht* freigegeben. Der Rückgabewert ist `ERR_OK`, wenn die Operation erfolgreich war. Falls es keine Struktur vom Typ `type` mit dem Namen `name` gibt, wird `ERR_INVALIDSTRUCTURE` zurückgegeben. Falls eine solche Struktur zwar existiert, aber in einer Include-Datei enthalten ist, ist der Rückgabewert `ERR_NOCHANGEOFINCLUDES`.

`ResetMessage`

```
void ResetMessage();
```

`ResetMessage` reinitialisiert die Ausgabe von Meldungen, falls diese bereits aktiviert wurde. Für die physikalische Ausgabe der Meldungen ist die Hauptdatei zuständig. Deshalb wird `GetOwner()->ResetMessage()` aufgerufen, wenn die Datei eine Include-Datei ist, und `ClearMessage()`, wenn die Datei Hauptdatei ist.

`SaveFile`

```
void SaveFile(const char* name, int consistency = 1,
  int messages = 1);
```

`SaveFile` setzt den Namen der Instanz auf `name` und ruft dann die Elementfunktion `WriteFile(consistency, messages)` auf.

`SendMessage`

```
void SendMessage(const char* msg, const int kind);
```

`SendMessage` gibt die Meldung `msg` vom Typ `kind` aus. Für die physikalische Ausgabe der Meldungen ist die aktuelle Hauptdatei zuständig. Deshalb werden in `msg` am Anfang zwei Leerzeichen eingefügt und danach

GetOwner()->SendMessage(msg, kind) aufgerufen, wenn die Datei eine Include-Datei ist. Es wird **ShowMessage(msg, kind)** aufgerufen, wenn die Datei Hauptdatei ist.

SetInclude

void SetInclude(int include);

SetInclude setzt das Datenelement **is_include** auf den übergebenen Wert.

SetIncludePath

void SetIncludePath(const string& include_path);

SetIncludePath setzt das Datenelement **the_include_path** auf den als Parameter übergebenen Wert. Dabei wird eine Kopie von **include_path** erzeugt.

WriteFile

virtual void WriteFile(int consistency = 1,
int messages = 1);

WriteFile schreibt die Datei unter dem Namen **GetName()**. Falls der Parameter **consistency** den Wert **1** hat, wird vorher eine Konsistenzprüfung durchgeführt. Falls **messages** den Wert **1** hat, werden für die Konsistenzprüfung und das Schreiben Meldungen ausgegeben.

operator >>

friend istream& operator >> (istream& in, TFCAFile& obj);

>> ruft **Parse(in)** auf und liest dadurch die Datei aus dem aufrufenden Stream ein. Es ist zu beachten, daß der Rückgabewert von **Parse(...)** verloren geht und auch die Konsistenz der Datei nicht überprüft wird.

Geschützte Elementfunktionen

ClearMessage

virtual void ClearMessage();

ClearMessage löscht alle ausgegebenen Meldungen, ohne die Ausgabe der Meldungen zu deaktivieren. In der Klasse **TFCAFile** tut die Funktion nichts. In abgeleiteten Klassen kann diese Funktion überschrieben werden, um die Textfelder einer Dialogbox zu löschen o. Ä.

EndMessage

virtual void EndMessage();

EndMessage deaktiviert physikalisch die Ausgabe von Meldungen. In der Klasse **TFCAFile** wird lediglich **init_message_ok** auf **0** gesetzt. In abgeleiteten Klassen kann diese Funktion überschrieben werden, um eine Dialogbox vom Bildschirm zu entfernen o. Ä.

MakeMessage

virtual void MakeMessage(char* msg, const int number,
const int kind, const char* param = "");

MakeMessage liefert in **msg** die Nachricht mit der Nummer **number** vom Typ **kind** zurück. **number** ist dabei eine **MSG_XXXX**- oder **ERR_XXXX**-Konstante. **kind** hat einen der Werte **MSG_FILE**, **MSG_STRUCTURE** sowie

MSG_LINE, MSG_ERROR oder MSG_FATALERROR. param ist ein String, der als Parameter in die Meldung übernommen wird, falls diese einen Parameter erfordert. msg muß ein Zeiger auf einen Speicherbereich sein, der mindestens MAXMESSAGE Bytes zur Verfügung stellt.

PrintError

```
void PrintError(const int number);
```

PrintError erzeugt den fatalen Fehler mit der Nummer number und gibt ihn aus. Dabei ist number eine der ERR_XXXX-Konstanten.

PrintLineNumbers

```
void PrintLineNumbers(const int flag = 1);
```

PrintLineNumbers setzt das Datenelement print_line_numbers auf den übergebenen Wert.

PrintMessage

```
void PrintMessage(const int number, const int kind,
  const char* param = "");
```

PrintMessage erzeugt die Meldung mit den Parametern number, kind und param durch einen Aufruf von MakeMessage(...) und gibt sie mit SendMessage(...) aus. Der Wert von number ist eine der MSG_XXXX- oder ERR_XXXX-Konstanten.

ShowMessage

```
virtual void ShowMessage(const char* msg, const int kind);
```

ShowMessage gibt die Meldung msg physikalisch aus. Für das Format der Ausgabe wird der Parameter kind berücksichtigt. In der Klasse TFCAFile wird msg einfach in die Standardausgabe geschrieben. Abgeleitete Klassen können diese Funktion überschreiben, um msg z. B. abhängig von kind in verschiedene Felder einer Dialogbox zu schreiben.

StartMessage

```
virtual void StartMessage();
```

StartMessage aktiviert physikalisch die Ausgabe von Meldungen. In der Klasse TFCAFile wird lediglich init_message_ok auf 1 gesetzt. In abgeleiteten Klassen kann diese Funktion überschrieben werden, um den Bildschirm zu löschen, eine Dialogbox zu öffnen, o. Ä.

yyerror

```
void yyerror(char* s);
```

yyerror ist die von yyparse() bei Syntax-Fehlern und Stack-Überlauf aufgerufene Fehlerfunktion. Die Funktion löst in Abhängigkeit der von yyparse() erzeugten Fehlermeldung s eine Fehlermeldung über den Fehlermechanismus der Klasse TFCAFile aus.

yylex

```
int yylex();
```

yylex wird von yyparse() aufgerufen und hat den Code des nächsten Tokens im Eingabe-Stream _the_file als Rückgabewert. Je nach Token wird ein mit dem Token verbundener Wert (z. B. eine Zahl oder ein String) in einer globalen Variablen zurückgegeben.

yyparse

`int yyparse();`

`yyparse` ist die vom Parser-Generator aus der Parser-Grammatik erzeugte Parser-Funktion. Sie führt den eigentlichen Einlesevorgang aus dem durch `_the_file` bestimmten Eingabe-Stream durch, indem sie die Syntax prüft und abhängig von den jeweils durch `yylex(...)` eingelesenen Daten eine der `_InitXxxx`- sowie `_GetXxxx`-Funktionen aufruft. Der Rückgabewert ist `0`, wenn der Einlesevorgang erfolgreich war, und `1`, wenn ein Fehler aufgetreten ist.

_GetAbstractScale

`virtual int _GetAbstractScale(char* formal_context);`

`_GetAbstractScale` erzeugt eine Instanz von `TAbstractScale` mit den in den entsprechenden Parser-Datenelementen gespeicherten Werten und dem übergebenen Parameter. Die Liste der Namen der zur abstrakten Skala gehörenden Liniendiagramme wird `_name_list` entnommen. Für die Instanz wird `_GetStructure(...)` aufgerufen und das Ergebnis dieses Aufrufs zurückgegeben. Der von den verwendeten Datenelementen belegte Speicherplatz wird freigegeben. Abgeleitete Klassen können diese Funktion überschreiben, um eine Instanz einer von `TAbstractScale` abgeleiteten Klasse zu erzeugen.

_GetAttribute

```
void _GetAttribute(int number, char* identifier,
  char* description, char* format);
```

`_GetAttribute` erzeugt eine Instanz von `TAttribute` mit den übergebenen Parametern und fügt sie in das Array `_attribute_list` ein. Der von den Parametern belegte Speicherplatz wird freigegeben.

_GetConcept

```
void _GetConcept(int number, char* identifier,
  char* description, char* format);
```

`_GetConcept` erzeugt eine Instanz von `TConcept` mit den übergebenen Parametern und fügt sie in das Array `_concept_list` ein. Der von den Parametern belegte Speicherplatz wird freigegeben.

_GetConceptualFile

`virtual int _GetConceptualFile(char* object_map);`

`_GetConceptualFile` ist das Analogon zu `_GetAbstractScale` für die Klasse `TConceptualFile`. Die Liste der Namen der realisierten Skalen wird `_name_list` entnommen.

_GetConceptualScheme

`virtual int _GetConceptualScheme(char* database);`

`_GetConceptualScheme` ist das Analogon zu `_GetAbstractScale` für die Klasse `TConceptualScheme`. Die Liste der Namen der konkreten Skalen wird `_name_list` entnommen.

_GetConcreteScale

```
virtual int _GetConcreteScale(char* abstract_scale,
  char* attribute_map);
```

_GetConcreteScale ist das Analogon zu _GetAbstractScale für die Klasse TConcreteScale.

_GetConcreteScaleQuery

```
void _GetConcreteScaleQuery(char* concrete_scale_query);
```

_GetConcreteScaleQuery initialisiert _concrete_scale_query mit dem übergebenen Wert und gibt den von concrete_scale_query belegten Speicher frei.

_GetDatabase

```
virtual int _GetDatabase(char* database, char* view,
  char* primary_key);
```

_GetDatabase ist das Analogon zu _GetAbstractScale für die Klasse TDatabase.

_GetField

```
void _GetField(char* field);
```

_GetField hängt field an das Array _field_list an. Der von field belegte Speicherplatz wird freigegeben.

_GetFormalContext

```
virtual int _GetFormalContext();
```

_GetFormalContext ist das Analogon zu _GetAbstractScale für die Klasse TFormalContext.

_GetIdentifierMap

```
virtual int _GetIdentifierMap();
```

_GetIdentifierMap ist das Analogon zu _GetAbstractScale für die Klasse TIdentifierMap.

_getIdentifierMapEntry

```
void _GetIdentifierMapEntry(char* argument, char* value);
```

_GetIdentifierMapEntry hängt die übergebenen Parameter an die Arrays _map_list0 und _map_list1 an und gibt den von ihnen belegten Speicherplatz frei.

_GetIncludeFile

```
virtual int _GetIncludeFile(char* name);
```

_GetIncludeFile erzeugt eine Instanz von TIncludeFile und fügt diese durch einen Aufruf von AddStructure in das Array the_structures ein.

_GetLine

```
void _GetLine(int from, int to, char* format);
```

_GetLine erzeugt eine Instanz von TDLine mit den übergebenen Parametern und fügt sie in das Array _line_list ein. Der von den Parametern belegte Speicherplatz wird freigegeben.

_GetLineDiagram

```
virtual int _GetLineDiagram(double unitlength, char* unit);
```

`_GetLineDiagram` ist das Analogon zu `_GetAbstractScale` für die Klasse `TLineDiagram`.

`_GetName`

```
void _GetName(char* name);
```

`_GetName` hängt `name` an das Array `_name_list` an. Der von `name` belegte Speicherplatz wird freigegeben.

`_GetObject`

```
void _GetObject(int number, char* identifier,
  char* description, char* format);
```

`_GetObject` erzeugt eine Instanz von `TObject` mit den übergebenen Parametern und fügt sie in das Array `_object_list` ein. Der von den Parametern belegte Speicherplatz wird freigegeben.

`_GetPoint`

```
void _GetPoint(int number, double x, double y,
  char* description, char* format);
```

`_GetPoint` erzeugt eine Instanz von `TDPoint` mit den übergebenen Parametern und fügt sie in das Array `_point_list` ein. Der von den Parametern belegte Speicherplatz wird freigegeben.

`_GetQueryMap`

```
virtual int _GetQueryMap();
```

`_GetQueryMap` ist das Analogon zu `_GetAbstractScale` für die Klasse `TQueryMap`.

`_GetQueryMapEntry`

```
void _GetQueryMapEntry(char* argument, char* value);
```

`_GetQueryMapEntry` hängt die übergebenen Parameter an die Arrays `_map_list0` und `_map_list1` an und gibt den von ihnen belegten Speicherplatz frei.

`_GetRealizedScale`

```
virtual int _GetRealizedScale(char* concrete_scale,
  char* object_map);
```

`_GetRealizedScale` ist das Analogon zu `_GetAbstractScale` für die Klasse `TRealizedScale`.

`_GetRelation`

```
int _GetRelation(int height, int width);
```

`_GetRelation` initialisiert `_relation` als Relation mit `heigth` Zeilen und `width` Spalten sowie den in `_relation_entries` gespeicherten Einträgen. Der Rückgabewert ist `ERR_OK`, wenn die Operation erfolgreich war, und `ERR_RELATIONSIZE`, wenn die Größe von `_relation_entries` nicht gleich `height * width` ist. Im letzteren Fall wird auch eine entsprechende Fehlermeldung ausgegeben.

`_GetRelationEntry`

```
void _GetRelationEntry(char entry);
```

`_GetRelationEntry` hängt an `_relation_entries` eine `1` an, wenn `entry` gleich „`*`“ ist, und eine `0` sonst.

`_GetRemark`

`void _GetRemark(char* remark);`

`_GetRemark` initialisiert `_remark` mit dem übergebenen Wert und gibt den von `remark` belegten Speicher frei.

`_GetRemarkS`

`virtual int _GetRemarkS(char* remark);`

`_GetRemarkS` erzeugt eine Instanz von `TRemark` mit dem übergebenen Parameter. Diese Instanz wird mit `AddStructure` an das Array `the_structures` angehängt. Der von `remark` belegte Speicherplatz wird freigegeben. Abgeleitete Klassen können diese Funktion überschreiben, um eine Instanz einer von `TRemark` abgeleiteten Klasse zu erzeugen.

`_GetSpecial`

`void _GetSpecial(char* special);`

`_GetSpecial` hängt `special` an das Array `_special_list` an. Der von `special` belegte Speicherplatz wird freigegeben.

`_GetStringMap`

`virtual int _GetStringMap();`

`_GetStringMap` ist das Analogon zu `_GetAbstractScale` für die Klasse `TStringMap`.

`_GetStringMapEntry`

```
void _GetStringMapEntry(char* argument, char* value,
  char* format);
```

`_GetStringMapEntry` hängt die übergebenen Parameter an die drei Arrays `_map_list0`, `_map_list1` und `_map_list2` an und gibt den von ihnen belegten Speicherplatz frei.

`_GetStructure`

`virtual int _GetStructure(TFCAObject* structure);`

`_GetStructure` versucht, `structure` mittels `AddStructure(...)` an das Array `the_structures` anzufügen. Schlägt dies fehl, so wird eine entsprechende Fehlermeldung ausgegeben. Der Rückgabewert ist `1` bei einem erfolgreichen Aufruf, und `0` sonst. Falls `structure` gleich `NULL` ist, schließt die Funktion darauf, daß die Instanz mangels Speicherplatz nicht erzeugt werden konnte und gibt eine entsprechende Fehlermeldung aus.

`_GetTable`

`void _GetTable(char* table);`

`_GetTable` hängt `table` an das Array `_table_list` an. Der von `table` belegte Speicherplatz wird freigegeben.

`_GetTitle`

`void _GetTitle(char* title, char* title_format);`

`_GetTitle` initialisiert `_title` und `_title_format` mit den übergebenen Werten und gibt den von `title` und `title_format` belegten Speicher frei.

`_InitAbstractScale`

`virtual void _InitAbstractScale();`

`_InitAbstractScale` erzeugt eine Instanz von `TAbstractScale` mit dem Default-Konstruktor und speichert den Zeiger darauf in `_structure`. Diese Instanz wird nur temporär zur Erzeugung von Meldungen benutzt. Abgeleitete Klassen können diese Funktion überschreiben, um eine Instanz einer von `TAbstractScale` abgeleiteten Klasse zu erzeugen.

`_InitAttributeList`

`void _InitAttributeList();`

`_InitAttributeList` initialisiert `_attribute_list` durch Entfernen aller vorherigen Einträge.

`_InitConceptList`

`void _InitConceptList();`

`_InitConceptList` initialisiert `_concept_list` durch Entfernen aller vorherigen Einträge.

`_InitConceptualFile`

`virtual void _InitConceptualFile();`

`_InitConceptualFile` arbeitet wie `_InitAbstractScale` für die Klasse `TConceptualFile`.

`_InitConceptualScheme`

`virtual void _InitConceptualScheme();`

`_InitConceptualScheme` arbeitet wie `_InitAbstractScale` für die Klasse `TConceptualScheme`.

`_InitConcreteScale`

`virtual void _InitConcreteScale();`

`_InitConcreteScale` arbeitet wie `_InitAbstractScale` für die Klasse `TConcreteScale`.

`_InitDatabase`

`virtual void _InitDatabase();`

`_InitDatabase` arbeitet wie die Elementfunktion `_InitAbstractScale` für die Klasse `TDatabase`.

`_InitFieldList`

`void _InitFieldList();`

`_InitFieldList` initialisiert `_field_list` durch Entfernen aller vorherigen Einträge.

`_InitFormalContext`

`virtual void _InitFormalContext();`

`_InitFormalContext` arbeitet wie `_InitAbstractScale` für die Klasse `TFormalContext`.

`_InitIdentifierMap`

`virtual void _InitIdentifierMap();`

`_InitIdentifierMap` arbeitet wie `_InitAbstractScale` für die Klasse `TIdentifierMap`.

`_InitLineDiagram`

`virtual void _InitLineDiagram();`

`_InitLineDiagram` arbeitet wie `_InitAbstractScale` für die Klasse `TLineDiagram`.

`_InitLineList`

`void _InitLineList();`

`_InitLineList` initialisiert `_line_list` durch Entfernen aller vorherigen Einträge.

`_InitNameList`

`void _InitNameList();`

`_InitNameList` initialisiert `_name_list` durch Entfernen aller vorherigen Einträge.

`_InitObjectList`

`void _InitObjectList();`

`_InitObjectList` initialisiert `_object_list` durch Entfernen aller vorherigen Einträge.

`_InitPointList`

`void _InitPointList();`

`_InitPointList` initialisiert `_point_list` durch Entfernen aller vorherigen Einträge.

`_InitQueryMap`

`virtual void _InitQueryMap();`

`_InitQueryMap` arbeitet wie die Elementfunktion `_InitAbstractScale` für die Klasse `TQueryMap`.

`_InitRealizedScale`

`virtual void _InitRealizedScale();`

`_InitRealizedScale` arbeitet wie `_InitAbstractScale` für die Klasse `TRealizedScale`.

`_InitRelation`

`void _InitRelation();`

`InitRelation` initialisiert `_relation_entries` als leeres Bit-Array.

`_InitSpecialList`

`void _InitSpecialList();`

`_InitSpecialList` initialisiert `_special_list` durch Entfernen aller vorherigen Einträge.

`_InitStringMap`

`virtual void _InitStringMap();`

`_InitStringMap` arbeitet wie die Elementfunktion `_InitAbstractScale` für die Klasse `TStringMap`.

`_InitStructure`

`virtual void _InitStructure(char* name);`

`_InitStructure` setzt den Namen von `_structure` auf `name` und veranlaßt die Ausgabe einer entsprechenden Meldung.

`_InitTableList`

`void _InitTableList();`

`_InitTableList` initialisiert `_table_list` durch Entfernen aller vorherigen Einträge.

Private Elementfunktionen

`_ActualizeFile`

`int _ActualizeFile(int consistency);`

`_ActualizeFile` ruft `CrossRefPointers()` auf und führt danach eine Konsistenzprüfung durch, falls `consistency` den Wert `1` hatte. Der Rückgabewert ist der letzte aufgetretene Fehlerwert.

`_ReadNewIncludeFiles`

`int _ReadNewIncludeFiles(int messages);`

`_ReadNewIncludeFiles` liest alle Include-Dateien in `the_include_files` ein, für die `is_new` den Wert `1` hat. Diese Funktion wird von den öffentlichen Elementfunktionen `ReadFile` und `ReadNewIncludeFiles` aufgerufen, um die Include-Dateien tatsächlich einzulesen. Falls `messages` den Wert `1` hat, werden Meldungen ausgegeben. Der Rückgabewert ist der letzte aufgetretene Fehlerwert.

10.4 TIncludeFile

Header-Datei: `fca\include.h`
Basisklasse: `TFCAObject`

Kurzbeschreibung

`TIncludeFile` verwaltet eine Referenz auf eine Instanz von `TFCAFile`, welche in einer anderen Datei als Include-Datei auftritt. Dadurch ist es möglich, daß eine Include-Datei von mehreren Stellen referenziert wird, aber nur einmal eingelesen und im Speicher gehalten werden muß.

Private Datenelemente

`ID_string`

`static const char ID_string[];`

`ID_string` enthält das ConScript-Schlüsselwort `ID_INCLUDE` für Include-Dateien. Der Defaultwert ist der String „`#INCLUDE`“.

`the_file`

`TFCAFile* the_file;`

`the_file` zeigt auf die referenzierte Datei.

Konstruktoren

`TIncludeFile`

`TIncludeFile();`

Dies ist der Default-Konstruktor. Der Zeiger `the_file` wird mit `NULL` initialisiert.

`TIncludeFile`

```
TIncludeFile(TFCAFile* owner, const char* name,
  const char* remark);
```

Dieser Konstruktor ruft `TFCAObject(owner, name, "", "", remark)` auf und initialisiert das Datenelemente `the_file` mit `NULL`.

Destruktoren

`~TIncludeFile`

`virtual ~TIncludeFile();`

Dies ist der Default-Destruktor. Er ruft `ReleaseReference()` auf.

Öffentliche Elementfunktionen

`GetCaption`

```
virtual string* GetCaption(const int flags,
  const int indent = 0) const;
```

`GetCaption` hat als Rückgabewert einen Zeiger auf einen String, der die Bezeichnung der Instanz enthält. Dies geschieht durch einen Aufruf von `TFCAObject::GetCaption(...)`, wobei aber vorher aus `flags` alle Angaben außer `CPT_TYPE` und `CPT_NAME` ausgeblendet werden. Der String ist dynamisch erzeugt und sollte nach seiner Verwendung freigegeben werden.

`GetFile`

`const TFCAFile* GetFile() const;`

`GetFile` hat `the_file` als Rückgabewert.

`GetIDString`

`virtual const char* GetIDString() const;`

`GetIDString` liefert als Rückgabewert das Datenelement `ID_string`, welches das ConScript-Schlüsselwort `ID_INCLUDE` („`#INCLUDE`") enthält.

`GetReference`

`void GetReference();`

`GetReference` fordert von der Hauptdatei einen Zeiger auf eine Instanz von `TFCAFile` mit dem durch `GetName()` bestimmten Namen an und speichert diesen in `the_file`.

`IsA`

`virtual classType IsA() const;`

`IsA` hat `NUMBER_INCLUDEFILE`, die Identifikationsnummer der Klasse `TIncludeFile`, als Rückgabewert.

`NameOf`

`virtual char* NameOf() const;`

`NameOf` liefert als Rückgabewert `NAME_INCLUDEFILE`, den Identifikationsstring der Klasse `TIncludeFile`. Dieser hat per Default den Wert „`Include File`" und ist ein statischer String, der nicht freigegeben werden sollte.

`Print`

`virtual void Print(ostream& out, int indent = 0) const;`

`Print` gibt die Instanz von `TIncludeFile` im ConScript-Format in den Stream `out` mit der Einrückung um `indent` Leerzeichen aus. Das durch `ID_string` bestimmte Schlüsselwort wird mit ausgegeben.

`ReadFile`

`int ReadFile(int consistency = 1, int messages = 1);`

`ReadFile` fordert die Hauptdatei durch einen Aufruf der Elementfunktion `GetOwner()->ReadNewIncludeFiles(consistency, messages)` auf, die Datei einzulesen.

`ReleaseReference`

`void ReleaseReference();`

`ReleaseReference` gibt die Referenz wieder frei und setzt `the_file` auf `NULL`.

`operator ()`

`const TFCAFile* operator ()();`

`()` hat `the_file` als Rückgabewert.

10.5 TFormalContext

Header-Datei: `fca\context.h`
Basisklasse: `TFCAObject`

Kurzbeschreibung

Die Klasse `TFormalContext` implementiert einen formalen Kontext. Dabei werden Funktionen zur Abfrage und Manipulation der Relation, zum Einfügen und Löschen von Gegenständen und Merkmalen, zum Berechnen der Pfeilrelationen sowie der Umfänge und Inhalte und zum Bereinigen und Reduzieren bereitgestellt. Außerdem gibt es Funktionen für die Berechnung von Liniendiagrammen des Begriffsverbands des Kontexts.

Für die Funktionen zum Berechnen vom Umfängen und Inhalten gibt es jeweils zwei Schnittstellen: Bei der einen werden Bezeichner für Gegenstände und Merkmale verwendet, bei der anderen lediglich Bit-Arrays. Die Bit-Array-Schnitstelle ist die effizientere der beiden Schnittstellen. Ihr Nachteil ist jedoch, daß sie die interne Indexierung der Relation verwendet. Deshalb muß ein solches Bit-Array nicht mehr gültig sein, wenn zwischenzeitig andere Operationen mit dem Kontext ausgeführt wurden. Im Gegensatz dazu sind die durch die Bezeichner-Schnittstelle gelieferten Ergebnisse unabhängig von der internen Repräsentation und können daher allgemein verwendet werden. Die Bit-Array-Schnittstelle sollte deshalb nur dann verwendet werden, wenn durch den Programmierer sichergestellt ist, daß während der Verwendung der Ergebnisse keine Operationen ausgeführt werden, die die interne Speicherung der Kontextdaten ändern. Für die Konvertierung zwischen beiden Schnittstellen stehen ebenfalls Funktionen bereit.

Private Datenelemente

`arrows_down_ok`

`int arrows_down_ok;`

`arrows_down_ok` ist `1`, wenn die in `the_arrows.down` gespeicherte Relation der Abwärtspfeile gültig ist, und `0` sonst.

`arrows_up_ok`

`int arrows_up_ok;`

`arrows_up_ok` ist `1`, wenn die in `the_arrows.up` gespeicherte Relation der Aufwärtspfeile gültig ist, und `0` sonst.

`ID_string`

`static const char ID_string[];`

`ID_string` enthält das ConScript-Schlüsselwort `ID_FORMALCONTEXT` für formale Kontexte. Der Defaultwert ist der String „`FORMAL_CONTEXT`“.

`the_arrows`

`TArrows the_arrows;`

`the_arrows` speichert die Pfeilrelationen des formalen Kontexts in einer `TArrows`-Struktur. Die Pfeilrelationen werden bei Kontext-Änderungen nicht ständig neu berechnet. Statt dessen wird bei einer Anfrage überprüft, ob die in `the_arrows` gespeicherten Werte gültig sind. Wenn ja, werden diese benutzt, sonst wird neu berechnet. `arrows_up_ok` und `arrows_down_ok` geben an, ob die gespeicherten Relationen aktuell gültig sind. `the_arrows.up` wird spalten- und `the_arrows.down` zeilenweise interpretiert, siehe die Beschreibung von `TArrows` in Kapitel 16.

`the_attributes`

`TQSAttributeArray the_attributes;`

`the_attributes` ist ein Array, das die Merkmale des formalen Kontexts als Instanzen von `TAttribute` speichert.

`the_objects`

`TQSObjectArray the_objects;`

`the_objects` ist ein Array, das die Gegenstände des formalen Kontexts als Instanzen von `TObject` speichert.

`the_relation`

`TRelation the_relation;`

`the_relation` enthält die binäre Relation zwischen Gegenständen und Merkmalen des formalen Kontexts.

Konstruktoren

TFormalContext

```
TFormalContext();
```

Dies ist der Default-Konstruktor. Alle nicht-statischen Datenelemente werden als Arrays der Größe 0 initialisiert. Ferner werden `arrows_up_ok` und `arrows_down_ok` auf `0` gesetzt.

TFormalContext

```
TFormalContext(TFCAFile* owner, const char* name,
  const char* title, const char* title_format,
  const char* remark, const TstringArray& specials,
  const TQSObjectArray& objects,
  const TQSAttributeArray& attributes,
  const TRelation& relation);
```

Dieser Konstruktor ruft den Konstruktor `TFCAObject(owner, name, title, title_format, remark, specials)` auf und initialisiert danach die privaten Datenelemente `the_objects`, `the_attributes` und `the_relation` mit den übergebenen Werten. Ferner werden die Datenelemente `arrows_up_ok` und `arrows_down_ok` auf `0` gesetzt.

Öffentliche Elementfunktionen

AddAttribute

```
int AddAttribute(const int column, TAttribute& attribute);
```

`AddAttribute` fügt das Merkmal `attribute` in `the_attributes` ein und setzt seine Spaltenreferenz auf `column`. Der Rückgabewert ist `ERR_OK`, falls die Operation erfolgreich war, und `ERR_ATTRIBUTEEXISTS`, falls es schon ein Merkmal mit demselben Bezeichner wie `attribute` gibt. Ist `column` keine gültige Spaltennummer, so hat die Funktion den Rückgabewert `ERR_ATTRIBUTEOUTOFRANGE`.

AddObject

```
int AddObject(const int row, TObject& object);
```

`AddObject` fügt den Gegenstand `object` in das Array `the_objects` ein und setzt seine Zeilenreferenz auf `row`. Der Rückgabewert ist `ERR_OK`, falls die Operation erfolgreich war, und `ERR_OBJECTEXISTS`, falls es schon einen Gegenstand mit demselben Bezeichner wie `object` gibt. Ist `row` keine gültige Zeilennummer, so wird `ERR_OBJECTOUTOFRANGE` zurückgegeben.

Adjust

```
virtual void Adjust();
```

`Adjust` sortiert die Gegenstände im Array `the_objects` und die Merkmale im Array `the_attributes` nach aufsteigenden Zeilen- bzw. Spaltennummern.

ClearEntry

```
int ClearEntry(const int row, const int column);
```

Diese Version von ClearEntry setzt den Eintrag in der Zeile row und Spalte column auf 0. Der Rückgabewert ist ERR_OK, falls die Operation erfolgreich war. Falls row keine gültige Zeilennummer war, ist er ERR_OBJECTOUTOFRANGE, falls column keine gültige Spaltennummer war, ERR_ATTRIBUTEOUTOFRANGE.

ClearEntry

```
int ClearEntry(const string& object,
  const string& attribute);
```

Diese Version von ClearEntry legt fest, daß der Gegenstand mit dem Bezeichner object das Merkmal mit dem Bezeichner attribute nicht hat. Der Rückgabewert ist ERR_OK, falls die Operation erfolgreich war. Falls es keinen Gegenstand mit dem Bezeichner object gibt, ist der Rückgabewert ERR_INVALIDOBJECT, falls es kein Merkmal mit dem Bezeichner attribute gibt, ERR_INVALIDATTRIBUTE.

ColumnHasDoubleArrow

```
int ColumnHasDoubleArrow(const int column);
```

ColumnHasDoubleArrow hat 1 als Rückgabewert, wenn in der Spalte column ein Doppelpfeil existiert, und 0 sonst. Sind beim Aufruf die gespeicherten Pfeilrelationen ungültig, so werden sie durch einen Aufruf von ComputeArrowsUp() und ComputeArrowsDown() neu berechnet.

ColumnHasDownArrow

```
int ColumnHasDownArrow(const int column);
```

ColumnHasDownArrow hat 1 als Rückgabewert, wenn in der Spalte column ein Abwärtspfeil existiert, und 0 sonst. Ist beim Aufruf die gespeicherte Pfeilrelation ungültig, so wird sie durch einen Aufruf der Elementfunktion ComputeArrowsDown() neu berechnet.

ColumnHasUpArrow

```
int ColumnHasUpArrow(const int column);
```

ColumnHasUpArrow hat 1 als Rückgabewert, wenn in der Spalte column ein Aufwärtspfeil existiert, und 0 sonst. Ist beim Aufruf die gespeicherte Pfeilrelation ungültig, so wird sie durch einen Aufruf der Elementfunktion ComputeArrowsUp() neu berechnet.

ComputeArrowsDown

```
void ComputeArrowsDown();
```

ComputeArrowsDown berechnet die Abwärts-Pfeilrelation im Datenelement the_arrows.down neu und setzt arrows_down_ok auf 1.

ComputeArrowsUp

```
void ComputeArrowsUp();
```

ComputeArrowsUp berechnet die Aufwärts-Pfeilrelation im Datenelement the_arrows.up neu und setzt arrows_up_ok auf 1.

ComputeAttributeDiagram

```
TLineDiagram* ComputeAttributeDiagram(double base,
  double stretch);
```

`ComputeAttributeDiagram` hat ein Liniendiagramm der Merkmalsordnung des Kontexts als Rückgabewert. Dieses wird berechnet, indem zunächst mittels `ComputeAttributeOrder` die Merkmalsordnung erzeugt wird. Für diese wird dann eine Kettenzerlegung durchgeführt. Anschließend werden den Merkmalsbegriffen auf der Basis der Kettenzerlegung Vektoren zugewiesen, mit denen dann die Position der Punkte berechnet wird. Die Parameter `base` und `stretch` haben die bei der Elementfunktion `ComputeVectors` beschriebene Wirkung. Das zurückgegebene Liniendiagramm ist dynamisch erzeugt und sollte nach seiner Benutzung freigegeben werden. Vor der Berechung des Diagramms werden die Merkmale saturiert.

`ComputeAttributeOrder`

```
TRelation* ComputeAttributeOrder() const;
```

`ComputeAttributeOrder` hat als Rückgabewert einen Zeiger auf eine Relation, welche die Merkmalsordnung des Kontexts enthält. Die Relation ist dynamisch erzeugt und sollte nach ihrer Verwendung wieder freigegeben werden. Die Zuordnung der Zeilen und Spalten der Relation zu den Merkmalen des Kontexts geschieht wie bei der Bit-Array-Schnittstelle, d. h. die Indizierung der Relation entspricht der Indizierung der Spalten des Kontexts.

`ComputeDiagram`

```
TLineDiagram* ComputeDiagram(double base, double stretch,
  int mode = DM_ATTRIBUTES);
```

Diese Version von `ComputeDiagram` hat ein additives Liniendiagramm des Begriffsverbandes des Kontexts als Rückgabewert. Dieses wird berechnet, indem zunächst die Gegenstandsordnung (falls `mode` gleich `DM_OBJECTS` ist) bzw. die Merkmalsordnung (falls `mode` gleich `DM_ATTRIBUTES` ist) erzeugt wird. Für diese wird dann eine Kettenzerlegung durchgeführt. Anschließend werden den Gegenstands- oder Merkmalsbegriffen auf der Basis der Kettenzerlegung Vektoren zugewiesen, mit denen dann die Position der Begriffe berechnet wird. Die Parameter `base` und `stretch` haben die bei der Elementfunktion `ComputeVectors` beschriebene Wirkung. Weitere Details zur Berechnung des Diagramms findet man in der Beschreibung der privaten Elementfunktion

```
ComputeDiagram(double [], double [], int);
```

Das zurückgegebene Liniendiagramm ist dynamisch erzeugt und sollte nach seiner Benutzung freigegeben werden.

`ComputeDiagram`

```
TLineDiagram* ComputeDiagram(TLineDiagram* order, int mode);
```

Diese Version von `ComputeDiagram` hat ein additives Liniendiagramm des Begriffsverbandes des Kontexts als Rückgabewert. Dieses wird berechnet, indem die Vektoren der Gegenstands- (falls `mode` gleich `DM_OBJECTS` ist) bzw. der Merkmalsbegriffe (falls `mode` gleich `DM_ATTRIBUTES` ist)

aus dem Liniendiagramm `order` extrahiert werden. Das aufrufende Programm hat dabei sicherzustellen, daß `order` tatsächlich auf ein Diagramm der Gegenstands- bzw. Merkmalsordnung zeigt. Weitere Details zur Berechnung des Diagramms findet man in der Beschreibung der privaten Elementfunktion

```
ComputeDiagram(double [], double [], int);
```

Das zurückgegebene Liniendiagramm ist dynamisch erzeugt und sollte nach seiner Benutzung freigegeben werden.

`ComputeObjectDiagram`

```
TLineDiagram* ComputeObjectDiagram(double base,
  double stretch);
```

`ComputeObjectDiagram` arbeitet analog zu `ComputeAttributeDiagram` und hat ein Liniendiagramm der Gegenstandsordnung des Kontexts als Rückgabewert.

`ComputeObjectOrder`

```
TRelation* ComputeObjectOrder() const;
```

`ComputeObjectOrder` arbeitet analog zu `ComputeAttributeOrder` und hat als Rückgabewert einen Zeiger auf eine Relation, welche die Gegenstandsordnung des Kontexts enthält.

`ConvertAttributesToColumns`

```
int ConvertAttributesToColumns(const TstringSet& attributes,
  TBitArray& columns) const;
```

`ConvertAttributesToColumns` liefert in `columns` ein Bit-Array, das genau an den Spaltennummern der Merkmale mit den Bezeichnern in `attributes` den Wert `1` hat, und `0` sonst. Der Rückgabewert ist `ERR_OK`, falls die Umwandlung erfolgreich war, und `ERR_INVALIDATTRIBUTE`, falls in `attributes` ein String enthalten war, der nicht Bezeichner eines Merkmals ist.

`ConvertColumnsToAttributes`

```
void ConvertColumnsToAttributes(const TBitArray& columns,
  TstringSet& attributes) const;
```

`ConvertColumnsToAttributes` liefert in `attributes` die Bezeichner aller Gegenstände, die auf eine Spaltennummer verweisen, für die in `columns` eine `1` eingetragen ist. Dabei ist zu beachten, daß auf diese Weise stets alle Merkmale erfaßt werden, die auf eine solche Spalte verweisen. Andererseits kann es vorkommen, das eine in `columns` gesetzte Spaltennummer in `attributes` nicht repräsentiert wird, nämlich dann, wenn es für diese Spalte kein Merkmal gibt, das sie referenziert. Es ist also insbesondere nicht garantiert, daß nach Ausführung der Anweisungen

```
ConvertAttributesToColumns(attributes, columns);
ConvertColumnsToAttributes(columns, attributes);
```

die Menge `attributes` dieselben Strings enthält wie vorher.

`ConvertObjectsToRows`

```
int ConvertObjectsToRows(const TstringSet& objects,
  TBitArray& rows) const;
```

`ConvertObjectsToRows` liefert in `rows` ein Bit-Array, das genau an den Zeilennummern der Gegenstände mit den Bezeichnern in `objects` den Wert `1` hat, und `0` sonst. Der Rückgabewert ist `ERR_OK`, falls die Umwandlung erfolgreich war, und `ERR_INVALIDOBJECT`, falls in `objects` ein String enthalten war, der nicht Bezeichner eines Gegenstands ist.

`ConvertRowsToObjects`

```
void ConvertRowsToObjects(const TBitArray& rows,
  TstringSet& objects) const;
```

`ConvertRowsToObjects` arbeitet für die Gegenstände analog zur Elementfunktion `ConvertColumnsToAttributes`.

`DeleteAttribute`

```
int DeleteAttribute(const string& attribute);
```

`DeleteAttribute` löscht das Merkmal mit dem Bezeichner `attribute` aus dem Array `the_attributes`. Der Rückgabewert ist `ERR_OK`, wenn die Operation erfolgreich war, und `ERR_INVALIDATTRIBUTE`, falls es kein Merkmal mit dem Bezeichner `attribute` gibt.

`DeleteColumn`

```
int DeleteColumn(int column);
```

`DeleteColumn` löscht die Spalte `column` und alle auf sie verweisenden Merkmale aus dem Kontext. Der Rückgabewert ist `ERR_OK`, wenn die Operation erfolgreich war, er ist `ERR_ATTRIBUTEOUTOFRANGE`, falls `column` keine gültige Spaltennummer war.

`DeleteObject`

```
int DeleteObject(const string& object);
```

`DeleteObject` löscht den Gegenstand mit dem Bezeichner `object` aus `the_objects`. Der Rückgabewert ist `ERR_OK`, wenn die Operation erfolgreich war, und `ERR_INVALIDOBJECT`, falls es keinen Gegenstand mit dem Bezeichner `object` gibt.

`DeleteRow`

```
int DeleteRow(int row);
```

`DeleteRow` löscht die Zeile `row` und alle auf sie verweisenden Gegenstände aus dem Kontext. Der Rückgabewert ist `ERR_OK`, wenn die Operation erfolgreich war, er ist `ERR_OBJECTOUTOFRANGE`, falls `row` keine gültige Zeilennummer war.

`GetArrows`

```
const TArrows& GetArrows();
```

`GetArrows` liefert eine Referenz auf das Datenelement `the_arrows`, welches die Pfeilrelationen enthält. Falls die gespeicherten Daten ungültig sind, werden sie zunächst durch einen Aufruf von `ComputeArrowsUp()` und `ComputeArrowsDown()` neu berechnet. `GetArrows().up` wird spalten- und `GetArrows().down` zeilenweise interpretiert, siehe die Beschreibung von `TArrows` in Kapitel 16.

`GetAttribute`

`TAttribute* GetAttribute(const int attribute) const;`

`GetAttribute` hat einen Zeiger auf das Merkmal als Rückgabewert, welches im Array `the_attributes` an der Position `attribute` steht. Falls `attribute` kein gültiger Index ist, wird `NULL` zurückgegeben.

`GetAttributes`

`const TQSAttributeArray& GetAttributes() const;`

`GetAttributes` liefert eine Referenz auf das Array `the_attributes`, welches die Merkmale des Kontexts als Instanzen von `TAttribute` enthält.

`GetDoubleArrow`

`int GetDoubleArrow(const int row, const int column);`

`GetDoubleArrow` hat `1` als Rückgabewert, wenn in der Zeile `row` und der Spalte `column` ein Doppelpfeil steht, und `0` sonst. Sind beim Aufruf die gespeicherten Pfeilrelationen ungültig, so werden sie durch einen Aufruf von `ComputeArrowsUp()` und `ComputeArrowsDown()` neu berechnet.

`GetDownArrow`

`int GetDownArrow(const int row, const int column);`

`GetDownArrow` hat `1` als Rückgabewert, wenn in der Zeile `row` und der Spalte `column` ein Abwärtspfeil steht, und `0` sonst. Sind beim Aufruf die gespeicherten Pfeilrelationen ungültig, so werden sie durch einen Aufruf von `ComputeArrowsDown()` neu berechnet.

`GetEntry`

`int GetEntry(const int row, const int column) const;`

Diese Version von `GetEntry` hat den Eintrag in der binären Relation in der Zeile `row` und der Spalte `column` als Rückgabewert. Falls Zeilen- oder Spaltennummer ungültig sind, wird immer `0` zurückgegeben.

`GetEntry`

```
int GetEntry(const string& object,
  const string& attribute) const;
```

Diese Version von `GetEntry` gibt an, ob der Gegenstand mit dem Bezeichner `object` das Merkmal mit dem Bezeichner `attribute` hat (`1`) oder nicht hat (`0`).

`GetExtent`

`int GetExtent(const int column, TBitArray& extent) const;`

Diese Version von `GetExtent` gibt den Spaltenumfang der Spalte mit der Nummer `column` als Bit-Array `extent` zurück. Der Rückgabewert ist `ERR_OK`, falls die Berechnung erfolgreich war. Wenn `column` keine gültige Spaltennummer war, ist er `ERR_ATTRIBUTEOUTOFRANGE`,

`GetExtent`

```
int GetExtent(const TBitArray& columns,
  TBitArray& extent) const;
```

Diese Version von **GetExtent** gibt im Bit-Array **extent** den Umfang zurück, der durch die als Bit-Array **columns** festgelegten Spalten des Kontexts bestimmt wird. Der Rückgabewert ist **ERR_OK**, falls die Berechnung erfolgreich war, und **ERR_ATTRIBUTEOUTOFRANGE**, wenn **columns** eine ungültige Spaltennummer enthielt.

GetExtent

```
int GetExtent(const string& attribute,
  TstringSet& extent) const;
```

Diese Version von **GetExtent** gibt in **extent** die Menge der Bezeichner von Gegenständen zurück, die im Merkmalsumfang des Merkmals mit dem Bezeichner **attribute** enthalten sind. Intern wird diese Funktion durch einen Aufruf der Bit-Array-Version implementiert. Es ist zu beachten, daß **extent** nicht den vollen Umfang repräsentiert, falls nicht alle zum Umfang gehörenden Zeilen durch Gegenstände referenziert werden. Der Rückgabewert ist **ERR_OK**, falls die Berechnung erfolgreich war, und **ERR_INVALIDATTRIBUTE**, falls **attribute** kein gültiger Bezeichner eines Merkmals ist.

GetExtent

```
int GetExtent(const TstringSet& attributes,
  TstringSet& extent) const;
```

Diese Version von **GetExtent** gibt in **extent** die Menge der Bezeichner aller Gegenstände, die zum Umfang gehören, der von der Menge der Merkmale mit den Bezeichnern in **attributes** erzeugt wird. Weiter gilt das bei der vorstehenden Version von **GetExtent** Gesagte.

GetHeight

```
const int GetHeight() const;
```

GetHeight hat die Zeilenzahl des Kontexts als Rückgabewert.

GetIdentifiersOfColumn

```
const TstringSet GetIdentifiersOfColumn(const int column)
  const;
```

GetIdentifiersOfColumn liefert die Menge aller Bezeichner von Merkmalen, die zu der Spalte **column** des Kontexts gehören. Ist **column** keine gültige Spaltennummer, wird eine leere Menge zurückgegeben.

GetIdentifiersOfRow

```
const TstringSet GetIdentifiersOfRow(const int row) const;
```

GetIdentifiersOfRow liefert die Menge aller Bezeichner von Gegenständen, die zu der Zeile **row** des Kontexts gehören. Ist **row** keine gültige Zeilennummer, wird eine leere Menge zurückgegeben.

GetIDString

```
virtual const char* GetIDString() const;
```

GetIDString liefert als Rückgabewert das Datenelement **ID_string**, welches das Schlüsselwort **ID_FORMALCONTEXT** („**FORMAL_CONTEXT**") enthält.

GetIndexOfAttribute

```
int GetIndexOfAttribute(const string& attribute) const;
```

`GetIndexOfAttribute` hat die Position des Merkmals mit dem Bezeichner `attribute` im Array `the_attributes` als Rückgabewert. Falls es ein Merkmal mit diesem Bezeichner nicht gibt, wird `-1` zurückgegeben.

`GetIndexOfObject`

```
int GetIndexOfObject(const string& object) const;
```

`GetIndexOfObject` hat die Position des Gegenstands mit dem Bezeichner `object` im Array `the_objects` als Rückgabewert. Falls es einen Gegenstand mit diesem Bezeichner nicht gibt, wird `-1` zurückgegeben.

`GetIntent`

```
int GetIntent(const int row, TBitArray& intent) const;
```

Diese Version von `GetIntent` gibt den Zeileninhalt der Zeile mit der Nummer `row` als Bit-Array `intent` zurück. Der Rückgabewert ist `ERR_OK`, falls die Berechnung erfolgreich war, und `ERR_OBJECTOUTOFRANGE`, wenn `row` keine gültige Zeilennummer war.

`GetIntent`

```
int GetIntent(const TBitArray& rows,
  TBitArray& intent) const;
```

Diese Version von `GetIntent` gibt im Bit-Array `intent` den Inhalt zurück, der durch die als Bit-Array `rows` festgelegten Zeilen des Kontexts bestimmt wird. Der Rückgabewert ist `ERR_OK`, falls die Berechnung erfolgreich war, und `ERR_OBJECTOUTOFRANGE`, wenn `rows` eine ungültige Spaltennummer enthielt.

`GetIntent`

```
int GetIntent(const string& object,
  TstringSet& intent) const;
```

Diese Version von `GetIntent` gibt in `intent` die Menge der Bezeichner von Merkmalen zurück, die im Gegenstandsinhalt des Gegenstands mit dem Bezeichner `object` enthalten sind. Intern wird diese Funktion durch einen Aufruf der Bit-Array-Version implementiert. Es ist zu beachten, daß `intent` nicht den vollen Inhalt repräsentiert, falls nicht alle zum Inhalt gehörenden Spalten durch Merkmale referenziert werden. Der Rückgabewert ist `ERR_OK`, falls die Berechnung erfolgreich war, und `ERR_INVALIDOBJECT`, falls `object` kein gültiger Bezeichner eines Gegenstands ist.

`GetIntent`

```
int GetIntent(const TstringSet& objects,
  TstringSet& intent) const;
```

Diese Version von `GetIntent` gibt in `intent` die Menge der Bezeichner aller Merkmale, die zum Inhalt gehören, der von der Menge der Gegenstände mit den Bezeichnern in `objects` erzeugt wird. Weiter gilt das bei der vorstehenden Version von `GetIntent` Gesagte.

`GetNextExtent`

```
int GetNextExtent(const TBitArray& rows,
  TBitArray& extent) const;
```

Diese Version von **GetNextExtent** liefert zu der durch **rows** bestimmten Menge von Zeilen (Gegenständen) den lektisch nächsten Umfang in **extent** zurück. Diese Funktion wird durch einen Aufruf der Funktion **the_relation.GetNextExtent(rows, extent)** implementiert. Der Rückgabewert ist **ERR_OK**, falls die Berechnung erfolgreich war, und **ERR_OBJECTOUTOFRANGE**, wenn **rows** eine ungültige Zeilennummer enthielt.

GetNextExtent

```
int GetNextExtent(const TstringSet& objects,
  TstringSet& extent) const;
```

Diese Version von **GetNextExtent** liefert in **extent** zu der Menge von Gegenständen mit den Bezeichnern in **objects** die Bezeichner der Gegenstände, die zum lektisch nächsten Umfang gehören. Weiter gilt das bei der Bezeichner-Version von **GetExtent** Gesagte.

GetNextIntent

```
int GetNextIntent(const TBitArray& columns,
  TBitArray& intent) const;
```

Diese Version von **GetNextIntent** liefert zu der durch **columns** bestimmten Menge von Spalten (Merkmalen) den lektisch nächsten Inhalt in **intent** zurück. Diese Funktion wird durch einen Aufruf von **the_relation.GetNextIntent(columns, intent)** implementiert. Der Rückgabewert ist **ERR_OK**, falls die Berechnung erfolgreich war, und **ERR_ATTRIBUTEOUTOFRANGE**, wenn **columns** eine ungültige Spaltennummer enthielt.

GetNextIntent

```
int GetNextIntent(const TstringSet& attributes,
  TstringSet& intent) const;
```

Diese Version von **GetNextIntent** liefert in **intent** zu der Menge von Merkmalen mit den Bezeichnern in **attributes** die Bezeichner der Merkmale, die zum lektisch nächsten Inhalt gehören. Weiter gilt das bei der Bezeichner-Version von **GetIntent** Gesagte.

GetNumberOfAttribute

```
int GetNumberOfAttribute(const string& attribute) const;
```

GetNumberOfAttribute liefert die Spaltennummer der binären Relation, zu der das Merkmal mit dem Bezeichner **attribute** gehört. Falls es kein Merkmal mit diesem Bezeichner gibt, wird **-1** zurückgegeben.

GetNumberOfAttributes

```
int GetNumberOfAttributes() const;
```

GetNumberOfAttributes liefert die Anzahl der Merkmale des Kontexts zurück. Diese muß nicht gleich der Anzahl der Spalten des Kontexts sein, da ggf. für eine Spalte kein Merkmal explizit angegeben ist oder mehrere Merkmale zur selben Spalte gehören, weil sie denselben Umfang haben.

GetNumberOfObject

```
int GetNumberOfObject(const string& object) const;
```

GetNumberOfObject liefert die Zeilennummer der binären Relation, zu der der Gegenstand mit dem Bezeichner object gehört. Falls es keinen Gegenstand mit diesem Bezeichner gibt, wird -1 zurückgegeben.

GetNumberOfObjects

```
int GetNumberOfObjects() const;
```

GetNumberOfObjects liefert die Anzahl der Gegenstände des Kontexts zurück. Diese muß nicht gleich der Anzahl der Zeilen des Kontexts sein, da ggf. für eine Zeile kein Gegenstand explizit angegeben ist oder mehrere Gegenstände zur selben Zeile gehören, weil sie denselben Inhalt haben.

GetObject

```
TObject* GetObject(const int object) const;
```

GetObject liefert einen Zeiger auf den Gegenstand, der in the_objects an der Position object steht. Falls object kein gültiger Index ist, wird NULL zurückgegeben.

GetObjects

```
const TQSObjectArray& GetObjects() const;
```

GetObjects liefert eine Referenz auf das Datenelement the_objects, welches die Gegenstände des Kontexts als Instanzen von TObject enthält.

GetRelation

```
const TRelation& GetRelation() const;
```

GetRelation liefert eine Referenz auf das Datenelement the_relation, welches die Relation des Kontexts enthält.

GetUpArrow

```
int GetUpArrow(const int row, const int column);
```

GetUpArrow hat 1 als Rückgabewert, wenn in der Zeile row und der Spalte column ein Aufwärtspfeil steht, und 0 sonst. Sind beim Aufruf die gespeicherten Pfeilrelationen ungültig, so werden sie durch einen Aufruf von ComputeArrowsUp() neu berechnet.

GetWidth

```
const int GetWidth() const;
```

GetWidth hat die Spaltenzahl des Kontexts als Rückgabewert.

InsertAttribute

```
int InsertAttribute(int column, TAttribute& attribute,
  TBitArray& extent);
```

InsertAttribute fügt an der Position column eine neue Spalte in den Kontext ein. Das Merkmal attribute wird in das Array the_attributes eingefügt, seine Spaltenreferenz wird auf column gesetzt. Der Umfang der Spalte wird auf extent gesetzt. Der Rückgabewert ist ERR_OK, falls die Operation erfolgreich war, und ERR_ATTRIBUTEEXISTS, falls es schon ein Merkmal mit demselben Bezeichner wie attribute gibt.

InsertColumn

```
int InsertColumn(int column);
```

InsertColumn fügt an der Position column eine neue leere Spalte in den Kontext ein. Der Rückgabewert ist immer ERR_OK.

`InsertObject`

```
int InsertObject(int row, TObject& object,
  TBitArray& intent);
```

`InsertObject` fügt an der Position `row` eine neue Zeile in den Kontext ein. Der Gegenstand `object` wird in das Array `the_objects` eingefügt, seine Zeilenreferenz wird auf `row` gesetzt. Der Inhalt der Zeile wird auf `intent` gesetzt. Der Rückgabewert ist `ERR_OK`, falls die Operation erfolgreich war, und `ERR_OBJECTEXISTS`, falls es schon einen Gegenstand mit demselben Bezeichner wie `object` gibt.

`InsertRow`

```
int InsertRow(int row);
```

`InsertRow` fügt an der Position `row` eine neue leere Zeile in den Kontext ein. Der Rückgabewert ist immer `ERR_OK`.

`IsA`

```
virtual classType IsA() const;
```

`IsA` hat `NUMBER_FORMALCONTEXT`, die Identifikationsnummer der Klasse `TFormalContext`, als Rückgabewert.

`IsConsistent`

```
virtual int IsConsistent();
```

`IsConsistent` überprüft die Konsistenz des formalen Kontexts. Mögliche Rückgabewerte sind:

`ERR_OK`: Der formale Kontext ist konsistent.

`ERR_OBJECTOUTOFRANGE`: Ein Gegenstand hat eine Nummer, die keine Zeilennummer in der Relation ist. Die Zeilen der Relation sind fortlaufend ab `0` numeriert.

`ERR_MISSINGOBJECTID`: Ein Gegenstand hat keinen Bezeichner.

`ERR_DUPLICATEOBJECTS`: Es existieren zwei Gegenstände mit denselben Bezeichnern in dieser Instanz. In verschiedenen Instanzen dürfen Gegenstände mit identischen Bezeichnern auftreten.

`ERR_ATTRIBUTEOUTOFRANGE`: Ein Merkmal hat eine Nummer, die keine Spaltennummer in der Relation ist. Die Spalten der Relation sind fortlaufend ab `0` numeriert.

`ERR_MISSINGATTRIBUTEID`: Ein Merkmal hat keinen Bezeichner.

`ERR_DUPLICATEATTRIBUTES`: Es existieren zwei Merkmale mit denselben Bezeichnern in dieser Instanz. In verschiedenen Instanzen dürfen Merkmale mit identischen Bezeichnern auftreten.

Weiter können die von den Funktionen `TFCAObject::IsConsistent()` und `TRelation::IsConsistent()` gelieferten Rückgabewerte auftreten.

`NameOf`

```
virtual char* NameOf() const;
```

`NameOf` liefert als Rückgabewert `NAME_FORMALCONTEXT`, den Identifikationsstring der Klasse `TFormalContext`. Dieser hat per Default den Wert „`Formal Context`“ und ist ein statischer String, der nicht freigegeben werden sollte.

Print

```
virtual void Print(ostream& out, int indent = 0) const;
```

Print gibt die Instanz von **TFormalContext** im ConScript-Format in den Stream **out** mit der Einrückung um **indent** Leerzeichen aus. Das durch **ID_string** bestimmte Schlüsselwort wird nicht ausgegeben.

Purify

```
void Purify();
```

Purify bereinigt die Gegenstände und die Merkmale des Kontexts durch Aufrufe von **PurifyObjects** und **PurifyAttributes**.

PurifyAttributes

```
void PurifyAttributes();
```

PurifyAttributes führt eine Bereinigung der Merkmale durch. Dabei werden keine Merkmale entfernt, sondern lediglich identische Spalten aus der Relation gestrichen. Alle Merkmale, die vor dem Aufruf auf Spalten mit identischem Umfang verwiesen haben, verweisen nach dem Aufruf auf dieselbe Spalte der Relation.

PurifyObjects

```
void PurifyObjects();
```

PurifyObjects führt eine Bereinigung der Gegenstände durch. Das zu **PurifyAttributes** Gesagte gilt analog.

Reduce

```
void Reduce();
```

Reduce bereinigt und reduziert den Kontext durch Aufrufe der Elementfunktionen **ReduceObjects** und **ReduceAttributes**.

ReduceAttributes

```
void ReduceAttributes();
```

ReduceAttributes ruft zuerst **PurifyAttributes()** zum Bereinigen der Merkmale auf und entfernt danach alle reduziblen Spalten des Kontexts samt der darauf verweisenden Merkmale. Die Reduzibilität wird dadurch festgestellt, daß in der Spalte kein Aufwärtspfeil enthalten ist.

ReduceObjects

```
void ReduceObjects();
```

ReduceObjects ruft zuerst **PurifyObjects()** zum Bereinigen der Gegenstände auf und entfernt danach alle reduziblen Zeilen des Kontexts samt der darauf verweisenden Gegenstände. Die Reduzibilität wird dadurch festgestellt, daß in der Zeile kein Abwärtspfeil enthalten ist.

RowHasDoubleArrow

```
int RowHasDoubleArrow(const int row);
```

RowHasDoubleArrow hat 1 als Rückgabewert, wenn in der Zeile **row** ein Doppelpfeil existiert, und 0 sonst. Sind beim Aufruf die gespeicherten Pfeilrelationen ungültig, so werden sie durch einen Aufruf von **ComputeArrowsUp()** und **ComputeArrowsDown()** neu berechnet.

RowHasDownArrow

```
int RowHasDownArrow(const int row);
```

`RowHasDownArrow` hat `1` als Rückgabewert, wenn in der Zeile `row` ein Abwärtspfeil existiert, und `0` sonst. Ist beim Aufruf die gespeicherte Pfeilrelation ungültig, so wird sie durch `ComputeArrowsDown()` neu berechnet.

`RowHasUpArrow`

```
int RowHasUpArrow(const int row);
```

`RowHasUpArrow` hat `1` als Rückgabewert, wenn in der Zeile `row` ein Aufwärtspfeil existiert, und `0` sonst. Ist beim Aufruf die gespeicherte Pfeilrelation ungültig, so wird sie durch `ComputeArrowsUp()` neu berechnet.

`SaturateAttributes`

```
void SaturateAttributes();
```

`SaturateAttributes` erweitert die Liste der Merkmale, so daß jede Spalte des Kontexts von einem Merkmal referenziert wird. Falls die Spalte i noch kein Merkmal hatte, erhält sie ein Merkmal mit dem Bezeichner und der Beschreibung „Ai".

`SaturateObjects`

```
void SaturateObjects();
```

`SaturateObjects` erweitert die Liste der Gegenstände, so daß jede Zeile des Kontexts von einem Gegenstand referenziert wird. Falls die Zeile i noch keinen Gegenstand hatte, erhält sie einen Gegenstand mit dem Bezeichner und der Beschreibung „Oi".

`SetAttributes`

```
void SetAttributes(const TQSAttributeArray& attributes);
```

`SetAttributes` setzt das Datenelement `the_attributes` auf den als Parameter übergebenen Wert. Dabei wird eine Kopie von `attributes` erzeugt.

`SetEntry`

```
int SetEntry(const int row, const int column);
```

Diese Version von `SetEntry` setzt den Eintrag in der Zeile `row` und Spalte `column` auf `1`. Der Rückgabewert ist `ERR_OK`, falls die Operation erfolgreich war. Falls `row` keine gültige Zeilennummer war, ist er `ERR_OBJECTOUTOFRANGE`, falls `column` keine gültige Spaltennummer war, `ERR_ATTRIBUTEOUTOFRANGE`.

`SetEntry`

```
int SetEntry(const string& object, const string& attribute);
```

Diese Version von `SetEntry` legt fest, daß der Gegenstand mit dem Bezeichner `object` das Merkmal mit dem Bezeichner `attribute` hat. Der Rückgabewert ist `ERR_OK`, falls die Operation erfolgreich war. Falls es keinen Gegenstand mit dem Bezeichner `object` gibt, ist der Rückgabewert `ERR_INVALIDOBJECT`, falls es kein Merkmal mit dem Bezeichner `attribute` gibt, `ERR_INVALIDATTRIBUTE`.

`SetObjects`

```
void SetObjects(const TQSObjectArray& objects);
```

`SetObjects` setzt das Datenelement `the_objects` auf den als Parameter übergebenen Wert. Dabei wird eine Kopie von `objects` erzeugt.

`SetRelation`

```
void SetRelation(const TRelation& relation);
```

`SetRelation` setzt das Datenelement `the_relation` auf den als Parameter übergebenen Wert. Dabei wird eine Kopie von `relation` erzeugt.

Private Elementfunktionen

`ComputeChainDecomposition`

```
virtual void ComputeChainDecomposition(TRelation* order,
  int chains[], int mode);
```

`ComputeChainDecomposition` berechnet eine Kettenzerlegung der Ordnungsrelation `order`, welche eine minimale Zahl von Ketten hat. Diese Ketten werden, mit `0` beginnend, numeriert. Nach Aufruf der Funktion enthält `chains[`*i*`]` die Kettennummer, zu der das *i*-te Element der geordneten Menge gehört. Ketten, die zu derselben Zusammenhangskomponente der Ordnungrelation gehören, erhalten aufeinanderfolgende Nummern. Es ist Aufgabe der aufrufenden Funktion sicherzustellen, daß `order` tatsächlich eine Ordnungsrelation ist und daß `chains` hinreichend groß ist, um die Nummern aller Elemente speichern zu können.

`ComputeDiagram`

```
TLineDiagram* ComputeDiagram(double vectors_x[],
  double vectors_y[], int mode);
```

Diese private Version von `ComputeDiagram` führt die tatsächliche Berechnung des Begriffsverbandes und seines Liniendiagramms durch. Dazu werden zunächst mit Next Closure alle Begriffe berechnet. Falls der Kontext eine Instanz von `TFCAFile` als Eigentümer hat, können Meldungen über den Fortschritt der Berechnung ausgegeben werden, indem für diese Datei die Ausgabe von Meldungen aktiviert wird. Das Liniendiagramm wird additiv berechnet, wobei die Arrays `vectors_x` und `vectors_y` die Vektoren der Gegenstandsbegriffe (falls `mode` gleich `DM_OBJECTS` ist) bzw. Merkmalsbegriffe (falls `mode` gleich `DM_ATTRIBUTES` ist) enthalten und die Position eines Begriffs anhand seines Umfangs bzw. Inhalts bestimmt wird. Vor der Berechnung des Diagramms werden die Gegenstände und Merkmale saturiert.

`ComputePosition`

```
virtual void ComputePosition(const TBitArray& basis,
  double vectors_x[], double vectors_y[], double& x,
  double& y) const;
```

`ComputePosition` liefert in `x` und `y` die Position eines Punktes des Diagramms zurück. Diese wird berechnet, indem alle Werte in `vectors_x` und `vectors_y`, für die in `basis` ein Bit gesetzt ist, aufsummiert werden. Die aufrufende Funktion muß sicherstellen, daß die Arrays genügend groß sind.

`ComputeVectors`

```
virtual void ComputeVectors(int chains[],
  double vectors_x[], double vectors_y[], double base,
  double stretch, int mode);
```

`ComputeVectors` weist den Elementen einer geordneten Menge Vektoren in Abhängigkeit einer Kettenzerlegung zu. Die Referenzierung der Elemente der geordneten Menge geschieht über die Indizes der übergebenen Arrays, das i-te Element der geordneten Menge bekommt den Vektor (`vectors_x[`i`]`, `vectors_y[`i`]`) zugeordnet. Elemente in derselben Kette bekommen denselben Vektor zugeordnet. Die Vektoren werden so normiert, daß der minimale y-Wert eines Vektors stets den Wert `base` hat. Der Parameter `stretch` ist ein Streckfaktor, mit dem die Vektoren in x-Richtung gestreckt werden. Der Parameter `mode` bestimmt, ob die Vektoren in positiver (`DM_OBJECTS`) oder negativer (`DM_ATTRIBUTES`) Richtung verlaufen. Die aufrufende Funktion muß dabei sicherstellen, daß die Arrays jeweils gegenstands- (`DM_OBJECTS`) bzw. merkmalsviele (`DM_ATTRIBUTES`) Elemente haben.

`ExtractVectors`

```
virtual void ExtractVectors(TLineDiagram* order,
  double vectors_x[], double vectors_y[], int mode);
```

`ExtractVectors` bestimmt aus dem Liniendiagramm `order` die Vektoren der Gegenstandsbegriffe (falls `mode` gleich `DM_OBJECTS` ist) bzw. der Merkmalsbegriffe (falls `mode` gleich `DM_ATTRIBUTES` ist) und speichert diese in den Arrays `vectors_x` und `vectors_y`. Die aufrufende Funktion muß dabei sicherstellen, daß die Arrays jeweils gegenstands- (`DM_OBJECTS`) bzw. merkmalsviele (`DM_ATTRIBUTES`) Elemente haben und `order` auf ein Diagramm der Gegenstands- bzw. Merkmalsordnung zeigt.

10.6 TLineDiagram

Header-Datei: `fca\diagram.h`
Basisklasse: `TFCAObject`

Kurzbeschreibung

Die Klasse `TLineDiagram` implementiert ein (nicht gestuftes) Liniendiagramm. Es werden Funktionen zur Bearbeitung der Punkte und Linien sowie der Beschriftungen von Gegenständen, Merkmalen und Begriffen bereitgestellt. Ferner kann mit der durch das Liniendiagramm festgelegten Ordnungsrelation operiert werden.

Private Datenelemente

`ID_string`

```
static const char ID_string[];
```

ID_string enthält das ConScript-Schlüsselwort ID_LINEDIAGRAM für Liniendiagramme. Der Defaultwert ist der String „LINE_DIAGRAM".

indices_ok

int indices_ok;

indices_ok ist 1, wenn die in the_indices gespeicherten Indizes gültig ist, und 0 sonst.

the_attributes

TQSAttributeArray the_attributes;

the_attributes ist ein Array, das die Merkmale des Liniendiagramms als Instanzen von TAttribute speichert.

the_concepts

TQSConceptArray the_concepts;

the_concepts ist ein Array, das die Begriffe des Liniendiagramms als Instanzen von TConcept speichert.

the_indices

TintArray the_indices;

the_indices enthält für jede Punktnummer die Position, unter der der zugehörige Punkt im Array the_points steht. Gibt es zu einer Punktnummer keinen Punkt, so ist der Eintrag -1. Die Indizes werden bei Diagramm-Änderungen nicht ständig neu berechnet. Statt dessen wird bei einer Anfrage überprüft, ob die in the_indices gespeicherten Werte gültig sind. Wenn ja, werden diese benutzt, sonst wird neu berechnet. indices_ok gibt an, ob die gespeicherten Relationen aktuell gültig sind.

the_lines

TQSDLineArray the_lines;

the_lines ist ein Array, das die Linien des Liniendiagramms als Instanzen von TDLine speichert.

the_objects

TQSObjectArray the_objects;

the_objects ist ein Array, das die Gegenstände des Liniendiagramms als Instanzen von TObject speichert.

the_points

TQSDPointArray the_points;

the_points ist ein Array, das die Punkte des Liniendiagramms als Instanzen von TDPoint speichert.

the_transitive_closure

TRelation the_transitive_closure;

the_transitive_closure enthält den transitiven Abschluß der durch die Linien gegebenen Nachbarschaftsrelation, d. h. die durch das Diagramm festgelegte Ordnungsrelation. Die Ordnungsrelation wird bei Diagramm-Änderungen nicht ständig neu berechnet. Statt dessen wird bei einer Anfrage überprüft, ob die in the_transitive_closure gespeicherten Werte gültig sind. Wenn ja, werden diese benutzt, sonst wird neu berechnet. `transitive_closure_ok` gibt an, ob die gespeicherten Relationen aktuell gültig sind.

`the_unit`

`string the_unit;`

`the_unit` gibt die Längeneinheit für die zum Zeichnen verwendete Maßeinheit an. Alle Koordinatenangaben für Punkte werden in Vielfachen dieser Maßeinheit angegeben.

`the_unitlength`

`double the_unitlength;`

`the_unitlength` ist die Maßzahl der zum Zeichnen verwendeten Maßeinheit. Alle Koordinatenangaben für Punkte werden in Vielfachen dieser Maßeinheit angegeben.

`transitive_closure_ok`

`int transitive_closure_ok;`

`transitive_closure_ok` ist `1`, wenn die in `the_transitive_closure` gespeicherte Ordnungsrelation gültig ist, und `0` sonst.

Konstruktoren

`TLineDiagram`

`TLineDiagram();`

Dies ist der Default-Konstruktor. Alle nicht-statischen Datenelemente werden als Arrays der Größe 0 bzw. Null-Strings initialisiert. Ferner werden `transitive_closure_ok` und `indices_ok` auf `0` gesetzt.

`TLineDiagram`

```
TLineDiagram(TFCAFile* owner, const char* name,
  const char* title, const char* title_format,
  const char* remark, const TstringArray& specials,
  double unitlength, const char* unit,
  const TQSDPointArray& points, const TQSDLineArray& lines,
  const TQSObjectArray& objects,
  const TQSAttributeArray& attributes,
  const TQSConceptArray& concepts);
```

Dieser Konstruktor ruft den Konstruktor `TFCAObject(owner, name, title, title_format, remark, specials)` auf und initialisiert die Datenelemente `the_unitlength`, `the_unit`, `the_points`, `the_lines` sowie `the_objects`, `the_attributes` und `the_concepts` mit den übergebenen Werten. Ferner werden die Datenelemente `transitive_closure_ok` und `indices_ok` auf `0` gesetzt.

Öffentliche Elementfunktionen

`AddAttribute`

`int AddAttribute(const int point, TAttribute& attribute);`

AddAttribute fügt das Merkmal attribute in the_attributes ein. Der Rückgabewert ist ERR_OK, wenn die Operation erfolgreich war. Er ist ERR_ATTRIBUTEEXISTS, falls es bereits ein Merkmal mit demselben Bezeichner wie attribute gibt, und er ist ERR_POINTOUTOFRANGE, wenn point keine gültige Punktnummer ist.

AddConcept

```
int AddConcept(const int point, TConcept& concept);
```

AddConcept fügt den Begriff concept in das Array the_concepts ein. Der Rückgabewert ist ERR_OK, wenn die Operation erfolgreich war. Er ist ERR_CONCEPTEXISTS, falls es bereits einen Begriff mit demselben Bezeichner wie concept gibt, und ERR_POINTOUTOFRANGE, wenn point keine gültige Punktnummer ist.

AddLine

```
int AddLine(const int from, const int to,
  const char* format);
```

AddLine erzeugt eine neue Instanz von TDLine mit den übergebenen Parametern und fügt sie in das Array the_lines ein. Der Rückgabewert ist ERR_OK, wenn die Operation erfolgreich war. Er ist ERR_LINEEXISTS, wenn bereits eine Linie vom Punkt from zum Punkt to existiert, und ERR_LINEPOINTSEQUAL, wenn from gleich to ist. Falls from oder to keine gültige Punktnummer ist, wird ERR_POINTOUTOFRANGE zurückgegeben.

AddObject

```
int AddObject(const int point, TObject& object);
```

AddObject fügt den Gegenstand object in das Array the_objects ein. Der Rückgabewert ist ERR_OK, wenn die Operation erfolgreich war. Er ist ERR_OBJECTEXISTS, falls es bereits einen Gegenstand mit demselben Bezeichner wie object gibt, und ERR_POINTOUTOFRANGE, wenn point keine gültige Punktnummer ist.

AddPoint

```
void AddPoint(const double x, const double y,
  const char* description, const char* format);
```

Diese Version von AddPoint erzeugt eine neue Instanz von TDPoint mit den übergebenen Parametern und fügt sie nach Festlegung einer Punktnummer in das Array the_points ein.

AddPoint

```
void AddPoint(const double x, const double y,
  const char* description, const char* format,
  TObject& object, TAttribute& attribute,
  TConcept& concept);
```

Diese Version von AddPoint erzeugt eine neue Instanz von TDPoint mit den übergebenen Parametern und fügt sie nach Festlegung einer Punktnummer in das Array the_points ein. Zusätzlich werden die Nummern von object, attribute und concept auf die neue Punktnummer gesetzt und diese Strukturen in die Arrays `the_objects`, `the_attributes` bzw. `the_concepts` eingefügt, sofern ihre jeweiligen Bezeichner nicht leer sind.

`Adjust`

```
virtual void Adjust();
```

`Adjust` sortiert die Punkte im Array `the_points`, so daß ihre Nummern eine lineare Erweiterung der dualen Ordnungsrelation bilden. Der größte Punkt bekommt die Nummer `0`. Lücken in der Numerierung werden dabei geschlossen. Weiter werden die Linien im Array `the_lines`, die Gegenstände im Array `the_objects`, die Merkmale in `the_attributes` und die Begriffe im Array `the_concepts` nach aufsteigenden Punktnummern sortiert.

`ComputeContext`

```
TFormalContext* ComputeContext();
```

`ComputeContext` hat als Rückgabewert einen Zeiger auf den Kontext des Begriffsverbandes, dessen Gegenstandsmenge aus allen Supremum-irreduziblen Begriffen sowie den explizit im Diagramm angegebenen Gegenständen und dessen Merkmalsmenge aus allen Infimum-irreduziblen Begriffen sowie den explizit im Diagramm angegebenen Merkmalen besteht. Gegenstände und Merkmale werden entsprechend saturiert (Aufrufe der `SaturateXxxx`-Elementfunktionen). Der Kontext ist dynamisch erzeugt und sollte nach seiner Benutzung freigegeben werden.

`ComputeOrderContext`

```
TFormalContext* ComputeOrderContext();
```

`ComputeOrderContext` hat als Rückgabewert einen Zeiger auf den Kontext, der durch die Ordnungsrelation bestimmt wird und alle Begriffe als Gegenstände und Merkmale hat. Gegenstände und Merkmale werden entsprechend saturiert. Der Kontext ist dynamisch erzeugt und sollte nach seiner Benutzung freigegeben werden.

`ComputeReducedContext`

```
TFormalContext* ComputeReducedContext();
```

`ComputeReducedContext` hat als Rückgabewert einen Zeiger auf den reduzierten Kontext des Begriffsverbandes. Gegenstände und Merkmale werden entsprechend saturiert. Der Kontext ist dynamisch erzeugt und sollte nach seiner Benutzung freigegeben werden.

`ComputeTransitiveClosure`

```
void ComputeTransitiveClosure();
```

`ComputeTransitiveClosure` berechnet die transitive Hülle der durch die Linien gegebenen Nachbarschaftsrelation in `the_transitive_closure` neu und setzt `transitive_closure_ok` auf `1`. Hierbei wird davon ausgegangen, daß alle Linien des Diagramms absteigend sind (vgl. die Beschreibung von `IsConsistent`).

`DeleteAttribute`

```
int DeleteAttribute(const string& attribute);
```

DeleteAttribute löscht das Merkmal mit dem Bezeichner attribute. Der Rückgabewert ist ERR_OK, wenn die Operation erfolgreich war, und ERR_INVALIDATTRIBUTE, wenn es kein Merkmal mit diesem Bezeichner gab.

DeleteConcept

```
int DeleteConcept(const string& concept);
```

DeleteConcept löscht den Begriff mit dem Bezeichner concept. Der Rückgabewert ist ERR_OK, wenn die Operation erfolgreich war, und ERR_INVALIDCONCEPT, wenn es keinen Begriff mit diesem Bezeichner gab.

DeleteLine

```
int DeleteLine(const int from, const int to);
```

DeleteLine löscht die Linie vom Punkt from zum Punkt to. Der Rückgabewert ist ERR_OK, wenn die Operation erfolgreich war, und ERR_INVALIDLINE, wenn es keine Linie von from nach to gab.

DeleteObject

```
int DeleteObject(const string& object);
```

DeleteObject löscht den Gegenstand mit dem Bezeichner object. Der Rückgabewert ist ERR_OK, wenn die Operation erfolgreich war, und ERR_INVALIDOBJECT, wenn es keinen Gegenstand mit diesem Bezeichner gab.

DeletePoint

```
int DeletePoint(const int point);
```

Diese Version von DeletePoint löscht den Punkt mit der Nummer point und alle Linien, Gegenstände, Merkmale und Begriffe, die ihn referenzieren. Der Rückgabewert ist ERR_OK, wenn die Operation erfolgreich war, und ERR_POINTOUTOFRANGE, wenn point keine gültige Punktnummer war.

DeletePoint

```
int DeletePoint(const double x, const double y);
```

Diese Version von DeletePoint löscht den (ersten) Punkt mit den Koordinaten point und alle Linien, Gegenstände, Merkmale und Begriffe, die ihn referenzieren. Der Rückgabewert ist ERR_OK, wenn die Operation erfolgreich war, und ERR_INVALIDPOINT, wenn es keinen Punkt mit diesen Koordinaten gab.

GetAttribute

```
TAttribute* GetAttribute(const int attribute) const;
```

GetAttribute liefert einen Zeiger auf das Merkmal zurück, das im Array the_attributes an der Position attribute steht. Falls attribute kein gültiger Index war, wird NULL zurückgegeben.

GetAttributes

```
const TQSAttributeArray& GetAttributes() const;
```

GetAttributes liefert eine Referenz auf das Array the_attributes, welches die Merkmale des Liniendiagramms als Instanzen von TAttribute enthält.

GetConcept

`TConcept* GetConcept(const int concept) const;`

GetConcept liefert einen Zeiger auf den Begriff zurück, der im Array the_concepts an der Position concept steht. Falls concept kein gültiger Index war, wird NULL zurückgegeben.

GetConcepts

`const TQSConceptArray& GetConcepts() const;`

GetConcepts liefert eine Referenz auf das Datenelement the_concept, welches die Begriffe des Liniendiagramms als Instanzen von TConcept enthält.

GetExtent

`int GetExtent(const int point, TBitArray& extent);`

Diese Version von GetExtent gibt den Umfang des Begriffs, der durch den Punkt mit der Nummer point repräsentiert wird, im Bit-Array extent zurück. Die Positionen in extent korrespondieren zu den Nummern der Punkte. Zur Berechnung wird, wenn nötig, ComputeTransitiveClosure aufgerufen und dann die point-te Spalte von the_transitive_closure in extent zurückgegeben. Der Rückgabewert ist ERR_OK, wenn die Berechnung erfolgreich war, und ERR_POINTOUTOFRANGE, wenn point keine gültige Punktnummer war.

GetExtent

`int GetExtent(const int point, TstringSet& extent);`

Diese Version von GetExtent gibt den Umfang des Begriffs, der durch den Punkt mit der Nummer point repräsentiert wird, in extent zurück. extent enthält dabei die Bezeichner der Gegenstände, die zum Umfang gehören. Man beachte, daß dabei nur in the_objects angegebene Gegenstände berücksichtigt werden, wodurch u. U. selbst unter dem Punkt mit der Nummer point liegende Supremum-irreduzible Punkte in extent nicht repräsentiert werden. Der Rückgabewert ist ERR_OK, wenn die Berechnung erfolgreich war, und ERR_POINTOUTOFRANGE, wenn point keine gültige Punktnummer war.

GetFreePointNumber

`int GetFreePointNumber() const;`

GetFreePointNumber liefert die kleinste Zahl, die zum Zeitpunkt des Aufrufs nicht als Punktnummer in der Instanz benutzt wird.

GetIdentifiersOfAttribute

`const TstringSet GetIdentifiersOfAttribute(const int point) const;`

GetIdentifiersOfAttribute liefert die Menge aller Bezeichner von Merkmalen, die den Punkt mit der Nummer point referenzieren. Ist point keine gültige Punktnummer, wird eine leere Menge zurückgegeben.

`GetIdentifiersOfConcept`

```
const TstringSet GetIdentifiersOfConcept(const int point)
  const;
```

`GetIdentifiersOfConcept` liefert die Menge aller Bezeichner von Begriffen, die den Punkt mit der Nummer `point` referenzieren. Ist `point` keine gültige Punktnummer, wird eine leere Menge zurückgegeben.

`GetIdentifiersOfObject`

```
const TstringSet GetIdentifiersOfObject(const int point)
  const;
```

`GetIdentifiersOfObject` liefert die Menge aller Bezeichner von Gegenständen, die den Punkt mit der Nummer `point` referenzieren. Ist `point` keine gültige Punktnummer, wird eine leere Menge zurückgegeben.

`GetIDString`

```
virtual const char* GetIDString() const;
```

`GetIDString` liefert als Rückgabewert das Datenelement `ID_string`, welches das ConScript-Schlüsselwort `ID_LINEDIAGRAM` enthält. Dieses hat den Wert „`LINE_DIAGRAM`".

`GetIndexOfAttribute`

```
int GetIndexOfAttribute(const string& attribute) const;
```

`GetIndexOfAttribute` hat die Position des Merkmals mit dem Bezeichner `attribute` im Array `the_attributes` als Rückgabewert. Falls es kein Merkmal mit diesem Bezeichner gibt, wird `-1` zurückgegeben.

`GetIndexOfConcept`

```
int GetIndexOfConcept(const string& concept) const;
```

`GetIndexOfConcept` hat die Position des Begriffs mit dem Bezeichner `concept` im Array `the_concepts` als Rückgabewert. Falls es keinen Begriff mit diesem Bezeichner gibt, wird `-1` zurückgegeben.

`GetIndexOfLine`

```
int GetIndexOfLine(const int from, const int to) const;
```

`GetIndexOfLine` hat die Position der Linie vom Punkt mit der Nummer `from` zum Punkt mit der Nummer `to` im Array `the_lines` als Rückgabewert. Falls es keine Linie zwischen diesen Punkten gibt, wird `-1` zurückgegeben.

`GetIndexOfObject`

```
int GetIndexOfObject(const string& object) const;
```

`GetIndexOfObject` hat die Position des Gegenstands mit dem Bezeichner `object` im Array `the_objects` als Rückgabewert. Falls es keinen Gegenstand mit diesem Bezeichner gibt, wird `-1` zurückgegeben.

`GetIndexOfPoint`

```
int GetIndexOfPoint(const int number);
```

Diese Version von `GetIndexOfPoint` hat die Position des Punkts mit der Nummer `number` im Array `the_points` als Rückgabewert. Falls es keinen Punkt mit dieser Nummer gibt, wird `-1` zurückgegeben. Zur Bestimmung des Rückgabewerts wird `the_indices` verwendet. Falls die dort gespeicherten Werte ungültig sind, werden sie neu berechnet.

`GetIndexOfPoint`

`int GetIndexOfPoint(const double x, const double y);`
Diese Version von `GetIndexOfPoint` hat die Position des Punkts mit den Koordinaten `x` und `y` im Array `the_points` als Rückgabewert. Falls es keinen Punkt mit diesen Koordinaten gibt, wird `-1` zurückgegeben. Diese Version von `GetIndexOfPoint` verwendet `the_indices` nicht und ist daher in der Regel langsamer als die vorher beschriebene Version.

`GetIntent`

`int GetIntent(const int point, TBitArray& intent);`
Diese Version von `GetIntent` gibt den Inhalt des Begriffs, der durch den Punkt mit der Nummer `point` repräsentiert wird, im Bit-Array `intent` zurück. Die Positionen in `intent` korrespondieren zu den Nummern der Punkte. Zur Berechnung wird, wenn nötig, `ComputeTransitiveClosure` aufgerufen und dann die `point`-te Zeile von `the_transitive_closure` in `intent` zurückgegeben. Der Rückgabewert ist `ERR_OK`, wenn die Berechnung erfolgreich war, und `ERR_POINTOUTOFRANGE`, wenn `point` keine gültige Punktnummer war.

`GetIntent`

`int GetIntent(const int point, TstringSet& intent);`
Diese Version von `GetIntent` gibt den Inhalt des Begriffs, der durch den Punkt mit der Nummer `point` repräsentiert wird, in `intent` zurück. `intent` enthält dabei die Bezeichner der Merkmale, die zum Inhalt gehören. Man beachte, daß dabei nur in `the_attributes` angegebene Merkmale berücksichtigt werden, wodurch u. U. selbst über dem Punkt mit der Nummer `point` liegende Infimum-irreduzible Punkte in `intent` nicht repräsentiert werden. Der Rückgabewert ist `ERR_OK`, wenn die Berechnung erfolgreich war, und `ERR_POINTOUTOFRANGE`, wenn `point` keine gültige Punktnummer war.

`GetLine`

`TDLine* GetLine(const int line) const;`
`GetLine` liefert einen Zeiger auf die Linie zurück, die im Array `the_lines` an der Position `line` steht. Falls `line` kein gültiger Index war, wird `NULL` zurückgegeben.

`GetLines`

`const TQSDLineArray& GetLines() const;`
`GetLines` liefert eine Referenz auf das Datenelement `the_lines`, welches die Linien des Liniendiagramms als Instanzen von `TDLine` enthält.

`GetMaxNumberOfPoint`

`int GetMaxNumberOfPoint() const;`
`GetMaxNumberOfPoint` hat die größte existierende Punktnummer als Rückgabewert. Falls es keine Punkte gibt, ist der Rückgabewert `-1`.

`GetNumberOfAttribute`

`int GetNumberOfAttribute(const string& attribute) const;`

`GetNumberOfAttribute` hat die Nummer des Punkts als Rückgabewert, der durch das Merkmal mit dem Bezeichner `attribute` referenziert wird. Gibt es kein Merkmal mit diesem Bezeicher, so wird `-1` zurückgegeben.

`GetNumberOfAttributes`

`int GetNumberOfAttributes() const;`

`GetNumberOfAttributes` liefert die Anzahl der Merkmale des Liniendiagramms zurück. Diese kann kleiner als die Anzahl der Infimum-irreduziblen Elemente sein, falls einige dieser Elemente kein Merkmal haben, das sie explizit referenziert.

`GetNumberOfConcept`

`int GetNumberOfConcept(const string& concept) const;`

`GetNumberOfConcept` hat die Nummer des Punkts als Rückgabewert, der durch den Begriff mit dem Bezeichner `concept` referenziert wird. Gibt es keinen Begriff mit diesem Bezeicher, so wird `-1` zurückgegeben.

`GetNumberOfConcepts`

`int GetNumberOfConcepts() const;`

`GetNumberOfConcepts` liefert die Anzahl der Begriffe des Liniendiagramms zurück. Diese kann kleiner als die Anzahl der Elemente sein, falls einige Elemente keinen Begriff haben, der sie explizit referenziert.

`GetNumberOfLines`

`int GetNumberOfLines() const;`

`GetNumberOfLines` liefert die Anzahl der Linien des Liniendiagramms zurück.

`GetNumberOfObject`

`int GetNumberOfObject(const string& object) const;`

`GetNumberOfObject` hat die Nummer des Punkts als Rückgabewert, der durch den Gegenstand mit dem Bezeichner `object` referenziert wird. Gibt es keinen Gegenstand mit diesem Bezeicher, so wird `-1` zurückgegeben.

`GetNumberOfObjects`

`int GetNumberOfObjects() const;`

`GetNumberOfObjects` liefert die Anzahl der Gegenstände des Liniendiagramms zurück. Diese kann kleiner als die Anzahl der Supremum-irreduziblen Elemente sein, falls einige dieser Elemente keinen Gegenstand haben, der sie explizit referenziert.

`GetNumberOfPoint`

`int GetNumberOfPoint(const double x, const double y) const;`

`GetNumberOfPoint` hat die Nummer des Punkts mit den Koordinaten `x` und `y` als Rückgabewert. Man beachte, daß die Nummer eines Punkts nicht mit seinem Index, d. h. mit seiner Position im Array `the_points`, übereinstimmen muß. Gibt es keinen Punkt mit diesen Koordianten, so wird `-1` zurückgegeben.

`GetNumberOfPoints`

`int GetNumberOfPoints() const;`

`GetNumberOfPoints` liefert die Anzahl der Punkte des Liniendiagramms zurück.

`GetObject`

`TObject* GetObject(const int object) const;`

`GetObject` liefert einen Zeiger auf den Gegenstand zurück, der im Array `the_objects` an der Position `object` steht. Falls `object` kein gültiger Index war, wird `NULL` zurückgegeben.

`GetObjects`

`const TQSObjectArray& GetObjects() const;`

`GetObjects` liefert eine Referenz auf das Datenelement `the_objects`, welches die Gegenstände des Liniendiagramms als Instanzen von `TObject` enthält.

`GetPoint`

`TDPoint* GetPoint(const int point) const;`

`GetPoint` liefert einen Zeiger auf den Punkt zurück, der im Array `the_points` an der Position `point` steht. Falls `point` kein gültiger Index war, wird `NULL` zurückgegeben.

`GetPoints`

`const TQSDPointArray& GetPoints() const;`

`GetPoints` liefert eine Referenz auf das Datenelement `the_points`, welches die Punkte des Liniendiagramms als Instanzen von `TDPoint` enthält.

`GetTransitiveClosure`

`const TRelation& GetTransitiveClosure();`

`GetTransitiveClosure` liefert eine Referenz auf das private Datenelement `the_transive_closure`, welches den transitiven Abschluß der durch die Linien bestimmten Nachbarschaftsrelation, d. h. die durch das Diagramm dargestellte Ordnungsrelation enthält. Falls die gespeicherten Daten ungültig sind, werden sie zunächst durch einen Aufruf von `ComputeTransitiveClosure()` neu berechnet.

`GetUnit`

`const string& GetUnit() const;`

`GetUnit` liefert eine Referenz auf das Datenelement `the_unit`, welches die Längeneinheit der zum Zeichnen verwendeten Maßeinheit enthält.

`GetUnitlength`

`const double GetUnitlength() const;`

`GetUnitlength` liefert den Wert des Datenelements `the_unitlength`, welches die Maßzahl der zum Zeichnen verwendeten Maßeinheit enthält.

`HasTransitiveLine`

`int HasTransitiveLine();`

`HasTransitiveLine` hat `1` als Rückgabewert, wenn das Diagramm eine Linie enthält, die sich aufgrund der Transitivität der Ordnungsrelation schon aus anderen Linien ergibt und daher überflüssig ist. Andernfalls wird 0 zurückgegeben.

InRelation

```
int InRelation(const string& object,
  const string& attribute);
```

InRelation hat 1 als Rückgabewert, wenn der durch den Gegenstand mit dem Bezeichner object referenzierte Punkt in der durch das Diagramm bestimmten Ordnungsrelation kleiner ist als der Punkt, der durch das Merkmal mit dem Bezeichner attribute referenziert wird, und 0 sonst. Ist einer der beiden Parameter kein gültiger Bezeichner eines Gegenstands bzw. Merkmals, so wird auf jeden Fall 0 zurückgegeben.

IsA

```
virtual classType IsA() const;
```

IsA hat NUMBER_LINEDIAGRAM, die Identifikationsnummer der Klasse TLineDiagram, als Rückgabewert.

IsConsistent

```
virtual int IsConsistent();
```

IsConsistent überprüft die Konsistenz des Liniendiagramms. Mögliche Rückgabewerte sind:

ERR_OK: Das Liniendiagramm ist konsistent.

ERR_DUPLICATEPOINTS: Es gibt zwei Punkte mit derselben Nummer.

ERR_LINEPOINTSOUTOFRANGE: Der Anfangs- oder der Endpunkt einer Linie ist keine gültige Punktnummer, d. h. ein Punkt mit der angegebenen Nummer existiert nicht.

ERR_LINEPOINTSEQUAL: Eine Linie hat denselben Anfangs- und Endpunkt.

ERR_ASCENDINGLINE: Alle Linien müssen von einem größeren zu einem kleineren Punkt verlaufen, d. h. der Anfangspunkt einer Linie muß eine größere y-Koordinate haben als der Endpunkt. Für eine Linie ist dies nicht der Fall.

ERR_DUPLICATELINES: Zwei Linien haben denselben Anfangs- und denselben Endpunkt.

ERR_OBJECTOUTOFRANGE: Ein Gegenstand hat eine Nummer, die keine gültige Punktnummer ist.

ERR_MISSINGOBJECTID: Ein Gegenstand hat keinen Bezeichner.

ERR_DUPLICATEOBJECTS: Es existieren zwei Gegenstände mit denselben Bezeichnern in dieser Instanz. In verschiedenen Instanzen dürfen Gegenstände mit identischen Bezeichnern auftreten.

ERR_ATTRIBUTEOUTOFRANGE: Ein Merkmal hat eine Nummer, die keine gültige Punktnummer ist.

ERR_MISSINGATTRIBUTEID: Ein Merkmal hat keinen Bezeichner.

ERR_DUPLICATEATTRIBUTES: Es existieren zwei Merkmale mit denselben Bezeichnern in dieser Instanz. In verschiedenen Instanzen dürfen Merkmale mit identischen Bezeichnern auftreten.

`ERR_CONCEPTOUTOFRANGE`: Ein Begriff hat eine Nummer, die keine gültige Punktnummer ist.

`ERR_MISSINGCONCEPTID`: Ein Begriff hat keinen Bezeichner.

`ERR_DUPLICATECONCEPTS`: Es existieren zwei Begriffe mit denselben Bezeichnern in dieser Instanz. In verschiedenen Instanzen dürfen Begiffe mit identischen Bezeichnern auftreten.

`ERR_NODIAGRAMOFLATTICE`: Das Liniendiagramm ist nicht Diagramm eines Verbands.

`ERR_TRANSITIVELINE`: Das Liniendiagramm enthält eine Linie, die sich aufgrund der Transitivität der Ordnungsrelation bereits aus anderen Linien ergibt und daher überflüssig ist.

Weiter können die von den Funktionen `TFCAObject::IsConsistent()` und `TRelation::IsConsistent()` gelieferten Rückgabewerte auftreten.

`IsDiagramOfLattice`

```
int IsDiagramOfLattice();
```

`IsDiagramOfLattice` liefert `1` zurück, wenn das Liniendiagramm das Diagramm eines Verbands ist, und `0` sonst. Dies wird durch einen Algorithmus nach P. Goralčík, A. Goralčíková, V. Koubek und V. Rödl überprüft.

`IsJoinIrreducible`

```
int IsJoinIrreducible(const int point) const;
```

`IsJoinIrreducible` liefert `1` zurück, wenn der Punkt mit der Nummer `point` Supremum-irreduzibel ist, d. h. wenn er nur einen unteren Nachbarn hat, und `0` sonst. Ist `point` keine gültige Punktnummer, so wird auf jeden Fall `0` zurückgegeben.

`IsMeetIrreducible`

```
int IsMeetIrreducible(const int point) const;
```

`IsMeetIrreducible` liefert `1` zurück, wenn der Punkt mit der Nummer `point` Infimum-irreduzibel ist, d. h. wenn er nur einen oberen Nachbarn hat, und `0` sonst. Ist `point` keine gültige Punktnummer, so wird auf jeden Fall `0` zurückgegeben.

`IsLessOrEqual`

```
int IsLessOrEqual(const int point_1, const int point_2);
```

Diese Version von `IsLessOrEqual` hat `1` als Rückgabewert, wenn der Punkt mit der Nummer `point_1` in der durch das Diagramm bestimmten Ordnungsrelation kleiner ist als der Punkt mit der Nummer `point_2`, und `0` sonst. Ist einer der beiden Parameter keine gültige Punktnummer, so wird auf jeden Fall `0` zurückgegeben.

`IsLessOrEqual`

```
int IsLessOrEqual(const string& concept_1,
  const string& concept_2);
```

Diese Version von `IsLessOrEqual` hat `1` als Rückgabewert, wenn der durch den Begriff mit dem Bezeichner `concept_1` referenzierte Punkt in der durch das Diagramm bestimmten Ordnungsrelation kleiner ist als der

Punkt, der durch den Begriff mit dem Bezeichner **concept_2** referenziert wird, und **0** sonst. Ist einer der beiden Parameter kein gültiger Bezeichner eines Begriffs, so wird auf jeden Fall **0** zurückgegeben.

MoveToOrigin

```
void MoveToOrigin(int mode = DM_ATTRIBUTES);
```

MoveToOrigin verschiebt das Liniendiagramm, so daß das kleinste Element (**DM_OBJECTS**) oder das größte Element (**DM_ATTRIBUTES**) im Ursprung des Koordinatensystems liegen. Vor dem Verschieben wird **Adjust** aufgerufen.

NameOf

```
virtual char* NameOf() const;
```

NameOf liefert als Rückgabewert **NAME_LINEDIAGRAM**, den Identifikationsstring der Klasse **TLineDiagram**. Dieser hat per Default den Wert „**Line Diagram**“ und ist ein statischer String, der nicht freigegeben werden sollte.

Print

```
virtual void Print(ostream& out, int indent = 0) const;
```

Print gibt die Instanz von **TLineDiagram** im ConScript-Format in den Stream **out** mit der Einrückung um **indent** Leerzeichen aus. Das durch **ID_string** bestimmte Schlüsselwort wird nicht ausgegeben.

SaturateAttributes

```
void SaturateAttributes(int irreducibles = 0);
```

SaturateAttributes erweitert die Liste **the_attributes** der Merkmale, so daß alle Punkte (**irreducibles** ist **0**) bzw. lediglich die Infimum-irreduziblen Punkte (**irreducibles** ist **1**) von einem Merkmal referenziert werden. Falls der Punkt mit der Nummer i kein Merkmal hat, wird ein Merkmal mit dem Bezeichner und der Beschreibung „**A**i“ eingefügt.

SaturateObjects

```
void SaturateObjects(int irreducibles = 0);
```

SaturateObjects erweitert die Liste **the_objects** der Gegenstände, so daß alle Punkte (**irreducibles** ist **0**) bzw. lediglich die Supremum-irreduziblen Punkte (**irreducibles** ist **1**) von einem Gegenstand referenziert werden. Falls der Punkt mit der Nummer i keinen Gegenstand hat, wird ein Gegenstand mit dem Bezeichner und der Beschreibung „**O**i“ eingefügt.

SetAttributes

```
void SetAttributes(const TQSAttributeArray& attributes);
```

SetAttributes setzt das Datenelement **the_attributes** auf den als Parameter übergebenen Wert. Dabei wird eine Kopie von **attributes** erzeugt.

SetConcepts

```
void SetConcepts(const TQSConceptArray& concepts);
```

SetConcepts setzt das Datenelement **the_concepts** auf den als Parameter übergebenen Wert. Dabei wird eine Kopie von **concepts** erzeugt.

`SetLines`
: `void SetLines(const TQSDLineArray& lines);`
`SetLines` setzt das Datenelement `the_lines` auf den als Parameter übergebenen Wert. Dabei wird eine Kopie von `lines` erzeugt.

`SetObjects`
: `void SetObjects(const TQSObjectArray& objects);`
`SetObjects` setzt das Datenelement `the_objects` auf den als Parameter übergebenen Wert. Dabei wird eine Kopie von `objects` erzeugt.

`SetPoints`
: `void SetPoints(const TQSDPointArray& points);`
`SetPoints` setzt das Datenelement `the_points` auf den als Parameter übergebenen Wert. Dabei wird eine Kopie von `points` erzeugt.

`SetUnit`
: `void SetUnit(const string& unit);`
`SetUnit` setzt das Datenelement `the_unit` auf den als Parameter übergebenen Wert. Dabei wird eine Kopie von `unit` erzeugt.

`SetUnitlength`
: `void SetUnitlength(const double unitlength);`
`SetUnitlength` setzt das Datenelement `the_unitlength` auf den als Parameter übergebenen Wert.

Private Elementfunktionen

`GenerateContext`
: `TFormalContext* GenerateContext(int all = 1);`
`GenerateContext` ist die Funktion, mit der die Kontexte in den öffentlichen `ComputeXxxxContext`-Elementfunktionen tatsächlich berechnet werden. Der Parameter `all` gibt an, ob alle Punkte des Diagramms als Gegenstände und Merkmale betrachtet werden sollen (Wert `1`) oder nur die irreduziblen sowie die durch Einträge in `the_objects` bzw. `the_attributes` explizit referenzierten (Wert `0`).

10.7 TMap

Header-Datei: `fca\maps.h`
Basisklasse: `TFCAObject`

Kurzbeschreibung

`TMap` implementiert die allgemeinen Datenelemente und Funktionen für Abbildungen, die dann in abgeleiteten Klassen für den jeweiligen Verwendungszweck spezifiziert werden können. Argumente und Werte der Abbildung sind jeweils Strings.

Geschützte Datenelemente

`the_arguments`

```
TstringArray the_arguments;
```

`the_arguments` enthält die Argumente der Abbildung, bestimmt also den Definitionsbereich.

`the_values`

```
TstringArray the_values;
```

`the_values` enthält die Werte der Abbildung. Dies ist so zu verstehen, daß die Abbildung für ein Argument an der Position i im Array `the_arguments` den Wert hat, der im Array `the_values` an der Position i steht.

Konstruktoren

`TMap`

```
TMap();
```

Dies ist der Default-Konstruktor. Alle Datenelemente werden als Arrays der Länge Null initialisiert.

`TMap`

```
TMap(TFCAFile* owner, const char* name, const char* remark,
  const TstringArray& arguments,
  const TstringArray& values);
```

Dieser Konstruktor ruft `TFCAObject(owner, name, "", "", remark)` auf und initialisiert die Datenelemente `the_arguments` und `the_values` mit den übergebenen Werten.

Öffentliche Elementfunktionen

`AddArgumentAndValue`

```
virtual int AddArgumentAndValue(const string& argument,
  const string& value);
```

`AddArgumentAndValue` hängt `argument` an das Array `the_arguments` und `value` an das Array `the_values` an. Der Rückgabewert ist `ERR_OK`, wenn die Operation erfolgreich war, und `ERR_ARGUMENTEXISTS`, wenn `argument` schon als Argument vorhanden ist.

`Clear`

```
virtual void Clear();
```

`Clear` entfernt alle Argumente und Werte aus der Abbildung.

`DeleteArgumentAndValue`

```
virtual int DeleteArgumentAndValue(const string& argument);
```

`DeleteArgumentAndValue` löscht `argument` aus `the_arguments` und die korrespondierende Position aus dem Array `the_values`. Der Rückgabewert ist `ERR_OK`, wenn die Operation erfolgreich war. Falls `argument` nicht im Definitionsbereich enthalten ist, wird `ERR_INVALIDARGUMENT` zurückgegeben.

`GetArguments`

```
const TstringArray& GetArguments() const;
```

`GetArguments` liefert eine Referenz auf das Array `the_arguments`, welches die Argumente der Abbildung enthält.

`GetCaption`

```
virtual string* GetCaption(const int flags,
  const int indent = 0) const;
```

`GetCaption` hat als Rückgabewert einen Zeiger auf einen String, der die Bezeichnung der Instanz enthält. Diese wird durch einen Aufruf von `TFCAObject::GetCaption(...)` ermittelt, wobei aber vorher aus `flags` alle Angaben außer `CPT_TYPE` und `CPT_NAME` ausgeblendet werden. Der String ist dynamisch erzeugt und sollte nach seiner Verwendung freigegeben werden.

`GetIndexOfArgument`

```
int GetIndexOfArgument(const string& argument) const;
```

`GetIndexOfArgument` liefert die Position zurück, an welcher der String `argument` im Array `the_arguments` steht. Falls `argument` nicht im Definitionsbereich der Abbildung ist, wird `-1` zurückgegeben.

`GetPreImage`

```
const TstringSet GetPreImage(const string& value) const;
```

`GetPreImage` liefert das volle Urbild des Wertes `value` unter der Abbildung.

`GetSize`

```
int GetSize() const;
```

`GetSize` liefert die Größe der Abbildung, d. h. die Zahl ihrer Argumente.

`GetValue`

```
const string& GetValue(const string& argument) const;
```

`GetValue` gibt eine Referenz auf den Wert der Abbildung für das Argument `argument`. Falls `argument` nicht im Definitionsbereich der Abbildung war, wird eine Referenz auf einen statischen leeren String zurückgegeben.

`GetValues`

```
const TstringArray& GetValues() const;
```

`GetValues` liefert eine Referenz auf das Datenelement `the_values`, welches die Werte der Abbildung enthält.

`IsA`

```
virtual classType IsA() const;
```

`IsA` hat `NUMBER_MAP`, die Identifikationsnummer der Klasse `TMap`, als Rückgabewert.

`IsConsistent`

```
virtual int IsConsistent();
```

IsConsistent überprüft die Konsistenz der Abbildung. Mögliche Rückgabewerte sind:

ERR_OK: Die Abbildung ist konsistent.

ERR_MAPSIZE: Die Anzahl der Argumente stimmt nicht mit der Anzahl der Werte überein, d. h. the_arguments und the_values haben verschiedene Größen. Dadurch ist die Zuordnung der Werte zu den Argumenten nicht möglich.

ERR_DUPLICATEARGUMENTS: Ein Argument taucht doppelt auf, wodurch der Wert für dieses Argument ggf. nicht eindeutig festliegt. Dies verletzt die allgemeinen Eigenschaften von Abbildungen als rechtseindeutigen Relationen.

Außerdem können die von TFCAObject::IsConsistent() gelieferten Rückgabewerte auftreten.

NameOf

```
virtual char* NameOf() const;
```

NameOf liefert als Rückgabewert NAME_MAP, den Identifikationsstring der Klasse TMap. Dieser hat per Default den Wert „Map“ und ist ein statischer String, der nicht freigegeben werden sollte.

Print

```
virtual void Print(ostream& out, int indent = 0) const;
```

Print gibt den Kopf einer Abbildung im CONSCRIPT-Format in den Stream out mit der Einrückung um indent Leerzeichen aus.

SetArguments

```
void SetArguments(const TstringArray& arguments);
```

SetArguments setzt das Datenelement the_arguments auf den als Parameter übergebenen Wert. Dabei wird eine Kopie von arguments erzeugt.

SetValue

```
int SetValue(const string& argument, const string& value);
```

SetValue setzt den Wert der Abbildung für das Argument argument auf Value. Der Rückgabewert ist ERR_OK, wenn die Operation erfolgreich war, und ERR_INVALIDARGUMENT, wenn argument nicht im Definitionsbereich der Abbildung war.

SetValues

```
void SetValues(const TstringArray& values);
```

SetValues setzt das Datenelement the_values auf den als Parameter übergebenen Wert. Dabei wird eine Kopie von values erzeugt.

operator ()

```
const string& operator()(const string& argument) const;
```

() gibt GetValue(argument) zurück.

10.8 TStringMap

Header-Datei: fca\maps.h
Basisklasse: TMap

Kurzbeschreibung

Die Klasse `TStringMap` spezifiziert `TMap` dahingehend, daß einem Bezeichner ein für die Ausgabe/Anzeige bestimmter String zugewiesen wird. Für jeden solchen String wird auch ein Formatstring gespeichert. Die Klasse `TStringMap` wird in konkreten Skalen für die Zuordnung der konkreten Merkmalsnamen und in begrifflichen Dateien für die Zuordnung der Gegenstandsbeschreibungen zu den Bezeichnern verwendet.

Private Datenelemente

`ID_string`

```
static const char ID_string[];
```

`ID_string` enthält das Schlüsselwort `ID_STRINGMAP` für String-Abbildungen. Der Defaultwert ist der String „`STRING_MAP`".

Geschützte Datenelemente

`the_formats`

```
TstringArray the_formats;
```

`the_formats` enthält die Formatangaben für die Werte der Abbildung. Dies ist so zu verstehen, daß der Wert an der Position i im Array `the_values` das Format benutzt, das im Array `the_formats` an der Position i steht.

Konstruktoren

`TStringMap`

```
TStringMap();
```

Dies ist der Default-Konstruktor. Alle nicht-statischen Datenelemente werden als Arrays der Länge Null initialisiert.

`TStringMap`

```
TStringMap(TFCAFile* owner, const char* name,
  const char* remark, const TstringArray& arguments,
  const TstringArray& values,
  const TstringArray& formats);
```

Dieser Konstruktor ruft den von der Klasse `TMap` vererbten Konstruktor `TMap(owner, name, remark, arguments, values)` auf und initialisiert das Datenelement `the_formats` mit dem übergebenen Wert.

Öffentliche Elementfunktionen

`AddArgumentAndValue`

```
virtual int AddArgumentAndValue(const string& argument,
  const string& value);
```

Diese Version von `AddArgumentAndValue` hängt `argument` an das Array `the_arguments` und `value` an das Array `the_values` an. Zusätzlich wird an das Array `the_formats` ein Leerstring angehängt. Der Rückgabewert ist `ERR_OK`, wenn die Operation erfolgreich war, und `ERR_ARGUMENTEXISTS`, wenn `argument` schon als Argument vorhanden ist.

`AddArgumentAndValue`

```
virtual int AddArgumentAndValue(const string& argument,
  const string& value, const string& format);
```

Diese Version von `AddArgumentAndValue` hängt `argument` an das Array `the_arguments`, `value` an das Array `the_values` und `format` an das Array `the_formats` an. Der Rückgabewert ist `ERR_OK`, wenn die Operation erfolgreich war, und `ERR_ARGUMENTEXISTS`, wenn `argument` schon als Argument vorhanden ist.

`Clear`

```
virtual void Clear();
```

`Clear` entfernt alle Argumente, Werte und Formate aus der Abbildung.

`DeleteArgumentAndValue`

```
virtual int DeleteArgumentAndValue(const string& argument);
```

`DeleteArgumentAndValue` löscht `argument` aus `the_arguments` und die korrespondierenden Positionen aus dem Array `the_values` und dem Array `the_formats`. Der Rückgabewert ist `ERR_OK`, wenn die Operation erfolgreich war, und `ERR_INVALIDARGUMENT`, wenn `argument` nicht im Definitionsbereich der Abbildung enthalten ist.

`GetFormat`

```
const string& GetFormat(const string& argument) const;
```

`GetFormat` gibt eine Referenz auf das Format des Werts der Abbildung für das Argument `argument`. Falls `argument` nicht im Definitionsbereich der Abbildung war, wird eine Referenz auf einen statischen leeren String zurückgegeben.

`GetFormats`

```
const TstringArray& GetFormats() const;
```

`GetFormats` liefert eine Referenz auf das Datenelement `the_formats`, welches die Formate der Werte der Abbildung enthält.

`GetIDString`

```
virtual const char* GetIDString() const;
```

`GetIDString` liefert als Rückgabewert das Datenelement `ID_string`, welches das ConScript-Schlüsselwort `ID_STRINGMAP` („`STRING_MAP`") enthält.

`IsA`

```
virtual classType IsA() const;
```

`IsA` hat `NUMBER_STRINGMAP`, die Identifikationsnummer von `TStringMap`, als Rückgabewert.

`IsConsistent`

`virtual int IsConsistent();`

`IsConsistent` überprüft die Konsistenz der String-Abbildung. Die Rückgabewerte sind dieselben wie die von `TMap::IsConsistent()`, der Rückgabewert `ERR_MAPSIZE` wird aber auch dann ausgegeben, wenn die Anzahl der Formate nicht mit der Anzahl der Argumente übereinstimmt.

`NameOf`

`virtual char* NameOf() const;`

`NameOf` liefert als Rückgabewert `NAME_STRINGMAP`, den Identifikationsstring der Klasse `TStringMap`. Dieser hat den Wert „`String Map`" per Default und ist ein statischer String, der nicht freigegeben werden sollte.

`Print`

`virtual void Print(ostream& out, int indent = 0) const;`

`Print` gibt die Instanz von `TStringMap` im ConScript-Format in den Stream `out` mit der Einrückung um `indent` Leerzeichen aus. Das durch `ID_string` bestimmte Schlüsselwort wird nicht ausgegeben.

`SetFormat`

`int SetFormat(const string& argument, const string& format);`

`SetFormat` setzt das Format des Werts der Abbildung für das Argument `argument` auf `format`. Der Rückgabewert ist `ERR_OK`, wenn die Operation erfolgreich war, und `ERR_INVALIDARGUMENT`, wenn `argument` nicht im Definitionsbereich der Abbildung war.

`SetFormats`

`void SetFormats(const TstringArray& formats);`

`SetFormats` setzt das Datenelement `the_formats` auf den als Parameter übergebenen Wert. Dabei wird eine Kopie von `formats` erzeugt.

10.9 TQueryMap

Header-Datei: `fca\maps.h`
Basisklasse: `TMap`

Kurzbeschreibung

Die Klasse `TQueryMap` spezifiziert `TMap` dahingehend, daß einem Datenbank-Abfrageterm ein Bezeichner zugewiesen wird. Die Klasse `TQueryMap` wird in konkreten Skalen für die Zuweisung der abstrakten Gegenstände zu den Datenbank-Abfragen verwendet.

Private Datenelemente

`ID_string`

`static const char ID_string[];`

`ID_string` enthält das Schlüsselwort `ID_QUERYMAP` für Query-Abbildungen. Der Defaultwert ist der String „`QUERY_MAP`".

Konstruktoren

`TQueryMap`

`TQueryMap();`

Dies ist der Default-Konstruktor. Alle nicht-statischen Datenelemente werden als Arrays der Länge Null initialisiert.

`TQueryMap`

```
TQueryMap(TFCAFile* owner, const char* name,
  const char* remark, const TstringArray& arguments,
  const TstringArray& values);
```

Dieser Konstruktor ruft den von der Klasse `TMap` vererbten Konstruktor `TMap(owner, name, remark, arguments, values)` auf.

Öffentliche Elementfunktionen

`GetIDString`

`virtual const char* GetIDString() const;`

`GetIDString` liefert als Rückgabewert das Datenelement `ID_string`, welches das ConScript-Schlüsselwort `ID_QUERYMAP` („`QUERY_MAP`") enthält.

`IsA`

`virtual classType IsA() const;`

`IsA` hat `NUMBER_QUERYMAP`, die Identifikationsnummer von `TQueryMap`, als Rückgabewert.

`NameOf`

`virtual char* NameOf() const;`

`NameOf` liefert als Rückgabewert `NAME_QUERYMAP`, den Identifikationsstring der Klasse `TQueryMap`. Dieser hat den Wert „`Query Map`" per Default und ist ein statischer String, der nicht freigegeben werden sollte.

`Print`

`virtual void Print(ostream& out, int indent = 0) const;`

`Print` gibt die Instanz von `TQueryMap` im ConScript-Format in den Stream `out` mit der Einrückung um `indent` Leerzeichen aus. Das durch `ID_string` bestimmte Schlüsselwort wird nicht ausgegeben.

10.10 TIdentifierMap

Header-Datei: `fca\maps.h`
Basisklasse: `TMap`

Kurzbeschreibung

Die Klasse `TIdentifierMap` spezifiziert `TMap` dahingehend, daß einem Bezeichner ein anderer Bezeichner zugewiesen wird. Die Klasse `TIdentifierMap` wird in realisierten Skalen für die Zuweisung der abstrakten Gegenstände zu den realen Gegenständen verwendet.

Private Datenelemente

`ID_string`
`static const char ID_string[];`
`ID_string` enthält das ConScript-Schlüsselwort `ID_IDENTIFIERMAP` für Bezeichner-Abbildungen. Der Defaultwert ist „`IDENTIFIER_MAP`".

Konstruktoren

`TIdentifierMap`
`TIdentifierMap();`
Dies ist der Default-Konstruktor. Alle nicht-statischen Datenelemente werden als Arrays der Länge Null initialisiert.

`TIdentifierMap`
```
TIdentifierMap(TFCAFile* owner, const char* name,
  const char* remark, const TstringArray& arguments,
  const TstringArray& values);
```
Dieser Konstruktor ruft den von der Klasse `TMap` vererbten Konstruktor `TMap(owner, name, remark, arguments, values)` auf.

Öffentliche Elementfunktionen

`GetIDString`
`virtual const char* GetIDString() const;`
`GetIDString` liefert als Rückgabewert das Datenelement `ID_string`, welches das Schlüsselwort `ID_IDENTIFIERMAP` („`IDENTIFIER_MAP`") enthält.

`IsA`
`virtual classType IsA() const;`
`IsA` hat `NUMBER_IDENTIFIERMAP`, die Identifikationsnummer der Klasse `TIdentifierMap`, als Rückgabewert.

`NameOf`
`virtual char* NameOf() const;`
`NameOf` liefert als Rückgabewert `NAME_IDENTIFIERMAP`, den Identifikationsstring der Klasse `TIdentifierMap`. Dieser hat per Default den Wert „`Identifier Map`" und ist ein statischer String, der nicht freigegeben werden sollte.

`Print`
`virtual void Print(ostream& out, int indent = 0) const;`
`Print` gibt die Instanz von `TIdentifierMap` im ConScript-Format in den Stream `out` mit der Einrückung um `indent` Leerzeichen aus. Das durch `ID_string` bestimmte Schlüsselwort wird nicht ausgegeben.

10.11 TAbstractScale

Header-Datei: fca\scales.h
Basisklasse: TFCAObject

Kurzbeschreibung

Die Klasse TAbstractScale implementiert eine abstrakte Skala. Es werden Funktionen zur Verwaltung des Kontexts und einer Liste zugehöriger Liniendiagramme bereitgestellt. Dabei werden sowhl die Namen des Kontexts und der Diagramme als auch Zeiger auf die entsprechenden Instanzen von TFormalContext und TLineDiagram gespeichert.

Private Datenelemente

ID_string
 static const char ID_string[];
 ID_string enthält das ConScript-Schlüsselwort ID_ABSTRACTSCALE für abstrakte Skalen. Der Defaultwert ist der String „ABSTRACT_SCALE“.

the_context
 TFormalContext* the_context;
 the_context ist ein Zeiger auf den verwendeten formalen Kontext. Für eine Instanz kann durch einen Aufruf von GetOwner()->PointersOK() geprüft werden, ob dieser Zeiger gültig ist.

the_context_name
 string the_context_name;
 the_context_name enthält den Namen des verwendeten Kontexts. Für eine Instanz kann durch einen Aufruf von GetOwner()->NamesOK() geprüft werden, ob der gespeicherte Name gültig ist.

the_diagrams
 TILineDiagramArray the_diagrams;
 the_diagrams ist ein Array von Zeigern auf die verwendeten Liniendiagramme. Für eine Instanz kann durch einen Aufruf der Funktion GetOwner()->PointersOK() geprüft werden, ob diese Zeiger gültig sind.

the_diagram_names
 TstringArray the_diagram_names;
 the_diagram_names enthält die Namen der verwendeten Liniendiagramme. Für eine Instanz kann durch den Aufruf GetOwner()->NamesOK() geprüft werden, ob die gespeicherten Namen gültig sind.

Konstruktoren

TAbstractScale
 TAbstractScale();
 Dies ist der Default-Konstruktor. Alle nicht-statischen Datenelemente werden als leere Strings, NULL-Zeiger bzw. Arrays der Größe 0 initialisiert.

`TAbstractScale`

```
TAbstractScale(TFCAFile* owner, const char* name,
  const char* title, const char* title_format,
  const char* remark, const TstringArray& specials,
  const char* context_name,
  const TstringArray& diagram_names);
```

Dieser Konstruktor ruft den Konstruktor `TFCAObject(owner, name, title, title_format, remark, specials)` auf und initialisiert die Datenelemente `the_context_name` und `the_diagram_names` mit den übergebenen Werten. Die Datenelemente `the_context` und `the_diagrams` werden als `NULL`-Zeiger bzw. Arrays der Größe 0 initialisiert.

`TAbstractScale`

```
TAbstractScale(TFCAFile* owner, const char* name,
  const char* title, const char* title_format,
  const char* remark, const TstringArray& specials,
  TFormalContext* context,
  const TILineDiagramArray& diagrams);
```

Dieser Konstruktor ruft den Konstruktor `TFCAObject(owner, name, title, title_format, remark, specials)` auf und initialisiert die Datenelemente `the_context` und `the_diagrams` mit den übergebenen Werten. Anschließend werden noch die Datenelemente `the_context_name` und `the_diagram_names` durch einen Aufruf der Elementfunktionen `TransferNameOfContext` bzw. `TransferNamesOfDiagrams` initialisiert.

Öffentliche Elementfunktionen

`Adjust`

```
virtual void Adjust();
```

`Adjust` ruft die geschützte Elementfunktion `PurifyDiagrams()` auf, um `NULL`-Zeiger aus dem Array `the_diagrams` zu entfernen.

`CrossRefNames`

```
virtual void CrossRefNames();
```

`CrossRefNames` überträgt die Namen des formalen Kontexts und der Liniendiagramme, auf die durch Zeiger verwiesen wird, in die Datenelemente, welche die Namen speichern.

`CrossRefPointers`

```
virtual void CrossRefPointers();
```

`CrossRefPointers` initialisiert die Zeiger auf den formalen Kontext und die Liniendiagramme, indem versucht wird, in der durch `GetOwner()` bestimmten Datei die Strukturen mit den in `the_context_name` und `the_diagram_names` gespeicherten Namen zu finden.

`DeleteDiagram`

```
int DeleteDiagram(const string& diagram);
```

`DeleteDiagram` löscht das Liniendiagramm mit dem Namen `diagram` aus dem Array `the_diagrams`. Der von dem Diagramm belegte Speicherplatz wird nicht freigegeben, so daß andere Zeiger auf dasselbe Diagramm nach wie vor gültig sind. Der Rückgabewert ist **ERR_OK**, wenn die Operation erfolgreich war, und **ERR_INVALIDDIAGRAM**, wenn es im Array kein Liniendiagramm mit dem angegebenen Namen gibt.

`GetContext`

`TFormalContext* GetContext() const;`

`GetContext` hat einen Zeiger auf den verwendeten formalen Kontext als Rückgabewert. Für eine Instanz kann durch einen Aufruf der Funktion **`GetOwner()->PointersOK()`** geprüft werden, ob dieser Zeiger gültig ist.

`GetDiagram`

`TLineDiagram* GetDiagram(const int diagram) const;`

`GetDiagram` liefert einen Zeiger auf das Liniendiagramm mit dem Index **`diagram`**. Falls der Index ungültig ist, wird **`NULL`** zurückgegeben. Für eine Instanz kann durch einen Aufruf von **`GetOwner()->PointersOK()`** geprüft werden, ob dieser Zeiger gültig ist.

`GetDiagrams`

`const TILineDiagramArray& GetDiagrams() const;`

`GetDiagrams` liefert eine Referenz auf das Datenelement **`the_diagrams`**, welches Zeiger auf die verwendeten Liniendiagramme enthält. Für eine Instanz kann durch einen Aufruf von **`GetOwner()->PointersOK()`** geprüft werden, ob die gespeicherten Zeiger gültig sind.

`GetIDString`

`virtual const char* GetIDString() const;`

`GetIDString` liefert als Rückgabewert das Datenelement **`ID_string`**, welches das Schlüsselwort **`ID_ABSTRACTSCALE`** („**`ABSTRACT_SCALE`**") enthält.

`GetIndexOfDiagram`

`int GetIndexOfDiagram(const string& diagram) const;`

`GetIndexOfDiagram` hat als Rückgabewert den Index des Liniendiagramms mit dem Namen **`diagram`** im Array **`the_diagrams`**. Falls es kein Liniendiagramm mit dem angegebenen Namen gibt, wird **`-1`** zurückgegeben.

`GetNameOfContext`

`const string& GetNameOfContext() const;`

`GetNameOfContext` liefert eine Referenz auf **`the_context_name`**, den Namen des verwendeten formalen Kontexts. Für eine Instanz kann durch einen Aufruf von **`GetOwner()->NamesOK()`** geprüft werden, ob der gespeicherte Name gültig ist.

`GetNamesOfDiagrams`

`const TstringArray& GetNamesOfDiagrams() const;`

`GetNamesOfDiagrams` liefert eine Referenz auf **`the_diagram_names`**. Dieses Datenelement enthält die Namen der verwendeten Liniendiagramme. Für eine Instanz kann durch einen Aufruf von **`GetOwner()->NamesOK()`** geprüft werden, ob die gespeicherten Namen gültig sind.

GetNumberOfDiagrams

`int GetNumberOfDiagrams() const;`

`GetNumberOfDiagrams` hat die Anzahl der verwendeten Liniendiagramme als Rückgabewert. Dies ist immer die Größe des Arrays `the_diagrams`, unabhängig davon, ob die darin enthaltenen Zeiger gültig sind oder nicht.

InsertDiagram

`int InsertDiagram(int pos, TLineDiagram* diagram);`

`InsertDiagram` fügt das durch den Parameter `diagram` bestimmte Liniendiagramm in das Array `the_diagrams` an der Position `pos` ein. Nachfolgende Diagramme werden entsprechend verschoben. Ist `pos` kein gültiger Index, so wird das Diagramm am Anfang (`pos < 0`) oder am Ende (`pos` größer Elementezahl) eingefügt. Anschließend werden die Namen der Liniendiagramme neu initialisiert. Der Rückgabewert ist `ERR_OK`, falls die Operation erfolgreich war, und `ERR_DIAGRAMEXISTS`, falls das Liniendiagramm bereits im Array existiert.

IsA

`virtual classType IsA() const;`

`IsA` hat `NUMBER_ABSTRACTSCALE`, die Identifikationsnummer der Klasse `TAbstractScale`, als Rückgabewert.

IsConsistent

`virtual int IsConsistent();`

`IsConsistent` überprüft die Konsistenz der abstrakten Skala. Mögliche Rückgabewerte sind:

`ERR_OK`: Die abstrakte Skala ist konsistent.

`ERR_MISSINGCONTEXT`: Der formale Kontext fehlt, d. h. `the_context` ist `NULL`.

`ERR_MISSINGDIAGRAM`: Entweder fehlen alle Liniendiagramme, oder es wurde ein Name für ein Liniendiagramm angegeben, zu dem es keinen gültigen Zeiger gibt, d. h. das Liniendiagramm mit diesem Namen existiert in der Datei nicht.

`ERR_DUPLICATEDIAGRAMS`: Es existieren an verschiedenen Positionen Zeiger auf dasselbe Liniendiagramm. Vermutlich wurde derselbe Name doppelt angegeben.

`ERR_MISSINGOBJECTCXT`: Ein Zeile im formalen Kontext hat keinen Gegenstand, der sie referenziert.

`ERR_MISSINGATTRIBUTECXT`: Ein Spalte im formalen Kontext hat kein Merkmal, das sie referenziert.

`ERR_MISSINGOBJECTDIA`: Ein Gegenstand aus dem formalen Kontext fehlt in einem Liniendiagramm.

`ERR_SUPERFLOBJECTDIA`: Ein Gegenstand in einem Liniendiagramm ist überflüssig, da er nicht im formalen Kontext auftritt.

`ERR_MISSINGATTRIBUTEDIA`: Ein Merkmal aus dem formalen Kontext fehlt in einem Liniendiagramm.

ERR_SUPERFLATTRIBUTEDIA: Ein Merkmal in einem Liniendiagramm ist überflüssig, da es nicht im formalen Kontext auftritt.

ERR_NODIAGRAMOFCONTEXT: Eines der Liniendiagramme ist kein Liniendiagramm des Begriffsverbands des formalen Kontexts. Diese Überprüfung geschieht mittels des Hauptsatzes über Begriffsverbände.

Außerdem können die von TFCAObject::IsConsistent() gelieferten Rückgabewerte auftreten.

NameOf

virtual char* NameOf() const;

NameOf liefert als Rückgabewert NAME_ABSTRACTSCALE, den Identifikationsstring der Klasse TAbstractScale. Dieser hat per Default den Wert „Abstract Scale“ und ist ein statischer String, der nicht freigegeben werden sollte.

Print

virtual void Print(ostream& out, int indent = 0) const;

Print gibt die Instanz von TAbstractScale im ConScript-Format in den Stream out mit der Einrückung um indent Leerzeichen aus. Das durch ID_string bestimmte Schlüsselwort wird nicht ausgegeben.

SetContext

void SetContext(TFormalContext* context);

SetContext setzt das Datenelement the_context auf den als Parameter übergebenen Wert context. Anschließend wird the_context_name mit dem Namen des neuen formalen Kontexts initialisiert.

SetDiagrams

void SetDiagrams(const TILineDiagramArray& diagrams);

SetDiagrams setzt das Datenelement the_diagrams auf das übergebene Array diagrams. Anschließend wird the_diagram_names mit den Namen der neuen Liniendiagramme initialisiert.

Geschützte Elementfunktionen

PurifyDiagrams

void PurifyDiagrams();

PurifyDiagrams entfernt aus dem Array the_diagrams alle NULL-Zeiger. Anschließend wird the_diagram_names neu initialisiert.

TransferNameOfContext

void TransferNameOfContext(int pointer_is_ok = 0);

TransferNameOfContext initialisiert the_context_name mit dem Namen des durch the_context referenzierten formalen Kontexts, falls pointer_is_ok oder GetOwner()->PointersOK() den Wert 1 haben.

TransferNamesOfDiagrams

void TransferNamesOfDiagrams(int pointers_are_ok = 0);

TransferNamesOfDiagrams initialisiert das Array the_diagram_names mit den Namen der durch the_diagrams referenzierten Liniendiagramme, falls der Parameter **pointers_are_ok** den Wert **1** hat oder der Aufruf **GetOwner()->PointersOK()** den Wert **1** liefert.

10.12 TConcreteScale

Header-Datei: **fca\scales.h**
Basisklasse: **TFCAObject**

Kurzbeschreibung

Die Klasse **TConcreteScale** implementiert eine konkrete Skala. Es werden Funktionen zur Verwaltung der abstrakten Skala, der Gegenstands- und der Merkmalsabbildung sowie den zu dieser konkreten Skala gehörenden Datenbankfeldern und -tabellen bereitgestellt.

Private Datenelemente

ID_string
static const char ID_string[];
ID_string enthält das ConScript-Schlüsselwort **ID_CONCRETESCALE** für konkrete Skalen. Der Defaultwert ist der String „**CONCRETE_SCALE**".

the_abstract_scale
TAbstractScale* the_abstract_scale;
the_abstract_scale ist ein Zeiger auf die verwendete abstrakte Skala. Für eine Instanz kann durch den Aufruf **GetOwner()->PointersOK()** geprüft werden, ob dieser Zeiger gültig ist.

the_abstract_scale_name
string the_abstract_scale_name;
the_abstract_scale_name enthält den Namen der verwendeten abstrakten Skala. Für eine Instanz kann durch einen Aufruf der Funktion **GetOwner()->NamesOK()** geprüft werden, ob der gespeicherte Name gültig ist.

the_attribute_map
TStringMap* the_attribute_map;
the_attribute_map ist ein Zeiger auf die verwendete Merkmalsabbildung. Die Argumente dieser Abbildung sind Merkmalsbezeichner der abstrakten Skala, die Werte sind sinntragende Benennungen der konkreten Merkmale. Für eine Instanz kann durch einen Aufruf der Funktion **GetOwner()->PointersOK()** geprüft werden, ob dieser Zeiger gültig ist.

the_attribute_map_name
string the_attribute_map_name;
the_attribute_map_name enthält den Namen der verwendeten Merkmalsabbildung. Für eine Instanz kann durch einen Aufruf der Funktion **GetOwner()->NamesOK()** geprüft werden, ob der gespeicherte Name gültig ist.

the_fields

`TstringArray the_fields;`

`the_fields` ist ein Array von Strings, die die von der konkreten Skala modellierten Felder der verwendeten Datenbank bezeichnen. Falls die konkrete Skala nicht mit einer Datenbank zusammen verwendet wird, kann dieses Array leer sein.

the_query_map

`TQueryMap* the_query_map;`

`the_query_map` ist ein Zeiger auf die verwendete Gegenstandsabbildung. Die Argumente dieser Abbildung sind Abfragebedingungen für die Datenbank, die Werte sind Gegenstandsbezeichner der abstrakten Skala. Falls die konkrete Skala nicht zusammen mit einer Datenbank benutzt wird, kann die Gegenstandsabbildung fehlen. Für eine Instanz kann durch einen Aufruf von `GetOwner()->PointersOK()` geprüft werden, ob dieser Zeiger gültig ist.

the_query_map_name

`string the_query_map_name;`

`the_query_map_name` enthält den Namen der verwendeten Gegenstandsabbildung. Für eine Instanz kann durch einen Aufruf der Funktion `GetOwner()->NamesOK()` geprüft werden, ob der gespeicherte Name gültig ist.

the_tables

`TstringArray the_tables;`

`the_tables` ist ein Array von Strings, das verwendet werden kann, um die von der konkreten Skala verwendeten Tabellen der Datenbank zu bezeichnen.

Konstruktoren

TConcreteScale

`TConcreteScale();`

Dies ist der Default-Konstruktor. Alle nicht-statischen Datenelemente werden als leere Strings, `NULL`-Zeiger bzw. Array der Größe 0 initialisiert.

TConcreteScale

```
TConcreteScale(TFCAFile* owner, const char* name,
  const char* title, const char* title_format,
  const char* remark, const TstringArray& specials,
  const TstringArray& tables, const TstringArray& fields,
  const char* abstract_scale_name,
  const char* query_map_name,
  const char* attribute_map_name);
```

Dieser Konstruktor ruft den Konstruktor `TFCAObject(owner, name, title, title_format, remark, specials)` auf und initialisiert dann Datenelemente `the_tables`, `the_fields`, `the_abstract_scale_name`, the_query_map_name und the_attribute_map_name mit den übergebenen Werten. Die Datenelemente the_abstract_scale, the_query_map und the_attribute_map werden als NULL-Zeiger initialisiert.

TConcreteScale

```
TConcreteScale(TFCAFile* owner, const char* name,
  const char* title, const char* title_format,
  const char* remark, const TstringArray& specials,
  const TstringArray& tables, const TstringArray& fields,
  TAbstractScale* abstract_scale,
  TQueryMap* query_map, TStringMap* attribute_map);
```

Dieser Konstruktor ruft den Konstruktor TFCAObject(owner, name, title, title_format, remark, specials) auf und initialisiert die privaten Datenelemente the_fields, the_tables, the_abstract_scale, the_query_map und the_attribute_map mit den übergebenen Werten. Dann werden die Datenelemente the_abstract_scale_name sowie the_query_map_name und the_attribute_map_name durch einen Aufruf von TransferNameOfAbstractScale und TransferNameOfQueryMap sowie TransferNameOfAttributeMap initialisiert.

Öffentliche Elementfunktionen

CrossRefNames

```
virtual void CrossRefNames();
```

CrossRefNames überträgt die Namen der abstrakten Skala, der Gegenstands- und der Merkmalsabbildung, auf die durch Zeiger verwiesen wird, in die Datenelemente, welche die Namen speichern.

CrossRefPointers

```
virtual void CrossRefPointers();
```

CrossRefPointers initialisiert die Zeiger auf die abstrakte Skala, die Gegenstands- und die Merkmalsabbildung, indem versucht wird, in der durch GetOwner() bestimmten Datei die Strukturen mit den in den privaten Datenelementen the_xxxx_name gespeicherten Namen zu finden.

GetAbstractScale

```
TAbstractScale* GetAbstractScale() const;
```

GetAbstractScale hat einen Zeiger auf die verwendete abstrakte Skala als Rückgabewert. Für eine Instanz kann durch einen Aufruf von GetOwner()->PointersOK() geprüft werden, ob dieser Zeiger gültig ist.

GetAttributeMap

```
TStringMap* GetAttributeMap() const;
```

GetAttributeMap hat einen Zeiger auf die verwendete Merkmalsabbildung als Rückgabewert. Für eine Instanz kann durch einen Aufruf von GetOwner()->PointersOK() geprüft werden, ob der Zeiger gültig ist.

GetField

```
const string& GetField(const int number) const;
```

`GetField` liefert eine Referenz auf den Namen des Datenbankfelds mit dem Index `number`. Falls der Index ungültig ist, wird eine Referenz auf einen statischen Leerstring zurückgegeben.

GetFields

`const TstringArray& GetFields() const;`

`GetFields` liefert eine Referenz auf das Datenelement `the_fields`, welches die Namen der referenzierten Datenbankfelder enthält. Falls die konkrete Skala nicht mit einer Datenbank zusammen verwendet wird, kann dieses Array leer sein.

GetIDString

`virtual const char* GetIDString() const;`

`GetIDString` liefert als Rückgabewert das Datenelement `ID_string`, welches das Schlüsselwort `ID_CONCRETESCALE` („`CONCRETE_SCALE`") enthält.

GetNameOfAbstractScale

`const string& GetNameOfAbstractScale() const;`

`GetNameOfAbstractScale` hat als Rückgabewert eine Referenz auf das private Datenelement `the_abstract_scale_name`, welches den Namen der verwendeten abstrakten Skala enthält. Für eine Instanz kann durch einen Aufruf von `GetOwner()->NamesOK()` geprüft werden, ob der gespeicherte Name gültig ist.

GetNameOfAttributeMap

`const string& GetNameOfAttributeMap() const;`

`GetNameOfAttributeMap` hat als Rückgabewert eine Referenz auf das private Datenelement `the_attribute_map_name`, welches den Namen der verwendeten Merkmalsabbildung enthält. Für eine Instanz kann durch einen Aufruf von `GetOwner()->NamesOK()` geprüft werden, ob der gespeicherte Name gültig ist.

GetNameOfQueryMap

`const string& GetNameOfQueryMap() const;`

`GetNameOfQueryMap` liefert eine Referenz auf `the_query_map_name`, den Namen der verwendeten Gegenstandsabbildung. Für eine Instanz kann durch einen Aufruf von `GetOwner()->NamesOK()` geprüft werden, ob der gespeicherte Name gültig ist.

GetQueryMap

`TQueryMap* GetQueryMap() const;`

`GetQueryMap` hat einen Zeiger auf die verwendete Gegenstandsabbildung als Rückgabewert. Falls die konkrete Skala nicht mit einer Datenbank zusammen verwendet wird, kann dieser Zeiger `NULL` sein. Für eine Instanz kann durch einen Aufruf von `GetOwner()->PointersOK()` geprüft werden, ob der Zeiger gültig ist.

GetTable

`const string& GetTable(const int number) const;`

`GetTable` liefert eine Referenz auf den Namen des Datenbanktabelle mit dem Index `number`. Falls der Index ungültig ist, wird eine Referenz auf einen statischen Leerstring zurückgegeben.

`GetTables`

`const TstringArray& GetTables() const`

`GetTables` liefert eine Referenz auf das Datenelement `the_tables`, welches die Namen der referenzierten Datenbanktabellen enthalten kann.

`IsA`

`virtual classType IsA() const;`

`IsA` hat `NUMBER_CONCRETESCALE`, die Identifikationsnummer der Klasse `TConcreteScale`, als Rückgabewert.

`IsConsistent`

`virtual int IsConsistent();`

`IsConsistent` überprüft die Konsistenz der konkreten Skala. Mögliche Rückgabewerte sind:

`ERR_OK`: Die konkrete Skala ist konsistent.

`ERR_MISSINGABSTRACTSCALE`: Die abstrakte Skala fehlt, d. h. der Zeiger `the_abstract_scale` ist `NULL`.

`ERR_MISSINGOBJECTMAP`: Es wurden Datenbankfelder spezifiziert, aber die Gegenstandsabbildung fehlt, d. h. der Zeiger `the_query_map` ist `NULL`.

`ERR_MISSINGATTRIBUTEMAP`: Die Merkmalsabbildung fehlt, d. h. der Zeiger `the_attribute_map` ist `NULL`.

`ERR_INVALIDOBJECTQUM`: In der Gegenstandsabbildung taucht ein Wert auf, der nicht Bezeichner eines Gegenstands der abstrakten Skala ist.

`ERR_MISSINGATTRIBUTEATM`: Ein Merkmal aus der abstrakten Skala bekommt durch die Merkmalsabbildung keine Benennung zugewiesen.

`ERR_SUPERFLATTRIBUTEATM`: Ein Merkmal in der Merkmalsabbildung ist überflüssig, da es nicht in der abstrakten Skala auftritt.

Außerdem können die von `TFCAObject::IsConsistent()` gelieferten Rückgabewerte auftreten.

`NameOf`

`virtual char* NameOf() const;`

`NameOf` liefert als Rückgabewert `NAME_CONCRETESCALE`, den Identifikationsstring der Klasse `TConcreteScale`. Dieser hat per Default den Wert „`Concrete Scale`" und ist ein statischer String, der nicht freigegeben werden sollte.

`Print`

`virtual void Print(ostream& out, int indent = 0) const;`

`Print` gibt die Instanz von `TConcreteScale` im ConScript-Format in den Stream `out` mit der Einrückung um `indent` Leerzeichen aus. Das durch `ID_string` bestimmte Schlüsselwort wird nicht ausgegeben.

`SetAbstractScale`

`void SetAbstractScale(TAbstractScale* abstract_scale);`

SetAbstractScale setzt das Datenelement the_abstract_scale auf den übergebenen Wert abstract_scale. Anschließend wird der String the_abstract_scale_name mit dem Namen der neuen abstrakten Skala initialisiert.

SetAttributeMap

void SetAttributeMap(TStringMap* attribute_map);

SetAttributeMap setzt das Datenelement the_attribute_map auf den übergebenen Wert attribute_map. Anschließend wird das Datenelement the_attribute_map_name mit dem Namen der neuen Merkmalsabbildung initialisiert.

SetFields

void SetFields(const TstringArray& fields);

SetFields setzt das Datenelement the_fields auf das übergebene Array fields.

SetQueryMap

void SetQueryMap(TQueryMap* query_map);

SetQueryMap setzt das Datenelement the_query_map auf den übergebenen Wert query_map. Anschließend wird the_query_map_name mit dem Namen der neuen Gegenstandsabbildung initialisiert.

SetTables

void SetTables(const TstringArray& tables);

SetTables setzt das Datenelement the_tables auf das übergebene Array tables.

Geschützte Elementfunktionen

TransferNameOfAbstractScale

void TransferNameOfAbstractScale(int pointer_is_ok = 0);

TransferNameOfAbstractScale initialisiert the_abstract_scale_name mit dem Namen der durch the_abstract_scale referenzierten abstrakten Skala, falls pointer_is_ok oder GetOwner()->PointersOK() den Wert 1 haben.

TransferNameOfAttributeMap

void TransferNameOfAttributeMap(int pointer_is_ok = 0);

TransferNameOfAttributeMap setzt the_attribute_map_name auf den Namen der durch the_attribute_map referenzierten String-Abbildung, falls der Parameter pointer_is_ok oder GetOwner()->PointersOK() den Wert 1 haben.

TransferNameOfQueryMap

void TransferNameOfQueryMap(int pointer_is_ok = 0);

TransferNameOfQueryMap initialisiert the_query_map_name mit dem Namen der durch the_query_map referenzierten Query-Abbildung, falls pointer_is_ok oder GetOwner()->PointersOK() den Wert 1 haben.

10.13 TRealizedScale

Header-Datei: `fca\scales.h`
Basisklasse: `TFCAObject`

Kurzbeschreibung

Die Klasse `TRealizedScale` implementiert eine realisierte Skala. Es werden Funktionen zur Verwaltung der konkreten Skala und der Gegenstandsabbildung bereitgestellt.

Private Datenelemente

`ID_string`
`static const char ID_string[];`
`ID_string` enthält das ConScript-Schlüsselwort `ID_REALIZEDSCALE` für realisierte Skalen. Der Defaultwert ist der String „`REALIZED_SCALE`“.

`the_concrete_scale`
`TConcreteScale* the_concrete_scale;`
`the_concrete_scale` ist ein Zeiger auf die verwendete konkrete Skala. Für eine Instanz kann durch den Aufruf `GetOwner()->PointersOK()` geprüft werden, ob dieser Zeiger gültig ist.

`the_concrete_scale_name`
`string the_concrete_scale_name;`
`the_concrete_scale_name` enthält den Namen der verwendeten konkreten Skala. Für eine Instanz kann durch einen Aufruf der Funktion `GetOwner()->NamesOK()` geprüft werden, ob der gespeicherte Name gültig ist.

`the_object_map`
`TIdentifierMap* the_object_map;`
`the_object_map` ist ein Zeiger auf die verwendete Gegenstandsabbildung. Die Argumente dieser Abbildung sind Gegenstandsbezeichner der begrifflichen Datei, die Werte sind Gegenstandsbezeichner der abstrakten Skala. Für eine Instanz kann durch einen Aufruf der Funktion `GetOwner()->PointersOK()` geprüft werden, ob dieser Zeiger gültig ist.

`the_object_map_name`
`string the_object_map_name;`
`the_object_map_name` enthält den Namen der verwendeten Gegenstandsabbildung. Für eine Instanz kann durch einen Aufruf der Funktion `GetOwner()->NamesOK()` geprüft werden, ob der gespeicherte Name gültig ist.

Konstruktoren

TRealizedScale

`TRealizedScale();`

Dies ist der Default-Konstruktor. Alle nicht-statischen Datenelemente werden als leere Strings bzw. `NULL`-Zeiger initialisiert.

TRealizedScale

```
TRealizedScale(TFCAFile* owner, const char* name,
  const char* title, const char* title_format,
  const char* remark, const TstringArray& specials,
  const char* concrete_scale_name,
  const char* object_map_name);
```

Dieser Konstruktor ruft den Konstruktor `TFCAObject(owner, name, title, title_format, remark, specials)` auf und initialisiert die Datenelemente `the_concrete_scale_name` und `the_object_map_name` mit den übergebenen Werten. Die Datenelemente `the_concrete_scale`, und `the_object_map` werden als `NULL`-Zeiger initialisiert.

TRealizedScale

```
TRealizedScale(TFCAFile* owner, const char* name,
  const char* title, const char* title_format,
  const char* remark, const TstringArray& specials,
  TConcreteScale* concrete_scale,
  TIdentifierMap* object_map);
```

Dieser Konstruktor ruft den Konstruktor `TFCAObject(owner, name, title, title_format, remark, specials)` auf und setzt die Datenelemente `the_concrete_scale` und `the_object_map` auf die übergebenen Werte. Anschließend werden noch `the_concrete_scale_name` und `the_object_map_name` durch einen Aufruf der beiden Elementfunktionen `TransferNameOfConcreteScale` und `TransferNameOfObjectMap` initialisiert.

Öffentliche Elementfunktionen

CrossRefNames

`virtual void CrossRefNames();`

`CrossRefNames` überträgt die Namen der konkreten Skala und der Gegenstandsabbildung, auf die durch Zeiger verwiesen wird, in die Datenelemente, welche die Namen speichern.

CrossRefPointers

`virtual void CrossRefPointers();`

`CrossRefPointers` initialisiert die Zeiger auf die konkrete Skala und die Gegenstandsabbildung, indem versucht wird, in der durch `GetOwner()` bestimmten Datei die Strukturen mit den in den privaten Datenelementen `the_xxxx_name` gespeicherten Namen zu finden.

`GetConcreteScale`

`TConcreteScale* GetConcreteScale() const;`

`GetConcreteScale` hat einen Zeiger auf die verwendete konkrete Skala als Rückgabewert. Für eine Instanz kann durch einen Aufruf von `GetOwner()->PointersOK()` geprüft werden, ob dieser Zeiger gültig ist.

`GetIDString`

`virtual const char* GetIDString() const;`

`GetIDString` liefert als Rückgabewert das Datenelement `ID_string`, welches das Schlüsselwort `ID_REALIZEDSCALE` („`REALIZED_SCALE`") enthält.

`GetNameOfConcreteScale`

`const string& GetNameOfConcreteScale() const;`

`GetNameOfConcreteScale` hat als Rückgabewert eine Referenz auf das private Datenelement `the_concrete_scale_name`, welches den Namen der verwendeten konkreten Skala enthält. Für eine Instanz kann durch einen Aufruf von `GetOwner()->NamesOK()` geprüft werden, ob der gespeicherte Name gültig ist.

`GetNameOfObjectMap`

`const string& GetNameOfObjectMap() const;`

`GetNameOfObjectMap` liefert eine Referenz auf `the_object_map_name`, den Namen der verwendeten Gegenstandsabbildung. Für eine Instanz kann durch einen Aufruf von `GetOwner()->NamesOK()` geprüft werden, ob der gespeicherte Name gültig ist.

`GetObjectMap`

`TIdentifierMap* GetObjectMap() const;`

`GetObjectMap` hat einen Zeiger auf die verwendete Gegenstandsabbildung als Rückgabewert. Für eine Instanz kann durch einen Aufruf von `GetOwner()->PointersOK()` geprüft werden, ob der Zeiger gültig ist.

`IsA`

`virtual classType IsA() const;`

`IsA` hat `NUMBER_REALIZEDSCALE`, die Identifikationsnummer der Klasse `TRealizedScale`, als Rückgabewert.

`IsConsistent`

`virtual int IsConsistent();`

`IsConsistent` überprüft die Konsistenz der realisierten Skala. Mögliche Rückgabewerte sind:

`ERR_OK`: Die realisierte Skala ist konsistent.

`ERR_MISSINGCONCRETESCALE`: Die konkrete Skala fehlt, d. h. der Zeiger `the_concrete_scale` ist `NULL`.

`ERR_MISSINGOBJECTMAP`: Die Gegenstandsabbildung fehlt, d. h. der Zeiger `the_object_map` ist `NULL`.

`ERR_INVALIDOBJECTOBM`: In der Gegenstandsabbildung taucht ein Wert auf, der nicht Bezeichner eines Gegenstands der abstrakten Skala ist.

Außerdem können die von `TFCAObject::IsConsistent()` gelieferten Rückgabewerte auftreten.

`NameOf`

`virtual char* NameOf() const;`

`NameOf` liefert als Rückgabewert **`NAME_REALIZEDSCALE`**, den Identifikationsstring der Klasse **`TRealizedScale`**. Dieser hat per Default den Wert „**`Realized Scale`**" und ist ein statischer String, der nicht freigegeben werden sollte.

`Print`

`virtual void Print(ostream& out, int indent = 0) const;`

`Print` gibt die Instanz von **`TRealizedScale`** im ConScript-Format in den Stream **`out`** mit der Einrückung um **`indent`** Leerzeichen aus. Das durch **`ID_string`** bestimmte Schlüsselwort wird nicht ausgegeben.

`SetConcreteScale`

`void SetConcreteScale(TConcreteScale* concrete_scale);`

`SetConcreteScale` setzt das Datenelement **`the_concrete_scale`** auf den übergebenen Wert **`concrete_scale`**. Anschließend wird das Datenelement **`the_concrete_scale_name`** mit dem Namen der neuen konkreten Skala initialisiert.

`SetObjectMap`

`void SetObjectMap(TIdentifierMap* object_map);`

`SetObjectMap` setzt das private Datenelement **`the_object_map`** auf den übergebenen Wert **`object_map`**. Anschließend wird das Datenelement **`the_object_map_name`** mit dem Namen der neuen Gegenstandsabbildung initialisiert.

Geschützte Elementfunktionen

`TransferNameOfConcreteScale`

`void TransferNameOfConcreteScale(int pointer_is_ok = 0);`

`TransferNameOfConcreteScale` initialisiert **`the_concrete_scale_name`** mit dem Namen der durch **`the_concrete_scale`** referenzierten konkreten Skala, falls **`pointer_is_ok`** oder **`GetOwner()->PointersOK()`** den Wert 1 haben.

`TransferNameOfObjectMap`

`void TransferNameOfObjectMap(int pointer_is_ok = 0);`

`TransferNameOfObjectMap` initialisiert **`the_object_map_name`** mit dem Namen der durch **`the_object_map`** referenzierten Bezeichner-Abbildung, falls **`pointer_is_ok`** oder **`GetOwner()->PointersOK()`** den Wert 1 haben.

10.14 TDatabase

Header-Datei: `fca\concfile.h`
Basisklasse: `TFCAObject`

Kurzbeschreibung

`TDatabase` verwaltet die Daten über einen Datenbankanschluß. Dazu gehören der Name der Datenbank, der Name der für die Auswertung der Datenbank benutzten Tabelle, Abfrage oder Ansicht sowie der Name der Schlüsselfeldes dieser Tabelle. Die Einträge im Schlüsselfeld spielen die Rolle der Gegenstandsnamen des mehrwertigen Kontexts. Eine `TDatabase`-Instanz wird in `TConceptualScheme` für die Online-Verbindung zur Datenbank benutzt.

Private Datenelemente

`ID_string`
: `static const char ID_string[];`
: `ID_string` enthält das Schlüsselwort `ID_DATABASE` für Strukturen zur Repräsentation von Informationen über einen Datenbank-Anschluß. Der Defaultwert ist der String „`DATABASE`“.

`the_database`
: `string the_database;`
: `the_database` enthält den Namen der verwendeten Datenbank.

`the_primary_key`
: `string the_primary_key;`
: `the_primary_key` ist der Name des Schlüsselfeldes der durch `the_view` bestimmten Tabelle. Die Einträge dieses Schlüsselfeldes werden als Namen der Gegenstände des mehrwertigen Kontexts interpretiert.

`the_view`
: `string the_view;`
: `the_view` enthält den Namen der zur Auswertung benutzten Tabelle, Abfrage oder Ansicht (*view*). Diese Tabelle wird im Sinne der Formalen Begriffsanalyse als mehrwertiger Kontext angesehen.

Konstruktoren

`TDatabase`
: `TDatabase();`
: Dies ist der Default-Konstruktor. Alle nicht-statischen Datenelemente werden als leere Strings initialisiert.

`TDatabase`

```
TDatabase(TFCAFile* owner, const char* name,
  const char* remark, const TstringArray& specials,
  const char* database, const char* view,
  const char* primary_key);
```

Dieser Konstruktor ruft den von `TFCAObject` vererbten Konstruktor `TFCAObject(owner, name, "", "", remark, specials)` auf und initialisiert die privaten Datenelemente `the_database`, `the_view` sowie `the_primary_key` mit den übergebenen Werten.

Öffentliche Elementfunktionen

`GetCaption`

`virtual string* GetCaption(const int flags, const int indent = 0) const;`

`GetCaption` hat als Rückgabewert einen Zeiger auf einen String, der die Bezeichnung der Instanz enthält. Diese wird durch einen Aufruf von `TFCAObject::GetCaption(...)` ermittelt, wobei aber vorher aus `flags` alle Angaben außer `CPT_TYPE` und `CPT_NAME` ausgeblendet werden. Der String ist dynamisch erzeugt und sollte nach seiner Verwendung freigegeben werden.

`GetDatabase`

`const string& GetDatabase() const;`

`GetDatabase` liefert eine Referenz auf das Datenelement `the_database`, welches den Namen der verwendeten Datenbank enthält.

`GetIDString`

`virtual const char* GetIDString() const;`

`GetIDString` liefert als Rückgabewert das Datenelement `ID_string`, welches das ConScript-Schlüsselwort `ID_DATABASE` („`DATABASE`") enthält.

`GetPrimaryKey`

`const string& GetPrimaryKey() const;`

`GetPrimaryKey` liefert eine Referenz auf den String `the_primary_key`, welcher den Namen des Schlüsselfeldes der Tabelle enthält.

`GetView`

`const string& GetView() const;`

`GetView` liefert eine Referenz auf das Datenelement `the_view`, welches den Namen der verwendeten Tabelle, Abfrage oder Ansicht der Datenbank enthält.

`IsA`

`virtual classType IsA() const;`

`IsA` hat `NUMBER_DATABASE`, die Identifikationsnummer von `TDatabase`, als Rückgabewert.

`NameOf`

`virtual char* NameOf() const;`

`NameOf` liefert als Rückgabewert `NAME_DATABASE`, den Identifikationsstring der Klasse `TDatabase`. Dieser hat per Default den Wert „`Database`" und ist ein statischer String, der nicht freigegeben werden sollte.

`Print`

`virtual void Print(ostream& out, int indent = 0) const;`

`Print` gibt die Instanz von `TDatabase` im ConScript-Format in den Stream `out` mit der Einrückung um `indent` Leerzeichen aus. Das durch `ID_string` bestimmte Schlüsselwort wird nicht ausgegeben.

`SetDatabase`

`void SetDatabase(const string& database);`

SetDatabase setzt das Datenelement **the_database** auf den als Parameter übergebenen Wert. Dabei wird eine Kopie von **database** erzeugt.

SetPrimaryKey

void SetPrimaryKey(const string& primary_key);

SetPrimaryKey setzt das Datenelement **the_primary_key** auf den als Parameter übergebenen Wert. Dabei wird eine Kopie von **primary_key** erzeugt.

SetView

void SetView(const string& view);

SetView setzt das Datenelement **the_view** auf den als Parameter übergebenen Wert. Dabei wird eine Kopie von **view** erzeugt.

10.15 TConceptualScheme

Header-Datei: fca\concfile.h
Basisklasse: TFCAObject

Kurzbeschreibung

Die Klasse **TConceptualScheme** dient dazu, eine begriffliche Datei zu verwalten, deren konkrete Belegungsdaten erst online aus einer Datenbank abgefragt werden. Dazu wird die Information über einen Datenbankanschluß sowie eine Liste konkreter Skalen verwaltet. Eine Instanz von **TConceptualScheme** kann auch benutzt werden, um eine komplette begriffliche Datei als Instanz von **TConceptualFile** zu erzeugen.

Private Datenelemente

ID_string

static const char ID_string[];

ID_string enthält das ConScript-Schlüsselwort **ID_CONCEPTUALSCHEME** für begriffliche Schemata. Der Defaultwert ist „**CONCEPTUAL_SCHEME**“.

the_concrete_scales

TIConcreteScaleArray the_concrete_scales;

the_concrete_scales ist ein Array von Zeigern auf die verwendeten konkreten Skalen. Für eine Instanz kann durch einen Aufruf von **GetOwner()->PointersOK()** geprüft werden, ob diese Zeiger gültig sind.

the_concrete_scale_names

TstringArray the_concrete_scale_names;

the_concrete_scale_names enthält die Namen der verwendeten konkreten Skalen. Für eine Instanz kann durch einen Aufruf der Funktion **GetOwner()->NamesOK()** geprüft werden, ob die gespeicherten Namen gültig sind.

the_database

`TDatabase* the_database;`

`the_database` ist ein Zeiger auf die verwendete Datenbank-Struktur. Für eine Instanz kann durch einen Aufruf von `GetOwner()->PointersOK()` geprüft werden, ob dieser Zeiger gültig ist.

the_database_name

`string the_database_name;`

`the_database_name` enthält den Namen der verwendeten Datenbank-Struktur. Durch einen Aufruf der Funktion `GetOwner()->NamesOK()` kann geprüft werden, ob der gespeicherte Name gültig ist.

Konstruktoren

TConceptualScheme

`TConceptualScheme();`

Dies ist der Default-Konstruktor. Alle nicht-statischen Datenelemente werden als leere Strings, `NULL`-Zeiger bzw. Arrays der Größe 0 initialisiert.

TConceptualScheme

```
TConceptualScheme(TFCAFile* owner, const char* name,
  const char* title, const char* title_format,
  const char* remark, const TstringArray& specials,
  const char* database_name,
  TstringArray& concrete_scale_names);
```

Dieser Konstruktor ruft den Konstruktor `TFCAObject(owner, name, title, title_format, remark, specials)` auf und initialisiert die Datenelemente `the_database_name` und `the_concrete_scale_names` mit den übergebenen Werten. Die privaten Datenelemente `the_database` und `the_concrete_scales` werden als `NULL`-Zeiger bzw. Arrays der Größe 0 initialisiert.

TConceptualScheme

```
TConceptualScheme(TFCAFile* owner, const char* name,
  const char* title, const char* title_format,
  const char* remark, const TstringArray& specials,
  TDatabase* database,
  TIConcreteScaleArray& concrete_scales);
```

Dieser Konstruktor ruft den Konstruktor `TFCAObject(owner, name, title, title_format, remark, specials)` auf und initialisiert die Datenelemente `the_database` und `the_concrete_scale` mit den übergebenen Werten. Dann werden die Datenelemente `the_database_name` und `the_concrete_scale_names` durch einen Aufruf der Elementfunktionen `TransferNameOfDatabase` sowie `TransferNamesOfConcreteScales` initialisiert.

Öffentliche Elementfunktionen

`Adjust`

`virtual void Adjust();`

`Adjust` ruft die geschützte Elementfunktion `PurifyConcreteScales()` auf, um `NULL`-Zeiger aus dem Array `the_concrete_scales` zu entfernen.

`CrossRefNames`

`virtual void CrossRefNames();`

`CrossRefNames` überträgt die Namen der Datenbank-Struktur und der konkreten Skalen, auf die durch Zeiger verwiesen wird, in die Datenelemente, welche die Namen speichern.

`CrossRefPointers`

`virtual void CrossRefPointers();`

`CrossRefPointers` initialisiert die Zeiger auf die Datenbank-Struktur und die konkreten Skalen, indem versucht wird, in der durch `GetOwner()` bestimmten Datei die Strukturen mit den in `the_database_name` und `the_concrete_scale_names` gespeicherten Namen zu finden.

`DeleteConcreteScale`

`int DeleteConcreteScale(const string& concrete_scale);`

`DeleteConcreteScale` entfernt die konkrete Skala mit dem Bezeichner `concrete_scale` aus dem Array `the_concrete_scales`. Der von der Skala belegte Speicherplatz wird nicht freigegeben, so daß andere Zeiger auf dieselbe Skala nach wie vor gültig sind. Der Rückgabewert ist `ERR_OK`, wenn die Operation erfolgreich war, und `ERR_INVALIDCONCRETESCALE`, wenn es im Array keine Skala mit dem angegebenen Namen gibt.

`GetConcreteScale`

`TConcreteScale* GetConcreteScale(const int scale) const;`

`GetConcreteScale` liefert einen Zeiger auf die konkrete Skala mit dem Index `scale`. Falls der Index ungültig ist, wird `NULL` zurückgegeben. Für eine Instanz kann durch einen Aufruf von `GetOwner()->PointersOK()` geprüft werden, ob dieser Zeiger gültig ist.

`GetConcreteScales`

`const TIConcreteScaleArray& GetConcreteScales() const;`

`GetConcreteScales` liefert eine Referenz auf `the_concrete_scales`. Dieses Array enthält die Zeiger auf die verwendeten konkreten Skalen. Für eine Instanz kann durch den Aufruf `GetOwner()->PointersOK()` geprüft werden, ob die gespeicherten Zeiger gültig sind.

`GetDatabase`

`TDatabase* GetDatabase() const;`

`GetDatabase` hat einen Zeiger auf die verwendete Datenbank-Struktur als Rückgabewert. Für eine Instanz kann durch einen Aufruf der Funktion `GetOwner()->PointersOK()` geprüft werden, ob dieser Zeiger gültig ist.

`GetIDString`

`virtual const char* GetIDString() const;`

GetIDString liefert als Rückgabewert das Datenelement ID_string, welches das ConScript-Schlüsselwort ID_CONCEPTUALSCHEME enthält. Dieses lautet „CONCEPTUAL_SCHEME".

GetIndexOfConcreteScale

```
int GetIndexOfConcreteScale(const string& concrete_scale)
  const;
```

GetIndexOfConcreteScale hat den Index der konkreten Skala mit dem Namen concrete_scale im Array the_concrete_scales als Rückgabewert. Falls es keine konkrete Skala mit dem angegebenen Namen gibt, wird -1 zurückgegeben.

GetNameOfDatabase

```
const string& GetNameOfDatabase() const;
```

GetNameOfDatabase liefert eine Referenz auf the_database_name, den Namen der verwendeten Datenbank-Struktur. Für eine Instanz kann durch einen Aufruf von GetOwner()->NamesOK() geprüft werden, ob der gespeicherte Name gültig ist.

GetNamesOfConcreteScales

```
const TstringArray& GetNamesOfConcreteScales() const;
```

GetNamesOfConcreteScales liefert eine Referenz auf das Datenelement the_concrete_scale_names, welches die Namen der verwendeten konkreten Skalen enthält. Für eine Instanz kann durch einen Aufruf von GetOwner()->NamesOK() geprüft werden, ob die gespeicherten Namen gültig sind.

GetNumberOfConcreteScales

```
int GetNumberOfConcreteScales() const;
```

GetNumberOfConcreteScales hat die Anzahl der verwendeten konkreten Skalen als Rückgabewert. Dies ist immer die Größe des Arrays the_concrete_scales, unabhängig davon, ob die darin enthaltenen Zeiger gültig sind oder nicht.

InsertConcreteScale

```
int InsertConcreteScale(int pos,
  TConcreteScale* concrete_scale);
```

InsertConcreteScale fügt die durch concrete_scale bestimmte konkrete Skala in das Array the_concrete_scales an der Position pos ein. Nachfolgende Skalen werden entsprechend verschoben. Ist pos kein gültiger Index, so wird die Skala am Anfang (pos < 0) oder am Ende (pos größer Elementezahl) eingefügt. Anschließend werden die Namen der konkreten Skalen neu initialisiert. Der Rückgabewert ist ERR_OK, falls die Operation erfolgreich war, und ERR_CONCRETESCALEEXISTS, falls die konkrete Skala bereits im Array existiert.

IsA

```
virtual classType IsA() const;
```

IsA hat NUMBER_CONCEPTUALSCHEME, die Identifikationsnummer der Klasse TConceptualScheme, als Rückgabewert.

`IsConsistent`

`virtual int IsConsistent();`

`IsConsistent` überprüft die Konsistenz des begrifflichen Schemas. Mögliche Rückgabewerte sind:

`ERR_OK`: Das begriffliche Schema ist konsistent.

`ERR_MISSINGDATABASE`: Die Datenbank-Struktur fehlt, d. h. der Zeiger `the_database` ist `NULL`.

`ERR_MISSINGCONCRETESCALE`: Es fehlen alle konkreten Skalen, oder es wurde ein Name für eine konkrete Skala angegeben, zu dem es keinen gültigen Zeiger gibt, d. h. die konkrete Skala mit diesem Namen existiert in der Datei nicht.

`ERR_DUPLICATECONCRETESCALES`: Es existieren an verschiedenen Positionen Zeiger auf dieselbe konkrete Skala. Vermutlich wurde derselbe Name doppelt angegeben.

Außerdem können die von `TFCAObject::IsConsistent()` gelieferten Rückgabewerte auftreten.

`NameOf`

`virtual char* NameOf() const;`

`NameOf` liefert `NAME_CONCEPTUALSCHEME`, den Identifikationsstring der Klasse `TConceptualScheme`, als Rückgabewert. Dieser hat per Default den Wert „`Conceptual Scheme`“ und ist ein statischer String, der nicht freigegeben werden sollte.

`Print`

`virtual void Print(ostream& out, int indent = 0) const;`

`Print` gibt die Instanz von `TConceptualScheme` im CONSCRIPT-Format in den Stream `out` mit der Einrückung um `indent` Leerzeichen aus. Das durch `ID_string` bestimmte Schlüsselwort wird nicht ausgegeben.

`SetConcreteScales`

```
void SetConcreteScales(const TIConcreteScaleArray&
  concrete_scales);
```

`SetConcreteScales` setzt das Datenelement `the_concrete_scales` auf das übergebene Array `concrete_scales`. Anschließend wird der String `the_concrete_scale_names` mit den Namen der neuen konkreten Skalen initialisiert.

`SetDatabase`

`void SetDatabase(TDatabase* database);`

`SetDatabase` setzt das Datenelement `the_database` auf den übergebenen Wert `database`. Anschließend wird `the_database_name` mit dem Namen der neuen Datenbank-Struktur initialisiert.

Geschützte Elementfunktionen

`PurifyConcreteScales`

`void PurifyConcreteScales();`

PurifyConcreteScales entfernt aus dem Array the_concrete_scales alle NULL-Zeiger. Anschließend wird the_concrete_scale_names neu initialisiert.

TransferNameOfDatabase

`void TransferNameOfDatabase(int pointer_is_ok = 0);`

TransferNameOfDatabase initialisiert the_database_name mit dem Namen der durch the_database referenzierten Datenbank-Struktur, falls pointer_is_ok oder GetOwner()->PointersOK() den Wert 1 haben.

TransferNamesOfConcreteScales

`void TransferNamesOfConcreteScales(int pointers_are_ok = 0);`

TransferNamesOfConcreteScales initialisiert das private Datenelement the_concrete_scale_names mit den Namen der durch die Zeiger im Array the_concrete_scales referenzierten konkreten Skalen, falls der Parameter pointers_are_ok oder GetOwner()->PointersOK() den Wert 1 haben.

10.16 TConceptualFile

Header-Datei: fca\concfile.h
Basisklasse: TFCAObject

Kurzbeschreibung

Die Klasse TConceptualFile enthält die Informationen für eine begriffliche Datei. Dazu wird eine Abbildung mit der Zuordnung der Gegenstandsnamen sowie eine Liste realisierter Skalen verwaltet.

Private Datenelemente

ID_string

`static const char ID_string[];`

ID_string enthält das ConScript-Schlüsselwort ID_CONCEPTUALFILE für begriffliche Dateien. Der Defaultwert ist „CONCEPTUAL_FILE“.

the_object_map

`TStringMap* the_object_map;`

the_object_map ist ein Zeiger auf die verwendete String-Abbildung, welche die Gegenstandsnamen enthält. Für eine Instanz kann durch einen Aufruf von GetOwner()->PointersOK() geprüft werden, ob dieser Zeiger gültig ist.

the_object_map_name

`string the_object_map_name;`

the_object_map_name enthält den Namen der verwendeten Abbildung mit Gegenstandsnamen. Für eine Instanz kann durch einen Aufruf von

GetOwner()->NamesOK() geprüft werden, ob der gespeicherte Name gültig ist.

the_realized_scales
`TIRealizedScaleArray the_realized_scales;`
the_realized_scales ist ein Array von Zeigern auf die verwendeten realisierten Skalen. Für eine Instanz kann durch einen Aufruf von GetOwner()->PointersOK() geprüft werden, ob diese Zeiger gültig sind.

the_realized_scale_names
`TstringArray the_realized_scale_names;`
the_realized_scale_names enthält die Namen der verwendeten realisierten Skalen. Für eine Instanz kann durch einen Aufruf der Funktion GetOwner()->NamesOK() geprüft werden, ob die gespeicherten Namen gültig sind.

Konstruktoren

TConceptualFile
`TConceptualFile();`
Dies ist der Default-Konstruktor. Alle nicht-statischen Datenelemente werden als leere Strings, NULL-Zeiger bzw. Arrays der Größe 0 initialisiert.

TConceptualFile
```
TConceptualFile(TFCAFile* owner, const char* name,
  const char* title, const char* title_format,
  const char* remark, const TstringArray& specials,
  const char* object_map_name,
  TstringArray& realized_scale_names);
```
Dieser Konstruktor ruft den Konstruktor TFCAObject(owner, name, title, title_format, remark, specials) auf und initialisiert dann the_object_map_name und the_realized_scale_names mit den übergebenen Werten. Die privaten Datenelemente the_object_map sowie the_realized_scales werden als NULL-Zeiger bzw. Arrays der Größe 0 initialisiert.

TConceptualFile
```
TConceptualFile(TFCAFile* owner, const char* name,
  const char* title, const char* title_format,
  const char* remark, const TstringArray& specials,
  TStringMap* object_map,
  TIRealizedScaleArray& realized_scales);
```
Dieser Konstruktor ruft den Konstruktor TFCAObject(owner, name, title, title_format, remark, specials) auf und initialisiert die Datenelemente the_object_map und the_realized_scale mit den übergebenen Werten. Anschließend werden noch die privaten Datenelemente the_object_map_name und the_relaized_scale_names durch einen Aufruf der beiden Elementfunktionen TransferNameOfObjectMap sowie TransferNamesOfRealizedScales initialisiert.

Öffentliche Elementfunktionen

`Adjust`

`virtual void Adjust();`

`Adjust` ruft die geschützte Elementfunktion `PurifyRealizedScales()` auf, um `NULL`-Zeiger aus dem Array `the_realized_scales` zu entfernen.

`CrossRefNames`

`virtual void CrossRefNames();`

`CrossRefNames` überträgt die Namen der Gegenstandsabbildung und der realisierten Skalen, auf die durch Zeiger verwiesen wird, in die Datenelemente, welche die Namen speichern.

`CrossRefPointers`

`virtual void CrossRefPointers();`

`CrossRefPointers` initialisiert die Zeiger auf die Gegenstandsabbildung und die realisierten Skalen, indem versucht wird, in der durch `GetOwner()` bestimmten Datei die Strukturen mit den in `the_object_map_name` und `the_realized_scale_names` gespeicherten Namen zu finden.

`DeleteRealizedScale`

`int DeleteRealizedScale(const string& realized_scale);`

`DeleteRealizedScale` entfernt die realisierte Skala mit dem Bezeichner `realized_scale` aus dem Array `the_realized_scales`. Der von der Skala belegte Speicherplatz wird nicht freigegeben, so daß andere Zeiger auf dieselbe Skala nach wie vor gültig sind. Der Rückgabewert ist `ERR_OK`, wenn die Operation erfolgreich war, und `ERR_INVALIDREALIZEDSCALE`, wenn es im Array keine Skala mit dem angegebenen Namen gibt.

`GetIDString`

`virtual const char* GetIDString() const;`

`GetIDString` liefert als Rückgabewert das Datenelement `ID_string`, welches das Schlüsselwort `ID_CONCEPTUALFILE` („`CONCEPTUAL_FILE`") enthält.

`GetIndexOfRealizedScale`

```
int GetIndexOfRealizedScale(const string& realized_scale)
  const;
```

`GetIndexOfRealizedScale` hat den Index der realisierten Skala mit dem Namen `realized_scale` im Array `the_realized_scales` als Rückgabewert. Falls es keine realisierte Skala mit dem angegebenen Namen gibt, wird `-1` zurückgegeben.

`GetNameOfObjectMap`

`const string& GetNameOfObjectMap() const;`

`GetNameOfObjectMap` liefert eine Referenz auf `the_object_map_name`, den Namen der verwendeten Gegenstandsabbildung. Für eine Instanz kann durch einen Aufruf von `GetOwner()->NamesOK()` geprüft werden, ob der gespeicherte Name gültig ist.

`GetNamesOfRealizedScales`

`const TstringArray& GetNamesOfRealizedScales() const;`

`GetNamesOfRealizedScales` liefert eine Referenz auf das Datenelement `the_realized_scale_names`, welches die Namen der verwendeten realisierten Skalen enthält. Für eine Instanz kann durch einen Aufruf von `GetOwner()->NamesOK()` geprüft werden, ob die gespeicherten Namen gültig sind.

`GetNumberOfRealizedScales`

```
int GetNumberOfRealizedScales() const;
```

`GetNumberOfRealizedScales` hat die Anzahl der verwendeten realisierten Skalen als Rückgabewert. Dies ist immer die Größe des Arrays `the_realized_scales`, unabhängig davon, ob die darin enthaltenen Zeiger gültig sind oder nicht.

`GetObjectMap`

```
TStringMap* GetObjectMap() const;
```

`GetObjectMap` hat einen Zeiger auf die verwendete Gegenstandsabbildung als Rückgabewert. Für eine Instanz kann durch einen Aufruf von `GetOwner()->PointersOK()` geprüft werden, ob dieser Zeiger gültig ist.

`GetRealizedScale`

```
TRealizedScale* GetRealizedScale(const int scale) const;
```

`GetRealizedScale` liefert einen Zeiger auf die realisierte Skala mit dem Index `scale`. Falls der Index ungültig ist, wird `NULL` zurückgegeben. Für eine Instanz kann durch einen Aufruf von `GetOwner()->PointersOK()` geprüft werden, ob dieser Zeiger gültig ist.

`GetRealizedScales`

```
const TIRealizedScaleArray& GetRealizedScales() const;
```

`GetRealizedScales` liefert eine Referenz auf `the_realized_scales`. Dieses Datenelement enthält Zeiger auf die verwendeten realisierten Skalen. Für eine Instanz kann durch den Aufruf `GetOwner()->PointersOK()` geprüft werden, ob die gespeicherten Zeiger gültig sind.

`InsertRealizedScale`

```
int InsertRealizedScale(int pos,
  TRealizedScale* realized_scale);
```

`InsertRealizedScale` fügt die durch `realized_scale` bestimmte realisierte Skala in das Array `the_realized_scales` an der Position `pos` ein. Nachfolgende Skalen werden entsprechend verschoben. Ist `pos` kein gültiger Index, so wird die Skala am Anfang (`pos < 0`) oder am Ende (`pos` größer Elementezahl) eingefügt. Anschließend werden die Namen der realisierten Skalen neu initialisiert. Der Rückgabewert ist `ERR_OK`, falls die Operation erfolgreich war, und `ERR_REALIZEDSCALEEXISTS`, falls die realisierte Skala bereits im Array existiert.

`IsA`

```
virtual classType IsA() const;
```

`IsA` hat `NUMBER_CONCEPTUALFILE`, die Identifikationsnummer der Klasse `TConceptualFile`, als Rückgabewert.

IsConsistent

`virtual int IsConsistent();`

`IsConsistent` überprüft die Konsistenz der begrifflichen Datei. Mögliche Rückgabewerte sind:

`ERR_OK`: Die begriffliche Datei ist konsistent.

`ERR_MISSINGOBJECTMAP`: Die Gegenstandsabbildung fehlt, d. h. der Zeiger `the_object_map` ist `NULL`.

`ERR_MISSINGREALIZEDSCALE`: Entweder fehlen alle realisierten Skalen, oder es wurde ein Name für eine realisierte Skala angegeben, zu dem es keinen gültigen Zeiger gibt, d. h. die realisierte Skala mit diesem Namen existiert in der Datei nicht.

`ERR_DUPLICATEREALIZEDSCALES`: Es existieren an verschiedenen Positionen Zeiger auf dieselbe realisierte Skala. Vermutlich wurde derselbe Name doppelt angegeben.

`ERR_INVALIDOBJECTOBM`: Ein Gegenstand, der als Argument der Gegenstandsaabildung auftritt, fehlt in einer realisierten Skala in der Gegenstandsabbildung. Dieser Fehler tritt auch auf, wenn die Gegenstandsabildung bei einer realisierten Skala fehlt.

Außerdem können die von `TFCAObject::IsConsistent()` gelieferten Rückgabewerte auftreten.

NameOf

`virtual char* NameOf() const;`

`NameOf` liefert als Rückgabewert `NAME_CONCEPTUALFILE`, den Identifikationsstring der Klasse `TConceptualFile`. Dieser hat per Default den Wert „`Conceptual File`“ und ist ein statischer String, der nicht freigegeben werden sollte.

Print

`virtual void Print(ostream& out, int indent = 0) const;`

`Print` gibt die Instanz von `TConceptualFile` im ConScript-Format in den Stream `out` mit der Einrückung um `indent` Leerzeichen aus. Das durch `ID_string` bestimmte Schlüsselwort wird nicht ausgegeben.

SetObjectMap

`void SetObjectMap(TStringMap* object_map);`

`SetObjectMap` setzt das Datenelement `the_object_map` auf den als Parameter übergebenen Wert `object_map`. Anschließend wird das Datenelement `the_object_map_name` mit dem Namen der neuen Gegenstandsabbildung initialisiert.

SetRealizedScales

```
void SetRealizedScales(const TIRealizedScaleArray&
  realized_scales);
```

`SetRealizedScales` setzt das Datenelement `the_realized_scales` auf das übergebene Array `realized_scales`. Anschließend wird das Datenelement `the_realized_scale_names` mit den Namen der neuen realisierten Skalen initialisiert.

Geschützte Elementfunktionen

`PurifyRealizedScales`

`void PurifyRealizedScales();`

`PurifyRealizedScales` entfernt aus dem Array `the_realized_scales` alle `NULL`-Zeiger. Anschließend wird `the_realized_scale_names` neu initialisiert.

`TransferNameOfObjectMap`

`void TransferNameOfObjectMap(int pointer_is_ok = 0);`

`TransferNameOfObjectMap` initialisiert `the_object_map_name` mit dem Namen der durch `the_object_map` referenzierten Gegenstandsabbildung, falls `pointer_is_ok` oder `GetOwner()->PointersOK()` den Wert `1` haben.

`TransferNamesOfRealizedScales`

`void TransferNamesOfRealizedScales(int pointers_are_ok = 0);`

`TransferNamesOfRealizedScales` initialisiert das private Datenelement `the_realized_scale_names` mit den Namen der durch die Zeiger im Array `the_realized_scales` referenzierten realisierten Skalen, falls der Parameter `pointers_are_ok` oder `GetOwner()->PointersOK()` den Wert `1` haben.

10.17 TRemark

Header-Datei: `fca\remark.h`
Basisklasse: `TFCAObject`

Kurzbeschreibung

Die Klasse `TRemark` implementiert eine Struktur, die einen Kommentar verwaltet. Kommentare tauchen in ConScript-Dateien auf drei verschiedene Arten auf, nämlich als eigenständiger (von `TRemark` verwalteter) Kommentar, als Kommentar zu einer Struktur und als semantisch nicht definierter Kommentar (Zeichenkette zwischen `{` und `}`, wird als Whitespace behandelt).

Private Datenelemente

`ID_string`

`static const char ID_string[];`

`ID_string` enthält das ConScript-Schlüsselwort `ID_REMARK` für Kommentare. Der Defaultwert ist der String „`REMARK`".

Konstruktoren

`TRemark`

`TRemark();`

Dies ist der Default-Konstruktor.

`TRemark`

`TRemark(TFCAFile* owner, const char* remark);`

Dieser Konstruktor legt einen Default-Namen **name** der Form „Rx" fest, wobei x eine für den jeweiligen Programmlauf eindeutige ganze Zahl ist, und ruft dann den von der Klasse `TFCAObject` vererbten Konstruktor `TFCAObject(owner, name, "", "", remark)` auf.

Öffentliche Elementfunktionen

`GetCaption`

`virtual string* GetCaption(const int flags, const int indent = 0) const;`

`GetCaption` hat als Rückgabewert einen Zeiger auf einen String, der den Kommentar der Instanz enthält, ggf. mit dem durch `NameOf()` bestimmten String vorweg. Der zurückgegebene String ist dynamisch erzeugt und sollte nach seiner Verwendung freigegeben werden.

`GetIDString`

`virtual const char* GetIDString() const;`

`GetIDString` liefert als Rückgabewert das Datenelement `ID_string`, welches das ConScript-Schlüsselwort `ID_REMARK` („`REMARK`") enthält.

`IsA`

`virtual classType IsA() const;`

`IsA` hat `NUMBER_REMARK`, die Identifikationsnummer der Klasse `TRemark`, als Rückgabewert.

`NameOf`

`virtual char* NameOf() const;`

`NameOf` liefert als Rückgabewert `NAME_REMARK`, den Identifikationsstring der Klasse `TRemark`. Dieser hat per Default den Wert „`Remark`" und ist ein statischer String, der nicht freigegeben werden sollte.

`Print`

`virtual void Print(ostream& out, int indent = 0) const;`

`Print` gibt die Instanz von `TRemark` im ConScript-Format in den Stream `out` mit der Einrückung um `indent` Leerzeichen aus. Das durch `ID_string` bestimmte Schlüsselwort wird nicht ausgegeben.

11. Klassen für Struktur-Bestandteile

Dieses Kapitel beschreibt die Klassen zur Repräsentation von binären Relationen sowie von Gegenständen, Merkmalen, Begriffen, Punkten und Linien. Diese Objekte sind zwar in CONSCRIPT-Dateien klar identifizierbar, bilden aber keine eigenständigen Strukturen, die syntaktisch unabhängig auftreten können. Daher ist ihnen ein eigenes Kapitel gewidmet.

11.1 `TRelation`

Header-Datei: `fca\relation.h`
Basisklasse: `TBaseObject`

Kurzbeschreibung

Die Klasse `TRelation` implementiert eine binäre Relation. Es werden Funktionen zum Abfragen und Manipulieren ihrer Elemente bereitgestellt. Ferner stehen Funktionen zum Berechnen von Umfängen und Inhalten sowie Implementationen des NEXT CLOSURE Algorithmus zur Verfügung.

Die Relation wird als rechteckige binäre Matrix abgespeichert. Ein Eintrag `1` in der Matrix bedeutet dabei, daß das durch Zeile und Spalte bestimmte Paar in Relation steht, während es bei `0` nicht in Relation steht. Um die Berechnung von Umfängen und Inhalten effizienter zu gestalten (dort werden Schnitte von Spalten bzw. Zeilen gebildet), ist diese Matrix doppelt abgespeichert, nämlich in zwei Arrays von Bit-Arrays. Bei einem dieser Arrays stehen die Array-Indizes für die Zeilennummern und die Bit-Arrays für die Zeilen selbst, bei dem anderen stehen die Indizes für die Spaltennummern und die Bit-Arrays für die Spalten.

Private Datenelemente

`ID_string`

```
static const char ID_string[];
```

`ID_string` enthält das CONSCRIPT-Schlüsselwort `ID_RELATION` für binäre Relationen. Der Defaultwert ist der String „`RELATION`“.

`the_columns`

`TBitArrayArray the_columns;`

`the_columns` ist ein Array mit `the_width` vielen Einträgen. Die Einträge sind Bit-Arrays der Größe `the_height`, die für die Spalten der Relation stehen.

`the_height`

`int the_height;`

`the_height` enthält die Höhe der Relation, also die Anzahl der Zeilen.

`the_rows`

`TBitArrayArray the_rows;`

`the_rows` ist ein Array mit `the_height` vielen Einträgen. Die Einträge sind Bit-Arrays der Größe `the_width`, die für die Zeilen der Relation stehen.

`the_width`

`int the_width;`

`the_width` enthält die Breite der Relation, also die Anzahl der Spalten.

Konstruktoren

`TRelation`

`TRelation();`

Dies ist der Default-Konstruktor. Alle nicht-statischen Datenelemente werden mit dem Wert `0` bzw. als Arrays der Größe 0 initialisiert.

`TRelation`

```
TRelation(int height, int width, const TBitArrayArray& rows,
  const TBitArrayArray& columns);
```

Dieser Konstruktor initialisiert die privaten Datenelemente `the_height`, `the_width`, `the_rows` und `the_columns` mit den übergebenen Werten.

Öffentliche Elementfunktionen

`And`

`void And(const TRelation& other);`

`And` berechnet den Durchschnitt der Relation mit der Relation `other`. Die neue Höhe bzw. Breite der Relation ist jeweils das Minimum der ursprünglichen Höhen bzw. Breiten. Die Ausgangsrelation (`*this`) wird überschrieben.

`ClearEntry`

`void ClearEntry(const int row, const int column);`

`ClearEntry` setzt den Eintrag in der Zeile `row` und Spalte `column` auf `0`. Die Änderung geschieht simultan in `the_rows` und `the_columns`.

`Complement`

`void Complement();`

`Complement` berechnet die komplementäre Relation, wobei die Ausgangsrelation überschrieben wird.

DeleteColumn

`int DeleteColumn(int column);`

`DeleteColumn` löscht die Spalte `column` aus der Relation.

DeleteRow

`int DeleteRow(int row);`

`DeleteRow` löscht die Zeile `row` aus der Relation.

Difference

`void Difference(const TRelation& other);`

`Difference` entfernt alle Elemente der Relation `other` aus der Relation. Höhe und Breite bleiben unverändert. Die Ausgangsrelation (`*this`) wird überschrieben.

Dual

`void Dual();`

`Dual` berechnet die duale Relation, wobei die Ausgangsrelation überschrieben wird.

GetColumn

`const TBitArray& GetColumn(const int column) const;`

`GetColumn` liefert eine Referenz auf das Bit-Array an der Position `column` des Arrays `the_columns`, d. h. auf die `column`-te Spalte der Relation.

GetColumns

`const TBitArrayArray& GetColumns() const;`

`GetColumns` liefert eine Referenz auf das Array `the_columns`, d. h. auf die Spalten der Relation.

GetEntry

`int GetEntry(const int row, const int column) const;`

Diese Version von `GetEntry` hat den Eintrag in der binären Relation in der Zeile `row` und der Spalte `column` als Rückgabewert. Falls Zeilen- oder Spaltennummer ungültig sind, wird immer `0` zurückgegeben.

GetExtent

```
void GetExtent(const TBitArray& columns, TBitArray& extent)
  const;
```

`GetExtent` gibt im Bit-Array `extent` den Umfang zurück, der durch die als Bit-Array `columns` festgelegten Spalten der Relation bestimmt wird.

GetHeight

`const int GetHeight() const;`

`GetHeight` hat den Wert des Datenelements `the_height`, also die Zeilenzahl der Relation, als Rückgabewert.

GetIDString

`virtual const char* GetIDString() const;`

`GetIDString` liefert als Rückgabewert das Datenelement `ID_string`, welches das ConScript-Schlüsselwort `ID_RELATION` („`RELATION`“) enthält.

GetIntent

```
void GetIntent(const TBitArray& rows, TBitArray& intent)
  const;
```

`GetIntent` gibt im Bit-Array `intent` den Inhalt zurück, der durch die als Bit-Array `rows` festgelegten Zeilen der Relation bestimmt wird.

`GetNextExtent`

```
void GetNextExtent(TBitArray rows, TBitArray& extent) const;
```

`GetNextExtent` liefert zu der durch `rows` bestimmten Menge von Zeilen den lektisch nächsten Umfang in `extent` zurück. Diese Funktion implementiert den NEXT CLOSURE Algorithmus von B. Ganter für die Umfänge.

`GetNextIntent`

```
void GetNextIntent(TBitArray columns, TBitArray& intent)
  const;
```

`GetNextIntent` liefert zu der durch `columns` bestimmten Menge von Spalten den lektisch nächsten Inhalt in `intent` zurück. Diese Funktion implementiert den NEXT CLOSURE Algorithmus von B. Ganter für die Inhalte.

`GetRow`

```
const TBitArray& GetRow(const int row) const;
```

`GetRow` liefert eine Referenz auf das Bit-Array an der Position `row` des Arrays `the_rows`, d. h. auf die `row`-te Zeile der Relation.

`GetRows`

```
const TBitArrayArray& GetRows() const;
```

`GetRows` liefert eine Referenz auf das Array `the_rows`, d. h. auf die Zeilen der Relation.

`GetWidth`

```
const int GetWidth() const;
```

`GetWidth` hat den Wert des Datenelements `the_width`, also die Spaltenzahl der Relation, als Rückgabewert.

`InsertColumn`

```
void InsertColumn(int column);
```

Diese Version von `InsertColumn` fügt an der Position `column` eine neue leere Spalte in die Relation ein.

`InsertColumn`

```
void InsertColumn(int column, TBitArray& extent);
```

Diese Version von `InsertColumn` fügt an der Position `column` die neue Spalte `extent` in die Relation ein.

`InsertRow`

```
void InsertRow(int row);
```

Diese Version von `InsertRow` fügt an der Position `row` eine neue leere Zeile in die Relation ein.

`InsertRow`

```
void InsertRow(int row, TBitArray& intent);
```

Diese Version von `InsertRow` fügt an der Position `row` die neue Zeile `intent` in die Relation ein.

`IsA`

`virtual classType IsA() const;`

`IsA` hat `NUMBER_RELATION`, die Identifikationsnummer von `TRelation`, als Rückgabewert.

`IsConsistent`

`virtual int IsConsistent();`

`IsConsistent` überprüft die Konsistenz der binären Relation. Mögliche Rückgabewerte sind:

`ERR_OK`: Die Relation ist konsistent.

`ERR_RELATIONSIZE`: Für diesen Fehler gibt es zwei mögliche Ursachen: Zum einen kann es sein, daß der Wert von `the_height` nicht mit der Größe des Arrays `the_rows` oder der Wert von `the_width` nicht mit der Größe von `the_columns` übereinstimmt. Dies kann auf einen Fehler in der ConScript-Datei hinweisen. Zum anderen kann es aber sein, daß die Länge eines Bit-Arrays im Array `the_rows` nicht mit `the_width` oder die Länge eines Bit-Arrays in `the_columns` nicht mit `the_height` übereinstimmt. Dies deutet auf einen Fehler in *The Formal Concept Analysis Library* hin und sollte nicht auftreten.

`ERR_RELATIONCONTENTS`: In `the_rows` und `the_columns` stimmen für eine Zeile und eine Spalte die Einträge nicht überein. Dies deutet auf einen Fehler in *The Formal Concept Analysis Library* hin und sollte nicht auftreten.

`IsEqual`

`virtual int IsEqual(const TBaseObject& test) const;`

`IsEqual` hat `1` als Rückgabewert, wenn `this` und `test` vom selben Typ sind und die Inhalte ihrer Datenelemente `the_height`, `the_width`, `the_rows` und `the_columns` übereinstimmen.

`NameOf`

`virtual char* NameOf() const;`

`NameOf` liefert als Rückgabewert `NAME_RELATION`, den Identifikationsstring der Klasse `TRelation`. Dieser hat per Default den Wert „`Relation`“ und ist ein statischer String, der nicht freigegeben werden sollte.

`Or`

`void Or(const TRelation& other);`

`Or` berechnet die Vereinigung der Relation mit der Relation `other`. Die neue Höhe bzw. Breite der Relation ist jeweils das Maximum der ursprünglichen Höhen bzw. Breiten. Die Ausgangsrelation (`*this`) wird überschrieben.

`Print`

`virtual void Print(ostream& out, int indent = 0) const;`

`Print` gibt die Instanz von `TRelation` im ConScript-Format in den Stream `out` mit der Einrückung um `indent` Leerzeichen aus. Das durch `ID_string` bestimmte Schlüsselwort wird nicht ausgegeben.

`PrintOn`

`virtual void PrintOn(ostream& out) const;`

`PrintOn` ruft `Print(out)` auf und gibt so die Relation ohne Einrückung in den Stream `out` aus. `PrintOn` wird von `<<` aufgerufen.

`Product`

`void Product(const TRelation& other);`

`Product` berechnet das Relationenprodukt der Relation mit der Relation `other`, falls die Breite der Relation gleich der Höhe von `other` ist. Die Höhe der Relation bleibt unverändert, die Breite ist nach Ausführung die Breite von `other`. Die Ausgangsrelation (`*this`) wird überschrieben.

`Reflexive`

`void Reflexive();`

`Reflexive` fügt alle Paare (i, i) in die Relation ein, falls die Relation quadratisch ist. Ist sie nicht quadratisch, hat `Reflexive` keine Wirkung.

`SetColumn`

`void SetColumn(const int column, TBitArray& extent);`

`SetColumn` initialisiert die Spalte an der Position `column` mit `extent`.

`SetEntry`

`void SetEntry(const int row, const int column);`

`SetEntry` setzt den Eintrag in der Zeile `row` und Spalte `column` auf `1`. Die Änderung geschieht simultan in `the_rows` und `the_columns`.

`SetHeight`

`void SetHeight(const int height);`

`SetHeight` setzt die Zahl der Zeilen der Relation auf `height`. Dazu werden die Bit-Array-Arrays `the_rows` und `the_columns` entsprechend angepaßt und `the_height` auf den übergebenen Wert gesetzt.

`SetRow`

`void SetRow(const int row, TBitArray& intent);`

`SetRow` initialisiert die Zeile an der Position `row` mit `intent`.

`SetWidth`

`void SetWidth(const int width);`

`SetWidth` setzt die Zahl der Spalten der Relation auf `width`. Dazu werden die Bit-Array-Arrays `the_rows` und `the_columns` entsprechend angepaßt und `the_width` auf den übergebenen Wert gesetzt.

`Symmetric`

`void Symmetric();`

`Symmetric` berechnet die symmetrische Hülle der Relation, falls diese quadratisch ist. Ist sie nicht quadratisch, hat `Symmetric` keine Wirkung.

`Transitive`

`void Transitive();`

`Transitive` berechnet die transitive Hülle der Relation, falls diese quadratisch ist. Ist sie nicht quadratisch, hat `Transitive` keine Wirkung.

`XOr`

`void XOr(const TRelation& other);`

`XOr` berechnet die symmetrische Differenz der Relation mit der Relation `other`. Die neue Höhe bzw. Breite der Relation ist jeweils das Maximum der ursprünglichen Höhen bzw. Breiten. Die Ausgangsrelation (`*this`) wird überschrieben.

`operator &=`

```
void operator &= (const TRelation& other);
```

`&=` ist identisch mit der Elementfunktion `And`, d. h. der Funktionsaufruf `relation.And(other)` entspricht `relation &= other`.

`operator |=`

```
void operator |= (const TRelation& other);
```

`|=` ist identisch mit der Elementfunktion `Or`, d. h. der Funktionsaufruf `relation.Or(other)` entspricht `relation |= other`.

`operator ^=`

```
void operator ^= (const TRelation& other);
```

`|=` ist identisch mit der Elementfunktion `XOr`, d. h. der Funktionsaufruf `relation.XOr(other)` entspricht `relation ^= other`.

`operator -=`

```
void operator -= (const TRelation& other);
```

`-=` ist identisch mit der Elementfunktion `Difference`, d. h. der Aufruf `relation.Difference(other)` entspricht `relation -= other`.

`operator *=`

```
void operator *= (const TRelation& other);
```

`*=` ist identisch mit der Elementfunktion `Product`, d. h. der Funktionsaufruf `relation.Product(other)` entspricht `relation *= other`.

Verwandte Funktionen

`And`

```
TRelation And(const TRelation& relation1,
  const TRelation& relation2);
```

`And` berechnet den Durchschnitt der beiden Relationen `relation1` und `relation2`. Die Höhe bzw. Breite der neu erzeugten Relation ist jeweils das Minimum der ursprünglichen Höhen bzw. Breiten. Die Ausgangsrelationen bleiben unverändert.

`Complement`

```
TRelation Complement(const TRelation& relation);
```

`Complement` hat die komplementäre Relation von `relation` als Rückgabewert. Die Ausgangsrelation bleibt unverändert.

`Difference`

```
TRelation Difference(const TRelation& relation1,
  const TRelation& relation2);
```

`Difference` hat die Mengendifferenz von `relation1` und `relation2` als Rückgabewert. Die Ausgangsrelationen bleiben unverändert.

`Dual`

```
TRelation Dual(const TRelation& relation);
```

`Dual` hat die duale Relation von `relation` als Rückgabewert. Die Ausgangsrelation bleibt unverändert.

`Or`

```
TRelation Or(const TRelation& relation1,
  const TRelation& relation2);
```

`Or` berechnet die Vereinigung der Relationen `relation1` und `relation2`. Die Höhe bzw. Breite der neu erzeugten Relation ist jeweils das Maximum der ursprünglichen Höhen bzw. Breiten. Die Ausgangsrelationen bleiben unverändert.

`Product`

```
TRelation Product(const TRelation& relation1,
  const TRelation& relation2);
```

`Product` hat das Relationenprodukt von `relation1` und `relation2` als Rückgabewert, falls die Breite von `relation1` gleich der Höhe von `relation2` ist. Andernfalls wird eine leere Relation zurückgegeben. Die Ausgangsrelationen bleiben unverändert.

`Reflexive`

```
TRelation Reflexive(const TRelation& relation);
```

`Reflexive` gibt eine Kopie von `relation` zurück, in der alle Paare (i, i) enthalten sind, falls `relation` quadratisch ist. Ist dies nicht der Fall, wird ein Kopie von `relation` zurückgegeben. Die Ausgangsrelation bleibt unverändert.

`Symmetric`

```
TRelation Symmetric(const TRelation& relation);
```

`Symmetric` gibt die symmetrische Hülle von `relation` zurück, falls `relation` quadratisch ist. Ist dies nicht der Fall, wird ein Kopie von `relation` zurückgegeben. Die Ausgangsrelation bleibt unverändert.

`Transitive`

```
TRelation Transitive(const TRelation& relation);
```

`Transitive` gibt die transitive Hülle von `relation` zurück, falls `relation` quadratisch ist. Ist dies nicht der Fall, wird ein Kopie von `relation` zurückgegeben. Die Ausgangsrelation bleibt unverändert.

`XOr`

```
TRelation XOr(const TRelation& relation1,
  const TRelation& relation2);
```

`XOr` berechnet die symmetrische Differenz der Relationen `relation1` und `relation2`. Die Höhe bzw. Breite der neu erzeugten Relation ist jeweils das Maximum der ursprünglichen Höhen bzw. Breiten. Die Ausgangsrelationen bleiben unverändert.

`operator &`

```
TRelation operator & (const TRelation& relation1,
  const TRelation& relation2);
```

`&` ist identisch mit der Funktion `And`. Damit sind die beiden Ausdrücke `And(relation1, relation2)` und `relation1 & relation2` gleichwertig.

`operator |`

```
TRelation operator | (const TRelation& relation1,
  const TRelation& relation2);
```

`|` ist identisch mit der Funktion `Or`. Damit sind die beiden Ausdrücke `Or(relation1, relation2)` und `relation1 | relation2` gleichwertig.

`operator ^`

```
TRelation operator ^ (const TRelation& relation1,
  const TRelation& relation2);
```

`^` ist identisch mit der Funktion `XOr`. Damit sind die beiden Ausdrücke `XOr(relation1, relation2)` und `relation1 ^ relation2` gleichwertig.

`operator -`

```
TRelation operator - (const TRelation& relation1,
  const TRelation& relation2);
```

`-` ist identisch mit der Funktion `Difference`. Damit sind die Ausdrücke `Difference(relation1, relation2)` und `relation1 - relation2` jeweils gleichwertig.

`operator *`

```
TRelation operator * (const TRelation& relation1,
  const TRelation& relation2);
```

`*` ist identisch mit der Funktion `Product`. Damit sind die Ausdrücke `Product(relation1, relation2)` und `relation1 * relation2` gleichwertig.

`operator <=`

```
friend int operator <= (const TRelation& relation1,
  const TRelation& relation2);
```

`<=` gibt `1` zurück, wenn `relation1` in `relation2` enthalten ist, und `0` sonst.

`operator >=`

```
friend int operator >= (const TRelation& relation1,
  const TRelation& relation2);
```

`>=` gibt `1` zurück, wenn `relation2` in `relation1` enthalten ist, und `0` sonst.

`operator <`

```
friend int operator < (const TRelation& relation1,
  const TRelation& relation2);
```

`<` gibt `1` zurück, wenn `relation1` echt in `relation2` enthalten, d. h. enthalten und nicht gleich, ist und `0` sonst.

`operator >`

```
friend int operator > (const TRelation& relation1,
  const TRelation& relation2);
```

< gibt `1` zurück, wenn `relation2` echt in `relation1` enthalten, d. h. enthalten und nicht gleich, ist und `0` sonst.

11.2 TOACPL

Header-Datei: `fca\oacpl.h`
Basisklasse: `TBaseObject`

Kurzbeschreibung

`TOACPL` ist die Basisklasse für die Klassen, die Gegenstände, Merkmale, Begriffe, Punkte und Linien in formalen Kontexten und in Liniendiagrammen repräsentieren. Sie implementiert die Beschreibung und das Format sowie die Nummer der jeweiligen Teilstruktur.

Private Datenelemente

`ID_string`

`static const char ID_string[];`

`ID_string` ist als Leer-String definiert und dazu bestimmt, in einer abgeleiteten Klasse das ConScript-Schlüsselwort der Unterstruktur aufzunehmen.

`the_description`

`string the_description;`

`the_description` enthält eine Beschreibung bzw. einen Titel der Unterstruktur.

`the_format`

`string the_format;`

`the_format` enthält einen Formatstring für die Unterstruktur.

`the_number`

`int the_number;`

`the_number` ist die Nummer der Unterstruktur. Sie wird je nach Art der Unterstruktur für verschiedene Referenzbeziehungen benutzt.

Konstruktoren

`TOACPL`

`TOACPL();`

Dies ist der Default-Konstruktor. Alle nicht-statischen Datenelemente werden als leere Strings initialisiert, `the_number` wird auf `-1` gesetzt.

`TOACPL`

```
TOACPL(int number, const char* description,
  const char* format);
```

Dieser Konstruktor initialisiert die Datenelemente `the_number` sowie `the_description` und `the_format` mit den übergebenen Werten.

Öffentliche Elementfunktionen

`GetDescription`

`const string& GetDescription() const;`

`GetDescription` liefert eine Referenz auf `the_description`, die Beschreibung der Unterstruktur.

`GetFormat`

`const string& GetFormat() const;`

`GetFormat` liefert eine Referenz auf das Datenelement `the_format`, welches den Formatstring der Unterstruktur enthält.

`GetIDString`

`virtual const char* GetIDString() const;`

`GetIDString` liefert das Datenelement `ID_string` als Rückgabewert. In abgeleiteten Klassen muß diese Funktion überschrieben werden, um das statische Datenelement `ID_string` der abgeleiteten Klasse zurückzugeben.

`GetNumber`

`const int GetNumber() const;`

`GetNumber` liefert die Nummer `the_number` der Unterstruktur.

`IsA`

`virtual classType IsA() const;`

`IsA` hat `NUMBER_OACPL`, die Identifikationsnummer der Klasse `TOACPL`, als Rückgabewert.

`IsEqual`

`virtual int IsEqual(const TBaseObject& test) const;`

`IsEqual` hat `1` als Rückgabewert, wenn `this` und `test` vom selben Typ sind, d. h. wenn die `IsA()`-Funktionen denselben Wert liefern, und wenn `the_number` gleich `test.the_number` ist. Sonst wird `0` zurückgegeben.

`NameOf`

`virtual char* NameOf() const;`

`NameOf` liefert als Rückgabewert `NAME_OACPL`, den Identifikationsstring der Klasse `TOACPL`. Dieser hat per Default den Wert „`Substructure`" und ist ein statischer String, der nicht freigegeben werden sollte.

`Print`

`virtual void Print(ostream& out, int indent = 0) const;`

`Print` ist dazu bestimmt, in abgeleiteten Klassen die jeweilige Instanz im ConScript-Format in den Stream `out` mit der Einrückung um `indent` Leerzeichen auszugeben.

`PrintOn`

`virtual void PrintOn(ostream& out) const;`

`PrintOn` ruft `Print(out)` auf und gibt so die Struktur ohne Einrückung in den Stream `out` aus. `PrintOn` wird von `<<` aufgerufen.

`SetDescription`

`void SetDescription(const string& description);`

SetDescription setzt das Datenelement **the_description** auf den als Parameter übergebenen Wert. Dabei wird eine Kopie von **description** erzeugt.

SetFormat

void SetFormat(const string& format);

SetFormat setzt das Datenelement **the_format** auf den als Parameter übergebenen Wert. Dabei wird eine Kopie von **format** erzeugt.

SetNumber

void SetNumber(const int number);

SetNumber setzt das Datenelement **the_number** auf den als Parameter übergebenen Wert.

11.3 TOAC

Header-Datei: fca\oac.h
Basisklasse: TOACPL

Kurzbeschreibung

TOAC ist die Basisklasse für die Klassen, die Gegenstände, Merkmale und Begriffe in formalen Kontexten und in Liniendiagrammen repräsentieren. Sie implementiert zusätzlich zu TOACPL den Bezeichner der jeweiligen Teilstruktur.

Private Datenelemente

the_identifier

string the_identifier;

the_identifier enthält den Bezeichner der Unterstruktur.

Konstruktoren

TOAC

TOAC();

Dies ist der Default-Konstruktor. Alle nicht-statischen Datenelemente werden als leere Strings initialisiert.

TOAC

TOAC(int number, const char* identifier,
const char* description, const char* format);

Dieser Konstruktor ruft den von der Klasse TOACPL vererbten Konstruktor **TOACPL(number, description, format)** auf und setzt das Datenelement **the_identifier** auf den übergebenen Wert.

Öffentliche Elementfunktionen

GetIdentifier
: `const string& GetIdentifier() const;`
`GetIdentifier` liefert eine Referenz auf `the_identifier`, den Bezeichner der Unterstruktur.

IsA
: `virtual classType IsA() const`
`IsA` hat `NUMBER_OAC`, die Identifikationsnummer der Klasse `TOAC`, als Rückgabewert.

IsEqual
: `virtual int IsEqual(const TBaseObject& test) const;`
`IsEqual` hat `1` als Rückgabewert, wenn `this` und `test` vom selben Typ sind, d. h. wenn die `IsA()`-Funktionen denselben Wert liefern, und wenn `the_identifer` gleich `test.the_identifier` ist. Sonst wird `0` zurückgegeben.

NameOf
: `virtual char* NameOf() const;`
`NameOf` liefert als Rückgabewert `NAME_OAC`, den Identifikationsstring der Klasse `TOAC`. Dieser hat den Wert „`Substructure`" und ist ein statischer String, der nicht freigegeben werden sollte.

Print
: `virtual void Print(ostream& out, int indent = 0) const;`
`Print` gibt die Instanz von `TOAC` im ConScript-Format in den Stream `out` mit der Einrückung um `indent` Leerzeichen aus. Das durch das Datenelement `ID_string` bestimmte Schlüsselwort wird nicht ausgegeben.

SetIdentifier
: `void SetIdentifier(const string& identifier);`
`SetIdentifier` setzt das Datenelement `the_identifier` auf den als Parameter übergebenen Wert. Dabei wird eine Kopie von `identifier` erzeugt.

Verwandte Funktionen

operator <
: `int operator < (const TOAC& obj_1, const TOAC& obj_2);`
Der `operator <` hat `1` als Rückgabewert, wenn die Nummer von `obj_1` kleiner der Nummer von `obj_2` ist, und `0` sonst.

11.4 TObject

Header-Datei: `fca\oac.h`
Basisklasse: `TOAC`

Kurzbeschreibung

Die Klasse `TObject` repräsentiert einen Gegenstand in einem formalen Kontext oder einem Liniendiagramm. Zusätzlich zu `TOAC` werden nur die Identifikations-Funktionen neu definiert.

Private Datenelemente

`ID_string`
: `static const char ID_string[];`
`ID_string` enthält das ConScript-Schlüsselwort `ID_OBJECT` für Gegenstände. Der Defaultwert ist der String „`OBJECTS`“.

Konstruktoren

`TObject`
: `TObject();`
Dies ist der Default-Konstruktor.

`TObject`
: `TObject(int number, const char* identifier,`
`const char* description, const char* format);`
Dieser Konstruktor ruft den von der Klasse `TOAC` vererbten Konstruktor `TOAC(number, identifier, description, format)` auf und initialisiert so den Gegenstand mit den übergebenen Werten.

Öffentliche Elementfunktionen

`GetIDString`
: `virtual const char* GetIDString() const;`
`GetIDString` liefert als Rückgabewert das Datenelement `ID_string`, welches das ConScript-Schlüsselwort `ID_OBJECT` („`OBJECTS`“) enthält.

`IsA`
: `virtual classType IsA() const;`
`IsA` hat `NUMBER_OBJECT`, die Identifikationsnummer der Klasse `TObject`, als Rückgabewert.

`NameOf`
: `virtual char* NameOf() const;`
`NameOf` liefert als Rückgabewert `NAME_OBJECT`, den Identifikationsstring der Klasse `TObject`. Dieser hat per Default den Wert „`Object`“ und ist ein statischer String, der nicht freigegeben werden sollte.

11.5 TAttribute

Header-Datei: `fca\oac.h`
Basisklasse: `TOAC`

Kurzbeschreibung

Die Klasse **TAttribute** repräsentiert ein Merkmal in einem formalen Kontext oder einem Liniendiagramm. Zusätzlich zu **TOAC** werden nur die Identifikations-Funktionen neu definiert.

Private Datenelemente

ID_string

static const char ID_string[];

ID_string enthält das Schlüsselwort **ID_ATTRIBUTE** für Merkmale. Der Defaultwert ist der String „**ATTRIBUTES**“.

Konstruktoren

TAttribute

TAttribute();

Dies ist der Default-Konstruktor.

TAttribute

TAttribute(int number, const char* identifier,
const char* description, const char* format);

Dieser Konstruktor ruft den von der Klasse **TOAC** vererbten Konstruktor **TOAC(number, identifier, description, format)** auf und initialisiert so das Merkmal mit den übergebenen Werten.

Öffentliche Elementfunktionen

GetIDString

virtual const char* GetIDString() const;

GetIDString liefert als Rückgabewert das Datenelement **ID_string**, welches das ConScript-Schlüsselwort **ID_ATTRIBUTE** („**ATTRIBUTES**“) enthält.

IsA

virtual classType IsA() const;

IsA hat **NUMBER_ATTRIBUTE**, die Identifikationsnummer von **TAttribute**, als Rückgabewert.

NameOf

virtual char* NameOf() const;

NameOf liefert als Rückgabewert **NAME_ATTRIBUTE**, den Identifikationsstring der Klasse **TAttribute**. Dieser hat den Wert „**Attribute**“ per Default und ist ein statischer String, der nicht freigegeben werden sollte.

11.6 TConcept

Header-Datei: `fca\oac.h`
Basisklasse: `TOAC`

Kurzbeschreibung

Die Klasse `TConcept` repräsentiert eine Beschreibung eines Begriffs in einem Liniendiagramm. Zusätzlich zu `TOAC` werden nur die Identifikations-Funktionen neu definiert.

Private Datenelemente

`ID_string`

`static const char ID_string[];`

`ID_string` enthält das ConScript-Schlüsselwort `ID_CONCEPT` für Begriffe. Der Defaultwert ist der String „`CONCEPTS`".

Konstruktoren

`TConcept`

`TConcept();`

Dies ist der Default-Konstruktor.

`TConcept`

```
TConcept(int number, const char* identifier,
  const char* description, const char* format);
```

Dieser Konstruktor ruft den von der Klasse `TOAC` vererbten Konstruktor `TOAC(number, identifier, description, format)` auf und initialisiert so den Begriff mit den übergebenen Werten.

Öffentliche Elementfunktionen

`GetIDString`

`virtual const char* GetIDString() const;`

`GetIDString` liefert als Rückgabewert das Datenelement `ID_string`, welches das ConScript-Schlüsselwort `ID_CONCEPT` („`CONCEPTS`") enthält.

`IsA`

`virtual classType IsA() const;`

`IsA` hat `NUMBER_CONCEPT`, die Identifikationsnummer von `TConcept`, als Rückgabewert.

`NameOf`

`virtual char* NameOf() const;`

`NameOf` liefert als Rückgabewert `NAME_CONCEPT`, den Identifikationsstring der Klasse `TConcept`. Dieser hat per Default den Wert „`Concept`" und ist ein statischer String, der nicht freigegeben werden sollte.

11.7 TDPoint

Header-Datei: `fca\pl.h`
Basisklasse: `TOACPL`

Kurzbeschreibung

Die Klasse `TDPoint` repräsentiert einen Punkt in einem Liniendiagramm. Dazu werden Funktionen zur Abfrage und Manipulation der Koordinaten bereitgestellt. In älteren Versionen von *The Formal Concept Analysis Library* hieß diese Klasse `TPoint`. Die Umbenennung erfolgte, um Namenskonflikte mit den Klassen der Borland Object Windows Library™ 2.0 (und höher) zu vermeiden. Das „`D`" steht für *Diagram*.

Private Datenelemente

`ID_string`
`static const char ID_string[];`
`ID_string` enthält das ConScript-Schlüsselwort `ID_POINT` für Punkte. Der Defaultwert ist der String „`POINTS`".

`x_value`
`double x_value;`
`x_value` enthält die horizontale Koordinate des Punkts.

`y_value`
`double y_value;`
`y_value` enthält die vertikale Koordinate des Punkts.

Konstruktoren

`TDPoint`
`TDPoint();`
Dies ist der Default-Konstruktor. Alle nicht-statischen Datenelemente werden mit `0` initialisiert.

`TDPoint`
```
TDPoint(int number, double x, double y,
  const char* description, const char* format);
```
Dieser Konstruktor ruft `TOACPL(number, description, format)` auf und initialisiert die Datenelemente `x_value` und `y_value` mit den übergebenen Werten.

Öffentliche Elementfunktionen

`GetIDString`
`virtual const char* GetIDString() const;`
`GetIDString` liefert als Rückgabewert das Datenelement `ID_string`, welches das ConScript-Schlüsselwort `ID_POINT` („`POINTS`") enthält.

GetXValue

```
const double GetXValue() const;
```

GetXValue liefert den Wert der horizontalen Koordinate x_value als Rückgabewert.

GetYValue

```
const double GetYValue() const;
```

GetYValue liefert den Wert der vertikalen Koordinate y_value als Rückgabewert.

IsA

```
virtual classType IsA() const;
```

IsA hat NUMBER_POINT, die Identifikationsnummer der Klasse TDPoint, als Rückgabewert.

NameOf

```
virtual char* NameOf() const;
```

NameOf liefert als Rückgabewert NAME_POINT, den Identifikationsstring der Klasse TDPoint. Dieser hat per Default den Wert „Point" und ist ein statischer String, der nicht freigegeben werden sollte.

Print

```
virtual void Print(ostream& out, int indent = 0) const;
```

Print gibt die Instanz von TDPoint im ConScript-Format in den Stream out mit der Einrückung um indent Leerzeichen aus. Das durch ID_string bestimmte Schlüsselwort wird nicht ausgegeben.

SetXValue

```
void SetXValue(const double x);
```

SetXValue setzt das Datenelement x_value auf den als Parameter übergebenen Wert.

SetYValue

```
void SetYValue(const double y);
```

SetYValue setzt das Datenelement y_value auf den als Parameter übergebenen Wert.

Verwandte Funktionen

operator <

```
int operator < (const TDPoint& point_1,
  const TDPoint& point_2);
```

Der operator < hat 1 als Rückgabewert, wenn die Nummer von point_1 kleiner der Nummer von point_2 ist, und 0 sonst.

11.8 TDLine

Header-Datei: fca\pl.h
Basisklasse: TOACPL

Kurzbeschreibung

Die Klasse `TDLine` repräsentiert eine Linie in einem Liniendiagramm. Dazu werden Funktionen zur Abfrage und Manipulation der durch die Linie verbundenen Punkte bereitgestellt. In älteren Versionen von *The Formal Concept Analysis Library* hieß diese Klasse `TLine`. Die Umbenennung erfolgte, um Namenskonflikte mit den Klassen der Borland Object Windows Library™ 2.0 (und höher) zu vermeiden. Das „`D`" steht für *Diagram*.

Private Datenelemente

`from_point`
: `int from_point;`
`from_point` ist die Nummer des Anfangspunkts der Linie.

`ID_string`
: `static const char ID_string[];`
`ID_string` enthält das ConScript-Schlüsselwort `ID_LINE` für Linien. Der Defaultwert ist der String „`LINES`".

`to_point`
: `int to_point;`
`to_point` ist die Nummer des Endpunkts der Linie.

Konstruktoren

`TDLine`
: `TDLine();`
Dies ist der Default-Konstruktor. Alle nicht-statischen Datenelemente werden mit Null initialisiert.

`TDLine`
: `TDLine(int from, int to, const char* format);`
Dieser Konstruktor ruft `TOACPL(-1, "", format)` auf und initialisiert die Datenelemente `from_point` und `to_point` mit den übergebenen Werten.

Öffentliche Elementfunktionen

`GetFromPoint`
: `const int GetFromPoint() const;`
`GetFromPoint` liefert die Nummer des Anfangspunkts der Linie, d. h. den Wert von `from_point`.

`GetIDString`
: `virtual const char* GetIDString() const;`
`GetIDString` liefert als Rückgabewert das Datenelement `ID_string`, welches das ConScript-Schlüsselwort `ID_LINE` („`LINES`") enthält.

`GetToPoint`

`const int GetToPoint() const;`

`GetToPoint` liefert die Nummer des Endpunkts der Linie, d. h. den Wert von `to_point`.

`IsA`

`virtual classType IsA() const;`

`IsA` hat `NUMBER_LINE`, die Identifikationsnummer der Klasse `TDLine`, als Rückgabewert.

`IsEqual`

`virtual int IsEqual(const TBaseObject& test) const;`

`IsEqual` hat `1` als Rückgabewert, wenn `this` und `test` vom selben Typ sind, d. h. wenn die `IsA()`-Funktionen denselben Wert liefern, und wenn der Anfangs- und der Endpunkt der beiden Linien jeweils übereinstimmen. Sonst wird `0` zurückgegeben.

`NameOf`

`virtual char* NameOf() const;`

`NameOf` liefert als Rückgabewert `NAME_LINE`, den Identifikationsstring der Klasse `TDLine`. Dieser hat per Default den Wert „`Line`" und ist ein statischer String, der nicht freigegeben werden sollte.

`Print`

`virtual void Print(ostream& out, int indent = 0) const;`

`Print` gibt die Instanz von `TDLine` im ConScript-Format in den Stream `out` mit der Einrückung um `indent` Leerzeichen aus. Das durch das Datenelement `ID_string` bestimmte Schlüsselwort wird nicht ausgegeben.

`SetFromPoint`

`void SetFromPoint(const int from);`

`SetFromPoint` setzt das Datenelement `from_point` auf den als Parameter übergebenen Wert.

`SetToPoint`

`void SetToPoint(const int to);`

`SetToPoint` setzt das Datenelement `to_point` auf den als Parameter übergebenen Wert.

Verwandte Funktionen

`operator <`

`int operator < (const TDLine& line_1, const TDLine& line_2);`

Der `operator <` hat `1` als Rückgabewert, wenn die Nummer des Anfangspunkts von `line_1` kleiner der Nummer des Anfangspunkts von `line_2` ist oder wenn die Anfangspunkte gleich sind und die Nummer des Endpunkts von `line_1` kleiner der Nummer des Endpunkts von `line_2` ist, und `0` sonst.

12. Klassen für Arrays und Mengen

In diesem Kapitel werden die Klassen für Arrays und Mengen verschiedener Arten beschrieben. Die meisten dieser Klassen dienen zur Kapselung von einer aus einer Bibliothek entnommenen Container-Klasse und verbergen die durch die Verwendung verschiedener Bibliotheken entstehenden Unterschiede zwischen diesen Container-Klassen. Der grundsätzliche Aufbau dieser Kapselungsklassen ist so, daß sich möglichst direkt die Klassen der *Borland International Data Structures Library*™ kapseln lassen. In der existierenden Version von *The Formal Concept Analysis Library* ist auch eine Kapselung der GNU-C++-Klassen implementiert. Nähere Informationen dazu befinden sich in Anhang B.

12.1 `TBitArray`

Header-Datei: `local\bitarray.h`
Basisklasse: keine Klasse

Kurzbeschreibung

`TBitArray` ist ein Bit-Array auf der Basis eines Array von `unsigned long`. Für das Bit-Array werden die üblichen Bit-Operationen (außer Schiebe-Operationen) zur Verfügung gestellt. Das Bit-Array ist in der Lage, seine Größe dynamisch zu verändern. Die Bits werden in einer Instanz der Klasse `TCVectorImp<unsigned long>` repräsentiert. Eine Instanz dieser Klasse kann als Teilmenge einer endlichen Menge angesehen werden, deren Mächtigkeit durch die Größe des Arrays bestimmt wird. Zur Darstellung einzelner Bits wird der Datentyp `TBit` mit den Konstanten `Bit0` für ein gelöschtes und `Bit1` für ein gesetztes Bit verwendet (s. Kapitel 16).

Private Datenelemente

`Data`

```
TCVectorImp<unsigned long>* Data;
```

`Data` wird zum tatsächlichen Speichern der Bits verwendet. Es wird davon ausgegangen, daß ein `unsigned long` 32 Bits enthält.

`Size`

`unsigned Size;`

`Size` gibt die Anzahl der repräsentierten Bits wieder. Diese müssen nicht alle gesetzt sein. Die Instanz kann also als Teilmenge der Menge $\{0, \ldots, \texttt{Size} - 1\}$ verstanden werden.

Konstruktoren

`TBitArray`

`TBitArray();`

Dies ist der Default-Konstruktor. Sein Aufruf entspricht dem Aufruf von `TBitArray(0, 1);`

`TBitArray`

`TBitArray(unsigned size, int delta = 1);`

Dieser Konstruktor erzeugt eine Instanz der Größe `size`, in der alle Bits gelöscht sind. Der Parameter delta gibt an, um wieviele Blöcke `Data` vergrößert wird, wenn der dort bereitgestellte Speicherplatz nicht mehr ausreicht. Ist `delta <= 0`, so wird `delta = 1` gesetzt.

`TBitArray`

`TBitArray(const TBitArray& array);`

Der Copy-Konstruktor kopiert `Size`, reserviert neuen Speicherplatz für `Data` und kopiert dann `*Data`.

Destruktoren

`~BitArray`

`~TBitArray();`

Der Destruktor gibt `Data` frei.

Öffentliche Elementfunktionen

`Add`

`void Add(const TBit value);`

`Add` fügt ans Ende des Arrays das Bit `value` an.

`After`

`TBitArray After(int loc) const;`

`After` liefert eine Kopie des Arrays ab der Position `loc` bis zum Ende.

`And`

`void And(const TBitArray& other);`

`And` berechnet den Durchschnitt des Arrays mit `other`, d. h. nach der Ausführung ist ein Bit an einer Position genau dann `Bit1`, wenn dies vorher in beiden Arrays der Fall war. Die Größe des Arrays ist das Minimum der beiden Ausgangsgrößen.

`ArraySize`

`unsigned ArraySize() const;`

`ArraySize` hat `Size` als Rückgabewert.

`At`

`TBitArray At(int loc, unsigned size) const;`

`At` liefert eine Kopie des Arrays der Größe `size` ab der Position `loc`. Falls `loc + size` die aktuelle Größe übersteigt, wird nur bis zur aktuellen Größe kopiert.

`Before`

`TBitArray Before(int loc) const;`

`Before` liefert eine Kopie des Arrays vom Anfang bis zur Position `loc`.

`Clear`

`void Clear();`

Diese Version von `Clear` setzt alle Bits im Array auf `Bit0`.

`Clear`

`void Clear(int loc);`

Diese Version von `Clear` setzt das Bit an der Position `loc` auf `Bit0`.

`Clear`

`void Clear(int first, int last);`

Diese Version von Clear setzt alle Bits von der Position `first` bis zur Position `last` auf `Bit0`.

`Complement`

`void Complement();`

Diese Version von `Complement` invertiert alle Bits im Array und liefert so das Komplement der ursprünglichen Menge.

`Complement`

`void Complement(int loc);`

Diese Version von `Complement` invertiert das Bit an der Position `loc`.

`Complement`

`void Complement(int first, int last);`

Diese Version von `Complement` invertiert alle Bits von der Position `first` bis zur Position `last`.

`Concat`

`void Concat(const TBitArray& other);`

`Concat` fügt ans Ende des Arrays das Bit-Array `other` an.

`Count`

`unsigned Count(TBit value) const;`

`Count` hat die Anzahl der Bits im Array, die den Wert `value` haben, als Rückgabewert.

`Delete`

`void Delete(int loc);`

Diese Version von `Delete` entfernt das Bit an der Stelle `loc` aus dem Array.

`Delete`

`void Delete(int first, int last);`

Diese Version von `Delete` entfernt die Bits an den Stellen `first` bis `last` aus dem Array.

`Difference`

`void Difference(const TBitArray& other);`

`Difference` berechnet die Differenz des Arrays mit `other`, d. h. nach der Ausführung ist ein Bit an einer Position genau dann `Bit1`, wenn dies vorher im Array, aber nicht in `other` der Fall war. Die Größe des Arrays bleibt unverändert.

`First`

`int First(TBit value) const;`

`First` liefert die Position des ersten Bits im Array, welches den Wert `value` hat, oder `-1`, wenn es ein solches Bit nicht gibt.

`Insert`

`void Insert(int loc, TBit value);`

Diese Version von `Insert` fügt an der Stelle `loc` das Bit `value` ein.

`Insert`

`void Insert(int first, int last, TBit value);`

Diese Version von `Insert` fügt von der Stelle `first` bis zur Stelle `last` neue Bits mit dem Wert `value` ein. Das Bit, welches vorher an der Stelle `first` war, ist nach der Ausführung an der Stelle `last + 1`.

`IsEmpty`

`int IsEmpty() const;`

`IsEmpty` hat `1` als Rückgabewert, wenn alle Bits im Array gelöscht sind, d. h. den Wert `Bit0` haben, und `0` sonst.

`IsFull`

`int IsFull() const;`

`IsFull` hat `1` als Rückgabewert, wenn alle Bits im Array gesetzt sind, d. h. den Wert `Bit1` haben, und `0` sonst.

`Last`

`int Last(TBit value) const;`

`Last` liefert die Position des letzten Bits im Array, welches den Wert `value` hat, oder `-1`, wenn es ein solches Bit nicht gibt.

`Next`

`int Next(int loc, TBit value) const;`

`Next` liefert die Position des ersten Bits hinter der Postion `loc`, das den Wert `value` hat, oder `-1`, wenn es ein solches Bit nicht gibt.

`Or`

`void Or(const TBitArray& other);`

`Or` berechnet die Vereinigung des Arrays mit `other`, d. h. nach der Ausführung ist ein Bit an einer Position genau dann `Bit1`, wenn dies vorher in mindestens einem der beiden Arrays der Fall war. Die Größe des Arrays ist das Maximum der beiden Ausgangsgrößen.

`Previous`

`int Previous(int loc, TBit value) const;`

`Previous` liefert die Position des letzten Bits vor der Postion `loc`, das den Wert `value` hat, oder `-1`, wenn es ein solches Bit nicht gibt.

`Set`

`void Set();`

Diese Version von `Set` setzt alle Bits im Array auf `Bit1`.

`Set`

`void Set(int loc);`

Diese Version von `Set` setzt das Bit an der Position `loc` auf `Bit1`.

`Set`

`void Set(int first, int last);`

Diese Version von `Set` setzt alle Bits von der Position `first` bis zur Position `last` auf `Bit1`.

`XOr`

`void XOr(const TBitArray& other);`

`XOr` berechnet die symmetrische Differenz des Arrays mit `other`, d. h. nach der Ausführung ist ein Bit an einer Position genau dann `Bit1`, wenn dies vorher in genau einem der beiden Arrays der Fall war. Die Größe des Arrays ist das Maximum der beiden Ausgangsgrößen.

`operator =`

`void operator = (const TBitArray& array);`

Der Zuweisungsoperator arbeitet genauso wie der Copy-Konstruktor.

`operator []`

`TBit operator [](int loc) const;`

Der Operator `[]` liefert das Bit an der Stelle `loc`.

`operator &=`

`void operator &= (const TBitArray& other);`

Der Operator `&=` berechnet den Durchschnitt des Arrays mit `other`. Er ist identisch mit einem Aufruf von `And(other)`.

`operator |=`

`void operator |= (const TBitArray& other);`

Der Operator `|=` berechnet die Vereinigung des Arrays mit `other`. Er ist identisch mit einem Aufruf von `Or(other)`.

`operator ^=`

`void operator ^= (const TBitArray& other);`

Der Operator `^=` berechnet die symmetrische Differenz des Arrays mit `other`. Er ist identisch mit einem Aufruf von `XOr(other)`.

`operator -=`

`void operator -= (const TBitArray& other);`

Der Operator `-=` berechnet die Differenz des Arrays mit `other`. Er ist identisch mit einem Aufruf von `Difference(other)`.

`operator +=`

`void operator += (const TBitArray& other);`

Diese Version des Operators += fügt **other** an das Ende des Arrays an. Sie ist identisch mit einem Aufruf von **Concat(other)**.

operator +=

void operator += (const TBit value);

Diese Version des Operators += fügt ein Bit mit dem Wert **value** an das Ende des Arrays an. Sie ist identisch mit einem Aufruf von **Add(value)**.

Private Elementfunktionen

GetMask

unsigned long GetMask(int loc) const;

Diese Version von **GetMask** liefert ein **unsigned long**, dessen Bit an der Position **loc** gesetzt und dessen andere Bits gelöscht sind.

GetMask

unsigned long GetMask(int first, int last) const;

Diese Version von **GetMask** liefert ein **unsigned long**, dessen Bits an den Positionen **first** bis **last** gesetzt und dessen andere Bits gelöscht sind.

GetRepLoc

TRepLoc GetRepLoc(int loc) const;

GetRepLoc hat die Block-Koordinaten der Position **loc** als Rückgabewert (vgl. Kapitel 16).

Verwandte Funktionen

And

**TBitArray And(const TBitArray& array1,
const TBitArray& array2);**

And liefert ein Bit-Array, das der Durchschnitt von **array1** und **array2** ist.

Concat

**TBitArray Concat(const TBitArray& array1,
const TBitArray& array2);**

Diese Version von **Concat** liefert ein Bit-Array, das durch Hintereinandersetzen von **array1** und **array2** entsteht.

Concat

TBitArray Concat(const TBitArray& array, const TBit value);

Diese Version von **Concat** liefert ein Bit-Array, das durch Anfügen von value an **array** entsteht.

Difference

**TBitArray Difference(const TBitArray& array1,
const TBitArray& array2);**

Difference liefert ein Bit-Array, das die Differenz von **array1** und array2 ist.

`Or`

```
TBitArray Or(const TBitArray& array1,
  const TBitArray& array2);
```

`Or` liefert ein Bit-Array, das die Vereinigung von **array1** und **array2** ist.

`XOr`

```
TBitArray XOr(const TBitArray& array1,
  const TBitArray& array2);
```

`XOr` liefert ein Bit-Array, das die symmetrische Differenz von **array1** und **array2** ist.

`operator ==`

```
int operator == (const TBitArray& array1,
  const TBitArray& array2);
```

Der Operator == hat `1` als Rückgabewert, wenn **array1** und **array2** dieselbe Größe haben und in ihnen dieselben Bits gesetzt sind, und `0` sonst.

`operator !=`

```
int operator != (const TBitArray& array1,
  const TBitArray& array2);
```

Der Operator != hat `1` als Rückgabewert, wenn nicht **array1 == array2** gilt, und `0` sonst.

`operator <=`

```
int operator <= (const TBitArray& array1,
  const TBitArray& array2);
```

Der Operator <= hat `1` als Rückgabewert, wenn die Größe von **array1** kleiner oder gleich der von **array2** ist, und wenn jedes Bit, das in **array1** gesetzt ist, auch in **array2** gesetzt ist, und `0` sonst.

`operator >=`

```
int operator >= (const TBitArray& array1,
  const TBitArray& array2);
```

Der Operator >= hat `1` als Rückgabewert, wenn **array2 <= array1** gilt, und `0` sonst.

`operator <`

```
int operator < (const TBitArray& array1,
  const TBitArray& array2);
```

Der Operator < hat `1` als Rückgabewert, wenn **array1 <= array2** und außerdem nicht **array1 == array2** gilt, und `0` sonst. Man beachte, daß ein Rückgabewert `1` auch bedeuten kann, daß lediglich die Größe von **array1** echt kleiner der von **array2** ist.

`operator >`

```
int operator > (const TBitArray& array1,
  const TBitArray& array2);
```

Der Operator > hat `1` als Rückgabewert, wenn **array1 >= array2** und außerdem nicht **array1 == array2** gilt, und `0` sonst. Man beachte, daß ein Rückgabewert `1` auch bedeuten kann, daß lediglich die Größe von **array1** echt größer der von **array2** ist.

operator &

```
TBitArray operator & (const TBitArray& array1,
  const TBitArray& array2);
```

Der Operator & liefert ein Bit-Array, das der Durchschnitt von array1 und array2 ist. Er ist identisch mit dem Aufruf And(array1, array2).

operator |

```
TBitArray operator | (const TBitArray& array1,
  const TBitArray& array2);
```

Der Operator | liefert ein Bit-Array, das die Vereinigung von array1 und array2 ist. Er ist identisch mit einem Aufruf von Or(array1, array2).

operator ^

```
TBitArray operator ^ (const TBitArray& array1,
  const TBitArray& array2);
```

Der Operator ^ liefert ein Bit-Array, das die symmetrische Differenz von array1 und array2 ist. Er ist identisch mit einem Aufruf von XOr(array1, array2).

operator -

```
TBitArray operator - (const TBitArray& array1,
  const TBitArray& array2);
```

Der Operator - liefert ein Bit-Array, das die Differenz von array1 und array2 ist. Er ist identisch mit Difference(array1, array2).

operator +

```
TBitArray operator + (const TBitArray& array1,
  const TBitArray& array2);
```

Diese Version des Operators + liefert ein Bit-Array, das durch Hintereinandersetzen von array1 und array2 entsteht. Sie ist identisch mit einem Aufruf von Concat(array1, array2).

operator +

```
TBitArray operator + (const TBitArray& array,
  const TBit value);
```

Diese Version des Operators + liefert ein Bit-Array, das durch Anfügen von value an array entsteht. Sie ist identisch mit einem Aufruf von Concat(array, value).

12.2 TBitArrayArray

Header-Datei: fca\baarray.h
Basisklasse: Keine Klasse

Kurzbeschreibung

TBitArrayArray ist eine Schnittstellenklasse für eine dynamische Instanz des direkten Arrays TCVectorImp<TBitArray> für Relationen.

Private Datenelemente

Data

`TCVectorImp<TBitArray>* Data;`

Data ist der von der Klasse verwaltete Vektor, welcher die tatsächlichen Daten enthält.

Konstruktoren

TBitArrayArray

`TBitArrayArray(int upper, int delta = 0);`

Dieser Konstruktor ruft `TCVectorImp<TBitArray>(upper + 1, delta)` zur Initialisierung von Data auf. Dadurch wird ein Array mit den Indizes 0 bis upper und dem Vergrößerungswert delta erzeugt.

TBitArrayArray

`TBitArrayArray(const TBitArrayArray& array);`

Der Copy-Konstruktor initialisiert das Datenelement Data mit einer Kopie von `*(array.Data)`.

Destruktoren

TBitArrayArray

`~TBitArrayArray();`

Der Destruktor gibt Data wieder frei.

Öffentliche Elementfunktionen

Add

`int Add(const TBitArray& t);`

Add ruft `Data->Add(t)` auf und fügt so t an das Ende des Arrays an. Falls das Array voll ist und vergrößert werden kann (`delta > 0`), wird es zuerst vergrößert. Der Rückgabewert ist 1, wenn der Aufruf erfolgreich war, und 0 sonst.

AddAt

`int AddAt(const TBitArray& t, int loc);`

AddAt ruft `Data->AddAt(t, loc)` auf und fügt so t an der Position loc in das Array ein. Nachfolgende Einträge werden entsprechend verschoben. Falls loc kein gültiger Index ist und das Array vergrößert werden kann, wird es so vergrößert, daß loc ein gültiger Index wird. Der Rückgabewert ist 1, wenn der Aufruf erfolgreich war, und 0 sonst.

ArraySize

`unsigned ArraySize() const;`

ArraySize hat `Data->Limit()`, die aktuelle Zahl der möglichen Elemente des Arrays, als Rückgabewert.

`BoundBase`

`int BoundBase(unsigned loc) const;`

`BoundBase` wandelt den `unsigned`-Index `loc` in einen `signed`-Index um.

`Detach`

`int Detach(const TBitArray& t);`

Diese Version von `Detach` ruft `Data->Detach(t)` auf und entfernt so das Element `t`. Nachfolgende Einträge werden entsprechend verschoben. Der Rückgabewert ist `1`, wenn der Aufruf erfolgreich war, und `0` sonst.

`Detach`

`int Detach(int loc);`

Diese Version von `Detach` ruft `Data->Detach(loc)` auf und entfernt so das Element an der Stelle `loc`. Nachfolgende Einträge werden entsprechend verschoben. Der Rückgabewert ist `1`, wenn der Aufruf erfolgreich war, und `0` sonst.

`Find`

`int Find(const TBitArray& t) const;`

`Find` hat `Data->Find(t)`, die Position des Elements `t`, als Rückgabewert. Falls `t` nicht im Array enthalten ist, ist der Rückgabewert `INT_MAX`.

`FirstThat`

`TBitArray* FirstThat(CondFunc cond, void* args) const;`

`FirstThat` liefert `Data->FirstThat(cond, args)` als Rückgabewert, d. h. einen Zeiger auf das erste Element `t` des Arrays, für das die Funktion `cond(t, args)` nicht `0` ist. Falls es ein solches Element nicht gibt, wird `NULL` zurückgegeben.

`Flush`

`void Flush();`

`Flush` entfernt alle Elemente aus dem Array.

`ForEach`

`void ForEach(IterFunc iter, void* args);`

`ForEach` ruft `Data->ForEach(iter, args)` auf, wodurch die Funktion `iter(t, args)` für jedes Element `t` des Arrays aufgerufen wird.

`GetItemsInContainer`

`unsigned GetItemsInContainer() const;`

`GetItemsInContainer` hat `Data->Count()`, die aktuelle Zahl der tatsächlichen Elemente des Arrays, als Rückgabewert.

`Grow`

`void Grow(int loc);`

`Grow` vergrößert, falls möglich, das Array, so daß `loc` ein gültiger Index wird.

`HasMember`

`int HasMember(const TBitArray& t) const;`

`HasMember` hat `1` als Rückgabewert, falls `t` im Array enthalten ist, und `0` sonst.

`IsEmpty`

`int IsEmpty() const;`

`IsEmpty` hat `1` als Rückgabewert, wenn das Array keine Elemente hat, und `0` sonst.

`IsFull`

`int IsFull() const;`

`IsFull` hat `1` als Rückgabewert, wenn das Array seine maximale Elementanzahl erreicht hat und nicht vergrößert werden kann, und `0` sonst.

`LastThat`

`TBitArray* LastThat(CondFunc cond, void* args) const;`

`LastThat` liefert `Data->LastThat(cond, args)` als Rückgabewert, d. h. einen Zeiger auf das letzte Element `t` des Arrays, für das die Funktion `cond(t, args)` nicht `0` ist. Falls es ein solches Element nicht gibt, wird `NULL` zurückgegeben.

`LowerBound`

`int LowerBound() const;`

`LowerBound` hat stets `0`, den kleinsten Index des Arrays, als Rückgabewert.

`Reallocate`

`void Reallocate(unsigned sz, unsigned offset = 0);`

`Reallocate` vergrößert das Array zur Größe `sz` und verschiebt alle Einträge um `offset` nach oben, falls das Array vergrößert werden kann.

`UpperBound`

`int UpperBound() const;`

`UpperBound` hat `Data->Limit() - 1`, den größtmöglichen Index des Arrays, als Rückgabewert.

`ZeroBase`

`unsigned ZeroBase(int loc) const;`

`ZeroBase` wandelt den `signed`-Index `loc` in einen `unsigned`-Index um.

`operator =`

`void operator = (const TBitArrayArray& array);`

Der Zuweisungsoperator gibt das Datenelement `Data` frei und initialisiert es anschließend mit einer Kopie von `*(array.Data)`.

`operator []`

`TBitArray& operator [](int loc);`

Diese Version des Operators `[]` liefert eine Referenz auf das Element an der Stelle `loc`. Falls `loc` kein gültiger Index ist, wird das Array zunächst vergrößert.

`operator []`

`TBitArray& operator [](int loc) const;`

Diese Version des Operators `[]` liefert eine Referenz auf das Element an der Stelle `loc`. Falls `loc` kein gültiger Index ist, wird ein Fehler generiert.

Funktions-Typen

`CondFunc`

`typedef int (*CondFunc)(const TBitArray&, void*);`

Eine Funktion vom Typ **CondFunc** wird von den Elementfunktionen **FirstThat** und **LastThat** des Arrays bzw. seines Iterators aufgerufen.

`IterFunc`

`typedef void (*IterFunc)(TBitArray&, void*);`

Eine Funktion vom Typ `IterFunc` wird von der Elementfunktion **ForEach** des Arrays bzw. seines Iterators aufgerufen.

Verwandte Funktionen

`operator ==`

```
int operator == (const TBitArrayArray& array1,
  const TBitArrayArray& array2);
```

Der Operator == hat `1` als Rückgabewert, wenn die beiden Arrays gleich sind, d. h. wenn `array1.Data == array2.Data` gilt, und `0` sonst.

12.3 TBitArrayArrayIterator

Header-Datei: `fca\baarray.h`
Basisklasse: `TCVectorIteratorImp<TBitArray>`

Kurzbeschreibung

`TBitArrayArrayIterator` ist der Iterator für `TBitArrayArray`.

Konstruktoren

`TBitArrayArrayIterator`

`TBitArrayArrayIterator(const TBitArrayArray& a);`

Dies ist der einzige Konstruktor des Iterators.

12.4 TstringArray

Header-Datei: `fca\utlarray.h`
Basisklasse: Keine Klasse

Kurzbeschreibung

`TstringArray` ist eine Schnittstellenklasse für eine dynamische Instanz des direkten Vektors `TCVectorImp<string>` für Strings. Eine Beschreibung der Klasse findet man bei `TBitArrayArray`, wobei jedes Auftreten der Klasse `TBitArray` durch die Klasse `string` zu ersetzen ist.

12.5 TstringArrayIterator

Header-Datei: `fca\utlarray.h`
Basisklasse: `TCVectorIteratorImp<string>`

Kurzbeschreibung

`TstringArrayIterator` ist der Iterator für `TstringArray`. Eine Beschreibung der Klasse findet man bei `TBitArrayArray`, wobei jedes Auftreten der Klasse `TBitArray` durch die Klasse `string` zu ersetzen ist.

12.6 TintArray

Header-Datei: `fca\utlarray.h`
Basisklasse: Keine Klasse

Kurzbeschreibung

`TintArray` ist eine Schnittstellenklasse für eine dynamische Instanz des zur Integer-Speicherung verwendeten direkten Vektors `TCVectorImp<TintRep>` für Integer-Repräsentanten. Eine Beschreibung der Klasse findet man unter der Klasse `TBitArrayArray`, wobei jedes Auftreten der Klasse `TBitArray` im Ergebnis einer Funktion durch `int` und jedes andere Auftreten von `TBitArray` durch `TintRep` zu ersetzen ist. Die Verwendung von `TintRep` ist notwendig, weil bei einer direkten Verwendung von `int` die Referenzierung der Elementfunktionen anhand ihrer Argumenttypen nicht mehr eindeutig ist.

12.7 TintArrayIterator

Header-Datei: `fca\utlarray.h`
Basisklasse: `TCVectorIteratorImp<TintRep>`

Kurzbeschreibung

TintArrayIterator ist der Iterator für **TintArray**. Eine Beschreibung der Klasse findet man bei **TBitArrayArrayIterator**, wobei jedes Auftreten der Klasse **TBitArray** durch **TintRep** zu ersetzen ist.

12.8 TIXArrayAsVector<T>

Header-Datei: **fca\fcaarray.h**
Basisklasse: **TIArrayAsVector<T>**

Kurzbeschreibung

Das **template <class T> class TIXArrayAsVector** implementiert ein indirektes Array. Zusätzlich zu **TIArrayAsVector<T>** werden weitere Funktionen zum Löschen und Einfügen von Elementen bereitgestellt.

Konstruktoren

TIXArrayAsVector

```
TIXArrayAsVector(int upper, int lower = 0, int delta = 0);
```

Dies ist der einzige Konstruktor des Arrays. Er ruft zur Initialisierung den Konstruktor **TIArrayAsVector<T>(upper, lower, delta)** auf.

Öffentliche Elementfunktionen

DetachEntry

```
void DetachEntry(T* t);
```

DetachEntry löscht das Element **t** aus dem Array, sofern dieses in ihm vorhanden ist. Nachfolgende Einträge werden entsprechend verschoben. Falls dem Array seine Elemente gehören, wird der von **t** belegte Speicher freigegeben, andernfalls nicht.

InsertBefore

```
void InsertBefore(T* t, const T* next);
```

InsertBefore fügt **t** in das Array vor der Postion des Elements ein, auf das **next** zeigt. Nachfolgende Einträge werden entsprechend verschoben. Ist **next** nicht im Array enthalten, so wird **t** am Ende angehängt.

12.9 TIXArrayAsVectorIterator<T>

Header-Datei: **fca\fcaarray.h**
Basisklasse: **TIArrayAsVectorIterator<T>**

Kurzbeschreibung

Das `template <class T> class TIXArrayAsVectorIterator` ist der Iterator für das Array `TIXArrayAsVector<T>`.

Konstruktoren

`TIXArrayAsVectorIterator`

`TIXArrayAsVectorIterator(const TIXArrayAsVector<T>& a);`
Dies ist der einzige Konstruktor des Iterators.

12.10 TIFCAArray

Header-Datei: `fca\fcaarray.h`
Basisklasse: Keine Klasse

Kurzbeschreibung

`TIFCAArray` ist eine Schnittstellenklasse für eine dynamische Instanz des indirekten Arrays `TIXArrayAsVector<TFCAObject>` für Begriffsanalyse-Strukturen.

Private Datenelemente

`Data`

`TIXArrayAsVector<TFCAObject>* Data;`
`Data` ist das von der Klasse verwaltete Array, welches die tatsächlichen Daten enthält.

Konstruktoren

`TIFCAArray`

`TIFCAArray(int upper, int delta = 0);`
Dieser Konstruktor ruft zur Initialisierung von `Data` den Konstruktor `TIXArrayAsVector<TFCAObject>(upper, 0, delta)` auf. Dadurch wird ein Array mit den Indizes `0` bis `upper` und dem Vergrößerungswert `delta` erzeugt.

`TIFCAArray`

`TIFCAArray(const TIFCAArray& array);`
Der Copy-Konstruktor initialisiert das Datenelement `Data` mit einer Kopie von `*(array.Data)`.

Destruktoren

`TIFCAArray`

`~TIFCAArray();`

Der Destruktor gibt `Data` wieder frei.

Öffentliche Elementfunktionen

`Add`

`int Add(TFCAObject* t);`

`Add` ruft `Data->Add(t)` auf und fügt so `t` an das Ende des Arrays an. Falls das Array voll ist und vergrößert werden kann (`delta > 0`), wird es zuerst vergrößert. Der Rückgabewert ist `1`, wenn der Aufruf erfolgreich war, und `0` sonst.

`AddAt`

`int AddAt(TFCAObject* t, int loc);`

`AddAt` ruft `Data->AddAt(t, loc)` auf und fügt so `t` an der Position `loc` in das Array ein. Nachfolgende Einträge werden entsprechend verschoben. Falls `loc` kein gültiger Index ist und das Array vergrößert werden kann, wird es so vergrößert, daß `loc` ein gültiger Index wird. Der Rückgabewert ist `1`, wenn der Aufruf erfolgreich war, und `0` sonst.

`ArraySize`

`unsigned ArraySize() const;`

`ArraySize` hat `Data->ArraySize()`, die aktuelle Zahl der möglichen Elemente des Arrays, als Rückgabewert.

`BoundBase`

`int BoundBase(unsigned loc) const;`

`BoundBase` wandelt den `unsigned`-Index `loc` in einen `signed`-Index um.

`Destroy`

`int Destroy(TFCAObject* t);`

Diese Version von `Destroy` ruft `Data->Destroy(t)` auf und entfernt so das Element `t`. Nachfolgende Einträge werden entsprechend verschoben. Der von `t` belegte Speicher wird, unabhängig davon, ob dem Array seine Elemente gehören, freigegeben. Der Rückgabewert ist `1`, wenn der Aufruf erfolgreich war, und `0` sonst.

`Destroy`

`int Destroy(int loc);`

Diese Version von `Destroy` ruft `Data->Destroy(loc)` auf und entfernt so das Element an der Stelle `loc`. Nachfolgende Einträge werden entsprechend verschoben. Der von dem Element belegte Speicher wird, unabhängig davon, ob dem Array seine Elemente gehören, freigegeben. Der Rückgabewert ist `1`, wenn der Aufruf erfolgreich war, und `0` sonst.

`Detach`

```
int Detach(TFCAObject* t,
  TShouldDelete::DeleteType dt = TShouldDelete::NoDelete);
```

Diese Version von `Detach` ruft `Data->Detach(t, dt)` auf und entfernt so das Element `t`. Nachfolgende Einträge werden entsprechend verschoben. Der von `t` belegte Speicher wird freigegeben, falls `dt` den Wert `TShouldDelete::DefDelete` hat und dem Array seine Elemente gehören, oder falls `dt` den Wert `TShouldDelete::Delete` hat. Der Rückgabewert ist `1`, wenn der Aufruf erfolgreich war, und `0` sonst.

`Detach`

```
int Detach(int loc,
  TShouldDelete::DeleteType dt = TShouldDelete::NoDelete);
```

Diese Version von `Detach` ruft `Data->Detach(loc, dt)` auf und entfernt so das Element an der Stelle `loc`. Nachfolgende Einträge werden entsprechend verschoben. Der von dem Element belegte Speicher wird freigegeben, falls `dt` den Wert `TShouldDelete::DefDelete` hat und dem Array seine Elemente gehören, oder falls `dt` den Wert `TShouldDelete::Delete` hat. Der Rückgabewert ist `1`, wenn der Aufruf erfolgreich war, und `0` sonst.

`DetachEntry`

```
int DetachEntry(TFCAObject* t);
```

`DetachEntry` ruft `Data->DetachEntry(t)` und entfernt so das Element `t`. Nachfolgende Einträge werden entsprechend verschoben. Der von `t` belegte Speicher wird freigegeben, falls dem Array seine Elemente gehören. Der Rückgabewert ist `1`, wenn der Aufruf erfolgreich war, und `0` sonst.

`Find`

```
int Find(const TFCAObject* t) const;
```

`Find` hat `Data->Find(t)`, die Position des Elements `t`, als Rückgabewert. Falls `t` nicht im Array enthalten ist, ist der Rückgabewert `INT_MAX`.

`FirstThat`

```
TFCAObject* FirstThat(CondFunc cond, void* args) const;
```

`FirstThat` liefert `Data->FirstThat(cond, args)` als Rückgabewert, d. h. einen Zeiger auf das erste Element `t` des Arrays, für das die Funktion `cond(t, args)` nicht `0` ist. Falls es ein solches Element nicht gibt, wird `NULL` zurückgegeben.

`Flush`

```
void Flush
  (TShouldDelete::DeleteType dt = TShouldDelete::DefDelete);
```

`Flush` entfernt alle Elemente aus dem Array. Die Elemente werden freigegeben, falls `dt` den Wert `TShouldDelete::DefDelete` hat und dem Array seine Elemente gehören, oder falls `dt` den Wert `TShouldDelete::Delete` hat.

`ForEach`

```
void ForEach(IterFunc iter, void* args);
```

`ForEach` ruft `Data->ForEach(iter, args)` auf, wodurch die Funktion `iter(t, args)` für jedes Element `t` des Arrays aufgerufen wird.

`GetItemsInContainer`

`unsigned GetItemsInContainer() const;`

`GetItemsInContainer` hat `Data->GetItemsInContainer()`, die aktuelle Zahl der tatsächlichen Elemente des Arrays, als Rückgabewert.

`Grow`

`void Grow(int loc);`

`Grow` vergrößert, falls möglich, das Array, so daß `loc` ein gültiger Index wird.

`HasMember`

`int HasMember(const TFCAObject* t) const;`

`HasMember` hat `Data->HasMember(t)` als Rückgabewert und ist `1`, falls `t` im Array enthalten ist, und `0` sonst.

`InsertBefore`

`int InsertBefore(TFCAObject* t, const TFCAObject* next);`

`InsertBefore` ruft `Data->InsertBefore(t, next)` auf und fügt so `t` vor `next` in das Array ein. Nachfolgende Einträge werden entsprechend verschoben. Der Rückgabewert ist `1`, wenn der Aufruf erfolgreich war, und `0` sonst.

`IsEmpty`

`int IsEmpty() const;`

`IsEmpty` hat `Data->IsEmpty()` als Rückgabewert und ist `1`, wenn das Array keine Elemente hat, und `0` sonst.

`IsFull`

`int IsFull() const;`

`IsFull` hat `Data->IsFull()` als Rückgabewert und ist `1`, wenn das Array seine maximale Elementanzahl erreicht hat und nicht vergrößert werden kann, und `0` sonst.

`LastThat`

`TFCAObject* LastThat(CondFunc cond, void* args) const;`

`LastThat` liefert `Data->LastThat(cond, args)` als Rückgabewert, d. h. einen Zeiger auf das letzte Element `t` des Arrays, für das die Funktion `cond(t, args)` nicht `0` ist. Falls es ein solches Element nicht gibt, wird `NULL` zurückgegeben.

`LowerBound`

`int LowerBound() const;`

`LowerBound` hat `Data->LowerBound()`, den kleinsten Index des Arrays, als Rückgabewert.

`OwnsElements`

`int OwnsElements();`

Diese Version von `OwnsElements` hat `1` als Rückgabewert, wenn dem Array seine Elemente gehören, und `0` sonst.

`OwnsElements`

`void OwnsElements(int del);`

Diese Version von **OwnsElements** ruft **Data->OwnsElements(del)** auf. Falls **del** gleich **0** ist, gehören dem Array seine Elemente anschließend nicht, sonst gehören sie ihm.

Reallocate

void Reallocate(unsigned sz, unsigned offset = 0);

Reallocate vergrößert das Array zur Größe **sz** und verschiebt alle Einträge um **offset** nach oben, falls das Array vergrößert werden kann.

UpperBound

int UpperBound() const;

UpperBound hat **Data->UpperBound()**, den größtmöglichen Index des Arrays, als Rückgabewert.

ZeroBase

unsigned ZeroBase(int loc) const;

ZeroBase wandelt den **signed**-Index **loc** in einen **unsigned**-Index um.

operator =

void operator = (const TIFCAArray& array);

Der Zuweisungsoperator gibt das Datenelement **Data** frei und initialisiert es anschließend mit einer Kopie von ***(array.Data)**.

operator []

TFCAObject*& operator [](int loc);

Diese Version des Operators **[]** liefert eine Referenz auf den Zeiger an der Stelle **loc**. Falls **loc** kein gültiger Index ist, wird das Array zunächst vergrößert.

operator []

TFCAObject*& operator [](int loc) const;

Diese Version des Operators **[]** liefert eine Referenz auf den Zeiger an der Stelle **loc**. Falls **loc** kein gültiger Index ist, wird ein Fehler generiert.

Funktions-Typen

CondFunc

typedef int (*CondFunc)(const TFCAObject&, void*);

Eine Funktion vom Typ **CondFunc** wird von den Elementfunktionen **FirstThat** und **LastThat** des Arrays bzw. seines Iterators aufgerufen.

IterFunc

typedef void (*IterFunc)(TFCAObject&, void*);

Eine Funktion vom Typ **IterFunc** wird von der Elementfunktion **ForEach** des Arrays bzw. seines Iterators aufgerufen.

12.11 TIFCAArrayIterator

Header-Datei: **fca\fcaarray.h**
Basisklasse: **TIXArrayAsVectorIterator<TFCAObject>**

Kurzbeschreibung

TIFCAArrayIterator ist der Iterator für **TIFCAArray**.

Konstruktoren

TIFCAArrayIterator

```
TIFCAArrayIterator(const TIFCAArray& a);
```

Dies ist der einzige Konstruktor des Iterators.

12.12 TIstringArray

Header-Datei: `fca\fcaarray.h`
Basisklasse: Keine Klasse

Kurzbeschreibung

TIstringArray ist eine Schnittstellenklasse für eine dynamische Instanz des indirekten Arrays **TIXArrayAsVector<string>** für Strings. Eine Beschreibung der Klasse findet man bei **TIFCAArray**, wobei jedes Auftreten der Klasse **TFCAObject** durch die Klasse **string** zu ersetzen ist.

12.13 TIstringArrayIterator

Header-Datei: `fca\fcaarray.h`
Basisklasse: **TIXArrayAsVectorIterator<string>**

Kurzbeschreibung

TIstringArrayIterator ist der Iterator für **TIstringArray**. Eine Beschreibung der Klasse findet man bei **TIFCAArrayIteratorIterator**, wobei jedes Auftreten der Klasse **TFCAObject** durch die Klasse **string** zu ersetzen ist.

12.14 TILineDiagramArray

Header-Datei: `fca\diaarray.h`
Basisklasse: Keine Klasse

Kurzbeschreibung

TILineDiagramArray ist eine Schnittstellenklasse für eine dynamische Instanz des indirekten Arrays **TIArrayAsVector<TLineDiagram>** für Liniendiagramme. Seine Elemente gehören ihm nicht.

Private Datenelemente

Data

`TIArrayAsVector<TLineDiagram>* Data;`

`Data` ist das von der Klasse verwaltete Array, welches die tatsächlichen Daten enthält. Seine Elemente gehören ihm nicht.

Konstruktoren

TILineDiagramArray

`TILineDiagramArray(int upper, int delta = 0);`

Dieser Konstruktor ruft zur Initialisierung von `Data` den Konstruktor `TIArrayAsVector<TLineDiagram>(upper, 0, delta)` auf. Dadurch wird ein Array mit den Indizes `0` bis `upper` und dem Vergrößerungswert `delta` erzeugt. Anschließend wird durch einen Aufruf der Funktion `Data->OwnsElements(0)` festgelegt, daß `Data` seine Elemente nicht gehören.

TILineDiagramArray

`TILineDiagramArray(const TILineDiagramArray& array);`

Der Copy-Konstruktor initialisiert das Datenelement `Data` mit einer Kopie von `*(array.Data)`.

Destruktoren

TILineDiagramArray

`~TILineDiagramArray();`

Der Destruktor gibt `Data` wieder frei.

Öffentliche Elementfunktionen

Add

`int Add(TLineDiagram* t);`

`Add` ruft `Data->Add(t)` auf und fügt so `t` an das Ende des Arrays an. Falls das Array voll ist und vergrößert werden kann (`delta > 0`), wird es zuerst vergrößert. Der Rückgabewert ist `1`, wenn der Aufruf erfolgreich war, und `0` sonst.

AddAt

`int AddAt(TLineDiagram* t, int loc);`

`AddAt` ruft `Data->AddAt(t, loc)` auf und fügt so `t` an der Position `loc` in das Array ein. Nachfolgende Einträge werden entsprechend verschoben. Falls `loc` kein gültiger Index ist und das Array vergrößert werden kann, wird es so vergrößert, daß `loc` ein gültiger Index wird. Der Rückgabewert ist `1`, wenn der Aufruf erfolgreich war, und `0` sonst.

`ArraySize`

`unsigned ArraySize() const;`

`ArraySize` hat `Data->ArraySize()`, die aktuelle Zahl der möglichen Elemente des Arrays, als Rückgabewert.

`BoundBase`

`int BoundBase(unsigned loc) const;`

`BoundBase` wandelt den `unsigned`-Index `loc` in einen `signed`-Index um.

`Detach`

`int Detach(TLineDiagram* t);`

Diese Version von `Detach` entfernt das Element `t` durch den Aufruf von `Data->Detach(t, TShouldDelete::DefDelete)`. Nachfolgende Einträge werden entsprechend verschoben. Der von `t` belegte Speicher wird nicht freigegeben, da dem Array seine Elemente nicht gehören. Der Rückgabewert ist `1`, wenn der Aufruf erfolgreich war, und `0` sonst.

`Detach`

`int Detach(int loc);`

Diese Version von `Detach` entfernt das Element an der Stelle `loc` durch den Aufruf `Data->Detach(loc, TShouldDelete::DefDelete)`. Nachfolgende Einträge werden entsprechend verschoben. Der von dem Element belegte Speicher wird nicht freigegeben, da dem Array seine Elemente nicht gehören. Der Rückgabewert ist `1`, wenn der Aufruf erfolgreich war, und `0` sonst.

`Find`

`int Find(const TLineDiagram* t) const;`

`Find` hat `Data->Find(t)`, die Position des Elements `t`, als Rückgabewert. Falls `t` nicht im Array enthalten ist, ist der Rückgabewert `INT_MAX`.

`FirstThat`

`TLineDiagram* FirstThat(CondFunc cond, void* args) const;`

`FirstThat` liefert `Data->FirstThat(cond, args)` als Rückgabewert, d. h. einen Zeiger auf das erste Element `t` des Arrays, für das die Funktion `cond(t, args)` nicht `0` ist. Falls es ein solches Element nicht gibt, wird `NULL` zurückgegeben.

`Flush`

`void Flush();`

`Flush` entfernt alle Elemente aus dem Array. Die Elemente werden nicht freigegeben, da dem Array seine Elemente nicht gehören.

`ForEach`

`void ForEach(IterFunc iter, void* args);`

`ForEach` ruft `Data->ForEach(iter, args)` auf, wodurch die Funktion `iter(t, args)` für jedes Element `t` des Arrays aufgerufen wird.

`GetItemsInContainer`

`unsigned GetItemsInContainer() const;`

`GetItemsInContainer` hat `Data->GetItemsInContainer()`, die aktuelle Zahl der tatsächlichen Elemente des Arrays, als Rückgabewert.

Grow

`void Grow(int loc);`

`Grow` vergrößert, falls möglich, das Array, so daß `loc` ein gültiger Index wird.

HasMember

`int HasMember(const TLineDiagram* t) const;`

`HasMember` hat `Data->HasMember(t)` als Rückgabewert und ist `1`, falls `t` im Array enthalten ist, und `0` sonst.

IsEmpty

`int IsEmpty() const;`

`IsEmpty` hat `Data->IsEmpty()` als Rückgabewert und ist `1`, wenn das Array keine Elemente hat, und `0` sonst.

IsFull

`int IsFull() const;`

`IsFull` hat `Data->IsFull()` als Rückgabewert und ist `1`, wenn das Array seine maximale Elementanzahl erreicht hat und nicht vergrößert werden kann, und `0` sonst.

LastThat

`TLineDiagram* LastThat(CondFunc cond, void* args) const;`

`LastThat` liefert `Data->LastThat(cond, args)` als Rückgabewert, d. h. einen Zeiger auf das letzte Element `t` des Arrays, für das die Funktion `cond(t, args)` nicht `0` ist. Falls es ein solches Element nicht gibt, wird `NULL` zurückgegeben.

LowerBound

`int LowerBound() const;`

`LowerBound` hat `Data->LowerBound()`, den kleinsten Index des Arrays, als Rückgabewert.

Reallocate

`void Reallocate(unsigned sz, unsigned offset = 0);`

`Reallocate` vergrößert das Array zur Größe `sz` und verschiebt alle Einträge um `offset` nach oben, falls das Array vergrößert werden kann.

UpperBound

`int UpperBound() const;`

`UpperBound` hat `Data->UpperBound()`, den größtmöglichen Index des Arrays, als Rückgabewert.

ZeroBase

`unsigned ZeroBase(int loc) const;`

`ZeroBase` wandelt den `signed`-Index `loc` in einen `unsigned`-Index um.

operator =

`void operator = (const TILineDiagramArray& array);`

Der Zuweisungsoperator gibt das Datenelement `Data` frei und initialisiert es anschließend mit einer Kopie von `*(array.Data)`.

operator []

`TLineDiagram*& operator [](int loc);`

Diese Version des Operators [] liefert eine Referenz auf den Zeiger an der Stelle `loc`. Falls `loc` kein gültiger Index ist, wird das Array zunächst vergrößert.

`operator []`

`TLineDiagram*& operator [](int loc) const;`

Diese Version des Operators [] liefert eine Referenz auf den Zeiger an der Stelle `loc`. Falls `loc` kein gültiger Index ist, wird ein Fehler generiert.

Funktions-Typen

`CondFunc`

`typedef int (*CondFunc)(const TLineDiagram&, void*);`

Eine Funktion vom Typ `CondFunc` wird von den Elementfunktionen `FirstThat` und `LastThat` des Arrays bzw. seines Iterators aufgerufen.

`IterFunc`

`typedef void (*IterFunc)(TLineDiagram&, void*);`

Eine Funktion vom Typ `IterFunc` wird von der Elementfunktion `ForEach` des Arrays bzw. seines Iterators aufgerufen.

12.15 TILineDiagramArrayIterator

Header-Datei: `fca\diaarray.h`
Basisklasse: `TIArrayAsVectorIterator<TLineDiagram>`

Kurzbeschreibung

`TILineDiagramArrayIterator` ist der Iterator für `TILineDiagramArray`.

Konstruktoren

`TILineDiagramArrayIterator`

`TILineDiagramArrayIterator(const TILineDiagramArray& a);`

Dies ist der einzige Konstruktor des Iterators.

12.16 TIConcreteScaleArray

Header-Datei: `fca\sclarray.h`
Basisklasse: Keine Klasse

Kurzbeschreibung

TIConcreteScaleArray ist eine Schnittstellenklasse für eine dynamische Instanz des indirekten Arrays **TIArrayAsVector<TConcreteScale>** für Liniendiagramme. Seine Elemente gehören ihm nicht. Eine Beschreibung der Klasse findet man bei **TILineDiagramArray**, wobei jedes Auftreten von **TLineDiagram** durch **TConcreteScale** zu ersetzen ist.

12.17 TIConcreteScaleArrayIterator

Header-Datei: **fca\sclarray.h**
Basisklasse: **TIArrayAsVectorIterator<TConcreteScale>**

Kurzbeschreibung

TIConcreteScaleArrayIterator ist der Iterator zu **TIConcreteScaleArray**. Eine Beschreibung der Klasse findet man bei **TILineDiagramArrayIterator**, wobei jedes Auftreten von **TLineDiagram** durch **TConcreteScale** zu ersetzen ist.

12.18 TIRealizedScaleArray

Header-Datei: **fca\sclarray.h**
Basisklasse: Keine Klasse

Kurzbeschreibung

TIRealizedScaleArray ist eine Schnittstellenklasse für eine dynamische Instanz des indirekten Arrays **TIArrayAsVector<TRealizedScale>** für realisierte Skalen. Seine Elemente gehören ihm nicht. Eine Beschreibung der Klasse findet man bei **TILineDiagramArray**, wobei jedes Auftreten von **TLineDiagram** durch **TRealizedScale** zu ersetzen ist.

12.19 TIRealizedScaleArrayIterator

Header-Datei: **fca\sclarray.h**
Basisklasse: **TIArrayAsVectorIterator<TRealizedScale>**

Kurzbeschreibung

TIRealizedScaleArrayIterator ist der Iterator zu **TIRealizedScaleArray**. Eine Beschreibung der Klasse findet man bei **TILineDiagramArrayIterator**, wobei jedes Auftreten von **TLineDiagram** durch **TRealizedScale** zu ersetzen ist.

12.20 TQSVectorImp<T>

Header-Datei: **local\sortvect.h**
Basisklasse: **TCVectorImp<T>**

Kurzbeschreibung

TQSVectorImp<T> ist ein von **TCVectorImp<T>** abgeleiteter direkter Vektor, welcher zusätzlich eine Sortierfunktion zur Verfügung stellt. Der Unterschied zu **TSVectorImp** besteht darin, daß die Elemente nicht bereits sortiert eingefügt werden, sondern erst auf Anforderung sortiert werden.

Die im Array gehaltenen Elemente können von beliebigem Typ sein. Sie müssen die Operatoren == und < definieren und, falls es sich um Klassen handelt, einen Default- und ggf. einen Copy-Konstruktor sowie einen überladenen Operator = besitzen.

Konstruktoren

TQSVectorImp

TQSVectorImp(unsigned size, unsigned delta = 0);
Dies ist der einzige Konstruktor der Klasse. Er ruft den von der Klasse **TCVectorImp<T>** vererbten Konstruktor **TCVectorImp<T>(size, delta)** auf.

Öffentliche Elementfunktionen

Sort

void Sort();
Sort führt die Sortierung durch einen Aufruf der privaten Elementfunktion **QuickSort()** durch.

Private Elementfunktionen

QuickSort

void QuickSort();
QuickSort führt die Sortierung der Elemente nach dem Quicksort-Algorithmus durch. Der Algorithmus ist dabei nicht durch rekursive Funktionsaufrufe implementiert, sondern durch Ablegen der zu sortierenden Indexbereiche auf einem eigenen Stack. Dadurch wird erheblich weniger Programm-Stack benötigt.

12.21 TQSVectorIteratorImp<T>

Header-Datei: **local\sortvect.h**
Basisklasse: **TCVectorIteratorImp<T>**

Kurzbeschreibung

Dieses Template implementiert den Iterator für den sortierbaren Vektor.

Konstruktoren

`TQSVectorIteratorImp`

`TQSVectorIteratorImp(TQSVectorImp<T>& v);`

Dies ist der einzige Konstruktor der Iterator-Klasse.

12.22 TQSObjectArray

Header-Datei: `fca\oacarray.h`
Basisklasse: Keine Klasse

Kurzbeschreibung

`TQSObjectArray` ist eine Schnittstellenklasse für eine dynamische Instanz des direkten sortierbaren Vektors `TQSVectorImp<TObject>` für Gegenstände. Für die Datenelemente, Konstruktoren, Destruktoren und Elementfunktionen gilt die Beschreibung zu `TBitArrayArray` sinngemäß, wobei jedes Auftreten der Klasse `TBitArray` durch die Klasse `TObject` zu ersetzen ist. Zusätzlich wird die nachfolgend beschriebene Elementfunktion bereitgestellt.

Öffentliche Elementfunktionen (zusätzlich)

`Sort`

`void Sort();`

`Sort` sortiert das Array gemäß dem von den Elementen bereitgestellten Operator <. Das kleinste Element ist nach Ausführung am Anfang des Arrays. Zum Sortieren wird der Quick-Sort-Algorithmus benutzt.

12.23 TQSObjectArrayIterator

Header-Datei: `fca\oacarray.h`
Basisklasse: `TQSVectorIteratorImp<TObject>`

Kurzbeschreibung

`TQSObjectArrayIterator` ist der Iterator für `TQSObjectArray`. Eine Beschreibung der Klasse findet man bei `TBitArrayArray`, wobei jedes Auftreten der Klasse `TBitArray` durch die Klasse `TObject` zu ersetzen ist.

12.24 TQSAttributeArray

Header-Datei: **fca\oacarray.h**
Basisklasse: Keine Klasse

Kurzbeschreibung

TQSAttributeArray ist eine Schnittstellenklasse für eine dynamische Instanz des direkten sortierbaren Vektors **TQSVectorImp<TAttribute>** für Merkmale. Eine Beschreibung der Klasse findet man bei **TQSObjectArray**, wobei jedes Auftreten von **TObject** durch **TAttribute** zu ersetzen ist.

12.25 TQSAttributeArrayIterator

Header-Datei: **fca\oacarray.h**
Basisklasse: **TQSVectorIteratorImp<TAttribute>**

Kurzbeschreibung

TQSAttributeArrayIterator ist der Iterator für **TQSAttributeArray**. Eine Beschreibung der Klasse findet man bei **TQSObjectArrayIterator**, wobei jedes Auftreten von **TObject** durch **TAttribute** zu ersetzen ist.

12.26 TQSConceptArray

Header-Datei: **fca\oacarray.h**
Basisklasse: Keine Klasse

Kurzbeschreibung

TQSConceptArray ist eine Schnittstellenklasse für eine dynamische Instanz des direkten sortierbaren Vektors **TQSVectorImp<TConcept>** für Begriffe. Eine Beschreibung der Klasse findet man bei **TQSObjectArray**, wobei jedes Auftreten von **TObject** durch **TConcept** zu ersetzen ist.

12.27 TQSConceptArrayIterator

Header-Datei: **fca\oacarray.h**
Basisklasse: **TQSVectorIteratorImp<TConcept>**

Kurzbeschreibung

TQSConceptArrayIterator ist der Iterator für **TQSConceptArray**. Eine Beschreibung der Klasse findet man bei **TQSObjectArrayIterator**, wobei jedes Auftreten von **TObject** durch **TConcept** zu ersetzen ist.

12.28 TQSDPointArray

Header-Datei: **fca\plarray.h**
Basisklasse: Keine Klasse

Kurzbeschreibung

TQSDPointArray ist eine Schnittstellenklasse für eine dynamische Instanz des direkten sortierbaren Vektors **TQSVectorImp<TDPoint>** für Punkte. Eine Beschreibung der Klasse findet man bei **TQSObjectArray**, wobei jedes Auftreten von **TObject** durch **TDPoint** zu ersetzen ist.

12.29 TQSDPointArrayIterator

Header-Datei: **fca\plarray.h**
Basisklasse: TQSVectorIteratorImp<TDPoint>

Kurzbeschreibung

TQSDPointArrayIterator ist der Iterator für **TQSDPointArray**. Eine Beschreibung der Klasse findet man bei **TQSObjectArrayIterator**, wobei jedes Auftreten von **TObject** durch **TDPoint** zu ersetzen ist.

12.30 TQSDLineArray

Header-Datei: **fca\plarray.h**
Basisklasse: Keine Klasse

Kurzbeschreibung

TQSDLineArray ist eine Schnittstellenklasse für eine dynamische Instanz des direkten sortierbaren Vektors **TQSVectorImp<TDLine>** für Linien. Eine Beschreibung der Klasse findet man bei **TQSObjectArray**, wobei jedes Auftreten von **TObject** durch **TDLine** zu ersetzen ist.

12.31 TQSDLineArrayIterator

Header-Datei: **fca\plarray.h**
Basisklasse: **TQSVectorIteratorImp<TDLine>**

Kurzbeschreibung

TQSDLineArrayIterator ist der Iterator für **TQSDLineArray**. Eine Beschreibung der Klasse findet man bei **TQSObjectArrayIterator**, wobei jedes Auftreten von **TObject** durch **TDLine** zu ersetzen ist.

12.32 TstringSet

Header-Datei: **fca\utilsets.h**
Basisklasse: Keine Klasse

Kurzbeschreibung

TstringSet ist eine Schnittstellenklasse für eine dynamische Instanz der direkten Menge **TSetAsVector<string>** für Strings.

Private Datenelemente

Data
: **TSetAsVector<string>* Data;**
Data ist die von der Klasse verwaltete Menge, welche die tatsächlichen Daten enthält.

Konstruktoren

TstringSet
: **TstringSet(unsigned size = DEFAULT_SET_SIZE);**
Dieser Konstruktor ruft zur Initialisierung von **Data** den Konstruktor **TSetAsVector<string>(size)** auf. Dadurch wird eine leere Menge erzeugt, die am Anfang für **size** Elemente Platz hat und vergrößert werden kann.

TstringSet
: **TstringSet(const TstringSet& set);**
Der Copy-Konstruktor initialisiert das Datenelement **Data** mit einer Kopie von ***(set.Data)**.

Destruktoren

`TstringSet`

`~TstringSet();`

Der Destruktor gibt `Data` wieder frei.

Öffentliche Elementfunktionen

`Add`

`int Add(const string& t);`

`Add` ruft `Data->Add(t)` auf und fügt so `t` zur Menge hinzu. Der Rückgabewert ist `1`, wenn der Aufruf erfolgreich war, und `0` sonst.

`Detach`

`int Detach(const string& t);`

`Detach` ruft `Data->Detach(t)` auf und entfernt so das Element `t`. Der Rückgabewert ist `1`, wenn der Aufruf erfolgreich war, und `0` sonst.

`Find`

`const string* Find(const string& t) const;`

`Find` hat `Data->Find(t)`, einen Zeiger auf das mit `t` gleiche Element der Menge, als Rückgabewert. Falls `t` nicht in der Menge enthalten ist, ist der Rückgabewert `NULL`.

`FirstThat`

`string* FirstThat(CondFunc cond, void* args) const;`

`FirstThat` liefert `Data->FirstThat(cond, args)` als Rückgabewert, d. h. einen Zeiger auf das erste Element `t` der Menge, für das die Funktion `cond(t, args)` nicht `0` ist. Falls es ein solches Element nicht gibt, wird `NULL` zurückgegeben.

`Flush`

`void Flush();`

`Flush` entfernt alle Elemente aus dem Menge.

`ForEach`

`void ForEach(IterFunc iter, void* args);`

`ForEach` ruft `Data->ForEach(iter, args)` auf, wodurch die Funktion `iter(t, args)` für jedes Element `t` der Menge aufgerufen wird.

`GetItemsInContainer`

`unsigned GetItemsInContainer() const;`

`GetItemsInContainer` hat `Data->GetItemsInContainer()`, die aktuelle Zahl der tatsächlichen Elemente der Menge, als Rückgabewert.

`HasMember`

`int HasMember(const string& t) const;`

`HasMember` hat `Data->HasMember(t)` als Rückgabewert und ist `1`, falls `t` in der Menge enthalten ist.

`IsEmpty`

`int IsEmpty() const;`

`IsEmpty` hat `Data->IsEmpty()` als Rückgabewert und ist `1`, wenn die Menge leer ist, und `0` sonst.

`IsFull`

`int IsFull() const;`

`IsFull` hat `Data->IsFull()` als Rückgabewert und ist immer `0`.

`LastThat`

`string* LastThat(CondFunc cond, void* args) const;`

`LastThat` liefert `Data->LastThat(cond, args)` als Rückgabewert, d. h. einen Zeiger auf das letzte Element `t` der Menge, für das die Funktion `cond(t, args)` nicht `0` ist. Falls es ein solches Element nicht gibt, wird `NULL` zurückgegeben.

`operator =`

`void operator = (const TstringSet& set);`

Der Zuweisungsoperator gibt das Datenelement `Data` frei und initialisiert es anschließend mit einer Kopie von `*(set.Data)`.

Funktions-Typen

`CondFunc`

`typedef int (*CondFunc)(const string&, void*);`

Eine Funktion vom Typ `CondFunc` wird von den Elementfunktionen `FirstThat` und `LastThat` der Menge bzw. ihres Iterators aufgerufen.

`IterFunc`

`typedef void (*IterFunc)(string&, void*);`

Eine Funktion vom Typ `IterFunc` wird von der Elementfunktion `ForEach` der Menge bzw. ihres Iterators aufgerufen.

12.33 TstringSetIterator

Header-Datei: `fca\utilsets.h`
Basisklasse: `TSetAsVectorIterator<string>`

Kurzbeschreibung

`TstringSetIterator` ist der Iterator für `TstringSet`.

Konstruktoren

`TstringSetIterator`

`TstringSetIterator(const TstringSet& a);`

Dies ist der einzige Konstruktor des Iterators.

12.34 TclassTypeSet

Header-Datei: **fca\utilsets.h**
Basisklasse: Keine Klasse

Kurzbeschreibung

TclassTypeSet ist eine Schnittstellenklasse für eine dynamische Instanz der direkten Menge **TSetAsVector<TclassTypeRep>** für **classType**-Werte (vgl. Kapitel 16). Eine Beschreibung der Klasse findet man bei **TstringSet**, wobei jedes Auftreten von **string** im Ergebnis einer Funktion durch **classType** und jedes andere Auftreten von **string** durch **TclassTypeRep** zu ersetzen ist. Die Verwendung von **TclassTypeRep** ist notwendig, weil bei einer direkten Verwendung von **classType** die Referenzierung der Elementfunktionen anhand ihrer Argumenttypen nicht mehr eindeutig ist.

12.35 TclassTypeSetIterator

Header-Datei: **fca\utilsets.h**
Basisklasse: **TSetAsVectorIterator<TclassTypeRep>**

Kurzbeschreibung

TclassTypeSetIterator ist der Iterator für **TclassTypeSet**. Eine Beschreibung der Klasse findet man bei **TstringSetIterator**, wobei jedes Auftreten von **string** durch **TclassTypeRep** zu ersetzen ist.

12.34 TclInstTypeSet

Modul/Datei: [illegible]
Realisiert als: TclInstTypeSet [illegible]

Kurzbeschreibung

TclInstTypeSet ist eine Schablonen-Realisierung für eine [illegible] durch eine Menge TSetAVector(TClassTypeSet) für [illegible] (vgl. Kapitel 10). Eine Realisierung der Klasse findet sich im Anhang [illegible] Auftreten von abhängigen Typen [illegible] durch TclInstTypeSet [illegible]. Die Verwendung von TclassTypeSet [illegible] wenn von [illegible] nicht mehr endgültig [illegible].

12.35 TclassTypeSetIterator

Modul/Datei: TcsAttList [illegible]
Realisiert als: TSetAVectorIterator<TClassTypeSet>

Kurzbeschreibung

[illegible] für TclassTypeSet. [illegible] Auftreten [illegible] durch TClassTypeSet [illegible].

13. Klassen für Formate

Das vorliegende Kapitel beschreibt die Klassen, welche *The Formal Concept Analysis Library* zur Behandlung von Format-Strings bereitstellt. Wie Format-Strings aufgebaut werden, ist in Anhang A beschrieben.

13.1 TFormat

Header-Datei: `fca\formats.h`
Basisklasse: Keine Klasse

Kurzbeschreibung

`TFormat` ist eine abstrakte Klasse, die Funktionen zum Extrahieren von Formatangaben aus einem String bereitstellt.

Geschützte Datenelemente

`the_left_parenthesis`
`char the_left_parenthesis;`
`the_left_parenthesis` enthält das als linke Klammer verwendete Zeichen. Üblicherweise ist dies „`(`“.

`the_right_parenthesis`
`char the_right_parenthesis;`
`the_right_parenthesis` enthält das als rechte Klammer verwendete Zeichen. Üblicherweise ist dies „`)`“.

`the_separator`
`char the_separator;`
`the_separator` enthält das zum Trennen verwendete Zeichen. Üblicherweise handelt es sich hierbei um „`,`“.

Konstruktoren

`TFormat`
`TFormat(const char separator = ',',`

```
  const char left_parenthesis = '(',
  const char right_parenthesis = ')');
```

Dies ist der einzige Konstruktor der Klasse. Er initialisiert die Datenelemente mit den übergebenen Werten.

Öffentliche Elementfunktionen

`Parse`

```
virtual void Parse(const string& format) = 0;
```

`Parse` ist eine abstrakte Funktion und stellt die Schnittstelle für die Funktion bereit, die in abgeleiteten Klassen aus dem String `format` die Formatangaben extrahiert.

`Print`

```
virtual void Print(string& format) const = 0;
```

`Print` ist eine abstrakte Funktion und stellt die Schnittstelle für die Funktion bereit, die in abgeleiteten Klassen die Formatangaben in den String `format` schreibt.

Geschützte Elementfunktionen

`CutSeparators`

```
void CutSeparators(string& buffer) const;
```

`CutSeparators` schneidet alle am Ende der Zeichenkette `buffer` befindlichen `the_separator`-Zeichen ab.

`CutWhiteSpace`

```
void CutWhiteSpace(string& buffer) const;
```

`CutWhiteSpace` schneidet alle am Anfang und am Ende von `buffer` befindlichen White-Space-Zeichen ab.

`ParseChar`

```
void ParseChar(char& result, const string& format,
  size_t& pos) const;
```

`ParseChar` speichert das Zeichen an der Position `pos` von `format` in `result`, falls dieses nicht das Trennzeichen ist. `pos` enthält nach dem Aufruf entweder die Position des ersten Zeichens nach dem nächsten Trennzeichen oder den Wert `NPOS`, falls das String-Ende von `format` erreicht ist.

`ParseDouble`

```
void ParseDouble(TDoubleRep& result, const string& format,
  size_t& pos) const;
```

`ParseDouble` speichert den String von der Position `pos` bis zum Ende oder bis zum nächsten Trennzeichen von `format` als reelle Zahl in `result`. `pos` enthält nach dem Aufruf entweder die Position des ersten Zeichens nach dem nächsten Trennzeichen oder den Wert `NPOS`, falls das String-Ende von `format` erreicht ist.

ParseDoubleAndString

```
void ParseDoubleAndString(TDoubleRep& double_result,
  string& string_result, const string& format,
  size_t& pos) const;
```

`ParseDoubleAndString` zerlegt den String von der Position `pos` bis zum Ende oder bis zum nächsten Trennzeichen von `format` in eine reelle Zahl und einen String, die in `double_result` bzw. `string_result` zurückgegeben werden. `pos` enthält nach dem Aufruf entweder die Position des ersten Zeichens nach dem nächsten Trennzeichen oder den Wert `NPOS`, falls das String-Ende von `format` erreicht ist.

ParseDoublePair

```
void ParseDoublePair(TDoubleRep& first, TDoubleRep& second,
  const string& format, size_t& pos) const;
```

`ParseDoublePair` zerlegt den String von der Position `pos` bis zum Ende oder bis zum nächsten Trennzeichen von `format` in ein Paar von reellen Zahlen, die in `first` und `second` zurückgegeben werden. `pos` enthält nach dem Aufruf entweder die Position des ersten Zeichens nach dem nächsten Trennzeichen oder den Wert `NPOS`, falls das String-Ende von `format` erreicht ist.

ParseString

```
void ParseString(string& result, const string& format,
  size_t& pos) const;
```

`ParseString` speichert den String von der Position `pos` bis zum Ende oder bis zum nächsten Trennzeichen von `format` in `result`. `pos` enthält nach dem Aufruf entweder die Position des ersten Zeichens nach dem nächsten Trennzeichen oder den Wert `NPOS`, falls das String-Ende von `format` erreicht ist.

PrintDouble

```
void PrintDouble(string& format, const TDoubleRep value)
  const;
```

`PrintDouble` hängt `value` an den String `format` an, falls `value` gültig ist. Dabei werden die landesabhängigen Einstellungen („Locales") nicht berücksichtigt, das Dezimaltrennzeichen ist immer ein Punkt.

13.2 TStringFormat

Header-Datei: `fca\formats.h`
Basisklasse: `TFormat`

Kurzbeschreibung

`TStringFormat` ist eine Klasse, die die Angaben aus einem Formatstring für Strings extrahiert. Für die Syntax und Semantik eines solchen Formatstrings sei auf Anhang A verwiesen.

Öffentliche Datenelemente

the_color

`string the_color;`

`the_color` enthält die Zeichenfarbe.

the_font

`string the_font;`

`the_font` enthält den Namen der zu verwendenden Schriftart.

the_font_attribute

`char the_font_attribute;`

`the_font_attribute` enthält das Attribut der Schriftart (siehe Anhang A). Falls im Formatstring kein Attribut angegeben wurde, hat `the_font_attribute` den Wert „\0".

the_font_size

`TDoubleRep the_font_size;`

`the_font_size` ist die Maßzahl der Schriftgröße. Falls keine Schriftgröße angegeben war, hat `the_font_size.is_valid` den Wert `0`.

the_font_size_unit

`string the_font_size_unit;`

`the_font_size_unit` enthält die Maßeinheit der Schriftgröße.

the_height

`TDoubleRep the_height;`

`the_height` enthält die Höhe der Clip-Box für den Text. Falls keine Höhe angegeben war, hat `the_height.is_valid` den Wert `0`.

the_h_pos

`char the_h_pos;`

`the_h_pos` enthält die Abkürzung für die horizontale Ausrichtung des Texts. Falls keine horizontale Ausrichtung angegeben war, hat `the_h_pos` den Wert „\0".

the_v_pos

`char the_v_pos;`

`the_v_pos` enthält die Abkürzung für die vertikale Ausrichtung des Texts. Falls keine vertikale Ausrichtung angegeben war, hat `the_v_pos` den Wert „\0".

the_width

`TDoubleRep the_width;`

`the_width` enthält die Breite der Clip-Box für den Text. Falls keine Breite angegeben war, hat `the_width.is_valid` den Wert `0`.

the_x_offset

`TDoubleRep the_x_offset;`

`the_x_offset` enthält die relative X-Position des Texts. Falls keine Position angegeben war, hat `the_x_offset.is_valid` den Wert `0`.

the_y_offset

`TDoubleRep the_y_offset;`

`the_y_offset` enthält die relative Y-Position des Texts. Falls keine Position angegeben war, hat `the_y_offset.is_valid` den Wert `0`.

Konstruktoren

`TStringFormat`

```
TStringFormat();
```

Dies ist der Default-Konstruktor.

`TStringFormat`

```
TStringFormat(const string& format,
  const char separator = ',',
  const char left_parenthesis = '(',
  const char right_parenthesis = ')');
```

Dieser Konstruktor ruft `Parse(format)` auf und initialisiert so die Datenelemente mit den Angaben in `format`.

Öffentliche Elementfunktionen

`Parse`

```
virtual void Parse(const string& format);
```

`Parse` liest die Angaben aus `format` in die Datenelemente ein.

`Print`

```
virtual void Print(string& format) const;
```

`Print` schreibt die Inhalte der Datenelemente formatiert in den String `format`.

Private Elementfunktionen

`ExtractPositions`

```
void ExtractPositions(const string& buffer);
```

`ExtractPositions` liest die Werte für `the_h_pos` und `the_v_pos` aus dem String `buffer`.

13.3 TPointFormat

Header-Datei: `fca\formats.h`
Basisklasse: `TFormat`

Kurzbeschreibung

`TPointFormat` ist eine Klasse, die die Angaben aus einem Formatstring für Punkte extrahiert. Für die Syntax und Semantik eines solchen Formatstrings sei auf Anhang A verwiesen.

Öffentliche Datenelemente

`the_fill_color`
: `string the_fill_color;`
`the_fill_color` enthält die Farbe der Füllung des Punktes.

`the_fill_style`
: `char the_fill_style;`
`the_fill_style` enthält den Stil der Füllung des Punktes (siehe Anhang A). Falls im Formatstring kein Stil für die Füllung angegeben war, hat `the_fill_style` den Wert „\0“.

`the_line_color`
: `string the_line_color;`
`the_line_color` enthält die Farbe der Linie, mit der der Punkt gezeichnet wird.

`the_line_style`
: `char the_line_style;`
`the_line_style` enthält den Stil der Linie (siehe Anhang A). Falls im Formatstring kein Stil für die Linie angegeben war, hat `the_line_style` den Wert „\0“.

`the_line_width`
: `TDoubleRep the_line_width;`
`the_line_width` ist die Maßzahl der Liniendicke. Falls keine Liniendicke angegeben war, hat `the_line_width.is_valid` den Wert `0`.

`the_line_width_unit`
: `string the_line_width_unit;`
`the_line_width_unit` enthält die Maßeinheit der Liniendicke.

`the_radius`
: `TDoubleRep the_radius;`
`the_radius` ist die Maßzahl des Punktradius. Falls kein Radius angegeben war, hat `the_radius.is_valid` den Wert `0`.

`the_radius_unit`
: `string the_radius_unit;`
`the_radius_unit` enthält die Maßeinheit des Radius.

Konstruktoren

`TPointFormat`
: `TPointFormat();`
Dies ist der Default-Konstruktor.

`TPointFormat`
```
TPointFormat(const string& format,
  const char separator = ',');
```
Dieser Konstruktor ruft `Parse(format)` auf und initialisiert so die Datenelemente mit den Angaben in `format`.

Öffentliche Elementfunktionen

`Parse`

`virtual void Parse(const string& format);`

`Parse` liest die Angaben aus `format` in die Datenelemente ein.

`Print`

`virtual void Print(string& format) const;`

`Print` schreibt die Inhalte der Datenelemente formatiert in den String `format`.

13.4 TLineFormat

Header-Datei: `fca\formats.h`
Basisklasse: `TFormat`

Kurzbeschreibung

`TLineFormat` ist eine Klasse, die die Angaben aus einem Formatstring für Linien extrahiert. Für die Syntax und Semantik eines solchen Formatstrings sei auf Anhang A verwiesen.

Öffentliche Datenelemente

`the_color`

`string the_color;`

`the_color` enthält die Farbe der Linie.

`the_line_style`

`char the_line_style;`

`the_line_style` enthält den Stil der Linie (siehe Anhang A). Falls im Formatstring kein Stil angegeben war, hat `the_line_style` den Wert „`\0`".

`the_line_width`

`TDoubleRep the_line_width;`

`the_line_width` ist die Maßzahl der Liniendicke. Falls keine Liniendicke angegeben war, hat `the_line_width.is_valid` den Wert `0`.

`the_line_width_unit`

`string the_line_width_unit;`

`the_line_width_unit` enthält die Maßeinheit der Liniendicke.

Konstruktoren

`TLineFormat`

`TLineFormat();`

Dies ist der Default-Konstruktor.

`TLineFormat`

```
TLineFormat(const string& format,
  const char separator = ',');
```

Dieser Konstruktor ruft `Parse(format)` auf und initialisiert so die Datenelemente mit den Angaben in `format`.

Öffentliche Elementfunktionen

`Parse`

```
virtual void Parse(const string& format);
```

`Parse` liest die Angaben aus `format` in die Datenelemente ein.

`Print`

```
virtual void Print(string& format) const;
```

`Print` schreibt die Inhalte der Datenelemente formatiert in den String `format`.

14. Klassen der Windows-Implemetation

Wenn *The Formal Concept Analysis Library* unter dem Betriebssystem Microsoft Windows^{TM} benutzt werden soll, können von **TFCAFile** erzeugte Meldungen nicht auf der Standardausgabe ausgegeben werden, da dieses Gerät unter Microsoft Windows^{TM} nicht zur Verfügung steht. Deshalb werden Meldungen über eine spezielle Dialogbox ausgegeben, welche durch die Klasse **TMessageDialog** bereitgestellt wird. Von **TFCAFile** wird die Klasse **TWFCAFile** abgeleitet, welche die Meldungsausgabe auf eine Instanz von **TMessageDialog** umleitet. Die beiden Klassen sind für die Benutzung mit Borland C++ bestimmt, bei Benutzung anderer Entwicklungssysteme oder Fensterumgebungen müssen sie entsprechend angepaßt werden.

14.1 TWFCAFile

Header-Datei: **fca\wfcafile.h**
Basisklasse: **TFCAFile**

Kurzbeschreibung

Die Klasse **TWFCAFile** ist ein Windows-tauglicher Nachfolger von **TFCAFile**. Der Unterschied der beiden Klassen besteht darin, daß **TWFCAFile** zur Ausgabe von Meldungen einen **TMessageDialog** benutzt. Zur richtigen Einbindung dieser Dialogbox müssen einige Datenelemente zur Verwaltung von Windows-Objekten eingeführt werden.

Geschützte Datenelemente

the_application

TApplication* the_application;

the_application speichert einen Zeiger auf die Anwendung, welche die Instanz von **TWFCAFile** erzeugt hat bzw. gerade bearbeitet. In der aktuellen Version von **TWFCAFile** wird dieser nicht benutzt, er sollte aber trotzdem immer gesetzt werden.

`the_dialog`

`TMessageDialog* the_dialog;`

`the_dialog` ist ein intern verwendeter Zeiger auf die aktuelle Instanz von `TMessageDialog`, die für die Ausgabe von Meldungen benutzt wird.

`the_module`

`TModule* the_module;`

`the_module` ist ein Zeiger auf das Modul, aus dessen zugehöriger Datei die Ressource für den Meldungsdialog geladen wird. In der Regel ist dies das zu `fcawxxx.dll` gehörende Modul (siehe `GetFCAWDLL()`).

`the_window`

`TWindow* the_window;`

`the_window` ist ein Zeiger auf das Fenster, in dem die Meldungsdialogbox angezeigt werden soll. In der Regel ist dies das Client-Fenster der Anwendung.

Konstruktoren

`TWFCAFile`

`TWFCAFile();`

Dies ist der Default-Konstruktor. Alle Datenelemente werden als `NULL`-Zeiger initialisiert.

`TWFCAFile`

```
TWFCAFile(TFCAFile* owner, const char* name,
  const char* remark, int include, const char* include_path,
  int block_size = _BLOCKSIZE,
  size_t string_size = STRINGMEMSIZE);
```

Dieser Konstruktor ruft den entsprechenden Konstruktor von `TFCAFile` auf und initialisiert alle Datenelemente als `NULL`-Zeiger.

`TWFCAFile`

```
TWFCAFile(TFCAFile* owner, const char* name,
  const char* remark, int include, const char* include_path,
  TApplication* application, TWindow* window,
  TModule* module, int block_size = _BLOCKSIZE,
  size_t string_size = STRINGMEMSIZE);
```

Dieser Konstruktor ruft den entsprechenden Konstruktor von `TFCAFile` auf und initialisiert die Datenelemente `the_application`, `the_window` und `the_module` mit den übergebenen Werten. `the_dialog` wird als `NULL`-Zeiger initialisiert.

Öffentliche Elementfunktionen

`CreateIncludeFile`

```
virtual const TFCAFile* CreateIncludeFile(const string&
  name);
```

`CreateIncludeFile` erzeugt eine Instanz von `TWFCAFile` mit dem Namen `name` (vgl. die entsprechende Funktion der Basisklasse `TFCAFile`).

`GetApplication`

`TApplication* GetApplication() const;`

`GetApplication` hat den Zeiger `the_application` als Rückgabewert.

`GetModule`

`TModule* GetModule() const;`

`GetModule` hat den Zeiger `the_module` als Rückgabewert.

`GetWindow`

`TWindow* GetWindow() const;`

`GetWindow` hat den Zeiger `the_window` als Rückgabewert.

`ReadFile`

`virtual int ReadFile(int consistency = 1, int messages = 1);`

`ReadFile` aktiviert die Ausgabe von Zeilennummern durch einen Aufruf der Elementfunktion `PrintLineNumbers()` und ruft dann die Funktion `TFCAFile::ReadFile(consistency, messages)` auf.

`SetApplication`

`void SetApplication(TApplication* application);`

`SetApplication` setzt das Datenelement `the_application` auf den als Parameter übergebenen Wert.

`SetModule`

`void SetModule(TModule* module);`

`SetModule` setzt das Datenelement `the_module` auf den als Parameter übergebenen Wert.

`SetWindow`

`void SetWindow(TWindow* window);`

`SetWindow` setzt das Datenelement `the_window` auf den als Parameter übergebenen Wert.

Geschützte Elementfunktionen

`ClearMessage`

`virtual void ClearMessage();`

`ClearMessage` löscht alle Ausgabefelder der durch `the_dialog` bestimmten Dialogbox.

`EndMessage`

`virtual void EndMessage();`

`EndMessage` entfernt den `TMessageDialog` vom Bildschirm und setzt `the_dialog` auf `NULL`.

`MakeMessage`

```
virtual void MakeMessage(char* msg, const int number,
  const int kind, const char* param = "");
```

`MakeMessage` hat dieselbe Funktion wie `TFCAFile::MakeMessage(...)`, am Beginn der Meldungen werden aber keine Leerzeichen erzeugt.

`ShowMessage`
    `virtual void ShowMessage(const char* msg, const int kind);`
    `ShowMessage` übermittelt die Meldung `msg` an das durch `kind` bestimmte Ausgabefeld der Dialogbox. Führende Leerzeichen in `msg` werden abgeschnitten.

`StartMessage`
    `virtual void StartMessage();`
    `StartMessage` öffnet einen `TMessageDialog` in dem durch `the_window` bezeichneten Fenster. Die Ressource für die Dialogbox wird aus der durch `the_module` bestimmte Datei gelesen, ein Zeiger auf die Dialogbox wird in `the_dialog` gespeichert.

14.2 TMessageDialog

Header-Datei: `fca\message.h`
Basisklasse: `TDialog`

Kurzbeschreibung

Die Klasse `TMessageDialog` implementiert eine Dialogbox, die von `TWFCAFile` zur Ausgabe von Meldungen benutzt wird.

Geschützte Datenelemente

`ErrorMsg`
    `TStatic* ErrorMsg;`
    `ErrorMsg` speichert einen Zeiger auf das Textfeld zur Ausgabe der Fehlermeldung. Dieses hat die Nummer `IDC_ERRORMESSAGE`.

`FileMsg`
    `TStatic* FileMsg;`
    `FileMsg` speichert einen Zeiger auf das Textfeld zur Ausgabe des Dateinamens. Dieses hat die Nummer `IDC_FILEMESSAGE`.

`LineMsg`
    `TStatic* LineMsg;`
    `LineMsg` speichert einen Zeiger auf das Textfeld zur Ausgabe der Zeilennummer. Dieses hat die Nummer `IDC_LINEMESSAGE`.

`OKButton`
    `TButton* OKButton;`
    `OKButton` speichert einen Zeiger auf den OK-Schalter der Dialogbox. Dieser Schalter hat die Nummer `IDOK`.

`StructureMsg`
    `TStatic* StructureMsg;`
    `StructureMsg` speichert einen Zeiger auf das Textfeld zur Ausgabe der Strukturbezeichnung. Dieses hat die Nummer `IDC_STRUCTUREMESSAGE`.

Konstruktoren

TMessageDialog

TMessageDialog(TWindow* parent, TModule* module = NULL);

Der Konstruktor lädt aus der durch **module** bestimmten Datei eine Dialogbox mit dem Bezeichner **IDD_FCAMESSAGE**. Danach werden Schnittstellen-Objekte für die Oberflächenobjekte erzeugt und die Datenelemente damit initialisiert.

Destruktoren

~TMessageDialog

virtual ~TMessageDialog();

Der Destruktor gibt den von den Schnittstellen-Objekten belegten Speicher wieder frei.

Öffentliche Elementfunktionen

ClearMessages

virtual void ClearMessages();

ClearMessages löscht alle in den Textfeldern angezeigten Texte.

SetErrorMessage

virtual void SetErrorMessage(const char far* message);

SetErrorMessage setzt den vom Textfeld ***ErrorMsg** angezeigten Text auf **message**.

SetFileMessage

virtual void SetFileMessage(const char far* message);

SetFileMessage setzt den vom Textfeld ***FileMsg** angezeigten Text auf **message**.

SetLineMessage

virtual void SetLineMessage(const char far* message);

SetLineMessage setzt den vom Textfeld ***LineMsg** angezeigten Text auf **message**.

SetStructureMessage

virtual void SetStructureMessage(const char far* message);

SetStructureMessage setzt den vom Textfeld ***StructureMsg** angezeigten Text auf **message**.

ShowOKButton

virtual void ShowOKButton();

ShowOKButton zeigt den OK-Schalter an. Beim Laden der Dialogbox wird dieser zunächst nicht angezeigt.

Geschützte Elementfunktionen

`SetupWindow`

```
virtual void SetupWindow();
```

`SetupWindow` ruft `TDialog::SetupWindow()` auf setzt den angezeigten Maus-Cursor auf die Sanduhr. Diese Einstellung wird automatisch rückgängig gemacht, sobald die Dialogbox wieder gelöscht oder der OK-Schalter angezeigt wird.

15. Funktionen

In diesem Kapitel werden Funktionen von *The Formal Concept Analysis Library* beschrieben, die keine Elementfunktionen von Klassen sind. Diese Funktionen teilen sich in zwei Gruppen auf: Hilfsfunktionen, die allgemein verwendet werden, und spezifische Funktionen für die Benutzung und Verwaltung der Microsoft Windows^{TM} Dynamic Link Library.

15.1 Allgemeine Hilfsfunktionen

`FileExists`

`int FileExists(const string& name);`

Header-Datei: `fca\utility.h`

`FileExists` hat `1` als Rückgabewert, wenn die Datei mit dem Namen `name` existiert, und `0` sonst. `name` darf beliebig qualifiziert sein. Teilqualifizierte Dateien werden relativ zum aktuellen Verzeichnis gesucht.

`PrintAsCString`

```
void PrintAsCString(ostream& os, const string& str,
  int print_empty = 0);
```

Header-Datei: `fca\utility.h`

`PrintAsCString` gibt den String `str` in den Stream `os` im C-Format aus, d. h. der String ist in Hochkomma (") eingeschlossen. Nicht druckbare Zeichen werden als Hexadezimal-Code in der Form `\x`$h_1 h_2$, Steuerzeichen mit dem ihnen entsprechenden *c*-Code ausgegeben. Falls der Parameter `print_empty` den Wert `0` hat, werden leere Strings nicht ausgegeben, sonst werden sie als `""` ausgegeben.

`PrintCR`

`void PrintCR(int flag = 1);`

Header-Datei: `fca\utility.h`

`PrintCR` veranlaßt, daß die Zeilenumbrüche bei der Ausgabe von Instanzen von Klassen von *The Formal Concept Analysis Library* in der Form `"\r\n"` ausgegeben werden, falls `flag` nicht `0` ist. Andernfalls werden Zeilenumbrüche als `"\n"` ausgegeben. `PrintCR` setzt die globale Variable `CR` entsprechend. Die Einstellung wird bei der Benutzung von `FCANL` und `FCAENDL` (Kapitel 16) wirksam.

`SetStringSize`

`void SetStringSize(size_t size = STRINGMEMSIZE);`
Header-Datei: `fca\utility.h`
`SetStringSize` setzt die anfängliche Speichergröße sowie die Größe, um die eine Instanz der Klasse `string` vergrößert wird, auf den Wert `size`.

15.2 Funktionen der Windows-DLL

`GetFCAWDLL`

`TModule* far GetFCAWDLL();`
Header-Datei: `fca\fcaw.h`
`GetFCAWDLL` liefert einen Zeiger auf die mit `fcawxxx.dll` verknüpfte Instanz von `TModule`.

`GetNameXxxx`

`char* far GetNameXxxx();`
Header-Datei: `fca\fcadefs.h`
Die Funktionen `GetNameXxxx` werden benutzt, um in der Windows-Version die Werte der `NAME_XXXX`-Strings zu exportieren. Dieses Verfahren ist notwendig, weil aus einer DLL lediglich Funktionen, nicht aber statische Variablen exportiert werden können. Daher kann `NAME_XXXX` nicht unmittelbar eine statische Variable der DLL referenzieren.

`LoadFCAStrings`

`void far LoadFCAStrings(HINSTANCE hInstance);`
Header-Datei: `fca\fcaw.h`
`LoadFCAStrings` lädt aus der mit `hInstance` verknüpften Ressourcendatei die von *The Formal Concept Analysis Library* benutzten Strings für Meldungen, Fehlermeldungen etc. Beim Laden von `fcawxxx.dll` wird diese Funktion automatisch aufgerufen und lädt die Strings aus `fcawxxx.dll`. Eine Anwendung kann die Funktion anschließend erneut aufrufen, um Strings aus einer anderen Datei zu laden.

`RecoverFCASafetyNew`

`int far RecoverFCASafetyNew();`
Header-Datei: `fca\fcaw.h`
`RecoverFCASafetyNew` versetzt die „sichere“ `new`-Ausnahmebehandlung der `fcawxxx.dll` wieder in den Ausgangszustand, so daß erneut eine Ausnahmebehandlung möglich ist. Eine Anwendung sollte diese Funktion nach dem Auffangen einer `xalloc`-Ausnahme aufrufen. Falls die dynamische Bibliothek `fcawxxx.dll` diese Ausnahme ausgelöst hatte, wird dadurch der Ausnahmemechanismus wieder zurückgestellt, falls ein anderes Modul die Ausnahme ausgelöst hatte, ist der Aufruf ohne Wirkung. Weitere Informationen über die sichere Ausnahmebehandlung findet man in der Datei `readme.dos` auf der beiliegenden Diskette.

`SetLocale`

`char far* SetLocale(int category, const char* locale);`

Header-Datei: **fca\fcaw.h**
SetLocale setzt die sprachabhängigen Einstellungen. Näheres ist der Dokumentation von Borland zu entnehmen.

16. Typen und Konstanten

Dieses Kapitel beschreibt die Typen, die in *The Formal Concept Analysis Library* definiert werden und die keine Klassen sind. Außerdem werden alle Konstanten bzw. Variablen, die semantisch die Bedeutung von Konstanten haben, beschrieben. Gewisse Arten von Konstanten liegen allerdings in so großer Zahl vor, daß sie nicht im einzelnen, sondern nur zusammenfassend beschrieben werden.

16.1 Typen, die keine Klassen sind

`classType`

```
typedef unsigned int classType;
```

Header-Datei: `fca\baseobj.h`

`classType` ist der Typ, der für Identifikationsnummern der Klassen von *The Formal Concept Analysis Library* verwendet wird.

`TArrows`

```
struct TArrows
{
  TBitArrayArray up;
  TBitArrayArray down;

  TArrows();
};
```

Header-Datei: `fca\context.h`

`TArrows` ist eine Struktur, die die Pfeilrelationen eines formalen Kontexts (einer Instanz der Klasse `TFormalContext`) speichert. Der Index der Arrays steht bei `down` für die Zeile des Kontexts, die Position im Bit-Array für die Spalte, bei `up` ist die Bedeutung von Zeilen und Spalten umgekehrt. Falls das Bit den Wert `1` hat, hat der Kontext an der entsprechenden Stelle einen Abwärts- (`down`) bzw. Aufwärtspfeil (`up`), falls das Bit `0` ist, nicht. Der Konstruktor initialisiert beide Arrays leer. Die soeben beschriebene Interpretation gilt erst ab Version 2.02 von *The Formal Concept Analysis Library*! Vorher wurden `up` und `down` beide zeilenweise interpretiert.

`TBit`

```
typedef enum TBit {Bit0, Bit1};
```

Header-Datei: `local\bitarray.h`

`TBit` wird benutzt, um ein einzelnes Bit in der Kommunikation mit einem Bit-Array zu repräsentieren. Dabei bedeutet `Bit0` ein gelöschtes und `Bit1` ein gesetztes Bit.

`TclassTypeRep`

```
struct TclassTypeRep
{
  classType c;

  TclassTypeRep();
  TclassTypeRep(classType _c);

  operator classType() const;
};
```

Header-Datei: `fca\utilsets.h`

`TclassTypeRep` wird von der Klasse `TclassTypeSet` zur Repräsentation von `classTypes` benutzt.

`TdoubleRep`

```
struct TdoubleRep
{
  double the_value;
  int is_valid;

  TDoubleRep();
  TDoubleRep(const double value);

  void Validate(const int valid);
  void operator = (const double value);
  operator double() const;
};
```

Header-Datei: `fca\formats.h`

`TdoubleRep` wird in den von `TFormat` abgeleiteten Klassen benutzt, um einen `double`-Wert zu repräsentieren.

`TintRep`

```
struct TintRep
{
  int i;

  TintRep();
  TintRep(int _i);
```

```
  operator int() const;
};
```
Header-Datei: `fca\utlarray.h`
`TintRep` wird von der Klasse `TintArray` zur Repräsentation von Integern benutzt.

`TRepLoc`
```
typedef struct
{
  int Block;
  unsigned short Loc;
} TRepLoc;
```
Header-Datei: `local\bitarray.h`
`TRepLoc` wird intern in `TBitArray` benutzt, um die bitweisen Koordinaten in Block-Koordinaten umzurechnen. Maßgeblich dafür ist die Konstante `BITREPSIZE`, welche die Größe eines Blocks, d. h. die Anzahl der Bits in einem `unsigned long`, angibt. `Block` ist der Index des `unsigned long` und `Loc` die Position des Bits in diesem `unsigned long`.

16.2 Allgemeine Konstanten und Variablen

`CPT_XXXX`
`#define CPT_XXXX` x
Header-Datei: `fca\fcadefs.h`
Die Konstanten `CPT_TYPE`, `CPT_NAME` und `CPT_NAME` werden als Parameter der Elementfunktion `GetCaption(...)` in den von `TFCAObject` abgeleiteten Klassen benutzt und legen fest, welche Informationen zur Beschreibung der jeweiligen Instanz benutzt werden. Sie werden mit bitweisem Oder (|) verknüpft und legen (in der obigen Reihenfolge) fest, ob der durch `NameOf` gelieferte Typ, der durch `GetName` gelieferte Name sowie der durch `GetTitle` gelieferte Titel der Struktur benutzt werden.

`CR`
```
char far CR[2];
```
Header-Datei: `fca\fcadefs.h`
`CR` speichert den String, der als Wagenrücklauf ausgegeben wird. Standardwerte sind `""` und `"\r"`.

`DM_ATTRIBUTES`
```
#define DM_ATTRIBUTES 1
```
Header-Datei: `fca\fcadefs.h`
`DM_ATTRIBUTES` gibt an, daß das aus einem Kontext berechnete Liniendiagramm additiv von oben berechnet werden soll, d. h. die Infimum-irreduziblen Begriffe sind die Basis für die Mengendarstellung der übrigen Begriffe.

`DM_OBJECTS`
```
#define DM_OBJECTS 0
```

Header-Datei: `fca\fcadefs.h`
`DM_OBJECTS` gibt an, daß das aus einem Kontext berechnete Liniendiagram additiv von unten berechnet werden soll, d. h. die Supremum-irreduziblen Begriffe sind die Basis für die Mengendarstellung der übrigen Begriffe.

`ErrorMessages`

`char* far ErrorMessages[];`
Header-Datei: `fca\fcadefs.h`
`ErrorMessages` ist ein Array von Strings, welches die Fehlermeldungen von *The Formal Concept Analysis Library* speichert. Der Index einer Fehlermeldung im Array wird durch die Konstanten `ERR_XXXX` bestimmt.

`ERR_XXXX`

`#define ERR_XXXX` *x*
Header-Datei: `fca\fcadefs.h`
Die Konstanten `ERR_XXXX` geben die Nummern von Fehlern an.

`FCAENDL`

`#define FCAENDL CR << endl`
Header-Datei: `fca\fcadefs.h`
`FCAENDL` wird in *The Formal Concept Analysis Library* anstelle von `endl` in Ausgaben benutzt und bindet so eine mögliche in `CR` gespeicherte Steuersequenz für den Wagenrücklauf ein (vgl. `PrintCR` in Kapitel 15).

`FCANL`

`#define FCANL CR << "\n"`
Header-Datei: `fca\fcadefs.h`
`FCANL` wird in *The Formal Concept Analysis Library* anstelle von `"\n"` in Ausgaben benutzt und bindet so eine mögliche in `CR` gespeicherte Steuersequenz für den Wagenrücklauf ein (vgl. `PrintCR` in Kapitel 15).

`ID_XXXX`

`#define ID_XXXX "XXXX"`
Header-Datei: `fca\fcadefs.h`
Die Konstanten `ID_XXXX` definieren die CONSCRIPT-Schlüsselwörter für die Strukturen und Unterstrukturen von *The Formal Concept Analysis Library.*

`MAXERRORNUMBER`

`#define MAXERRORNUMBER 191`
Header-Datei: `fca\fcadefs.h`
`MAXERRORNUMBER` gibt die größte auftretende Fehlernummer an. Die kleinste zulässige Fehlernummer ist `0`. Nicht alle Fehlernummern zwischen `0` und `MAXERRORNUMBER` müssen durch Fehlermeldungen realisiert sein.

`MAXMESSAGE`

`#define MAXMESSAGE 192`
Header-Datei: `fca\fcadefs.h`
`MAXMESSAGE` gibt die maximal zulässige Länge plus 1 einer Meldung oder Fehlermeldung an.

MAXMESSAGENUMBER

#define MAXMESSAGENUMBER 30

Header-Datei: **fca\fcadefs.h**

MAXMESSAGENUMBER gibt die größte auftretende Meldungsnummer an. Die kleinste zulässige Meldungsnummer ist 0. Nicht alle Meldungsnummern zwischen 0 und **MAXMESSAGENUMBER** müssen durch Meldungen realisiert sein.

MAXNAME

#define MAXNAME 32

Header-Datei: **fca\fcadefs.h**

MAXNAME gibt die maximal zulässige Länge plus 1 eines Identifikationsstrings einer Klasse an.

Messages

char* far Messages[];

Header-Datei: **fca\fcadefs.h**

Messages ist ein Array von Strings, welches die Meldungen von *The Formal Concept Analysis Library* speichert. Der Index einer Meldung im Array wird durch die Konstanten **MSG_XXXX** bestimmt.

MSG_XXXX

#define MSG_XXXX x

Header-Datei: **fca\fcadefs.h**

Die Konstanten **MSG_XXXX** sind in zwei Gruppen vorhanden: Die erste Gruppe gibt die Typen einer Meldung an, die zweite Gruppe die Nummern der Meldungen (ohne Fehlermeldungen).

NameXxxx

char far NameXxxx[MAXNAME];

Header-Datei: **fca\fcadefs.h**

Die Variablen **NameXxxx** speichern die Identifikationsstrings der Klassen **TXxxx**, d. h. die Strings, der von den Elementfunktionen **NameOf()** zurückgegeben werden. Diese Variablen werden entweder direkt über die Konstanten **NAME_XXXX** oder in der Windows-Version über die Funktionen **GetNameXxxx()** angesprochen.

NAME_XXXX

#define NAME_XXXX NameXxxx

oder:

#define NAME_XXXX GetNameXxxx()

Header-Datei: **fca\fcadefs.h**

Die Konstanten **NAME_XXXX** liefern im Normalfall den Namen der Variablen **NameXxxx**, in der Windows-Version jedoch den Funktionsaufruf **GetNameXxxx()**. Der Grund hierfür ist, daß aus einer DLL keine statischen Variablen, sondern nur Funktionen exportiert werden können.

NUMBER_XXXX

#define NUMBER_XXXX x

Header-Datei: **fca\fcadefs.h**

Die Konstanten NUMBER_XXXX bestimmen die Identifikationsnummer der Klassen TXxxx, d. h. die Werte, der von den Elementfunktionen IsA() zurückgegeben werden.

STRINGMEMSIZE

`#define STRINGMEMSIZE 16`

Header-Datei: fca\fcadefs.h

STRINGMEMSIZE ist die Default-Größe, mit der eine Instanz von string erzeugt bzw. vergrößert wird.

_BLOCKSIZE

`#define _BLOCKSIZE 16`

Header-Datei: fca\fcafile.h

_BLOCKSIZE ist die Größe, mit der Speicherblöcke vom Parser erzeugt bzw. vergrößert werden.

16.3 Konstanten der Windows-DLL

ERR_BASE

`#define ERR_BASE 2000`

Header-Datei: fca\fcaw.rh

ERR_BASE ist die Basisnummer für Fehlermeldungs-Strings in der Ressourcen-Datei.

IDC_XXXX

`#define IDC_XXXX` *x*

Header-Datei: fca\fcaw.rh

Die Konstanten IDC_XXXX definieren die Identifier der Dialogelemente in den Ressourcen-Datei.

IDD_FCAMESSAGE

`#define IDD_FCAMESSAGE 100`

Header-Datei: fca\fcaw.rh

Die Konstante IDD_FCAMESSAGE ist der Ressourcen-Identifier der Dialogbox, die zur Ausgabe von Meldungen benutzt wird.

IDS_LOCALE

`#define IDS_LOCALE 100`

Header-Datei: fca\fcaw.rh

IDS_LOCALE definiert die Nummer des Ressourcen-Strings, welcher die verwendete Sprache und den verwendeten Zeichensatz festlegt.

IDS_XXXX

`#define IDS_XXXX` *x*

Header-Datei: fca\fcaw.rh

Die Konstanten IDS_XXXX definieren die Nummern der Identifikationsstrings der Klassen TXxxx in den Ressourcen-Datei.

MSG_BASE

`#define MSG_BASE 1000`

Header-Datei: `fca\fcaw.rh`
`MSG_BASE` ist die Basisnummer für Meldungs-Strings in der Ressourcen-Datei.

Anhang

A. Die Sprache ConScript

In diesem Anhang werden Syntax und Semantik der Sprache ConScript beschrieben. Die Syntaxregeln von ConScript werden mit formalen Syntaxdiagrammen beschrieben, deren Meta-Syntax im nächsten Unterabschnitt beschrieben ist. Die Semantik wird nicht formal, sondern lediglich informal in Form von Beschreibungen und Konsistenzregeln angegeben. Zu deren Interpretation sind ggf. die Kapitel 2 bis 7 heranzuziehen.

A.1 Meta-Syntax

In den folgenden Syntaxregeln wird eine Definition durch einen Bezeichner in spitzen Klammern und einen folgenden Doppelpunkt eingeleitet. Dies ist so zu lesen, daß der Bezeichner vor dem Doppelpunkt durch den anschließend folgenden Ausdruck definiert wird. Die Teile in einem solchen Ausdruck haben folgende Bedeutung:

- Der senkrechte Strich | trennt Alternativen, von denen genau eine angegeben werden muß, voneinander ab.
- Die eckigen Klammern [und] umschließen einen optionalen Teilausdruck, der nicht angegeben werden muß.
- Die geschweiften Klammern { und } umschließen einen Teilausdruck, der beliebig oft (einschließlich keinmal) wiederholt werden darf.
- <Bezeichner> in spitzen Klammern werden in einer anderen Definition weiter zerlegt.
- Alle anderen Zeichen(folgen) gehören unmittelbar zur Syntax und müssen wie angegeben auftreten. Es wird zwischen Groß- und Kleinschreibung unterschieden.

A.2 Basiskonstrukte

Die folgenden Syntaxregeln bauen auf einer Reihe von Basiselementen auf, die syntaktisch nicht mehr weiter zerlegt werden können. Dies sind im einzelnen:

- <Real> bezeichnet eine Gleitkommazahl.

- <Integer> bezeichnet eine natürliche Zahl.
- <Identifier> ist eine Zeichenkette aus ASCII-Buchstaben, Ziffern und dem Unterstrich _. Dabei darf das führende Zeichen keine Ziffer sein.
- <String> bezeichnet eine beliebige Zeichenkette die in Hochkomma " eingeschlossen ist.

Als Trennungen zwischen den verschiedenen ConScript-Ausdrücken und ihren Teilen sind die üblichen Whitespace-Zeichen erlaubt. Ferner werden Zeichenketten zwischen { und } als Whitespace-Zeichen aufgefaßt und dürfen überall dort auftreten, wo Whitespace-Zeichen erlaubt sind. Damit können semantisch nicht behandelte Kommentare an beliebigen Stellen der Datei eingefügt werden.

A.3 Titel, Kommentare und Specials

Die meisten durch ConScript implementierten Strukturen erlauben die Angabe eines Titels sowie eines Kommentars. Diese sind wie folgt definiert:

```
<Title>:
  TITLE <String> [<String>]
```

<Title> gibt den Titel einer Struktur an und wird durch das Schlüsselwort TITLE eingeleitet. Der folgende <String> ist der Titel selbst, der optionale <String> enthält ggf. Formatangaben.

```
<Remark>:
  REMARK <String>
```

<Remark> gibt einen Kommentar zu einer Struktur an, der durch das Schlüsselwort REMARK eingeleitet wird. Der folgende <String> ist der Kommentar.

Weiterhin erlaubt ConScript noch einen Kommentar, der unabhängig von anderen Strukturen auftreten darf. Diese Kommentare sind wie folgt definiert:

```
<Remark List>:
  REMARK {<Remark Structure>}

<Remark Structure>:
  <String>;
```

<Remark List> ist eine Liste von Kommentaren, eingeleitet durch das Schlüsselwort REMARK. Jeder einzelne Kommentar der Liste ist von der Form <Remark Structure>. Dabei ist <String> der Kommentar.

Specials sind Strings, die bei allen Strukturen außer Abbildungen, Kommentaren und Include-Dateien angegeben werden können, um an Programme spezifische Informationen über die Struktur weiterzugeben. Eine Special-Angabe ist eine Liste der Form

```
<Special List>:
  SPECIAL {<String>}
```

Jeder Special-<String> hat die allgemeine Form

```
"<Identifier>:<Information>"
```

Dabei ist <Identifier> ein Bezeichner des Programms, für das die Information bestimmt ist. Das Programm muß selbst in der Lage sein, diesen Bezeichner zu erkennen. <Information> ist eine beliebige Zeichenkette und enthält die zu übergebende Information. Der Aufbau dieser Information ist völlig vom Programm abhängig.

A.4 Formale Kontexte

Formale Kontexte werden in Listen der folgenden Art beschrieben:

```
<Formal Context List>:
  FORMAL_CONTEXT {<Formal Context>}

<Formal Context>:
  <Identifier> = [<Title>] [<Remark>] [<Special List>]
    OBJECTS {<Integer> <Identifier> [<String> [<String>]]}
    ATTRIBUTES {<Integer> <Identifier> [<String>
      [<String>]]}
    RELATION <Integer>, <Integer> {.|*}
    ;
```

<Formal Context List> ist eine Liste von formalen Kontexten, eingeleitet durch das Schlüsselwort FORMAL_CONTEXT. Jeder formale Kontext in der Liste ist von der durch <Formal Context> beschriebenen Form. Ein formaler Kontext hat den links von = stehenden <Identifier> als Bezeichner. Nach optionalem Titel und Kommentar folgt ggf. eine Liste von Specials. Es folgt eine durch OBJECTS eingeleitete Liste von Gegenständen und eine durch ATTRIBUTES eingeleitete Liste von Merkmalen. Ein Gegenstand (Merkmal) besteht aus einer Zahl <Integer>, die die Zeile (Spalte) des Gegenstands (Merkmals) in der Relation angibt, wobei die Zählung mit 0 beginnt. Es folgt ein <Identifier>, durch den der Gegenstand (das Merkmal) angesprochen werden kann. Optional folgt ein <String> als Beschreibung, ggf. erweitert durch einen <String> mit Formatangaben. Das Schlüsselwort RELATION leitet die Definition der Relation ein. Die erste <Integer>-Zahl gibt die Zeilenzahl der Relation, die zweite die Spaltenzahl an. Danach kommt die Relation selbst als Folge von . (nicht in Relation) und * (in Relation), die zeilenweise interpretiert wird.

Konsistenzbedingungen

Die Anzahl der . und * muß gerade Zeilen- mal Spaltenzahl sein. Die Nummern der Gegenstände bzw. Merkmale dürfen die tatsächlich vorhandenen Zeilen bzw. Spalten nicht übersteigen. Die Bezeichner von Gegenständen bzw. Merkmalen müssen innerhalb eines formalen Kontexts jeweils paarweise verschieden sein.

A.5 Liniendiagramme

Liniendiagramme werden in Listen der folgenden Art beschrieben:

```
<Line Diagram List>:
  LINE_DIAGRAM {<Line Diagram>}

<Line Diagram>:
  <Identifier> = [<Title>] [<Remark>] [<Special List>]
    UNITLENGTH <Real> <Identifier>
    POINTS {<Integer> <Real> <Real> [<String> [String]]}
    LINES {(<Integer>, <Integer>) [<String>]}
    OBJECTS {<Integer> <Identifier> [<String> [<String>]]}
    ATTRIBUTES {<Integer> <Identifier> [<String>
      [<String>]]}
    CONCEPTS {<Integer> <Identifier> [<String> [<String>]]}
    ;
```

`<Line Diagram List>` ist eine Liste von Liniendiagrammen, eingeleitet durch das Schlüsselwort `LINE_DIAGRAM`. Jedes der Liniendiagramme in der Liste ist von der durch `<Line Diagram>` beschriebenen Form. Ein Liniendiagramm hat den links von = stehenden `<Identifier>` als Bezeichner. Nach optionalem Titel und Kommentar folgt ggf. eine Liste von Specials. Nach `UNITLENGTH` folgt die Angabe der Einheit, bestehend aus einer `<Real>`-Maßzahl und einer Längeneinheit `<Identifier>`, die für die Darstellung zugrunde gelegt wird. Die Punkte des Diagramms werden in einer durch `POINTS` eingeleiteten Liste angegeben. Ein Punkt wird durch eine Zahl `<Integer>` bezeichnet, es folgen die horizontale und die vertikale Koordinate als `<Real>`-Zahlen; diese werden als Vielfache der durch `UNITLENGTH` bestimmten Maßeinheit interpretiert. Optional folgt ein `<String>` mit der Beschriftung des Punkts, ggf. gefolgt von einem `<String>` mit Formatangaben. Falls der Beschriftungs-String ein Leerstring "" ist, werden die Formatangaben als Formatangaben für den Punkt selbst und nicht für den String interpretiert. Die Linien des Diagramms werden in einer Liste von `<Integer>`-Paaren angegeben, wobei die Linie die beiden durch die `<Integer>`s bezeichneten Punkte verbindet. Zu jeder Linie kann optional ein `<string>` mit Formatangaben angegeben werden. Es folgt eine durch `OBJECTS` eingeleitete Liste von Gegenständen, eine durch `ATTRIBUTES` eingeleitete Liste von Merkmalen und eine durch `CONCEPTS` eingeleitete Liste von Begriffen. Ein Gegenstand (Merkmal, Begriff) besteht aus einer Zahl `<Integer>`, die die Nummer des Punktes angibt, zu dem der Gegenstand (das Merkmal, der Begriff) gehört. Es folgt ein `<Identifier>`, durch den der Gegenstand (das Merkmal, der Begriff) angesprochen werden kann. Optional folgt ein `<String>` als Beschreibung, ggf. erweitert durch einen `<String>` mit Formatangaben.

Konsistenzbedingungen

Die Nummern der Punkte müssen paarweise verschieden sein. Eine Linie muß zwei vorhandene verschiedene Punkte verbinden und bzgl. der Koordinaten absteigend sein. Linien dürfen nicht doppelt vorkommen. Gegenstände, Merkmale und Begriffe dürfen nur vorhandene Punkte referenzieren. Die Bezeichner von Gegenständen, Merkmalen und Begriffen müssen für ein Liniendiagramm jeweils paarweise verschieden sein. Das Diagramm muß das Liniendiagramm eines Verbandes sein.

A.6 Abbildungen

In ConScript werden drei verschiedene Typen von Abbildungen definiert, welche jeweils einer Zeichenkette eine andere zuordnen. Da die Bedeutungen der Zeichenketten jeweils verschieden sind, reicht jedoch ein einziger Typ von Abbildungen nicht aus.

```
<String Map List>:
  STRING_MAP {<String Map>}

<String Map>:
  <Identifier> = [<Remark>]
    {(<Identifier>, <String> [<String>])};
```

`<String Map List>` ist eine Liste von String-Abbildungen, eingeleitet durch das Schlüsselwort `STRING_MAP`. Jede String-Abbildung in der Liste ist von der durch `<String Map>` beschriebenen Form. Eine String-Abbildung hat den links von = stehenden `<Identifier>` als Bezeichner. Sie ordnet Bezeichnern Zeichenketten zu. Die Zuordnung geschieht durch eine Liste von Paaren, dem `<Identifier>` eines solchen Paares wird der `<String>` zugeordnet. Der in jedem Paar optional angebbare zweite `<String>` enthält Formatangaben.

```
<Identifier Map List>:
  IDENTIFIER_MAP {<Identifier Map>}

<Identifier Map>:
  <Identifier> = [<Remark>]
    {(<Identifier>, <Identifier>)};
```

<Identifier Map List> ist eine Liste von Bezeichner-Abbildungen, eingeleitet durch das Schlüsselwort IDENTIFIER_MAP. Jede Bezeichner-Abbildung in der Liste ist von der durch <Identifier Map> beschriebenen Form. Eine Bezeichner Abbildung hat den links von = stehenden <Identifier> als Bezeichner. Sie ordnet Bezeichnern andere Bezeichner zu. Die Zuordnung geschieht durch eine Liste von Paaren, dem ersten <Identifier> eines solchen Paares wird der zweite <Identifier> zugeordnet.

```
<Query Map List>:
  QUERY_MAP {<Query Map>}

<Query Map>:
  <Identifier> = [<Remark>]
    {(<String>, <Identifier>)};
```

<Query Map List> ist eine Liste von Query-Abbildungen, eingeleitet durch das Schlüsselwort QUERY_MAP. Jede Query-Abbildung ist von der durch <Query Map> beschriebenen Form. Eine Query-Abbildung hat den links von = stehenden <Identifier> als Bezeichner. Sie ordnet Datenbank-Abfragetermen Bezeichner zu. Die Zuordnung geschieht durch eine Liste von Paaren, dem <String> eines solchen Paares wird der <Identifier> zugeordnet.

Konsistenzbedingungen

Bei einer String-Abbildung müssen die <Identifier> in den Paaren paarweise verschieden sein. Bei einer Bezeichner-Abbildung müssen die ersten <Identifier> in den Paaren paarweise verschieden sein. Bei einer Query-Abbildung müssen die <String>s in den Paaren paarweise verschieden sein. Dadurch ist allerdings noch nicht sichergestellt, daß sie bei einer Abfrage der Datenbank auch disjunkte Ergebnisse liefern und somit tatsächlich eine Abbildung von den Einträgen der Datenbank auf die Bezeichner vorliegt!

A.7 Abstrakte Skalen

Abstrakte Skalen werden in Listen der folgenden Art beschrieben:

```
<Abstract Scale List>:
  ABSTRACT_SCALE {<Abstract Scale>}

<Abstract Scale>:
  <Identifier> = [<Title>] [<Remark>] [<Special List>]
    (<Identifier>, , <Identifier>, {<Identifier>});
```

<Abstract Scale List> ist eine Liste von abstrakten Skalen, eingeleitet durch das Schlüsselwort ABSTRACT_SCALE. Jede abstrakte Skala in der Liste

ist von der durch `<Abstract Scale>` beschriebenen Form. Eine abstrakte Skala hat den links von = stehenden `<Identifier>` als Bezeichner. Der erste `<Identifier>` in der Klammer ist der Bezeichner des zur abstrakten Skala gehörenden formalen Kontexts, danach folgt (getrennt durch zwei Kommata!) eine nichtleere Liste von `<Identifier>`n, welche Bezeichner von Liniendiagrammen sind. Der Platz zwischen den zwei Kommata ist für eine spätere Erweiterung vorgesehen, vgl. Abschnitt 5.1.

Konsistenzbedingungen

Die Bezeichner der Liniendiagramme müssen paarweise verschieden sein. Die Liniendiagramme müssen Diagramme des Begriffsverbands des Kontexts sein.

A.8 Konkrete Skalen

Konkrete Skalen werden in Listen der folgenden Art beschrieben:

```
<Concrete Scale List>:
  CONCRETE_SCALE {<Concrete Scale>}

<Concrete Scale>:
  <Identifier> = [<Title>] [<Remark>] [<Special List>]
    [<Tables>]
    [<Fields>]
    (<Identifier>, [<Identifier>], <Identifier>);

<Tables>:
  TABLES <String> {<String>}

<Fields>:
  FIELDS <String> {<String>}
```

`<Concrete Scale List>` ist eine Liste von konkreten Skalen, eingeleitet durch das Schlüsselwort `CONCRETE_SCALE`. Jede konkrete Skala in der Liste ist von der durch `<Concrete Scale>` beschriebenen Form. Eine konkrete Skala hat den links von = stehenden `<Identifier>` als Bezeichner. Der erste `<Identifier>` in der Klammer ist der Bezeichner einer abstrakten Skala, der zweite bezeichnet eine Query-Abbildung und ist optional, der dritte bezeichnet eine String-Abbildung, die den Bezeichnern der Merkmale der abstrakten Skala Strings als Beschreibungen zuordnet. Die Query-Abbildung ordnet Datenbank-Abfragetermen abstrakte Gegenstände zu, wobei sich diese Abfragen auf die durch `<Fields>` (optional) definierten Felder einer Datenbank beziehen dürfen. Dabei ist `<Fields>` eine durch das Schlüsselwort `FIELDS` eingeleitete Liste von `<String>`s. Ebenfalls optional ist die Angabe der durch das Schlüsselwort TABLES eingeleiteten Liste von <String>s. In dieser Liste können die von der konkreten Skala verwendeten Datenbank-Tabellen oder -Abfragen angegeben werden.

Konsistenzbedingungen

Die Bezeichner der String-Abbildung müssen mit den Merkmalen der abstrakten Skala übereinstimmen. Falls <Fields> oder <Tables> vorhanden ist, muß auch die Query-Abbildung vorhanden sein, ihre Bezeichner müssen Gegenstände der abstrakten Skala sein. Die durch die Datenbank-Abfragen gelieferten Ergebnisse müssen disjunkt sein, was nicht überprüft werden kann, sondern vom Benutzer sichergestellt werden muß.

A.9 Realisierte Skalen

Realisierte Skalen werden in Listen der folgenden Art beschrieben:

```
<Realized Scale List>:
  REALIZED_SCALE {<Realized Scale>}

<Realized Scale>:
  <Identifier> = [<Title>] [<Remark>] [<Special List>]
    (<Identifier>, <Identifier>);
```

<Realized Scale List> ist eine Liste von realisierten Skalen, eingeleitet durch das Schlüsselwort REALIZED_SCALE. Jede realisierte Skala in der Liste ist von der durch <Realized Scale> beschriebenen Form. Eine realisierte Skala hat den links von = stehenden <Identifier> als Bezeichner. Der erste <Identifier> in der Klammer ist der Bezeichner einer konkreten Skala, der zweite ist der Bezeichner einer Bezeichner-Abbildung, die Bezeichnern von Gegenständen einer begrifflichen Datei abstrakte Gegenstände zuordnet.

Konsistenzbedingungen

Die Bezeichner der abstrakten Gegenstände, d. h. die Bild-<Identifier> der Bezeichner-Abbildung, müssen Gegenstände der durch die konkrete Skala bestimmten abstrakten Skala sein.

A.10 Datenbank-Informationen

Datenbank-Informationen werden in Listen der folgenden Art beschrieben:

```
<Database List>:
  DATABASE {<Database>}

<Database>:
  <Identifier> = [<Remark>] [<Special List>]
    (<String>, <String>, <String>);
```

`<Database List>` ist eine Liste von Datenbank-Informationen, eingeleitet durch das Schlüsselwort `DATABASE`. Jede Datenbank-Information in der Liste ist von der durch `<Database>` beschriebenen Form. Eine Datenbank-Information hat den links von `=` stehenden `<Identifier>` als Bezeichner. Der erste `<String>` enthält den Namen der Datenbank, unter dem sie dem Datenbankverwaltungssystem bekannt ist. Der zweite `<String>` ist der Name der Tabelle oder Abfrage, in dem die für die begriffliche Datei relevanten Daten enthalten sind. Der letzte `<String>` gibt den Primärschlüssel an, der die Namen der Gegenstände festlegt.

A.11 Begriffliche Schemata

Begriffliche Schemata werden in Listen der folgenden Art beschrieben:

```
<Conceptual Scheme List>:
  CONCEPTUAL_SCHEME {<Conceptual Scheme>}

<Conceptual Scheme>:
  <Identifier> = [<Title>] [<Remark>] [<Special List>]
    (<Identifier>, <Identifier>, {<Identifier>});
```

`<Conceptual Scheme List>` ist eine Liste von begrifflichen Schemata, eingeleitet durch das Schlüsselwort `CONCEPTUAL_SCHEME`. Jedes begriffliche Schema in der Liste ist von der durch `<Conceptual Scheme>` beschriebenen Form. Ein begriffliches Schema hat den links von `=` stehenden `<Identifier>` als Bezeichner. Der erste `<Identifier>` in der Klammer ist der Bezeichner einer Datenbank. Danach folgt eine nichtleere Liste von Bezeichnern konkreter Skalen.

Konsistenzbedingungen

Die Bezeichner der konkreten Skalen müssen paarweise verschieden sein.

A.12 Begriffliche Dateien

Begriffliche Dateien werden in Listen der folgenden Art beschrieben:

```
<Conceptual File List>:
  CONCEPTUAL_FILE {<Conceptual File>}

<Conceptual File>:
  <Identifier> = [<Title>] [<Remark>] [<Special List>]
    (<Identifier>, <Identifier>, {<Identifier>});
```

`<Conceptual File List>` ist eine Liste von begrifflichen Dateien, eingeleitet durch das Schlüsselwort `CONCEPTUAL_FILE`. Jede begriffliche Datei in der Liste ist von der durch `<Conceptual File>` beschriebenen Form. Die begriffliche Datei hat den links von `=` stehenden `<Identifier>` als Bezeichner. Der erste `<Identifier>` in der Klammer ist der Bezeichner einer String-Abbildung, die den Bezeichnern der Gegenstände ihre tatsächlichen Namen als Zeichenketten zuordnet. Danach folgt eine nichtleere Liste von Bezeichnern realisierter Skalen.

Konsistenzbedingungen

Die Bezeichner der realisierten Skalen müssen paarweise verschieden sein. Die Bezeichner in der String-Abbildung müssen Bezeichner von Gegenständen der realisierten Skalen sein.

A.13 Include-Dateien

Eine Include-Datei ist dazu bestimmt, anstelle des auf sie verweisenden Befehls eingelesen zu werden. Die Beschreibung ist wie folgt:

```
<Include File>:
  #INCLUDE <String> [<Remark>];
```

`<Include File>` weist den Parser an, an geeigneter Stelle die durch `<String>` bezeichnete Datei einzulesen. Ist der Dateiname nicht voll qualifiziert, wird die Datei zunächst im aktuellen Verzeichnis und danach in einem vom Programm vorzugebenden Suchpfad gesucht. Optional kann ein Kommentar angefügt werden. Eine genaue Beschreibung des Include-Mechanismus befindet sich in Abschnitt 7.2.

Konsistenzbedingungen

Solange eine Include-Datei nur als Include-Datei verwendet wird, gelten für sie keine Konsistenzbedingungen. Lediglich das ganze Dateisystem, zu dem die Include-Datei gehört, muß konsistent sein. Eine Include-Datei ist aber eine ConScript-Datei, und falls sie separat als solche verwendet werden soll, muß sie in sich eine geschlossene Einheit bilden, d. h. aus ihr heraus dürfen nur in ihr selbst oder ihren Include-Dateien enthaltene Strukturen referenziert werden, nicht aber welche, die in der umgebenden Datei enthalten sind.

A.14 ConScript-Dateien

Eine komplette ConScript-Datei ist eine ASCII-Datei, in der die oben beschriebenen Listen bzw. Strukturen auftreten. Formal ist sie definiert als:

```
<File>:
  {<Remark List> |
    <Include File> |
    <Conceptual File List> |
    <Conceptual Scheme List> |
    <Database List> |
    <Abstract Scale List> |
    <Concrete Scale List> |
    <Realized Scale List> |
    <String Map List> |
    <Identifier Map List> |
    <Query Map List> |
    <Formal Context List> |
    <Line Diagram List>}
```

A.15 Formatangaben

In den obigen Strukturen tauchen an verschiedenen Stellen Strings auf, die Formatangaben enthalten können. Für diese Formatangaben wurden ebenfalls Syntax und Semantik festgelegt. Bei den Strings für Formatangaben sind Formatangaben für Strings, Punkte und Linien zu unterscheiden.

Formatangaben für Strings

Ein String mit einer Formatangabe für einen String ist wie folgt definiert:

```
"[<Identifier>],[b|c|o|s|u],[<Identifier>],
  [<Real><Identifier>],[(<Real>,<Real>)],
  [l|c|r][b|c|t],[(<Real>,<Real>)]"
```

In der Reihenfolge ihres Auftretens bedeuten dabei:

- <Identifier> ist der Bezeichner der zu verwendenden Schriftart.
- [b|c|o|s|u] gibt ein Schriftartattribut an. Dabei steht b für „bold“, c für „cursive“, o für „outlined“, s für „shadowed“ und u für „underlined“.
- <Identifier> ist der Bezeichner der Zeichenfarbe.
- <Real><Identifier> ist die Angabe der Schriftgröße durch Maßzahl und Einheit.
- (<Real>,<Real>) gibt die (relative) Position des darzustellenden Texts in den aktuellen Zeicheneinheiten (UNITLENGTH-Angabe) an.

- [l|c|r][b|c|t] bestimmt den Bezugspunkt für die Positionierung in bezug auf den darzustellenden Text.
- (<Real>,<Real>) gibt die Größe einer Clip-Box in den aktuellen Zeicheneinheiten an, außerhalb der nichts dargestellt wird.

Formatangaben für Punkte

Ein String mit einer Formatangabe für einen Punkt ist wie folgt definiert:

```
"[<Real>[<Identifier>]],[s|d|t],[<Real>[<Identifier>]],
  [<Identifier>],[e|f|l|u],[<Identifier>]"
```

In der Reihenfolge ihres Auftretens bedeuten dabei:

- <Real>[<Identifier>] ist die Angabe des Radius des Punktes durch Maßzahl und Einheit. Falls keine Einheit angegeben ist, wird die Maßzahl als Faktor relativ zu den aktuellen Zeicheneinheiten betrachtet.
- [s|d|t] gibt die Art der Linie an, mit der der Punkt gezeichnet wird. Dabei steht **s** für „solid“, **d** für „dashed“ und **t** für „dotted“.
- <Real>[<Identifier>] ist die Angabe der Liniendicke durch Maßzahl und Einheit. Falls keine Einheit angegeben ist, wird die Maßzahl als Faktor relativ zu den aktuellen Zeicheneinheiten betrachtet.
- <Identifier> ist der Bezeichner der Linienfarbe.
- [e|f|l|u] gibt die Art der Füllung des Punktes an. Dabei steht **e** für „empty“, **f** für „full“, **l** für „lower“ und **u** für „upper“.
- <Identifier> ist der Bezeichner der Füllfarbe.

Formatangaben für Linien

Ein String mit einer Formatangabe für eine Linie ist wie folgt definiert:

```
"[s|d|t],[<Real>[<Identifier>]],[<Identifier>]"
```

In der Reihenfolge ihres Auftretens bedeuten dabei:

- [s|d|t] gibt die Art der Linie an. Dabei steht **s** für „solid“, **d** für „dashed“ und **t** für „dotted“.
- <Real>[<Identifier>] ist die Angabe der Liniendicke durch Maßzahl und Einheit. Falls keine Einheit angegeben ist, wird die Maßzahl als Faktor relativ zu den aktuellen Zeicheneinheiten betrachtet.
- <Identifier> ist der Bezeichner der Linienfarbe.

B. Technische Hinweise

Die dem Buch beiliegende Diskette enthält den Quell-Code für *The Formal Concept Analysis Library.* Auf den folgenden Seiten wird beschrieben, wie dieser Quell-Code zu installieren ist, so daß daraus die Bibliothek(en) erzeugt und in Programmen benutzt werden können. Die konkreten Schritte können sehr von Ihrem System abhängen, wobei das Betriebssystem, die C++-Entwicklungsumgebung und die zur Verfügung stehenden C++-Bibliotheken eine wesentliche Rolle spielen. Die auf der Diskette befindlichen Shell-Skripte (Batch-Dateien) und Make-Dateien sollen die Installation möglichst einfach gestalten, je nach System müssen Sie aber noch geeignete Anpassungen vornehmen. In den folgenden Abschnitten sind die wichtigsten Punkte beschrieben, die dabei zu beachten sind. Aufgrund der Vielzahl der möglichen Systemumgebungen kann es aber sein, daß Sie noch weitere Anpassungen vornehmen müssen. Beachten Sie in diesem Zusammenhang auch die Dateien `readme.dos` bzw. `readme.ux` auf der Diskette, die zum Zeitpunkt der Fertigstellung des Manuskripts noch nicht vorhandene Informationen enthalten.

B.1 Installation des Quell-Codes

Zur Vorbereitung der Programmierung mit *The Formal Concept Analysis Library* muß zuerst der Quell-Code der Bibliothek auf Ihrem Rechner installiert werden. Am einfachsten ist die Installation auf einem MS-DOS™-PC. Legen Sie die Diskette in das Diskettenlaufwerk, wechseln Sie zu diesem, und geben Sie den Befehl

inst <*Ziel*>

Dabei ist <*Ziel*> das Verzeichnis, in dem die Dateien von *The Formal Concept Analysis Library* installiert werden sollen. Das Installationsprogramm legt in diesem Verzeichnis ein Unterverzeichnis `fca` an, in dem dann die eigentlichen Dateien installiert werden. Der Befehl

```
inst c:\
```

installiert *The Formal Concept Analysis Library* in `c:\fca`. Nach dem Aufruf des Installationsprogramms werden Ihnen in einem Menü drei Möglichkeiten zur Auswahl angeboten:

„Standard-Verzeichnisse, Erweiterung cc“: Diese Option legt in <*Ziel*>`\fca` die Unterverzeichnisse `include`, `source`, `object`, `lib` und `examples` an. Die Header-Dateien werden alle in das Verzeichnis `include` kopiert, die Quell-Code-Dateien werden alle in `source` kopiert und erhalten die Dateinamenerweiterung `.cc`. Im Verzeichnis `examples` werden Unterverzeichnisse mit Beipielen installiert. Das Verzeichnis `object` ist zur Aufnahme der kompilierten Object-Module, das Verzeichnis `lib` zur Aufnahme der Bibliotheken bestimmt.

„Standard-Verzeichnisse, Erweiterung cpp“: Diese Option ist identisch mit der zuvor beschriebenen, die Quell-Code-Dateien erhalten aber die Dateinamenerweiterung `.cpp` statt `.cc`.

„Borland-Verzeichnisse, Erweiterung cpp“: Bei dieser Option werden in den Verzeichnissen `include` und `source` weitere Unterverzeichnisse eingerichtet, welche nach Gruppen geteilt die Header- und Quell-Code-Dateien enthalten. Dieses Verfahren ist Standard bei Borland C++ ab der Version 4.0. Wenn Sie mit Borland C++ in einer entsprechenden Version arbeiten, sollten Sie diese Version wählen. Statt dem Unterverzeichnis `object` werden die Unterverzeichnisse `objdos` und `objwin` angelegt.

Dieses Auswahlmenü arbeitet nur dann richtig, wenn Sie mit einer MS-DOS™-Version 6.00 oder höher arbeiten. Mit einer früheren MS-DOS™-Version können Sie den Befehl `inst` trotzdem benutzen, müssen dann aber bereits beim Aufruf Ihre Auswahl festlegen. Der Befehl lautet dann:

`inst` <*Ziel*> <*Option*>

wobei <*Option*> einen der Werte `std_cc`, `std_cpp` oder `bc_cpp` haben kann. Diese Werte korrespondieren (in dieser Reihenfolge) zu den oben beschriebenen Auswahlmöglichkeiten.

Die Installation des Quell-Codes auf einem UNIX-Rechner hängt stark davon ab, wie Sie von Ihrem Rechner auf ein Diskettenlaufwerk zugreifen können, welches MS-DOS™-Disketten lesen kann. Falls Sie hierüber nicht Bescheid wissen, fragen Sie Ihren Systemverwalter. Die Dateien auf der Diskette müssen nun mit ihrer Verzeichnisstruktur auf die Festplatte des UNIX-Rechners übertragen werden. Für die weitere Installation sind zwei Fälle zu unterscheiden, die mit der unterschiedlichen Codierung von Zeilenumbrüchen unter MS-DOS™ und UNIX zusammenhängen. Die Dateien auf der Diskette sind (bis auf die Dateien mit der Namenserweiterung `.ux`) im MS-DOS™-Format gespeichert und müssen für die Verwendung unter UNIX konvertiert werden.

Falls diese Konvertierung bereits beim Kopieren der Dateien von der Diskette auf die Festplatte vorgenommen wurde (dies ist bei einer Reihe von Datei-Transfer-Programmen, z. B. `ftp`, möglich), können Sie in das Verzeichnis wechseln, in dem sich die kopierten Dateien befinden. Dort müssen Sie das Shell-Skript `inst.ux` mit dem Befehl

```
chmod u+x inst.ux
```

ausführbar machen. Danach können Sie die Dateien von *The Formal Concept Analysis Library* mit dem Befehl

`inst.ux` <*Ziel*>

installieren. Wie bei der Installation unter MS-DOS™ ist <*Ziel*> das Verzeichnis, in dem ein Unterverzeichnis `fca` angelegt wird, welches die Dateien von *The Formal Concept Analysis Library* enthält. Die Dateien werden mit den Standard-Verzeichnissen und der Dateinamenerweiterung `.cc` installiert (s. o.).

Für den Fall, daß bei der Übertragung der Dateien noch keine Konvertierung vorgenommen wurde, müssen Sie `inst.ux` wie oben beschrieben ausführbar machen und die Dateien mit dem Befehl

`inst.ux` <*Ziel*> <*Konverter*>

installieren. Dabei ist <*Konverter*> der Name des zur Konvertierung verwendeten Programms (z. B. `dos2ux`). Das Shell-Skript `inst.ux` geht davon aus, daß dieser Konverter die Datei im MS-DOS™-Format von der Standard-Eingabe liest und die Datei im UNIX-Format auf die Standard-Ausgabe ausgibt. Mit dem Befehl

<*Konverter*> `<datei.dos >datei.ux`

wird also die MS-DOS™-Datei `datei.dos` in die UNIX-Datei `datei.ux` umgewandelt. Falls der von Ihnen verwendete Konverter eine andere Art der Parameterübergabe erwartet, müssen Sie die entsprechenden Aufrufe in `inst.ux` ändern. Beachten Sie dazu den Hinweis am Anfang von `inst.ux`.

B.2 Erzeugung der Bibliotheken

The Formal Concept Analysis Library ist weitgehend systemunabhängig implementiert und daher auf einer Vielzahl von Systemen einsetzbar. Problematisch dabei ist jedoch, daß von dem jeweiligen C++-Entwicklungssystem noch eine String-Klasse sowie verschiedene Templates für Arrays und Mengen bereitgestellt werden müssen. Die vorliegende Version von *The Formal Concept Analysis Library* ist vorbereitet, wahlweise mit ANSI-Strings (wie sie von Borland C++ bereitgestellt werden) oder mit GNU-Strings (aus der GNU C++ Library) zu arbeiten. Ferner kann eingestellt werden, ob die Containerklassen-Templates der Borland International Data Structures Library oder auf GNU-Klassen basierende Templates verwendet werden. Die Auswahl geschieht über die Definition der folgenden Makros:

`_USEANSISTRING`: Die ANSI-String-Klasse `string` wird benutzt.
`_USEGNUSTRING`: Die GNU-String-Klasse `String` wird benutzt.
`_USEBIDS`: Die Containerklassen-Templates aus der Borland International Data Structures Library werden benutzt.

_USEGNU: Auf GNU-Klassen basierende Templates für Arrays und Mengen werden benutzt.

Beachten Sie, daß sowohl für die Erzeugung der Bibliothek als auch deren Benutzung genau eines der Makros _USEANSISTRING und _USEGNUSTRING sowie genau eines der Makros _USEBIDS und _USEGNU definiert werden muß.

Prinzipiell können auch andere String- und Containerklassen benutzt werden, dann müssen Sie aber die Integration dieser Klassen in den Quell-Code selbst vornehmen. Als Vorgehen ist dabei zu empfehlen, im Quell-Code nach dem Auftreten der oben genannten Makros zu suchen und an diesen Stellen zu prüfen, wie der Code angepaßt werden muß. Hierzu ist es als Hintergrundinformation eventuell hilfreich zu wissen, daß *The Formal Concept Analysis Library* ursprünglich mit ANSI-Strings und Borland-Templates entwickelt wurde. Nachträglich wurde die Verwendung der GNU-Klassen eingefügt. Deshalb kann die Einbindung der GNU-Klassen als Beispiel für die Einbindung anderer Klassen dienen. Es kann natürlich sein, daß für das von Ihnen verwendete Betriebssytem sowie C++-Entwicklungssystem weitere Anpassungen im Quell-Code notwendig sind.

Wenn Sie mit Borland C++ Version 4.0 oder höher arbeiten, sollten Sie auf jeden Fall mit ANSI-Strings und Borland-Templates arbeiten. Zur Erzeugung der Bibliothek stehen im Verzeichnis fca zwei Make-Dateien zur Verfügung, mit denen arbeitsfähige Versionen der Bibliothek erzeugt werden können:

makefca.dos erzeugt eine statische MS-DOS™-Version der Bibliothek. Diese wird im Verzeichnis lib unter dem Namen fca.lib erzeugt. Die bei der Übersetzung entstehenden Object-Dateien werden im Verzeichnis objdos gespeichert. Die Bibliothek wird für das Speichermodell „Large" und für 80386-Prozessoren (oder höher) erzeugt.

makefca.w16 erzeugt eine dynamische MS-Windows™-Version der Bibliothek. Diese wird im Verzeichnis lib unter dem Namen fcawxxx.dll erzeugt, wobei xxx die Version von *The Formal Concept Analysis Library* anzeigt. Ebenfalls in lib wird die zugehörige Import-Bibliothek fcaw.lib erzeugt. Die bei der Übersetzung entstehenden Object-Dateien werden im Verzeichnis objwin gespeichert. Die Bibliothek wird für das Speichermodell „Large" und für 80386-Prozessoren (oder höher) erzeugt.

Sie können die MS-DOS™- und die MS-Windows™-Version gleichzeitig erzeugen und verwenden, da die erzeugten Dateien verschiedene Namen haben bzw. in verschiedenen Verzeichnissen abgelegt werden. Zur Erzeugung sollten Sie das make-Programm von Borland verwenden. In den Make-Dateien wird davon ausgegangen, daß Sie Borland C++ im Verzeichnis c:\bc4 installiert haben. Sollte dies nicht der Fall sein, müssen Sie die Definition der Variablen BCDIR in den Make-Dateien ändern.

Für die Erzeugung der Bibliothek mit dem GNU C++ Compiler unter Verwendung der GNU-Strings und GNU-Klassen steht die Make-Datei makefca.gnu bereit. Beachten Sie, daß in dieser Datei die Verzeichnisnamen der UNIX-Konvention folgen und Unterverzeichnisse durch „/" getrennt werden. Wenn Sie die Make-Datei unter MS-DOS™ verwenden wollen, müssen Sie alle in Verzeichnisnamen auftretenden „/" in „\" umwandeln. Um **makefca.gnu** zu verarbeiten, benötigen Sie die GNU-Version von **make**. Eventuell wird diese auf Ihrem System unter einem anderen Namen als **make**, z. B. **gmake**, aufgerufen. **makefca.gnu** versucht festzustellen, welche Version des GNU C++ Compilers vorliegt. Sollte dies zu Problemen führen, so können Sie diesen Test durch den Parameter OLD genäß der folgenden Tabelle übergehen:

Aufruf	GNU C++ Version
make -f makefca.gnu	Test
make -f makefca.gnu OLD=0	kein Test, Version ab 2.7.0
make -f makefca.gnu OLD=1	kein Test, Version vor 2.7.0

Für die Verwendung der auf GNU-Klassen basierenden Templates ist weitere Vorarbeit nötig. Die GNU C++ Library stellt für Arrays und Mengen keine echten C++-Templates zur Verfügung. Statt dessen werden Dateischablonen bereitgestellt, aus denen durch Textersetzung die gewünschten Klassen erzeugt werden können. Dieses Vorgehen ist für die Verwendung in *The Formal Concept Analysis Library* nicht geeignet, es werden echte C++-Templates benötigt. Deshalb müssen Sie aus den Dateien Vec.hP, Vec.ccP, Set.hP, Set.ccP, AVLSet.hP und AVLSet.ccP die Dateien Vec.h, Set.h und AVLSet.h herstellen, in denen die Templates Vec<T>, Set<T> und AVLSet<T> definiert werden. Vec<T> benötigt einige statische Funktionen, die in Vec.cc definiert werden. Aus Copyright-Gründen konnten diese Dateien leider nicht auf der Diskette beigefügt werden. Beachten Sie bitte die Hinweise in den Dateien gnu_tmpl.dos bzw. gnu_tmpl.ux. Bei größeren Problemen mit der Erzeugung dieser Dateien wenden Sie sich bitte an den Autor.

Wenn andere als die genannten Compiler benutzt werden sollen, sind die Make-Dateien entsprechend zu modifizieren. Beachten Sie, daß die MS-Windows™-Version von *The Formal Concept Analysis Library* in der vorliegenden Form auf jeden Fall unter Borland C++ übersetzt werden muß, da sie die Object Windows Library™ von Borland benötigt. Wollen Sie eine Windows-Version mit einem anderen Entwicklungssystem erzeugen, so müssen Sie die Klassen **TWFCAFile** und **TMessageDialog**, die in **fcaw.rc** definierten Windows-Ressorcen und die in **fcaw.cpp** definierten Schnittstellenfunktionen für die dynamische Link-Bibliothek geeignet modifizieren.

Je nach Entwicklungsumgebung müssen Sie sich darüber Gedanken machen, in welchem Modul der Code für die Templates tatsächlich erzeugt werden soll. Bei Borland ist dies nicht notwendig, wenn Sie die automatische Template-Erzeugung einschalten (dies ist in der Default und in den Make-Dateien entsprechend eingestellt). Falls Ihre Entwicklungsumgebung aber nur die explizite Erzeugung von Templates zuläßt, müssen Sie alle Module von *The Formal Concept Analysis Library* mit externen Templates übersetzen, ebenso alle Module des Programms, welches *The Formal Con-*

cept Analysis Library benutzen soll. Lediglich das Modul `template.cpp` muß mit internen Templates übersetzt und natürlich in die Bibliothek mit eingebunden werden. Dieses Modul stellt dann den Code für alle Templates zur Verfügung. Die Make-Datei für GNU ist in dieser Weise aufgebaut. Es ist systemabhängig, ggf. sogar versionsabhängig, wie die internen Templates erzeugt werden müssen. Mit dem Parameter `OLD` (s. o.) findet eine versionsabhängige Steuerung für GNU C++ statt.

Wenn Sie Ihre Version der Bibiliothek erzeugt haben, sollten Sie sie testen. Dazu gibt es ein Programm im Verzeichnis `examples\testlib`. Für dieses Programm stehen die entsprechenden Make-Dateien zur Verfügung. In UNIX-Umgebungen wird wieder die GNU-Version von `make` benötigt. `makefile.gnu` versucht festzustellen, ob das Bestriebssystem LINUX ist. Wenn ja, braucht die Bibliothek `libiberty.a` nicht gelinkt zu werden, andernfalls in der Regel schon. Falls es Probleme mit dem Test gibt, können Sie ihn mittels des Parameters `LIBERTY` gemäß der folgenden Tabelle umgehen:

Aufruf	GNU C++ Version
`make -f makefca.gnu`	Test
`make -f makefca.gnu LIBERTY=0`	kein Test, ohne -liberty
`make -f makefca.gnu LIBERTY=1`	kein Test, mit -liberty

Das Programm `testlib` dient dazu, die wichtigsten Funktionen der Bibliothek zu testen. Erzeugen Sie das Programm, und geben Sie zunächst den Befehl

```
testlib
```

Dann sollte das Programm einige Seiten Bildschirmausgabe erzeugen, die hier nicht im Detail diskutiert werden soll. Wichtig ist, daß das Programm bis zum Ende läuft und nicht abstürzt oder sich mit einer Fehlermeldung beendet. Falls das Programm läuft, haben Sie die erste Hürde zur Installation der Bibliothek genommen: Die Bibliothek ist so erzeugt worden, daß keine groben Fehler enthalten sind. Im nächsten Schritt können Sie nun prüfen, ob die verschiedenen Funktionen der Bibliothek nicht nur nicht abstürzen, sondern auch die erwarteten Ergebnisse liefern. Unter MS-DOS™ geben Sie dazu den Befehl

```
testl
```

Unter UNIX müssen Sie zuerst das Shell-Skript `testl.ux` mit `chmod` ausführbar machen und danach den Befehl

```
testl.ux
```

geben. In jedem Fall wird nun erneut das Programm `testlib` aufgerufen, allerdings wird die Bildschirmausgabe in eine Datei umgeleitet, so daß Sie nichts davon sehen. Anschließend wird die von `testlib` erzeugte Ausgabe (Dateien `test_out.csc` und `test.out`) mit den mitgelieferten „korrekten“ Dateien `test_out.c_c` bzw. `test.o_c` verglichen. Die gefundenen Unterschiede werden am Bildschirm angezeigt. Idealerweise sollten keine Unterschiede gefunden werden. Allerdings können kleine Unterschiede dadurch entstehen, daß in den verwendeten Mengen-Klassen Elemente intern in unterschiedlicher Reihenfolge gespeichert und dann auch in unterschiedlicher Reihenfolge ausgegeben werden. Falls also einige wenige Unterschiede angezeigt werden, prüfen Sie zunächst, ob sie auf diesen Grund zurückzuführen sind. Wenn dies der Fall ist, sind die Unterschiede belanglos. Alle anderen Unterschiede deuten jedoch darauf hin, daß irgendeine Funktion der Bibliothek aufgrund der von Ihnen vorgenommenen Anpassungen nicht wie erwartet funktioniert. Sie müssen dann mit den Ihnen zur Verfügung stehenden Mitteln versuchen, den Fehler zu lokalisieren.

Falls von `testl` *keine oder nur belanglose Fehler gemeldet werden, ist dies allerdings lediglich ein Zeichen dafür, daß Ihre Version der Bibliothek in den wichtigsten Punkten korrekt arbeitet. Damit ist keinesfalls garantiert, daß die Bibliothek völlig fehlerfrei ist.* Für die Windows-Version der Bibliothek steht kein eigenes Test-Programm zur Verfügung, da im Hauptteil diese Version denselben Quell-Code mit denselben Einstellungen wie die DOS-Version benutzt. Erzeugen Sie also beide Versionen und testen Sie die DOS-Version.

Vom Autor wird die Bibliothek vor allem unter MS-Windows™ in der Borland-Version benutzt und ist dort umfangreich auch im Betrieb getestet. Dies stellt nach der Bemerkung im vorigen Absatz auch sicher, daß die MS-DOS™-Version hinreichend zuverlässig ist. Die GNU-Version der Bibliothek wurde lediglich mit dem obigen Test-Programm unter den Betriebssystemen LINUX und HP-UX™ getestet.

B.3 Benutzung in Programmen

Um *The Formal Concept Analysis Library* in einem Programm benutzen zu können, müssen Sie in Ihren Quell-Code-Dateien die passenden Header-Dateien einbinden. Dazu muß ggf. das Verzeichnis `fca\include` in den Suchpfad für Header-Dateien aufgenommen werden. Ferner müssen Sie beim Linken die Bibliothek mit dazulinken. Die zu linkende Bibliothek heißt `fca.lib` für die MS-DOS™-Version, `fcaw.lib` für die MS-Windows™-Version und `libfca.a` für die UNIX-GNU-Version. Zur Benutzung der Windows-Version muß außerdem die Datei `fcawxxx.dll` im Verzeichnis mit dem aufrufenden Programm oder einem der in der Systemvariablen `PATH` eingetragenen Verzeichnisse zu finden sein.

Die Borland-Entwicklungsumgebung ermöglicht die Benutzung vorkompilierter Header-Dateien. Dazu ist es nötig, daß die verschiedenen Module eines Programms bis zu einem gewissen Punkt dieselben Header-Dateien einbinden. Um dies zu erleichtern, stehen die Header-Dateien `fca\fcacore.h` (DOS) und `fca\fcacorew.h` (Windows) zur Verfügung. Unter DOS sollte jedes Modul, das *The Formal Concept Analysis Library* benutzt, den

Header `fca\fcacore.h` einbinden und danach die Vorkompilierung abbrechen (siehe Borland-Handbuch). Unter Windows mit der Object Windows Library™ sollte ein Modul, welches *The Formal Concept Analysis Library* benutzt, die Header-Dateien `fca\fcacorew.h` und `owl\owlpch.h` einbinden, eines, welches *The Formal Concept Analysis Library* nicht benutzt, sollte `owl\owlpch.h` einbinden, und nach `owl\owlpch.h` sollte die Vorkompilierung abgebrochen werden.

Im Verzeichnis `examples\fcafile` befindet sich ein Beispielprogramm `fcafile`, welches eine ConScript-Datei einliest, auf Konsistenz prüft und ggf. wieder speichert. Erzeugen Sie das Programm unter Benutzung der entsprechenden Make-Datei und rufen Sie es mit dem Befehl

`fcafile` <*Quelle*> `[`<*Ziel*>`]`

auf. Dabei ist <*Quelle*> der Dateiname der einzulesenden Datei. Der optionale Parameter <*Ziel*> gibt den Namen der Datei an, in die abgespeichert werden soll. In `examples\fcafile` sind zwei Beispiel-Dateien enthalten: `regime.csc` und `test486.csc`. Um die zweite Datei mit `fcafile` einzulesen, muß die Systemvariable `FCAINCL` auf `abstract` gesetzt werden, damit die aus dem Unterverzeichnis `abstract` zu lesenden Include-Dateien gefunden werden.

Das Programm kann unter dem Namen `fcafilew.exe` mit der Make-Datei `makefile.w16` auch für MS-Windows™ erzeugt werden. Der Aufruf erfolgt ohne Parameter, etwa durch „Doppelklicken“ im Datei-Manager. Für `fcafilew` kann ein Include-Pfad über die Datei `fcafilew.ini` eingestellt werden. Diese Datei muß in Ihr Windows-Verzeichnis kopiert werden, damit sie vom Programm gefunden wird. Sie können die Datei mit einem normalen ASCII-Editor bearbeiten, um den eingestellten Include-Pfad zu verändern. Außerdem muß, wie gesagt, die Datei `fcawxxx.dll` im aktuellen Verzeichnis stehen oder über `PATH` gefunden werden können.

Das Verzeichnis `examples\demos` enthält die Beispielprogramme aus dem ersten Teil des Buchs. Für die MS-DOS™-Version und die UNIX-GNU-Version stehen hier ebenfalls Make-Dateien zur Verfügung. Sowohl hier wie für `fcafile` gilt bzgl. der Make-Datei `makefile.gnu` und des Parameters `LIBERTY` das im vorigen Abschnitt beim Programm `testlib` Gesagte.

Die Benutzung von *The Formal Concept Analysis Library* unter MS-DOS™ stößt eventuell sehr schnell an die symtembedingten Grenzen im Speicherplatz. Sie können dieses Problem eventuell umgehen, wenn Sie nur einige wenige Klassen benötigen. Falls Sie etwa ein Programm schreiben wollen, welches nur mit ConScript-Dateien und formalen Kontexten arbeitet, so können Sie in den `_InitXxxx`- und `_GetXxxx`-Elementfunktionen von `TFCAFile` alle nicht benötigten Klassen auskommentieren, so daß diese nicht erzeugt werden. Ferner sollten Sie alle Include-Statements für die Header dieser Klassen auskommentieren. Danach können Sie mit einer entsprechend geänderten Make-Datei nur die benötigten Module zu einer Bibliothek binden.

C. Lizenzvereinbarung

The Formal Concept Analysis Library, insbesondere die dazu gehörenden Quell-Code-Dateien, unterliegen dem Urheberrecht. Durch den Kauf dieses Buches haben Sie das Recht erworben, *The Formal Concept Analysis Library* zu nicht-kommerziellen Zwecken zu nutzen. Dies bedeutet im einzelnen („Library“ bezeichnet *The Formal Concept Analysis Library*, „Autor“ steht für Frank Vogt, den Autor dieses Buches und von *The Formal Concept Analysis Library*):

1. Sie dürfen die zur Library gehörenden Dateien auf einem Rechner installieren. Weitere Kopien der Dateien dürfen Sie nur zum Zwecke der Datensicherung anfertigen.
2. Sie dürfen aus dem Quell-Code der Library lauffähige Versionen compilieren und in Programme einbinden. Zu diesem Zwecke, ebenso zur Einarbeitung Ihrer eigenen Änderungswünsche, dürfen Sie den Quell-Code frei verändern. Die compilierten Versionen sowie die Programme, in welche die Library eingebunden ist, dürfen von Ihnen nur zu nicht-kommerziellen Zwecken eingesetzt werden.
3. Sie dürfen keine der Quell-Code-Dateien der Library an Dritte weitergeben.
4. Compilierte Versionen der Library sowie Programme, in welche die Library eingebunden ist, dürfen Sie nur dann an Dritte weitergeben, wenn Sie vertraglich sicherstellen, daß diese ausschließlich zu nicht-kommerziellen Zwecken genutzt werden.
5. Im Falle einer Weitergabe nach 4. sind die compilierten Versionen und Programme mit einem Verweis auf das Urheberrecht von Frank Vogt an der Library sowie von Ihnen am jeweiligen Programm zu versehen. Sie dürfen für die Weitergabe der compilierten Versionen und der Programme keine Gebühr erheben. Die Erhebung von Verpackungs- und Verwaltungskosten im üblichen Umfang bleibt hiervon unberührt.
6. Der Autor übernimmt keine Gewähr für die Korrektheit von *The Formal Concept Analysis Library*. Eine Haftung des Autors für Schäden, die Ihnen oder Dritten durch die Nutzung der Library entstehen, ist ausgeschlossen.

7. Jegliche Versionen der Library, welche Sie als Update vom Autor oder vom Springer-Verlag erhalten, unterliegen diesen Bestimmungen sinngemäß.

Durch das Installieren der zur Library gehörenden Dateien oder eines Teiles davon auf einem beliebigen Computersystem erkennen Sie die obige Lizenzvereinbarung an. Zuwiderhandlungen können im In- und Ausland strafrechtlich verfolgt werden.

Falls Sie *The Formal Concept Analysis Library* abweichend von den obigen Bestimmungen nutzen wollen, müssen Sie mit dem Autor eine gesonderte schriftliche Vereinbarung treffen. Die Entscheidung, ob eine solche Vereinbarung getroffen werden kann, ist allein Sache des Autors.

Adresse des Autors:
Dr. Frank Vogt
Arbeitsgruppe Allgemeine Algebra
und Diskrete Mathematik
Fachbereich Mathematik
Technische Hochschule Darmstadt
Schloßgartenstraße 7
D-64289 Darmstadt
Germany

e-mail: vogt@mathematik.th-darmstadt.de

Literaturverzeichnis

1. A. V. Aho, J. E. Hopcroft und J. D. Ullman. *The design and analysis of computer algorithms.* Addison-Wesley Publishing Company, Reading, Massachusetts, 1974.
2. A. V. Aho, J. E. Hopcroft und J. D. Ullman. *Data structures and algorithms.* Addison-Wesley Publishing Company, Reading, Massachusetts, 1983.
3. G. Dorn, R. Frank, B. Ganter, U. Kipke, W. Poguntke und R. Wille. Forschung und Mathematisierung – Suche nach Wegen aus dem Elfenbeinturm. In: *Berichte der AG Mathematisierung,* Bd. 3. GH Kassel, 1982, 228–240. Auch in: *Wechselwirkung* **15** (1982), 20–23.
4. M. Erné. *Einführung in die Ordnungstheorie.* Bibliographisches Institut, Mannheim–Wien–Zürich, 1982.
5. Forschungsgruppe Begriffsanalyse. *Literaturliste.* FB Mathematik, TH Darmstadt.
6. R. Freese, J. Ježek und J. B. Nation. *Free lattices.* Mathematical Surveys and Monographs 42. American Mathematical Society, Providence, R. I., 1995.
7. B. Ganter. *Two basic algorithms in concept analysis.* FB4-Preprint 831, TH Darmstadt, 1984.
8. B. Ganter. Algorithmen zur Formalen Begriffsanalyse. In: B. Ganter, R. Wille und K. E. Wolff (Hrsg.), *Beiträge zur Begriffsanalyse.* B. I.-Wissenschaftsverlag, Mannheim, 1987, 241–254.
9. B. Ganter und K. Reuter. Finding all closed sets: a general approach. *Order* **8** (1991), 283–290.
10. B. Ganter und R. Wille. Conceptual scaling. In: F. Roberts (Hrsg.), *Applications of combinatorics and graph theory to the biological and social sciences.* Springer-Verlag, New York, 1989, 139–167.
11. B. Ganter und R. Wille. *Formale Begriffsanalyse: Mathematische Grundlagen.* Springer-Verlag, Heidelberg, 1996.
12. P. Goralčík, A. Goralčíková, V. Koubek und V. Rödl. Fast recognition of rings and lattices. In: F. Gécseg (Hrsg.), *Fundamentals of computation theory,* Lecture Notes in Computer Science 117. Springer-Verlag, Berlin–Heidelberg, 1981, 137–145.
13. S. C. Kleene. *Representation of events in nerve nets and finite automata.* Automata Studies. Princeton University Press, 1956.
14. W. Kollewe, M. Skorsky, F. Vogt und R. Wille. TOSCANA – ein Werkzeug zur begrifflichen Analyse und Erkundung von Daten. In: R. Wille und M. Zickwolff (Hrsg.), *Begriffliche Wissensverarbeitung – Grundfragen und Aufgaben.* B. I.-Wissenschaftsverlag, Mannheim, 1994, 267–288.
15. S. B. Lippman. *C++ – Einführung und Leitfaden.* Addison-Wesley, Bonn–München–Reading, Mass., 2. Auflage, 1991.
16. D. Maier. *The theory of relational databases.* Computer Science Press, Rockville, Maryland, 1983.

17. K. Mehlhorn. *Effiziente Algorithmen.* B. G. Teubner, Stuttgart, 1977.
18. P. Scheich, M. Skorsky, F. Vogt, C. Wachter und R. Wille. Conceptual data systems. In: O. Opitz, B. Lausen und R. Klar (Hrsg.), *Information and classification.* Springer-Verlag, Heidelberg, 1993, 72–84.
19. M. Skorsky. *Endliche Verbände – Diagramme und Eigenschaften.* Dissertation, TH Darmstadt, 1992. Verlag Shaker.
20. B. Stroustrup. *Die C++-Programmiersprache.* Addison-Wesley, Bonn–München–Reading, Mass., 2. Auflage, 1992.
21. F. Vogt, C. Wachter und R. Wille. Data analysis based on a conceptual file. In: H.-H. Bock und P. Ihm (Hrsg.), *Classification, data analysis, and knowledge organization.* Springer-Verlag, Berlin–Heidelberg, 1991, 131–140.
22. R. Wille. Liniendiagramme hierarchischer Begriffssysteme. In: H.-H. Bock (Hrsg.), *Anwendungen der Klassifikation: Datenanalyse und numerische Klassifikation.* Indeks-Verlag, Frankfurt, 1984, 32–51. Line diagrams of hierarchical concept systems (engl. Übersetzung). *Int. Classif.* **11** (1984), 77–86.
23. R. Wille. Bedeutungen von Begriffsverbänden. In: B. Ganter, R. Wille und K. E. Wolff (Hrsg.), *Beiträge zur Begriffsanalyse.* B. I.-Wissenschaftsverlag, Mannheim, 1987, 161–211.
24. R. Wille. Allgemeine Wissenschaft als Wissenschaft für die Allgemeinheit. In: H. Böhme und H.-J. Gamm (Hrsg.), *Verantwortung in der Wissenschaft.* 1988, 159–176. Nachdruck in *Conceptus – Zeitschrift f. Philosophie* **60** (1989), 117–128.
25. R. Wille. Lattices in data analysis: how to draw them with a computer. In: I. Rival (Hrsg.), *Algorithms and order.* Kluwer, Dordrecht–Boston, 1989, 33–58.
26. R. Wille. Plädoyer für eine philosophische Grundlegung der Begrifflichen Wissensverarbeitung. In: R. Wille und M. Zickwolff (Hrsg.), *Begriffliche Wissensverarbeitung – Grundfragen und Aufgaben.* B. I.-Wissenschaftsverlag, Mannheim, 1994, 11–25.

Index

Springer-Verlag und Umwelt

Als internationaler wissenschaftlicher Verlag sind wir uns unserer besonderen Verpflichtung der Umwelt gegenüber bewußt und beziehen umweltorientierte Grundsätze in Unternehmensentscheidungen mit ein.

Von unseren Geschäftspartnern (Druckereien, Papierfabriken, Verpackungsherstellern usw.) verlangen wir, daß sie sowohl beim Herstellungsprozeß selbst als auch beim Einsatz der zur Verwendung kommenden Materialien ökologische Gesichtspunkte berücksichtigen.

Das für dieses Buch verwendete Papier ist aus chlorfrei bzw. chlorarm hergestelltem Zellstoff gefertigt und im pH-Wert neutral.